마음의 진보

The Spiral Staircase

THE SPIRAL STAIRCASE
Copyright ⓒ 2004 by Karen Armstrong
All rights reserved

Korean translation copyright ⓒ 2004 by Gyoyangin
Korean translation rights arranged with Felicity Bryan, Ltd.,
through Eric Yang Agency

이 책의 한국어 판 저작권은 에릭양 에이전시를 통한
Felicity Bryan, Ltd.사와의 독점 계약으로 '교양인'이 소유합니다.
저작권법에 의하여 한국 내에서 보호를 받는 저작물이므로
무단전재와 복제를 금합니다.

카렌 암스트롱 자서전

마음의 진보

이희재 옮김

The Spiral Staircase

■ 머리말

나선 계단에 서서

　이 책은 내가 7년 동안 가톨릭 수녀로 보냈던 시절의 이야기를 그린 나의 처녀작 《좁은 문으로》의 속편이다. 나는 1962년, 그러니까 열일곱 살 나던 해에 수녀원에 들어갔다. 그것은 어디까지나 나 혼자서 내린 결정이었다. 우리는 그리 독실한 가톨릭 집안이 아니었으므로 부모님은 내가 성직자의 길을 걸어가겠다고 하니까 깜짝 놀라셨다. 부모님은 그런 중대한 결정을 내리기에는 내가 아직 나이가 어리다고 생각하셨고, 결과적으로 그런 우려는 들어맞았다. 그렇지만 반대를 하면 도리어 역효과가 날까 봐 저러다 말겠지 하시고 나의 설득에 넘어가주는 척하셨다. 나는 평소에는 아주 유순한 아이였지만 하루라도 빨리 천직으로 뛰어들고 싶어 몸이 달았다. 부모님은 일단 대학은 마치는 것이 좋겠다고 생각하셨을 테지만 나는 도저히 그때까지 기다릴 수가 없었다. 내가 평소와는 다르게 하도 완강하게 버티니까 부모님도 결국 돌아섰다. 저런 상태로 대학에 들어갔다가는 황소

고집을 부리면서 대학 생활에서 누릴 수 있는 기회를 날려버리고 빨리 졸업을 해서 내 마음대로 살 수 있는 날이 오기만을 기다리면서 허송세월을 보낼지 모른다는 걱정을 하셨던 모양이다. 그렇게 해서 1962년 9월 14일 나는 짐을 싸들고 다른 12명의 소녀와 함께 수련원에 들어갔다.

왜 그렇게 수녀원에 들어가고 싶었던 것일까? 이런 종류의 결심은 그 동기가 늘 복잡하기 마련이다. 내 경우에도 얽히고설킨 이유들이 많았다. 물론 그 당시에 나는 수줍음을 몹시 탔고 과연 내가 어른이 되어서 사회 생활을 제대로 할 수 있을까 하는 걱정도 많이 했으므로, 좀 만만해 보이는 성직 생활을 택한 것처럼 보일 수도 있다. 그렇지만 성직은 결코 만만하지 않다. 그리고 만약에 그냥 하나의 도피처로 수녀원에 들어갔다면 난 아마 몇 주일도 버티지 못했을 것이다.

나는 신을 찾고 싶었다. 수녀원에 들어가던 날 나는 더없이 가슴이 설레었고 의욕에 넘쳤다. 나는 영혼을 탐구하는 모험에 나선 서사시의 주인공 같은 기분이 들었다. 그리고 언젠가는 사춘기의 혼란에서 벗어나 우리가 신이라고 부르는 더없는 만족감을 주는 무한한 신비의 품에 안기리라고 믿었다. 내 나이 겨우 열일곱이었기 때문에 나는 그런 날이 아주 빨리 올 거라고 생각했다. 정념(情念)에서 벗어나 금세 지혜롭고 똑똑한 여자가 되리라고 믿었다. 그렇게 되면 신은 어렴풋하고 동떨어진 존재가 아니라 나의 삶에서 살아 숨쉬는 현실이 되리라 믿었다. 나는 사방에서 신을 볼 것이라고 믿었다. 사도 바울로가 말한 대로 보잘것없는 아집에서 벗어나면 하느님의 말씀인 기독교가 내 안에 깃들 터이니 새 사람으로 거듭날 것이라고 믿었다. 나는 당장이라도 온유하고 기뻐하는 사람, 감동을 주고 감동을 받는 사람이 될 것만 같았다. 성자가 못 되란 법도 없을 것 같았다.

빛을 만나고 싶다

그것이 별난 선택이었음을 부정하기는 어려웠다. 나는 수녀원 부설 학교를 다녔는데 그 학교에서 수녀가 된 학생은 아마 내가 처음이 아니었나 싶다. 내가 자란 버밍엄은 물질을 숭상하는 도시였다. 돈이 장땡이었다. 가까운 친척과 친구들은 대부분 어이없다는 반응을 보였다. 약간 언짢아하는 사람도 있었다. 물론 나는 조금이라도 튀고 다르게 보인다는 사실이 그렇게 기쁠 수가 없었다. 하지만 나는 시대 분위기에 내가 생각하는 것 이상으로 푹 젖어 있었는지도 모른다.

2차 세계대전이 끝나갈 무렵이나 끝난 직후에 태어난 내 또래의 젊은이는 좀 다르게 살고 싶다는 아련한 욕망을 나처럼 품고 있었다. 전후의 영국은 살기 편한 사회가 아니었다. 히틀러는 물리쳤을지 모르지만 전쟁으로 우리는 거덜났다. 영국은 이제 세계에서 으뜸가는 강대국이 아니었다. 먹을 것과 입을 것, 기름은 1950년대에 들어와서까지도 한참 동안 엄격한 배급제로 공급되었다. 독일의 공습으로 수많은 가옥이 파괴되었으므로 주택은 심각하리만큼 부족했다. 도시마다 폭격의 상흔으로 얼룩졌고 무너진 돌더미가 산처럼 쌓여 있었다. 버밍엄 중심부는 내가 수녀원에 들어갈 무렵에도 아직 완전히 복구되지 않았다. 전쟁이 끝나고 보니 우리가 미국에 진 빚은 무려 300억 파운드였고 제국은 해체되었다. 영국의 인내와 승리를 예찬하는 영화는 신물이 나도록 보았지만 현실을 직시하고 달라진 세계에서 영국이 어떤 역할을 맡아야 하는지를 성찰하려는 사람은 아무도 없었다. 나 같은 영국 젊은이는 내핍, 억제, 향수, 좌절, 부정이 어지럽게 뒤섞인 새벽의 어스름 속에서 성장기를 보냈으므로 다른 세상에서 살고 싶어했을 뿐 아니라 자기 자신도 달라지고 싶다는 생각을 많이 했다.

1948년 영국 국민의 60퍼센트가 다른 나라로 이민을 가고 싶어했다. 우리는 다른 데서 살고 싶었다. 음악사가인 존 새비지(John Savage)가 《잉글랜드의 꿈 : 섹스 피스톨즈와 펑크 록》(1991)이라는 책에서 설명하듯이 미국과 달리 흑인 음악의 전통이 없는 나라에 1954년부터 1959년까지 마치 마른 하늘의 날벼락처럼 떨어진 로큰롤 음악에 사람들은 광적으로 빠져들었다. 로큰롤 음악의 당당한 반항과 성 혁명은 새로운 세상을 약속하는 것처럼 보였다. 그것은 너무나 "혁신적인 음악이어서 그 음악을 들은 사람은 '어 웝 밥 아 루 밥'이라든가 '비 밥 아 울라' 같이 노래 자체의 후렴구 말고는 노래를 제대로 설명하는 언어를 찾아낼 수가 없었다."

사람들은 흔히 음악을 듣고 "뿅 갔다!"라고 말했다. 귀신에 홀린 것처럼 다른 세상으로 가볍게 날아간 듯한 느낌이었다. 로큰롤에 매혹된 세상에서는 군대에 갈 필요도 없었고 지겹게 이어지는 전쟁 무용담을 듣지 않아도 좋았다. 부모가 설교하는 자기 희생을 거부하고 치열하게 살면서 야성을 내뿜고 섹스를 하고 마음껏 써버렸다. "할 수만 있으면 언제라도 바로 해버린다."라는 마음가짐으로 살았다.

수녀원과는 너무나 동떨어진 삶처럼 보일지 모른다. 하지만 내 나름대로는 새비지가 말하는 "처음 같은 강렬함"을 나도 나의 세대와 공유했다. 비록 나는 그 부름에 답할 수 있는 능력도 마음의 준비도 안 되어 있었지만 로큰롤의 거칠고 어수선한 박자는 내가 다녔던 수녀원 부설 학교에도 뚫고 들어왔다. 나는 1950년대의 전형적 소녀상이 마음에 들지 않았다. 그 당시에는 여자 아이는 풍성한 치마에 말꼬리처럼 얌전히 뒤로 묶어 늘어뜨린 머리, 벌통을 하나 얹어놓은 것처럼 높은 머리를 하고 다녔다. 나는 부자연스럽고 얼굴도 별 볼일 없고 책만 좋아하고 남학생한테 인기가 없는 아이였다.

1961년, 그러니까 수녀원에 들어가기 한 해 전, 부모님은 내 마음을 좀 다른 쪽으로 돌려놓으려고 버밍엄 가톨릭 무도장에서 열린 청소년 파티에 나를 끌고 갔다. 정말로 역겨웠다. 뻣뻣한 비단 드레스에 여봐란듯이 퍼진 치마, 끝이 길고 뾰족한 분홍색 구두에 우겨넣어진 발, 나는 잘 걷지도 못했다. 몇 번 안 되었지만 춤추자는 권유를 받고 남들을 따라서 빠른 스텝을 밟기도 하고 왈츠를 추기도 하고 느린 여우 스텝을 엉거주춤 따르다 보니까 운동장을 맴돌면서 체력 단련을 하는 죄수가 된 듯한 기분이 들었다. 한번은 파트너와 함께 무도장 밖으로 나와서 한 십 분 동안 있었는데 정말로 살 것 같았다. 이상한 행동은 하지 않았다. 담배도 피우지 않았고 술도 마시지 않았으며 키스도 하지 않았다. 그저 계단에 앉아서 이야기만 했다. 그때 엄마 친구한테 들키는 바람에 다시 무도장 안으로 끌려 들어갔다. 나는 집안의 체면을 지켜야 하는 양갓집 규수라도 된 느낌이었다. 이렇게 살아갈 수는 없다고 생각했다.

물론 열려 있는 길은 많았다. 극단으로 흐르지만 않는다면 너희는 뭐든지 할 수 있다고 어른들은 말했다. 공부도 할 수 있고 여행도 다닐 수 있고 직장도 다닐 수 있다. 그렇지만 결국에 가서는 결혼을 해야 했다. 물론 노처녀로 살겠다는 생각은 꿈에도 하지 않았지만 그렇다고 해서 결혼에 그렇게 마음이 동하지도 않았다. 내가 아는 여자들은 대부분 청소하고 요리하고 설거지하고 내가 지금껏 싫어하는 집안일을 하면서 대부분의 시간을 보냈다. 아버지가 하던 일이 잘 안 되는 바람에 엄마는 버밍엄 의대에 취직을 했다. 엄마는 일이 재미있는지 얼굴에 화색이 돌았다. 그렇지만 요리와 빨래는 여전히 엄마 몫이었다. 거기에 비하면 수녀는 정말로 홀가분하게 사는 것 같았다. 남자한테서 이래라 저래라 명령도 듣지 않고 주체적으로 살아가며 고귀한 문제를 생각하면서 사는 수녀가 그렇게 멋있어 보일 수가 없었다. 나는 정말로 자유롭게 살고 싶었다.

남들은 로큰롤 음악에서 해방감을 맛보았지만 그것은 내가 선택할 수 있는 길이 아니었다. 수녀원 학교를 다녔기 때문에 대중 문화에서 그만큼 차단되어 살았다. 나는 같은 시대를 살았던 사람들과는 좀 동떨어진 삶을 살았다. 1950년대까지도 영국인은 아직은 종교를 노골적으로 우습게 여기지 않았지만, 가톨릭은 따가운 눈총을 받았다. 심장에서 피가 흐르고 가시 면류관을 머리에 얹은 야단스러운 성상, 라틴어로 진행되는 미사, 아일랜드 사제들, 로마 교황에 대한 복종은 지극히 영국답지 않은 모습이었으므로 사람들의 공감을 얻지 못했다. 가톨릭 신자는 스스로 '게토'를 만들고 그 안에서 살았다. 우리는 가톨릭 신자끼리만 어울렸고 학교도 따로 다녔고 개신교 예배에는 참석하지 않았다. '비가톨릭교도'가 다수를 점하는 주류 사회와는 적당히 거리를 두면서 살아가는 것이 상책이었다. 그런 분위기에서 커서 그런지 가톨릭교도 중에는 자기가 잉글랜드인이라는 사실을 전폭적으로 받아들이지 못하는 사람이 많았고 영국 사회에서도 이방인이라는 생각을 많이 품었다.

    나의 머리는 가톨릭의 이미지로, 성자들의 삶과 본보기로, 장엄한 미사의 모습으로 꽉 찼다. 나도 뿅 가고 싶었다. 나를 다른 차원, 다른 자리로 띄워주는 황홀경을 체험하고 싶었다. 세상에서 내가 보고 들었던 것보다 더 진실한 삶을 살아가고 싶었다. 잔뜩 무게를 잡으면서 도심의 카페를 들락거렸던 내 또래의 아이들처럼 나도 현실 사회의 가치에 반항할 수 있을 것 같았다. 수녀원은 획기적이고 대담한 해결책이었다. 그래서 내 또래들이 히피 공동체에 빠져들고 마약을

머리말 11

하면서 의식의 변화를 실험하고 혹은 세상을 정치적으로 바꾸려고 애쓰는 동안 나는 수녀 생활에서 변신과 짜릿함을 모색했다.

두말하면 잔소리지만 수녀원은 내가 생각한 것과는 달랐다. 나는 뜨겁고 꿈에 부풀었고 어수선하고 비현실적이고 철이 덜 든 소녀로 수녀원에 들어갔다가 가벼운 신경쇠약을 경험하고 7년 뒤에 흐리멍덩하게 망가지고 부서진 몸으로 나왔다. 그 좌절은 온전히 내 탓이라고는 생각했지만 따지고 보면 그것은 누구의 잘못도 아니었다. 나는 유난히 힘든 시기에 수녀원에 들어갔다. 선배 수녀들은 고통스러운 변화를 겪으면서 현대 사회에서 수녀는 도대체 어떻게 살아가야 하는 것인지 방향 설정을 하기 위해 애쓰고 있었다. 2차 대전이 끝난 다음부터 가톨릭 교회는 변신을 꾀했다. 내가 수녀원에 들어갔을 때 로마에서는 몇 달 동안 제2차 바티칸 공의회[†]가 열리고 있었다. 교회의 창문을 활짝 열어젖혀 개명한 세상의 맑은 공기가 바티칸의 퀴퀴한 복도를 쓸어버리도록 교황 요한 23세[††]가 소집한 회의였다.

[†] 1959년 1월 25일 교황 요한 23세가 교회를 쇄신하고, 로마 가톨릭 교회와 분리되어 있는 기독교도들에게 재연합의 길을 모색할 기회를 주려는 목적으로 소집했다. 요한 23세는 1962년 7월 교황 회칙〈회개하기 위하여〉를 반포해 대대적인 교회 개혁 운동에 착수했다. 공의회를 주도한 요한 23세는 1963년 6월 서거했지만 새 교황 바오로 6세에 의해 공의회는 계속되었으며 1965년 12월 8일에 폐회되었다.

[††] **Johannes XXIII(1881~1963)** 1958년 교황에 선출되어 가톨릭의 교회 쇄신과 현대 적응을 지향한 제2차 바티칸 공의회를 소집했다. 세계 평화와 노동 문제 등 여러 가지 현실 문제 해결에 큰 발자취를 남겨 역대 교황 중 가장 존경받는 교황으로 남았다.

공의회에 참석한 사제들은 시급히 개선해야 할 성직 생활의 문제도 건드렸다. 많은 교단이 전통의 굴레에서 허우적거리고 있었다. 내가 몸담았던 교단만 하더라도 그 교단이 설립된 19세기에는 나무랄 데 없었을지 모르지만 지금은 부자연스럽고 억지스러운 관습이 하나 둘이 아니었다. 원래 영혼의 가치와는 아무런 상관이 없고 빅토리아 시대(영국이 산업혁명 등으로 역사상 최고의 전성기를 구가한 빅토리아 여왕의 시대. 1837~1901년)의 문화적 유산에 불과한 관행이 거룩한 뜻을 지니게 되었다. 이것을 바꾸려는 노력은 배교 행위로 여겨졌다. 공의회는 현상을 고수하기에 급급할 것이 아니라 혁신가이자 개혁가였으며 통찰력과 상상력에 넘쳤던 교조(敎祖)의 정신으로 돌아가도록 여러 교단에 촉구했다. 수녀와 수사에게도 변화의 바람을 수도원으로 끌어들일 의무가 있었다. 오랜 세월 동안 쌓인 돌무더기를 치우고 시대 분위기와 맞아떨어지는 새로운 생활 방식을 만들어 갈 책무가 있었다.

  그것은 이만저만 어려운 일이 아니었다. 수녀는 종규(宗規)의 핵심을 추려내서 그것을 일상어로 다시 풀어내야 했다. 하지만 수녀 자신들부터 낡은 체제에 워낙 오래 젖어서 살다 보니 다르게 생각할 엄두를 못 냈다. 옷은 신식으로 바꿔 입을 수 있을지 몰라도 타성에 물든 머리와 가슴을 바꾸기는 어려웠다. 수녀가 받은 훈련은 요즘 세상과는 너무나 동떨어진 내용이었고 그것은 한번 습관을 들이면 평생을 가도록 만들어졌기 때문이었다. 엄청나게 고통스러워하는 수녀도 있었다. 소중히 여겨온 생활 방식은 사라지는데 그것과 똑같은 가치를 지니면서 빈자리를 채울 수 있는 것은 딱히 눈에 띄지 않았기 때문이었다.

내가 성직을 그만둔 것은 1969년이었지만, 1970년대에 들어와서는 수많은 성직자가 마치 떼 지어 이동하는 철새처럼 한꺼번에 수도원과 수녀원을 떠났다. 개혁을 둘러싸고 격론을 벌이는 과정에서 그들은 모든 것을 따지고 들었고 나중에는 자기가 몸담은 성직 자체에도 의문을 던졌다. 내가 보기에 그것은 바람직한 일이었다.

내가 처음으로 쓴 책은 《좁은 문으로》인데 제목을 〈마태오의 복음서〉에서 따왔다. 예수는 제자들에게 몇 안 되는 사람만이 생명으로 이르는 좁은 문을 찾아낼 것이라고 말한다. 수녀원에서 7년을 살아 보고 나는 자아를 철저하게 버리고 복종할 것을 요구하는 생활을 견뎌낼 수 있는 사람은 극소수에 불과하다는 결론을 내렸다. 서글펐지만 나에게는 그런 능력이 없었다. 그런 이상을 아름답게 간직한 수녀도 있었지만 나는 그런 그릇이 못 되었다. 1970년대에 환속한 수많은 성직자도 그런 냉엄한 현실에 눈 뜨지 않았나 싶다.

수녀원에서 보낸 7년

나는 어려운 전환기에 수녀원에 들어가서 구식으로 교육을 받은 마지막 세대였다. 바티칸 공의회의 개혁책은 나에게는 뒷북이었다. 나는 기존의 제도가 최악의 상황에 있었을 때 그것을 경험했다. 그 당시만 하더라도 어린 수녀는 길고 강도 높은 훈련을 받았다. 내가 몸담은 교단에서는 처음 아홉 달 동안 청원자로 지냈다. 이 동안에는 희고 작은 면사포가 달린 수수하고 까만 옷을 입고 종규 중에서 몇 가지를 실천에 옮기면서 살았다. 그것은 우리의 결심이 얼마나 굳은지를 시험하는 일종의 수습기였다. 절반은 이때 떨어져나갔다. 수녀원에 남아 있어야 한다는 압력 같은 것은 조금도 받지 않았다. 떠나고 싶으면 언제든지 떠나도 좋다는 사실을 우리 모두 잘 알았다. 수녀원 생활이 영 맞지 않겠다 싶은 사람은 수녀원에서 알아서 집으로 돌려보내기도 했다.

아홉 달의 청원 기간이 끝나면 수녀복을 받았다. 그리고 2년 동안 수련자로 지냈다. 이때부터는 참 힘들었다. 윗사람들은 우리가 별로 힘들어하지 않는다면 그건 어영부영 생활한다는 증거라고 말했다. 수련자로 지내는 동안 나는 눈물이 마를 날이 없었으니까 아마 윗사람들은 뿌듯했을 것이다. 달갑지 않은 변화를 더욱 굳세게 막아내야겠다고 마음먹은 것인지 내가 들어가기 한 해 전 그들은 유난히 보수적인 수녀를 수련자 감독 수녀 자리에 앉혔다. 《좁은 문으로》에 나오는 월터 수녀다.

그녀는 구식 제도를 철저히 신봉하는 사람이었다. 두 명의 선임자가 요즘 처녀들한테는 맞지 않는다면서 없앤 규정이 많았는데 그것을 상당수 부활시켰다. 그녀가 만들어낸 틀은 지금 와서 생각하면 너무나 불건전한 것이었지만 나는 그 안으로 내 몸을 던졌다. 힘들수록 신을 하루라도 빨리 더 만날 수 있을 것이라고 굳게 믿었기 때문이다. 한참 뒤에야 나는 그때 수련자들 사이에서 벌어지는 일을 우려의 눈길로 지켜보는 선배 수녀들이 여럿 있었다는 이야기를 들었다.

이 책의 앞부분에서 자세히 설명하겠지만 월터 수녀는 어떤 조건이 주어지면 저절로 어떤 반응이 나오도록 우리를 길들이려고 했다. 그렇게 해서 우리를 확 바꾸어놓으려고 했다. 그 방법은 먹혀들었다. 내 경우에는 피해가 막심했다. 그렇지만 수련자 기간이 끝나 갈 무렵 그 살벌한 조련의 고삐가 약간 느슨해진 것으로 보아 월터 수녀도 모종의 압력을 받지 않았나 싶다. 우리보다 나이도 많고 세상물도 많이 먹은 신참들이 들어왔는데 그들은 월터 수녀의 터무니없는 규칙을 군소리 없이 따르려 들지 않았다. 여기서도 역시 변화는 나에게 한 발 늦게 찾아왔다.

그렇지만 월터 수녀도 고통스러운 전환기를 살아가고 있었다. 그토록 오랫동안 알았고 정이 들었던 관습이 찬밥 대접을 받는 것을 본인은 지켜보기 힘들었으리라. 그분에게도 괴로운 시절이었다. 물론 그때는 그런 생각을 못했지만 지금 생각해보니 그녀는 별로 똑똑한 편이 아니라서 자기가 휘두르는 정책이 어떤 부작용을 낳을 수 있는지를 미처 헤아리지 못했던 것이 아닌가 싶다.

수련자 생활이 끝나갈 무렵 한번은 우리가 순종의 규율을 어겼다면서 하도 잔소리를 하길래 내가 참다 못해 도대체 순종이란 게 뭔지 모르겠다며 쏘아붙였다. "시계추처럼 왔다 갔다 하는 거 같거든요, 극단에서 극단으로." 나는 따졌다. "혼란에서 혼란으로! 하루는 아무리 엉터리없는 지시라도 그걸 곧이곧대로 따르지 않았다고 혼구멍이 나고, 다음날에는 머리를 써서 융통성을 발휘하지 못하고 하라는 대로 했다고 야단을 맞고! 어쩌라는 건데요? 뭐가 순종인데요?"

나도 나한테 놀랐다. 이런 식으로 상급자한테, 더구나 한참 혼이 나다가 대드는 것은 있을 수 없는 일이었다. 다른 수련자들은 언제 날벼락이 떨어지나 마음을 졸이면서 불안에 떨고 있었다. 하지만 월터 수녀는 충격을 받았는지 한동안 말을 잇지 못했다. 얼마 뒤 정신을 차리기는 했지만 그녀의 질책은 평소의 악다구니보다 강도가 약했다. 그녀가 할 말을 찾지 못해 허둥거리는 그 짧은 시간 동안 나는 모르긴 몰라도 자기도 그렇게까지는 받아본 적이 없었던 혹독한 훈련이 과연 현명한 것인가 하는 ― 달갑지야 않았겠지만 ― 그런 깨달음이 어쩔 수 없이 그녀의 의식으로 떠오르는 것을 거의 보았다고 생각했다.

그런 우여곡절을 겪었음에도 나는 1965년 8월 25일 앞으로 5년 동안 청빈과 정결과 순종하면서 살겠다는 서약을 하도록 허락받았다. 세상에 부러울 것이 없었다. 신화에 나오는 주인공처럼 역경을 넘어섰으니 앞으로는 일이 술술 풀릴 것만 같았다. 내 삶을 그토록 비참하게 만들었던 긴장과 갈등도 곧 이겨낼 수 있을 것 같았다. 앞으로 빠른 시간 안에 성숙해지고 거룩해져서 만사가 순조롭게 풀리면 5년 뒤에는 평생을 수녀로 살아가겠다는 최종 서약을 할 수 있을 것 같았다.

처음에는 아무 문제가 없었다. 수련자 생활을 마치고 우리는 다시 2년 동안 공부를 하러 런던으로 갔다. 수련자로 있는 동안은 정신 수양에만 집중했다. 대부분의 시간을 기도와 종규의 의미를 배우면서 보냈다. 그렇게도 집안일을 싫어하던 나였지만 나머지 시간은 단순 육체 노동을 하면서 보냈다. 물론 2년차로 접어들면서부터는 신학서도 조금은 읽을 수 있었다. 그런데 이제부터는 본격적으로 공부를 해야 했다. 내가 몸담은 교단은 가톨릭 여학교 교육에 역점을 두었으므로 우리는 수많은 부속 여학교에서 교단에 서기 위한 훈련을 받았다. 나는 대학교 입학 자격이 벌써 있었으므로 기왕이면 옥스퍼드 대학 입학 시험에 도전해보라는 권유를 받았다. 우리 교단에서는 옥스퍼드 대학에서 여학생을 받아들이기 시작한 다음부터 수녀를 그리로 꾸준히 보냈다. 그래서 나는 12개월 동안 런던 시내에 있는 학원에 다니면서 입학 시험 준비를 했다. 영문학을 전공할 생각이었다. 그러자면 문학에서 세 시간짜리 시험 둘, 영어와 문헌학 시험 하나, 라틴어와 프랑스어 번역 각각 하나, 그리고 일반 주제 시험 하나를 보아야 했다. 나는 공부가 좋았다. 원래가 공부 체질이어서 책을 수북이 쌓아놓고 거기에 몰두하는 것이 그렇게 즐거울 수가 없었다. 몇 년 동안 허드렛일만 하다가 공부를 하니 천국에 온 듯한 느낌이었다. 나는 신학, 성서, 교회사도 통신 과정으로 공부했다.

1966년 가을 나는 옥스퍼드 세인트앤 칼리지에 지원하여 시험을 치렀는데 일차에 붙고 면접을 봐서 합격했다. 나도 기뻤고 수녀님들도 기뻐했다. 1967년 수녀원에서 하던 공부를 마무리짓고 나는 우리 교단에 속한 옥스퍼드의 수녀원으로 들어갔다. 그리고 대학 공부를 시작했다. 나의 생활은 이때부터 금이 가기 시작했다.

학생으로서는 아무 문제가 없었다. 나는 수녀원에서 지내면서 다른 학생들과 함께 수업도 듣고 개인 지도도 받았다. 1968년 봄에 치른 예비 시험에서는 좋은 성적을 받아 대학 본부에서 주는 상을 받았고 칼리지 장학금도 받았다. 거기까지는 좋았다. 그런데 신앙인으로서는 혼란스러웠다. 선배 수녀 하나가 새로운 생각이라면 질색을 하는 사람이라서 나는 일 년 내내 그 여자하고 싸웠다. 선배도 내가 어지간히 아니꼬웠을 것이다. 하지만 대학에서는 모든 것에 의문을 던지고 논리적이고 정확하게 생각하라고 배웠는데 수녀원으로 돌아가서는 그런 비판적 사유 능력을 잠재우고 양순한 젊은 수녀로 변신한다는 것이 정말이지 나한테는 불가능했다. 대학에서 받은 엄격한 훈련이 수련자 시절에 내가 받았던 훈련처럼 근본적으로 나를 바꾸어 놓고 있었다. 두 체계는 물과 기름처럼 겉돌았다. 수녀원의 삭막한 분위기도 숨이 막혔다. 수녀원에서 가장 고쳐야 할 점이 바로 그것이었다. 우애는 지탄의 대상이었다. 수녀원 분위기는 냉랭했고 쌀쌀맞다 싶을 때도 있었다. 수녀원이 복음서의 정신에서 한참 벗어났다는 생각이 자꾸만 들었다.

그렇지만 나는 묵묵히 버텼다. 떠나고 싶은 생각이 없었다는 표현으로는 부족하다. 세상으로 돌아간다는 생각만 해도 끔찍했다. 처음에는 그것은 상상도 할 수 없는 선택이었다. 그것은 입 밖에도 내서는 안 되는 금기였다. 하지만 긴장은 쌓여만 갔고 결국 1968년 여름 나는 무너지고 말았다. 더 계속할 수 없다는 것은 누가 보아도 분명했다. 나중에는 모두가 나를 따뜻하게 대해주었다. 어떤 면에서는 그래서 더욱 힘들었다. 내가 옳다는 생각을 하면서 울분에 차서 뛰쳐나갔으면 차라리 마음이 편했을지 모른다. 하지만 윗사람들은 천천히 생각해보라면서 충분한 시간을 주었다. 나는 대학으로 돌아갔다. 한 학기 동안 고민을 하고 나서 서원에서 벗어나게 해 달라는 청원을 넣었다. 그리고 1969년 1월 말에 환속을 해도 좋다는 허락을 로마 교황청에서 받았다.

문 앞에 선 소녀

12년 뒤에 나는 《좁은 문으로》를 썼지만, 그것은 나한테 정말로 유익한 경험이었다. 나는 과거를 직시하면서 거기서 많은 것을 배웠다. 무엇보다도 중요한 것은 수녀원에서 보낸 시간이 나한테 얼마나 값지고 소중한 것이었는지를 깨달았다는 사실이었다. 비록 여러 가지로 문제는 있었지만 온 세상과도 바꿀 수 없는 시간이었다. 그러고 나서 나는 속편을 썼다. 1983년에 쓴 《세상 나들이》였다. 이 책은 그야말로 졸작이었다. 이 책이 오래전에 절판된 것을 나는 천만 다행으로 생각한다.

제목에서도 알 수 있듯이 이 책은 환속하고 나서 내가 겪은 세상살이 이야기다. 하지만 너무나도 고통스러웠고 악몽과도 같았던 그 시간에 대해 쓴다는 것이 나한테는 시기상조였다. 나는 미처 회복되지도 않은 상태였으므로 내가 경험한 것을 거시적으로 조망할 수 있는 마음의 여유가 없었다. 《세상 나들이》가 실패한 데는 또 다른 이유가 있었다. 출판사에 원고를 보내고 난 직후에 전혀 예상하지 못했던 방향으로 나의 인생이 확 바뀌었다. 그래서 내가 그 책에서 썼던 1969년부터 1982년까지의 시간이 전혀 다른 의미를 띠게 되었다. 그 엉성한 속편에서 나는 내가 수녀원을 훌훌 털어버렸고 상처도 깨끗이 아물고 세속인으로 살아가는 어려운 통과의례를 마친 것처럼 썼다. 정말로 "세상살이를 시작한 것처럼" 썼다.

하지만 어림도 없는 소리였다. 이번에야말로 그 점을 보여주려고 하지만 나는 애는 많이 써보았지만 세상과 정말로 하나가 되어본 적이 없었다. 아무리 노력을 해도 결정적 순간에는 나는 늘 이방인으로 남았다. 《좁은 문으로》 마지막 부분에서 나는 어떤 의미에서는 평생을 수녀로 살 것 같다고 말했는데, 가만 보면 그것이 더 맞는 말이었다. 물론 피상적으로 보면 내 지금의 생활은 수녀원 시절과는 하늘과

땅만큼 다르다. 나는 좋은 친구도 있고 예쁜 집도 있고 돈도 있다. 여행도 다니고 재미도 보고 인생의 즐거움도 누린다. 수녀와는 거리가 멀게 살아간다. 그렇지만 내 나름대로는 여러 가지 길을 모색해보았지만 뭔가 되려나 보다 싶을 때마다 번번이 내 앞에서 문이 쾅 닫혔다. 그러다가 결국은 지금처럼 혼자 지내면서 매일 거의 온종일 신과 종교, 영성에 대해 생각하면서 글을 쓰면서 사는 쪽으로 삶의 길이 굳어버렸다. 어쩌다 그렇게 되었는지, 또 그것이 어떤 의미를 갖는지를 이 책에서 설명하고 싶다.

《세상 나들이》가 세상에 선을 보이자마자 나는 그 책이 잘못되었다고 느꼈고 언젠가는 다시 써야겠다고 생각했다. 솔직하지 못했기 때문이다. 실제로 일어난 사건들을 쓰지 않아서가 아니다. 있었던 일을 전부 쓰지 않았기 때문이다. 출판사에서는 내가 지식인처럼 굴어서는 안 된다고 생각했다. 그래서 조금이라도 '먹물' 기가 있는 내용은 다 뺐다. 책이나 시 이야기는 해서는 곤란했고 신의 본질이나 기도의 목적에 관한 사색도 하지 말아야 했다. 이야기를 좀 더 극적이고 부담스럽지 않게 만들기 위해 밖에서 벌어진 사건을 중심으로 내용을 이끌어가라는 것이 출판사의 주문이었다. 나는 또 최대한 밝고 긍정적으로 나를 묘사하라는 요구를 받았다. 작가로서의 경험이 부족했기 때문에 출판사에서 어련히 알아서 판단하겠거니 하고 하라는 대로 했다. 그렇지만 무엇보다도 이 달콤한 자화상이 정말로 사실이기를 바라는 마음이 앞섰다. 말하자면 그것은 소원 성취였던 것이다.

아니나다를까 결과는 끔찍했다. 지금도 나는 《세상 나들이》만 생각하면 얼굴이 화끈거린다. 그 책은 감상적이고 요란하고 지나치게 활달한 말투로 씌어졌다. 내 인생인데 마치 내가 모르는 남이 이야기하는 것 같았다.

현실은 사뭇 달랐다. 그 시절에 나는 내 머리 안에서 시간을 보낸 적이 더 많았다. 나는 주로 책과 관념을 통해서 세상에 접근했다. 아직도 어느 정도는 그렇다. 나는 활발하고 긍정적인 사람도 아니었다. 아프고 두렵고 지치고 서글퍼서 안으로만 틀어박혀서 지낼 때가 많았다. 《세상 나들이》를 쓰는 동안은 특히 마음이 어수선했다. 그도 그럴 것이 새로 시작한 일이 안 좋게 끝났는데 앞날은 불확실했기 때문이다. 그 책은 애당초 방향이 잘못 설정되었다. 그래서 중요하고 또 결국은 소중한 내 인생의 한 시기를 왜곡할 수밖에 없었다.

그래서 나는 다시 쓰기로 결심했다. 누구나 가끔은 살아온 과거를 제대로 응시할 필요가 있다. 처지가 달라지면 과거의 의미도 달라지기 때문이다. 옛날에 쓴 이야기를 다시 읽어보면서 나는 어떻게 사람의 생각이 이렇게 달라질 수 있는지 깜짝 놀랐다. 이제 나는 내가 그저 '세상 나들이'만 한 것이 아니라는 사실을 기쁘게 생각한다. 그보다 더 흥미로운 일이 일어났다. 적어도 나는 그렇게 생각한다. 영혼이 회복하는 과정을 그린 T. S. 엘리엇[†]의 〈재의 수요일〉은 내 인생

[†] **Thomas Stearns Eliot(1888~1965)** 미국 출신의 영국 시인, 극작가. 시어·문체·운율 등의 실험으로 영시(英詩)에 새로운 활력을 불어넣은 것으로 평가받는다.

여정의 핵심을 찌른다. 재의 수요일은 사순절(기독교에서 부활절을 준비하는 참회 기간)의 첫날이다. 가톨릭 신도는 머리에 뿌려지는 재를 통해서 사람은 죽는다는 사실을 떠올린다. 우리가 얼마나 약한 존재인가를 깨달을 때 비로소 인생에 대한 진지한 물음이 시작된다. 사순절은 모두 여섯 주 동안 이어지는데 그동안 신자들은 회개를 하고 반성을 한다. 그리고 이것이 부활절의 재생으로 이어진다. 처음에는 감히 꿈도 꿀 수 없었던 생명을 얻게 되는 것이다.

엘리엇의 〈재의 수요일〉에서 우리는 시인이 고통스럽게 나선의 계단을 올라가는 모습을 지켜본다. 그 이미지는 똑같은 단어와 구를 반복하면서 겉으로 보아서는 제자리에서 맴도는 것처럼 보이지만 그래도 꾸준히 앞으로 나아가는 뒤틀린 문체로도 나타난다. 나의 인생도 그런 식으로 펼쳐졌다. 오랫동안 나는 부활절이 오리라는 희망도 없이 언제까지나 모진 사순절만을 살아가는 줄로 알았다. 나는 똑같은 자리에서 똑같은 실수를 반복하면서 어디로 나아가는지도 모르고 헛되이 맴돌고 있었다. 그렇지만 나도 모르는 사이에 서서히 어둠 속에서 벗어나고 있었다. 신화에서 계단은 의식이 새로운 차원으로 올라가는 돌파구를 상징한다. 오랫동안 나는 이제 종교와는 인연이 끝났다고 생각했다. 그런데 각본에 따라서 움직인 것도 아닌데 어떻게 살다가 보니까 처음에 신을 만나겠다는 일념으로 가방을 꾸려서 수녀원에 들어갔을 때 내가 추구했던 모습으로 어느새 내가 바뀌어 있었다.

주 : 이 글에는 실명으로 나오는 사람도 있다. 이름이 알려지기를 바라지 않는 사람은 익명으로 처리했다.

다시는 되돌아가리라 바라지 못하리니
바라지 못하리니
되돌아가리라 바라지 못하리니
이 사람의 재주와 저 사람의 그릇을 탐내면서
이제는 그런 데 아등바등하려고 아등바등하지 않으리니
(늙은 독수리가 왜 날개를 펴야 한단 말인가?)
몸에 밴 권세가 힘을 잃었다고
서러워할 이유가 뭐란 말인가?

다시는 알게 되리라 바라지 못하리니
긍정하던 날의 불안한 환희를
생각하지 않으리니
덧없는 단 하나의 참다운 힘을
알지 못하리란 걸 알게 되리니
이제는 아무것도 없으니
나무에서 꽃이 피고 샘물이 흐르는 곳에서 마시지 못하리니

시간은 늘 시간이고
자리는 늘 자리일 뿐
있는 것은 오직 한 순간
한 자리에만 있다는 걸 알게 되리니
나는 있는 대로 세상을 보는 것이 좋고
거룩한 얼굴에 연연하지 않으리
목소리에도 연연하지 않으리
다시 되돌아가리라 바라지 못하리니
그래서 즐겁다, 즐거워할 무언가를
만들어야 하니까

기도하라 신이여 저희에게 자비를 베푸소서
나도 기도하련다 잊게 해 달라고
너무 많은 토론과 너무 많은 설명으로 나를 애먹이는
그 문제들을
다시는 되돌아가리라 바라지 못하리니
이 말을 답으로 삼으라
다시 일어날 일도 아닌데, 일어난 일에 대한
심판이 우리를 너무 짓눌러서는 안 되리라

이 날개는 더 이상 날 수 있는 날개가 아니라

이제는 너무도 왜소하고 메마른 공기
의지보다도 더 왜소하고 메마른 공기에서
퍼덕이는 한낱 부채 같은 것이니
신경 쓰되 신경 쓰지 않는 법을 가르치소서
가만히 앉아 있도록 가르치소서

우리 죄인들을 위해 지금 그리고 죽음의 순간에 기도하라
지금 그리고 죽음의 순간에 기도하라

T. S. 엘리엇
〈재의 수요일〉 I

차례

■ 머리말
나선 계단에 서서 · 5

어둠의 시간
환속한 수녀 · 33
혁명 속의 옥스퍼드 · 42
비틀스가 누구야? · 58
아무도 들어올 수 없는 정원 · 67
불감증, 느끼지 못하는 마음 · 74
신은 내게 아무 말도 걸지 않았다 · 89

계단의 악마
산산이 부서진 거울 · 101
텅 빈 두려움 · 111
거식증, 소멸의 욕망 · 126
최우등 졸업 · 140

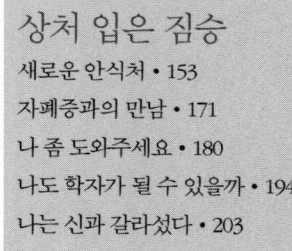

상처 입은 짐승
새로운 안식처 • 153
자폐증과의 만남 • 171
나 좀 도와주세요 • 180
나도 학자가 될 수 있을까 • 194
나는 신과 갈라섰다 • 203

공포의 절규
자살 기도 • 219
내 영혼은 앞으로 나아간다 • 236
남루한 현실도 아름답다 • 246
버릴 수 있는 용기 • 255
마지막 결별 • 265

절망 속의 엑스터시
대학 강단에서 • 281
잃어버린 박사학위 • 295
간질이라는 선물 • 310
더는 잃을 게 없다 • 320

나를 향한 용기
평범하게 살기 싫다 • 333
글쓰기가 나를 치유할 수 있을까? • 347
좁은 문으로 • 360
낯선 세계의 유혹 • 369

발견과 공감
우상 파괴 임무 • 383
최초의 기독교인 • 394
성지의 망아 체험 • 403
타자의 발견 • 412
그들의 고통이 나를 깨웠다 • 429

빛을 향해 한 걸음
신의 역사를 찾아서 • 447
외롭고 위험한 도전 • 459
나를 버리고 나를 만나다 • 468
침묵은 나의 스승 • 477
이해하려면 나를 던져라 • 487
다시 좁은 계단을 오르며 • 502

어둠의 시간

환속한 수녀 | 혁명 속의 옥스퍼드
비틀스가 누구야? | 아무도 들어올 수 없는 정원
불감중, 느끼지 못하는 마음
신은 내게 아무 말도 걸지 않았다

환속한 수녀

지각이었다.

사실은 그것도 색다른 경험이었다. 비바람이 몰아치던 1969년 2월의 어느 어두컴컴한 저녁, 그러니까 시간을 철저히 지키며 살았던 수녀원 생활을 접은 지 겨우 몇 주밖에 안 지났을 때였다. 수녀원에서는 식사 시간이나 예배실에서 갖는 묵상 시간을 알리는 종소리가 울리기 무섭게 하던 일을 그만두어야 했다. 이야기를 나누고 있었어도 중간에 끊어야 했고 절반밖에 못 쓴 문장도 그대로 두어야 했다. 우리의 생활을 아주 세세하게 못박았던 규칙은, 아무리 보잘것없고 허튼 일이라도 종소리는 우리를 새로운 만남으로 불러들이는 하느님의 목소리로 받아들여야 한다고 가르쳤다. 그러므로 하루의 모든 순간 순간이 성사(聖事)였다. 교단이 그렇게 정했고 예수님의 뜻을 지상에서 대변하는 교회도 거기에 토를 달지 않았다.

그래서 여러 해 동안 나는 종이 울리면 곧바로 긴장했다. 그것은 바로 나를 부르는 소리였기 때문이다. 나는 시간을 엄수하려고 노력하면서 언젠가는 하느님의 사랑스러운 손길을 시시각각 느끼며 그분을 영원히 기다릴 줄 아는 마음가짐이 내 안에서 생겨날 것이라고 속으로 늘 뇌까렸다. 그러나 그런 일은 없었다.

청빈과 정결과 순종의 서약에서 풀어주는 서류를 바티칸에서 받았을 때 나는 학부 과정을 중간쯤 마친 상태였다. 그날 나는 아무 일도 없었던 것처럼 학교 기숙사로 들어갔다. 그 다음날에는 옥스퍼드 학생이라면 누구나 매주 써내야 하는 에세이를 쓰고 있었다. 나는 영문학을 공부했는데 대학에 들어간 지 18개월이나 지났지만 몸과 마음을 책에다 온통 쏟아 부을 수 있는 사치를 누릴 수 있다는 사실이 아직도 꿈만 같았다. 시와 소설을 탐탁찮게 여기는 선배 수녀들도 있었다. 문학은 그들이 보기에는 방종이었다. 그런데 이제 나는 원하는 책을 마음대로 읽을 수 있게 된 것이다. 환속하고 나서 처음 몇 주 동안 참으로 심란한 나날을 보내면서도 공부는 기쁨의 원천이었고 내가 잃어버린 모든 것을 상쇄해주는 진정한 위안이었다.

그래서 그날 저녁 7시 20분 학생들에게 식사 시간을 알리는 기숙사 종소리가 울렸을 때 나는 펜을 놓고 책을 가만히 덮고 식당으로 얌전히 걸어가지 않았다. 다음날 아침 교수님에게 보여드리려면 에세이를 끝내야 했고 그때 마침 중요한 대목을 쓰고 있었다. 물 흐르듯 이어지는 생각을 도중에 끊을 수는 없었다. 그 종소리는 하느님의 목소리가 아니라 그저 생활의 편익이었다. 하느님과 만나라고 나를 부르는 소리가 아니었다. 설령 하느님이 불렀다 하더라도 이제 더는 나를 부르는 소리가 아니었다. 작년 이맘때는 아무리 작고 시시한 일에도 거룩한 뜻이 깃들어 있었다. 이제 그런 시절은 끝났다. 모든 임무가 의미심장한 사건으로 다가오기는커녕 이제는 아무것도 중요해 보이지 않았다.

야외 정원을 지나 식당으로 황급히 걸어가면서 나는 이 작은 반항의 몸짓이 사순절 첫날인 재의 수요일에 일어났다는 사실을 깨닫고 쓸쓸하게 웃었다. 그날 아침 제단 난간 앞에 무릎을 꿇고 앉은 수녀들의 머리에는 재가 뿌려졌을 것이고 신부는 "명심하라, 너희는 흙에서 왔으니 흙으로 돌아가리라."라고 읊조렸을 것이다. 죽음을 되새기는 이 의식과 함께 평소보다 더 길고 버거운 종교 제의가 시작되었다. 지금쯤 수녀원 식당에서는 수녀들이 그동안 저지른 잘못을 뉘우치는 특별한 참회를 공개적으로 하기 위해 줄지어 서 있을 것이다. 조금이라도 더 완전해지려는 결의와 각오가 피부에 와 닿을 정도로 절절히 느껴질 것이다. 그런 뜻깊은 날에 나는 일부러 저녁 식사에 늦는 길을 선택한 것이다.

육중한 유리문을 밀고 들어서자 내가 그때까지 머리 속에서 그리던 수녀원과는 판이하게 다른 모습과 맞닥뜨렸다. 소음만으로도 나는 위협을 느꼈다. 400명이나 되는 학생의 입에서 거침없이 터져나오는 와자지껄한 소리가 내 뺨을 후려갈겼다. 수녀원에는 끊임없는 기도와 반성을 독려하기 위해 하루 종일 말을 아껴야 한다는 규칙이 있었다. 말은 점심 식사 이후 한 시간, 그리고 저녁을 먹고 나서 바느질을 하거나 가벼운 오락을 하기 위해 모였을 때만 할 수 있었다. 우리는 걸음도 조용히 걷고 문도 아주 가만히 열었다가 닫고 웃음도 웃는 듯 마는 듯 웃고, 맡은 일을 하기 위해 어쩔 수 없이 말을 해야 할 경우에는 "나지막하게 몇 마디"만 속삭이도록 가르침을 받았다. 재의 수요일부터 부활절 전야까지 40일 동안 이어지는 사순절은 특히 침묵을 중시하는 기간이었다. 하지만 오늘 밤 대학에서는 사순절 분위기를 전혀 느낄 수 없었다. 학생들은 식당 맞은편에 있는 친구를 서로 큰소리로 불렀고 고함을 치면서 아는 척을 했으며 거칠고 과장된 몸짓으로 열띤 토론을 벌였다. 흑백의 수녀복이 빚어내는 수녀원의 차분한 단색, 미안한 마음으로 조심스럽게 식기를 다루는 소리, 기도하는 사람의 침착하고 무표정한 목소리는 볼 수가 없고, 울긋불긋한 색깔, 왁자지껄 터져나오는 웃음, 반박의 고함으로 시끌벅적했다. 마음에 들건 안 들건 이제 그곳이 내가 살아가야 할 세상이었다.

그 다음에 왜 그런 행동이 튀어나왔는지 나는 지금도 잘 모르겠다. 아직도 에세이와 씨름하느라 얼이 빠져 있던 탓도 있을 테고 마음 속으로 그리던 수녀원의 모습과 눈앞에 펼쳐진 흥겨운 신성 모독이 너무 대조적이라서 혼란을 느낀 탓도 있었으리라. 늦었으면 학장 선생님에게 미안하다는 뜻으로 살짝 고개를 숙이는 것이 예의였지만 나는, 나 자신도 당혹스러웠지만, 무릎을 꿇고 바닥에 입을 맞추었다.

환속하고 난 다음에 내가 어떻게 살았는지를 처음으로 고백한 나의 《세상 나들이》라는 책은 이 장면으로 시작되었다. 그것 때문에 내가 우스꽝스러워 보이고 체면이 말이 아니라는 사실은 나도 잘 알지만 나는 지금도 이 장면이 책을 시작하기에 좋은 출발점이라고 생각한다. 내 딱한 처지를 극명하게 드러낸 일화이기 때문이다. 겉으로 보면 1960년대 말의 여느 학생과 다를 바가 없었지만 나는 계속 수녀처럼 행동했다. 잠시만 긴장을 풀어도 머리와 가슴과 몸이 나를 배반했다. 나도 모르게 본능적으로 무릎을 꿇고 미안함과 겸손함을 나타내는 버릇이 아직도 남아 있었다. 수녀원에서는 지각을 해서 공동체의 질서를 어지럽혔을 때는 방으로 들어가자마자 꼭 바닥에 입을 맞추었다. 처음에는 어색했지만 몇 주일이 지나니까 어느새 천성이 되어버렸다. 하지만 식당 입구에서 가까운 식탁에 앉아 있던 여학생들이 어이없다는 듯이 내 얼굴을 쳐다보는 것을 나는 순간적으로 알아차릴 수 있었고 수녀원에서는 너무나 당연했던 행동이 이곳에서는 미친 짓이나 다름없어 보인다는 사실을 깨달았다. 낯설기만 한 이 새로운 세계에서 내가 나타낸 반응은 다른 학생들과 전혀 딴판이라는 점을 알아차렸다. 어쩌면 영원히 다를 것만 같은 생각이 들었다.

　내가 그날 저녁 바닥에 입을 맞춘 데는 또 다른 이유가 있었을 것이다. 서원 해제의 청원이 받아들여지고 난 다음 축하해주는 친구와 선생님이 많았다. "거기서 벗어났으니 얼마나 마음이 놓이니." 어떤 사람은 이렇게 말했다. "너하고는 안 맞아 보이더라구." "얼마나 신날까!" 감격하는 사람도 있었다. "새 출발하는 거야! 뭐든지 할 수 있고, 뭐든지 될 수 있잖아! 무한한 가능성이 네 앞에 펼쳐져 있다구." 어떤 면에서는 맞는 말이었다. 이제 나는 사랑에 빠질 수도 있었고 예쁜 옷을 입을 수도 있었고 여행도 다닐 수 있었고 돈도 벌 수 있었다. 사람들은 내가 지난 7년 동안 이런 것을 갈구한 줄로 알았다. 하지만 나는 마음이 놓이지도 않았고 신이 나지도 않았다. 나는 사람들이 기대했던 행동을 하나도 하고 싶지 않았다. 무한한 기회가 주어졌다는 생각도 들지 않았다. 나는 슬퍼서 어쩔 줄 몰랐고 심한 자책감에 시달렸다. 수녀원에서 정성스럽게 펼쳐지고 있을 사순절 의식을 떠올렸을 때 그곳에는 이제 내가 설 자리가 없다는 생각이 들자 견딜 수 없이 가슴이 아렸다. 아쉽게도, 내가 새로 시작한 생활에는 이상도 없었고 헌신도 없었다. 조금만 노력을 했더라면 그만두지 않을 수도 있었을 텐데 하는 아쉬움에서 오는 회한이, 가슴을 후비고 들었다. 가슴에 구멍이 뻥 뚫린 것만 같았다. 나는 스스로를 하느님께 선물로 바치는 데 실패한 사람이었다. 그래서 죄책감에 젖어 있었고, 그날 저녁 마루 바닥에 입을 맞추면서 무의식적으로 단 한 번만이라도 나의 본심을 세상에 드러내고 싶었던 모양이다.

《세상 나들이》에서 나는 다른 학생들의 호기심에 찬 눈초리를 따갑게 의식하며 쭈뼛쭈뼛 식탁들 사이를 헤집고 나가다가 처음 몇 주일 동안 힘든 시간을 보낼 때 나에게 따뜻한 위로와 조언을 해주었던 친구들 덕분에 살아나는 과정을 그렸다. 외국어를 전공하는 활달하고 명랑한 성격의 로즈메리가 있었고, 차분하고 생각이 깊었던 피오나가 있었으며, 피오나의 단짝으로 내가 다녔던 수녀원 교단에서 운영하는 기숙 학교를 나온 팻이 있었다. 그리고 마지막으로 나처럼 영문학을 전공하던 제인이 있었다. 모두 가톨릭 신자였고, 다들 수녀와 함께 생활한 경험이 있었다. 제인은 약간 폐쇄적인 학교에서 따뜻한 정을 나누어주던 수녀 선생님들을 지금도 좋아하고 있었다. 팻이 나온 해로게이트의 학교는 내가 교사로 파견 나갔던 곳이어서 그 아이는 내가 수녀였을 때의 모습을 기억하고 있었다.

내가 앉았던 식탁에는 가톨릭과 수녀원에 대해서 하나도 아는 바가 없었고 또 별로 알고 싶어하지 않는 사람들도 있었다. 《세상 나들이》에서 나는 내가 저지른 결례와 관련하여 악의는 없었지만 그들이 나를 귀찮게 굴고, 수녀원 생활에 대하여 캐묻고, 바닥에 입을 맞춘 다든가 여러 사람 앞에서 잘못을 고백한다든가 식당에서 복잡한 참회의 의식을 거행한다든가 하는 관습이 있다는 이야기를 듣고는 충격과 경악을 금치 못했다고 썼다. 그런 주제를 놓고 토론도 조금 벌어졌던 것 같다. 확실히 사람들은 어느 정도까지는 호기심을 보였다. 하지만 정말로 관심이 있었던 사람은 없었다고 생각한다.

이 젊은 처녀들은 나에게는 정말로 고마운 사람들이었다. 환속을 허락하는 편지를 교황청에서 받고 두어 시간 뒤에 처음으로 평상복을 사러 백화점에 갔을 때 같이 따라 나서준 것도 로즈메리, 피오나, 팻이었다. 로즈메리는 내 머리를 자르고 보기 좋게 다듬어주었다. 세 친구는 또 내가 처음으로 수녀복을 벗고 저녁을 먹으러 식당에 간 날 옆에서 따라와주었다. 친구들은 마음 고생이 심했을 터이니 내가 왜 그런 결정을 내렸는지 자세히 캐묻지 않는 것이 좋겠다고 생각하는 것 같았다. 나도 친구들과 그런 이야기를 하고 싶지는 않았다. 수녀원에서 우리는 어려움을 서로에게 절대로 털어놓지 않는 법을 배웠다. 나의 고민을 친구들에게 풀어버린다는 것은 나도 상상할 수 없었다. 친구들도 크고 작은 고민이 있었다. 나처럼 에세이를 써내야 했고, 사랑에 빠져 있었고, 사람들과 어울려 노는 재미를 만끽하면서 벅찬 학과 공부를 따라가느라 허우적거리고 있었다. 그들도 어른이 되는 인생의 여정을 걸어가고 있었다. 이제 탈출극도 끝났겠다, 그들은 내가 새로운 자유를 한껏 누리면서 호젓하게 지내고 싶어할 것이라고 굳게 믿었던 모양이다.

나는 또 친구들이 수녀원 생활을 이해하려면 멀었구나 하는 느낌도 개인적으로 받았다. 무심결에 내 입에서 튀어나오는 말을 듣고 정색을 하는 친구가 가끔 있었다. "우리 수녀님들은 전혀 안 그랬어요!" 제인은 강변하곤 했다. "언니가 있던 수녀원은 비정상적으로 엄격했나 봐요." 팻은 실제로 나와 같은 학교에서 살았으니까 더욱 난감해했다. 하지만 팻은 밖에서 신자의 눈으로 보았기 때문에 나와는 시각이 달랐다. "수녀님들이 얼마나 신식이고 트였고 세련되기까지 했는데요!" 팻은 반박했다. "차도 몰고 영화도 다시 보러 다니고 많이 달라지고 있었다니깐!" 두 처녀는 야속한 눈빛으로 나를 바라보았다. 소중한 추억을 내가 망가뜨렸기 때문이었다. 자기가 안다고 믿었던 것과 다른 이야기를 들려주면 사람들은 좋아하지 않는다. 하지만 나는 내가 지냈던 수녀원이 유난히 엄격했던 곳이 아니라고 확신했고 대부분의 수녀원보다 훨씬 깨인 곳이었다는 팻의 말에도 동의했다. 대부분의 수녀는 난해한 의식을 준수했고 바닥에 입을 맞추었고 허물을 서로에게 고백했다. '특별한 우정'은 용납되지 않았다. 모든 사랑은 하느님께 드려야 했기 때문이다. 제2차 바티칸 공의회의 개혁은 그래서 필요한 것이었다.

수녀원이라는 맥락 안에서 보지 않으면, 바닥에 입을 맞추고 두 팔로 십자가를 만들어 주기도문을 하루에 다섯 번 암송하는 관행은 선정적이고 별스럽고 야단스러워 보일 것이다. 하지만 실제로 그것은 우리에게는 숨쉬기처럼 자연스러운 것이었다. 그것은 우리 생활의 일부분으로 자리잡았다. 때로는 약간의 지겨움마저 느껴질 정도로. 수녀원 바깥에서 이런 말을 하면 오해받기 쉽다. 내가 수녀원을 나온 것은 여러 사람 앞에서 참회를 하는 것이 못마땅해서가 아니라 신을 찾는 데 실패했기 때문이었다. 신의 현존을 체험하는 경지에 이르려면 반드시 실천해야 한다고 위대한 영혼의 스승들이 누누이 강조했던 자아의 완전한 포기가 내게는 요원해 보였기 때문이었다.

그래서 나는 과거사를 어느 누구에게도 말하지 않았고, 그래서 대부분의 사람들은 내가 미련 없이 과거를 정리한 줄로 알고 있었다.

혁명 속의 옥스퍼드

"벗으니까 확실히 더 좋네." 나의 앵글로색슨인 지도 교수 미스 그리피스는 단호하게 말했다. 어느 저녁 나는 그녀의 우아한 연구실에 앉아서 셰리주(에스파냐에서 양조되는 백포도주)를 마시고 있었다. "수녀복을 벗으니까 한결 보기가 좋아요. 살면서 무슨 일이 생길지 모르지만 그래도 이번에 올바른 결정을 내렸다고 확신해. 앞으로 15년 뒤에 나한테 와서 '선생님, 전 아이가 다섯 딸린 이혼녀랍니다!'라고 말하는 한이 있더라도 나는 그때 수녀원을 떠난 건 잘한 결정이었다고 여전히 말할 테야."

당연하고 옳은 말이었다. 나로서는 달리 방법이 없었다. 하지만 화려한 무늬로 수놓인 커튼, 육중한 서가, 벽난로 앞에 깔린 페르시아 양탄자를 둘러보고 있으려니까 왠지 내가 있을 자리가 아닌 것만 같은 느낌이 들었다. 모든 가구 하나하나가, 하다못해 벽난로 대리석 선반 위에 놓인 주인의 고상한 안목을 드러내는 반질반질한 장식물과 감쪽같이 배치된 램프까지도, 하나같이 쾌적하고 아늑한 분위기를 연출하고 있었다. 수녀원에서는 기름때가 묻은 마루바닥하며, 커틈이라곤 찾아볼 수 없는 창문하며, 을씨년스러운 책상과 의자하며, 꼭 필요한 알맹이를 빼놓고는 남김없이 발라냈다. 그 하나하나가, 하느님에게 부끄럽지 않으려면 이 세상과 사람들과 물질에 대한 미련과 집착을 우리 안에서 말끔히 도려내야 한다는 점을 끊임없이 우리에게 일깨워주었다. 그렇지만 셰리주를 마셔 몽롱해진 눈에 들어온 황금빛으로 달아오른 교수님의 연구실은 근사했다. 나도 언젠가 옥스퍼드에서 교편을 잡고 책들이 수북이 쌓인 이런 멋진 방에서 지낼 수 있을지 몰랐다. 한때 신앙 생활에 전념했던 것처럼 이번에는 공부에 몰두할 수 있을 것 같았다.

교수들의 아늑하고 조용한 방이 차츰 내게는 천국처럼 보였다. 옥스퍼드를 돌아다니면서 나는 내가 수녀원에 들어가 사는 동안 세상이 엄청나게 변했다는 것을 깨달았다. 내가 수녀원에 처음 들어간 것이 1962년이었으니까 1960년대를 뒤흔들어놓은 성적·사회적·정치적 격변이 일어나기 전이었다. 내가 자랐던 1950년대만 하더라도 젊은이는 부모의 판박이였다. 남자아이는 면바지에 타이를 맸고 여자아이는 얌전한 스웨터와 가디건을 입고 깜찍한 목걸이를 했다. 우리는 꽤 엄한 감시를 받았다. 가톨릭 여학교에서 성에 대한 공포심을 단단히 주입받고 자란 내가 사회를 떠나 수녀원에 들어간 것은 열일곱 살 때였다. 혼전 성관계의 위험성은 나의 영혼에 깊이 새겨져 있었다. 아닌 게 아니라, 피임약이 나오기 전에는 그것은 여자에게는 위험한 도박이었다.

하지만 이제는 모든 것이 달라져 있었다. 여학생과 남학생은 사귀든 안 사귀든 스스럼없이 어깨동무를 하고 다녔다. 공공장소에서 마치 자기 집 안방인 것처럼 부둥켜안기도 했다. 가톨릭을 믿는 내 친구들은 이렇게 하면 도덕적으로 죄를 짓는 게 아닐까 여전히 고민한다는 것을 나도 잘 알았지만, 대부분의 학생들은 고리타분한 상투어에 머리를 숙이지 않았다. 젊은이들의 차림새는 더 기가 막혔다. 나 때만 하더라도 단정하게 단발머리를 하고 다녔는데 지금은 긴 머리를 치렁치렁 휘날렸다. 깔끔한 스웨터와 타이는 벗어 던진 지 오래였다. 엉성하고 후줄근하고 별난 옷차림이었다. 남자가 꽃무늬가 그려진 셔츠나 구겨진 셔츠를 걸치는가 하면 대낮에도 천연덕스럽게 야회복을 입고 다니는 것은 보통이었고, 여자는 넓적다리가 훤히 드러나는 짧은 치마 아니면 길고 흐늘거리는 동양풍의 가운 같은 것을 옷이라고 입고 다녔다.

무엇보다도 그들은 자신만만했다. 나는 젊은 사람은 무조건 순종하고 복종하는 것을 당연하게 여기는 조직에 얼마 전까지 몸담았던 사람이었다. 그곳에서는 나한테 관심을 갖는 것은 금물이었고 확립된 관습에 의문이나 비판을 제기할 수도 없었다. 나이 든 사람에게 말을 걸어야 하는 상황에서는 아부에 가까울 만큼 아주 겸손하고 예의 바르게 굴어야 했다. 윗사람한테 말을 할 때는 깍듯이 무릎을 꿇어 그분이 하느님의 자리에 서 있다는 사실을 되새겼다. 그런데 이 젊은이들은 부끄러운 줄도 모르고 아예 대놓고 반항적으로 나왔다.

그들은 요란하게 떠들면서 반항했다. 심지어는 '시위'라는 행사에까지 참석해서 불만을 마구 터뜨렸다. 불만이라는 것은 나한테는 참으로 낯선 관념이었다. 도대체 저 사람들은 뭘 시위하려는 것일까? 무엇 때문에 화가 난 것일까?

그때가 1969년 봄이었으니까, 지금 생각하니 내가 수녀원에서 나온 뒤로 몇 주 동안 국제 정세가 정말 어지럽게 돌아갔다는 걸 알겠다. 리처드 닉슨이 미국 대통령으로 취임했고, 대(對) 이스라엘 투쟁의 선봉장인 야세르 아라파트는 팔레스타인해방기구 의장으로 선출되었으며, 파키스탄에서는 군부 쿠데타가 일어났다. 팔레스타인 테러리스트들은 취리히 공항에서 이스라엘 여객기를 공격했고 닉슨은 캄보디아 폭격을 승인했으며 소련과 중국은 만주 국경 지대에서 충돌했다. 난 이런 걸 하나도 몰랐다. 닉슨이 누군지 아라파트가 누군지 들어본 적도 없었다. 캄보디아가 어디 가 붙었는지 만주가 어디인지 지도를 봐도 아마 못 찾았을 것이다.

수녀원에서는 세상이 어떻게 돌아가는지 알 수가 없었다. 수련원에서는 신문도 볼 수 없었다. 수련원에 들어가기 몇 주일 전에 쿠바 미사일 위기 소식을 들었지만 윗사람들이 갈등이 해결되었다는 이야기를 해주지 않는 바람에 우리는 3차 세계대전이 이제나 저제나 터지려나 하면서 꼬박 3주일을 공포에 떨어야 했다. 가톨릭 신자였던 케네디 대통령이 암살당했다는 충격적인 소식도 월터 수녀님의 입을 통해서 겨우 얻어들을 수 있었다. 나중에 이 엄격한 보도 제한은 조금 누그러지기는 했지만 정치에 조금이라도 관심을 보였다가는 핀잔을 듣기 딱 좋은 그런 분위기였다. 그래서 나는 우리가 사는 세상이 어떻게 돌아가는지 까맣게 모르면서 세상으로 돌아갔다. 기본 정보가 없으니 신문을 읽어도 무슨 소리인지 알아먹을 수가 없었다. 시사 문제를 가르쳐주는 속성 학원이라도 다녀야 할 판이었지만 그런 데도 없었고, 섣불리 물어봤다가 바닥을 모를 나의 무식이 드러나는 게 부끄러워서 감히 질문을 할 엄두도 못 냈다.

마침 내가 있던 세인트앤 칼리지는 옥스퍼드에 있는 다섯 개의 여학생만 받아주는 칼리지 중에서 정치 의식이 높기로 소문난 동네였으므로 나한테 흔쾌히 한 수 가르쳐줄 학생은 찾아보면 얼마든지 있었을 것이다. 그때는 학생들의 불만이 고조될 대로 고조되어 있었다. 1월에 얀 팔라흐(Jan Palach)라는 체코 학생이 소련의 점령에 항의하여 분신 자살을 했고, 스페인에서는 학생 시위가 격화되면서 계엄령이 선포되었다. 4월에는 미국 코넬 대학의 좌익 학생들이 시대에 맞지 않는 교과 과정을 뜯어고치자면서 여론을 불러일으키기 위해 사흘 동안 연좌 시위를 벌였고 하버드에서는 학생 300명이 대학 본관을 점거했다가 경찰에게 강제로 쫓겨났다. 옥스퍼드도 혁명의 열기로 후끈 달아올랐다. 하지만 학생 운동을 이끄는 사람들이 나는 너무나 무서웠다. 그들의 정의로운 분노 앞에서 나는 한없이 오그라들었다. 나의 정치적 무지를 그들에게 드러내느니 차라리 나한테 돌진해오는 황소한테 다가섰을 것이다.

토요일 오후만 되면 정부와 대학 당국, 과목, 그리고 알 듯 모를 듯한 '체제'라는 것을 까는 구호가 요란하게 적힌 플래카드를 들고 학생들이 교정 잔디에서 우글거리는 모습을 당혹스럽게 지켜보았다. 그들은 모든 것에 분노하는 것처럼 보였다. 영문학과 도서실에서 열린 험악한 회의에서 학부생들이 교수들한테 큰소리로 욕을 퍼부었다는 살벌한 이야기도 들었다. 학생들은 과중한 언어적 부담을 없애라고, 현대 문학도 강의에 집어넣으라고(그 당시에는 1900년도에서 딱 끊겼다), 앵글로색슨학을 없애라고 요구했다. 고대 영문학에 푹 빠져 있던 나로서는 이런 분노를 이해할 수 없었다. 나와 같은 칼리지에 있던 학생들이 교수들의 '독재'를 규탄했다는 이야기를 듣고는 정말이지 할 말을 잊었다.

숨막히는 수녀원에서 살다 나온 사람의 눈에는 내가 있던 칼리지의 조금은 진보적이고 자유방임주의적인 분위기는 천국처럼 보였다. 이 아이들은 독재가 무엇인지 모르는구나! 하지만 바로 그 순간, 내가 상급자와 규칙을 놓고 한치의 양보도 없는 입씨름을 벌이면서 반항자로 굴었던 수녀원에서의 고통스러웠던 마지막 1년이 떠올랐다. 나도 '제도권' 수녀원에서 늘상 좌절감을 느꼈고 울분으로 가득 차 있었고 변화를 갈구했던 것이다. 따지고 보면 학생들이나 나나 크게 다르지 않았다. 다만 싸움터가 달랐을 뿐이었다.

우유부단한 탓인지 나는 어느새 저항하는 분위기에 끌려들고 있었다. 아직 수녀 신분이었던 지난 학기에 다가오는 학생 자치회 임원

선거에 후보자로 이름을 올리게 해 달라는 부탁을 뜬금없이 받았다. 나는 망설였다. 보나마나 망신만 당할 것이 뻔했다. 하지만 사람들이 나가 달라고 워낙 성화였고 한사코 거절하는 것도 좀 우스워 보였다. 한 두 주일 동안 나는 게시판 앞을 제대로 지나갈 수가 없었다. 경쟁자들의 자유분방한 머리 사이에서 베일과 십자가만 눈에 확 띄는 내 사진을 보기가 민망스러웠다. 제정신을 가진 학생이라면 누가 나 같은 사람한테 표를 던질까? 나는 외계인처럼 보였다. 선거 다음날 아침에도 발길이 안 떨어지는 걸 어렵사리 게시판 앞으로 가보니 글쎄 내 사진이 덜렁 붙어 있고 이제부터 내가 학생 자치회의 서기라는 것이었다.

좋든 싫든 어느새 나는 학생 운동에 말려들고 있었다. 학생 휴게실에서 열리는 대책 회의에도 꼬박꼬박 나가야 했고 세인트앤 칼리지를 어떻게 하면 시대 정신에 맞게 뜯어고칠 것인가를 놓고 치열한 토론도 벌여야 했다. 가장 시급한 문제는 칼리지를 모두 남녀 공학으로 만드는 것이었다. 20세기 초반까지만 하더라도 옥스퍼드와 케임브리지 대학은 여학생을 받아주지 않았다. 모자라는 능력으로 남자들 공부를 따라가려 기를 쓰다 보면 그 작은 뇌가 남아나지 않으리라는 논리였다. 그렇지만 이런 배제의 논리를 받아들이지 않고 스스로 칼리지를 세운 여자들이 있었고 대학 당국에서는 결국에 가서는 이런 칼리지도 받아들이지 않을 수 없었다. 옥스퍼드 대학에 있는 다섯 개의 여학생 칼리지는 힘이 약한 여성을 남성의 전유물이었던 학계로 끌어들였다는 점에서 트로이의 목마 비슷한 것이었는데 이제 이것도 시효가 다 되었다고 생각하는 사람들이 있었다. 모든 칼리지가 남학생과 여학생을 함께 받아들여야 한다는 것이었다. 남학생도 세인트앤 칼리지에 들어갈 수 있어야 하고 여학생도 모들린, 베일리얼 같은 권위 있는 남학생 칼리지에 들어갈 수 있어야 한다는 것이었다.

지금도 교육 내용에서 여학생한테 불이익을 주는 일은 없었다. 누구나 똑같은 강의에 들어갔고 똑같은 시험을 치렀다. 남학생과 여학생은 똑같은 조건으로 경쟁했다. 칼리지는 누구든 우리가 원하는 교수와 공부할 수 있도록 주선해주었다. 가령 세인트존이나 머튼 칼리지에 적을 둔 교수도 나를 가르쳤고, 세인트앤에 적을 둔 교수도 남학생을 가르쳤다. 특히 세인트앤은 실력 있는 영문학자가 많기로 유명한 칼리지였다. 실제로 여학생만 있는 칼리지가 공부는 더 잘했다. 여학생을 받아주는 데가 적으니까 여학생의 입학 시험 성적도 당연히 높을 수밖에 없었다. 내가 옥스퍼드에 있는 동안 세인트앤 칼리지는 학부생의 최종 시험 결과를 기준으로 작성하는 칼리지 성적 순위에서 꼬박꼬박 1등을 차지했다. 1960년대가 되면서 여학생은 대학교에서도 당당히 제몫을 할 수 있다는 사실을 이미 충분히 증명하고 있었다.

그래서 많은 사람들이 보기에 다음 수순은 마땅히 남녀 공학 칼리지였다. 하지만 당장에 매듭짓기는 어려운 문제 같았다. 가령 남학생 칼리지의 소름 끼치는 욕실을 여학생더러 그냥 쓰라고 할 수는 없었다. 하지만 옥스퍼드 학생들은 시범적으로 일단은 '폐문 시간'을 없애라고 요구했다. 우리는 모두 자정까지는 칼리지 기숙사로 돌아와야 했고 방문객은 수위실 방명록에다 이름을 적어놓고 문이 닫히기 전에는 나가야 했다. 물론 사람들은 이런 폐문 시간을 무시했다. 칼리지 담장을 가뿐히 넘을 수 있는 데가 여러 곳 있었다. 누구나 이걸 알았고 현장을 목격해도 대부분 모르는 척했다. 걸린다고 해도 가벼운 꾸중을 듣고 약간의 벌금을 내면 그만이었다.

하지만 혁명의 열기로 달아오르던 그 시절에는 좀 더 급진적이었던 학생들은 이런 규칙이 말도 안 된다고 생각했고 나는 새로 임원이 되었으니까 학생과 교수가 이런 문제로 격론을 벌이는 살벌한 회의에 들어가지 않을 수 없었다. 그 문제는 나의 이해 관계가 걸린 문제가 아니었다. 내 비좁은 기숙사 방에서 자고 가겠다고 떼를 쓰는 남자도 없었거니와 남자와 밀회를 하기 위해 내가 기숙사 담을 넘을 가능성은 내가 중국의 만리장성을 기어오를 가능성보다 낮았다. 더구나 몇 주일 전까지만 하더라도 나는 모든 혼외 성관계를 몹쓸 죄악으로 규탄하는 조직의 대표로 시선을 끌었던 사람이 아닌가.

하지만 그것은 어차피 지나간 일이었다. 내가 가톨릭 신자라는 생각에는 변함이 없었지만 성 문제를 다루는 기존의 교리는 교회 안에서도 이미 그 전부터 심각한 논란을 불러일으키고 있었다. 전해 여름 교황 바오로 6세†가 '인간 생명'이라는 회칙에서 피임을 불법으로 만들었을 때 일부 수녀는 말할 수 없는 충격을 받았다. 나도 들은 이야기지만 나와 같은 수도원에 소속되어 있던 한 수녀원에서는 배짱이 있는 수녀가 교황의 발표가 있었던 다음날 아침 알약(물론 단순한 아스피린이었지만)을 수녀들 식반 옆에 한 알씩 놓아두는 바람에 작은 소동이 일어났다고 한다. 교황의 결정은 사실 수녀하고는 아무 상관이 없었다. 하지만 문제의 회칙은 교회가 얼마나 고압적으로 군림하는가를 단적으로 드러냈다.

결혼한 부부, 의사, 심리학자의 조언을 묵살하고 교회가 고수해 온 종래의 입장을 다시금 천명함으로써 바오로 6세는 바티칸 공의회의 새로운 원칙을 저버리고 평신도로부터 다시 멀어지고 독실한 가톨릭 교인이지만 좀 더 책임 있게 단촐한 가정을 꾸리고 싶어하는 부부들의 고통에서 등을 돌리는 것처럼 보였다. 가톨릭 교회도 나름대로 성 혁명을 겪고는 있었다. 하지만 교단의 보수적 입장에 반대하는 성직자라 하더라도 열에 아홉은 미혼 남녀가 피임약을 쓰는 것까지 눈감아주지는 않았을 것이고 폐문 시간에 대해서 내가 강경한 입장을 취하면서 바람직한 가톨릭의 가치를 옹호해주기를 기대하는 사람이 많았을 것이다. 몇 주일 전이었다면 아마 나도 주저하지 않고 그렇게 했을 것이다.

† **Paulus VI(1897~1978)** 1963년 교황이 되었고, 요한 23세가 소집했던 바티칸 공의회를 성공적으로 끝맺었다. 대내적으로 '인간 생명', '전례 헌장', '교회 헌장', '교회 일치 운동에 관한 교령' 등을 공포하였으며, 사제 독신제를 고수하여 보수적이라는 비난을 받기도 하였다. 대외적으로 다른 종교와의 화해에 힘을 쏟았으며, 국제 문제와 평화에 큰 관심을 가졌다.

이제 나는 가톨릭 교회를 공식적으로 대표하는 사람이 아니었지만, 자치회 휴게실에서 학생들끼리 벌이는 논쟁을 듣고 있노라니 나 자신도 은근히 놀랐지만 폐문 시간을 없애는 데 반대하는 학생들을 기독교의 가치관을 앞세워 옹호하고 싶은 마음이 조금도 들지 않았다. 내가 이 문제에 무관심했던 것은 사실 내 코가 석 자였기 때문이기도 하다. 몇 주일 동안 하도 이런 저런 사건에 정력을 빼앗기다 보니 녹초가 되어서 토론에 끼어들 기운이 없었다. 하지만 그것이 이유의 전부는 아니었다. 이 문제를 곰곰이 생각해보니 예전에 내가 품었던 확신은 온 데 간 데 없고 의문 부호만이 남아 있었다. 그것은 얼마 전부터 내가 자주 느낀 허탈감이었다. 습관을 벗어 던지니까 내 안에 그토록 오래 머물러 있었던 신앙인의 모습도 많이 잃어버린 듯한 느낌이 들었다. 마치 내 몸의 일부분처럼 너무나 당연하다고 생각했던 믿음과 원칙이 이제는 왜 그런지 서먹서먹하고 낯설게 다가왔다. 착잡하긴 했지만 곰곰이 생각해보니 나는 이제 강한 확신도 못 품고 강한 공감도 못 하는 사람이 되어버린 것 같았다.

옥스퍼드에서 공부를 시작한 지도 어느새 18개월 가까이 되었지만 그 전에도 2년 동안 까다로운 입학 시험 준비를 하는 데만 매달려 온 나였다. 학문의 세계에는 수녀원에 못지 않은 그 나름의 엄격한 원칙이 있었다. 그 원칙 가운데 하나는 이미 나의 머리와 가슴에 아로새겨져 있었다. 모르는 주제에 관해서는 나서지 말라는 원칙이었다. 나는 내가 지닌 지식과 식견의 한계를 건강하게 존중할 줄 아는 법을 배웠다. 그동안 공부를 하면서 크게 달라진 점이 많지만 그중 하나는 내가 모르는 모든 분야에 대한 뼈저린 자각이었다. 내가 성에 대해서 뭘 알지? 나는 학생들이 격론을 벌이는 동안 스스로 물었다. 남자에 대해서, 관계에 대해서, 사랑에 대해서 뭘 알지? 세상을 등지고 살아온 내가 눈부시게 변하는 시대에 대해서 뭘 알지? 나는 아무것도 몰랐으니까 당연히 의견을 말할 자격이 없었다. 그리고 나 자신도 불과 몇 달 전까지는 케케묵은 제도에 대들었던 사실을 떠올리고는 변화를 요구하는 사람들의 말을 귀담아들어야겠다고 생각했다. 아무튼 나까지 나설 필요는 없어 보였다.

하지만 옆에서 가만히 지켜보는 것도 쉽지가 않았다. 칼리지의 학생 규율감이 새로 바뀌었다. 그 전까지는 내게 문학을 가르치던 도로시 베드나로스카 교수가 맡았던 보직이었는데 이분은 털털하고 생각도 진보적이었다. 신임 규율감은 덩치가 크고 동작이 느린 에밀리 프랭클린이었는데 알고 보니 나보다 나이가 그리 많지 않았다. 학생들 이야기로는 조금 답답하긴 하지만 가르치는 건 괜찮은 편이라고 했다. 하지만 비교적 젊은 편이었는데도 프랭클린은 학생 시위에는 냉정했다. 그리고 폐문 시간은 그대로 고수하는 정도가 아니라 문을 한 시간 일찍 닫겠다고 선언했다. 게다가 위반한 학생한테 물리는 벌금도 높였고, 학생들이 즐겨 이용하는 담벼락 밑에다 아무런 예고도 없이 여봐란듯이 철조망을 설치했다. 칼리지가 시끌시끌했다.

"말이나 되는 소리야 이게." 어느 날 복도에서 나를 불러 세워놓고 베드나로스카 교수가 말했다. "그 밥통이 제정신이 아니지. 처녀 표들이야 좋아라 하겠지만 그런다고 문제가 해결되나."

"처녀 표요?" 내가 물었다.

"칼리지 운영위원회의 보수파." 베드나로스카 교수가 대답했다. "어떤 사람들인지 잘 알잖아! 다 처녀야 아니지만, 차라리 처녀라면 말도 안 해요. 그건 그렇고, 학생회에서는 어떻게 할 건데?"

"규율감 선생님한테 재고해 달라고 대표를 보내려구요." 지도 교수가 나는 당연히 진보파의 편일 거라고 가정하는 데 약간 당혹감을 느끼면서 내가 말했다.

베드나로스카 교수는 특유의 날카로운 웃음을 터뜨렸다. "원칙이야 옳지만, 그래선 안 통해요." 그녀는 한마디 던지고는 마당발처럼 엉거주춤한 묘한 걸음걸이로 연구실로 뚜벅뚜벅 걸어갔다.

그런데 우리의 뜻을 전달하기 위해 학생자치회의 서기 자격으로 회장과 함께 프랭클린 교수를 만나러 가야 한다는 사실을 나는 뒤늦게야 알았다. 숱이 많은 붉은 머리를 길게 기르고 다니던 모린 매킨토시는 우리 칼리지에서 정치적으로 가장 급진적인 생각을 지닌 학생의 하나였다. 나는 모린을 볼 때마다 깜짝깜짝 놀랐다. 나를 비웃을 거라는 생각이 항상 들었고 내가 하나도 모르는 베트남이나 캄보디아 이야기를 불쑥 꺼내면 어쩌나 하고 늘 가슴을 졸였다. 수녀였다는 사람이 밤에 끼리끼리 어울려서 엉큼한 짓을 하려는 학생들 편에 선다는 생각을 하니 뭐 하는 짓인가 싶기도 했다. 하지만 다행히 모린은 프랭클린 교수의 숙소로 가면서 나와 함께 있는 것을 불편해하지 않는 듯했다. 우리는 규율감의 소파에 나란히 앉아서 싸늘한 분위기 속에서 작은 잔에 담긴 셰리주를 마셨다. 처녀 표의 우두머리는 창을 등지고 앉아 있었고 스모키라는 고양이는 주인의 무릎에서 갸르릉거리고 있었다.

"더는 양보할 수 없어요!" 새로운 규정을 철회하고 철조망도 없애 달라고 우리가 정식으로 요청을 했을 때 그녀의 입에서 나온 말이었다. 대화가 이어지다가 잠깐씩 끊길 때면 그녀는 마치 주문처럼 이 말을 뇌까렸다. 감정을 읽기 어려운 이상야릇한 가성으로 같은 말만 되뇌었다. "더는 양보할 수 없다니까!"

나는 부아가 치밀었다. "'양보'라니요." 나는 따지고 들었다. "우리가 이미 누리고 있던 권리를 빼앗아가셨잖아요. 우린 어디까지나 원상 회복을 원하는 겁니다. 양보가 아니라요."

차라리 입을 다물고 있는 게 나았을지도 몰랐다. "더는 양보할 수 없어요!" 프랭클린 교수가 뇌까렸다.

"학생회에서는 받아들일 수 없습니다, 교수님." 모린이 단호하게 응수했다. "적어도 폐문 시간만이라도 옛날대로 해놓지 않으면 우린 행동에 나설 수밖에 없습니다. 그 철조망이라는 것도 너무너무 위험해요. 그런데도 사전 경고 한 번 없었어요. 심하게 다칠 수도 있었어요."

"그거야 자업자득일 테고." 프랭클린 교수는 부드럽게 받아쳤다.

"여러분은 배우러 여기 온 거지 밤이고 낮이고 제멋대로 몸을 굴리라고 여기 온 게 아니지요. 공부는 뒷전으로 미루고 유치한 데모나 하러 여기 온 것도 아닐 테구요."

모린은 한숨을 내쉬었다. 나는 또 다시 분노를 느꼈다. 그 말은 해서는 안 되는 말이었다. 모린은 정치 활동을 하면서도 공부도 열심히 했다. 얼마 전에는 누구나 탐을 내고 경쟁이 치열한 케네디 장학생으로 선발되어 미국으로 건너가 내가 알기로는 60년대 학생 운동의 메카인 버클리 대학에서 석사 공부를 할 예정이었다. "저도 따로 드릴 말씀이 없네요." 모린도 존경할 만한 자제심을 발휘하면서 물러서지 않았다. "학생회에서 부득이 행동에 나설 수밖에 없겠다는 말 외에는."

"더는 양보할 수 없어요!" 프랭클린 교수는 앵무새 같은 소리를 반복하더니 우리를 외면하고 스모키에게 관심을 쏟으면서 주인의 널찍한 가슴을 타고 창턱으로 기어올라 가려고 애쓰는 고양이의 귀에다 다정하게 속삭였다. 나는 기가 막혀서 그 여자를 빤히 쳐다보았다. 살아오면서 어떤 생각이 옳을 수도 있고 틀릴 수도 있다는 사실을 그런 대로 잘 받아들였다고 난 자부한다. 하지만 이런 태도는 정말이지 볼썽사나웠다. 우리가 무슨 말을 하더라도 이 여자는 눈썹 하나 꿈쩍 않을 사람이었다. 다른 가능성에 대해서는 아예 귀를 막는 여자였다. 그 여자를 보고 있으니까 바늘로 찔러도 피 한 방울 흘리지 않을 것 같았던 가톨릭 역사에 나오는 성녀들이 떠올랐다. 맹수도 그 앞에서는 무서워서 꼬리를 내렸다. 칼도 그 난공불락의 살을 꿰뚫을 수 없었다. 매음굴에 처박아놓아도 감히 건드리는 사람이 없었다. 그들은 눈에 보이지 않는 방패에 둘러싸여 있었다. 자기만의 세계를 지켜주는 철책 안에서 살고 있었다. 수녀원에서 우리가 부르던 성가는 성모 마리아를 "벽으로 둘러싸인 정원"에, "뚜껑을 닫은 우물"에 비유했다. 한때는 정결의 서원을 다짐한 것을 자랑스러워했지만 이제 나는 처녀 표와 같은 편이 아니라는 사실을 깨달았다.

나는 더 있을 필요가 없지 않겠느냐고 모린에게 눈으로 물었다. 모린은 고개를 끄덕이더니 자리에서 일어나면서 말했다. "피차 더 할 이야기가 없을 거 같네요."

그날 밤 나는 어둠의 보호를 받으면서 모린과 여러 학생과 함께 칼리지 담으로 갔다. 우리는 한 손에 철사를 끊는 펜치를 하나씩 들었다. 우리는 결연한 마음으로 철조망을 정성껏 치운 다음 팔뚝 하나 길이쯤으로 자른 철사 조각들을 프랭클린 교수가 사는 집의 창문 바로 앞 잔디에 수북이 쌓아놓았다. 나는 성 혁명에 운명을 던진 사람 같았다.

비틀스가 누구야?

그렇지만 며칠 뒤에 처음으로 파티에 가보았더니 그것도 아니라는 생각이 들었다. 지저분하고 담배 연기가 꽉 들어찬 방으로 걸어 들어가니 소음이 사방에서 나를 후려갈기는 듯했다. 수녀원에 들어가기 전에 내가 가보았던 파티는 점잖고 노티가 났다. 자상하지만 매처럼 날카로운 나이 든 분들의 눈초리 아래 우리는 어색한 몸놀림으로 쌍쌍이 방을 돌면서 왈츠와 퀵스텝의 정중한 선율에 더듬더듬 보조를 맞추려 애썼다. 할 말은 아니지만, 지겨워서 돌아버릴 것만 같았다.

하지만 남자 친구 마크와 제인이 함께 있는 걸 발견하고는 한구석으로 머뭇머뭇 뚫고 나아가면서 보니까 여기서는 아무도 지겨워하지 않는 것처럼 보였다. 나는 와인 한 잔을 받아 들었다. 눈앞에 펼쳐지는 장면을 어지럽게 응시하면서 이 술을 마시면 감각이 둔해질지도 모른다는 기대를 품고 고마운 마음으로 와인을 홀짝거렸다. 실내는 지하 동굴처럼 캄캄했다. 주기적으로 어둠을 밝히는 깜박이 불빛은 우리 모두를 화강암 빛깔의 마귀 할멈으로 둔갑시켰다. 제인의 살은 마치 표백을 한 듯했고 입술은 까맸다. 방 맞은편에 팻과 피오나도 보였다. 그 예쁘고 싱싱한 얼굴에서도 빛깔이 빠져나가는 바람에 생기 발랄한 표정이 시체 같은 안색과 기이하게 겉돌았다.

"정신이 없나 보군요." 평범한 남자 모델처럼 잘생긴 얼굴에 키가 크고 늘 심각한 표정을 하고 다니는 마크가 염려하듯이 말을 걸어 왔다. 내가 음악으로 받아들이려고 애를 쓰던 요란한 굉음이 너무 시끄러워서 마크는 소리를 질러야 했다. 마이크를 통해 증폭된 남자의 목소리가 악을 쓰고 기타는 발악을 하고 심벌즈는 꽝꽝 울리고 그 밑에서 드럼은 어지러운 원시적 리듬을 두드리고 있었다.

"아뇨. 전혀 아닌데요." 나도 예의 바르게 맞고함을 질렀다. 그때는 몰랐지만, 이 처음 접하는 세상이 나한테 얼마나 낯설었는지를 털어놓고 나의 혼돈과 낙심을 드러내 사람들 앞에서 마음의 빗장을 열었더라면 훨씬 견디기가 쉬웠을 것이다. 하지만 그때는 그럴 엄두가 나지 않았다. 나도 미스 프랭클린이나 순교한 성녀처럼 누가 내 안으로 들어오는 것을 용납하지 않는 면이 있었다. 나는 수녀원에서 나온 이후로 후유증을 앓기는커녕 모든 것을 차분히 받아들이고 있다고 사람들이 믿게 만들고 싶었다. 동정과 호기심의 대상이 되는 것도 싫었지만 수녀원에서 하도 입을 닫고 살다 보니 침묵이 천성처럼 되어버렸다. 나는 지적 관심을 보이는 쪽으로 나갔다. "가수가 누군데요?"

제인과 마크는 똑같이 귀를 의심하는 듯한 표정을 지었다. 마치 희극의 한 장면 같았다. "당연히 비틀스지!" 제인이 소리쳤다. 그런데도 내가 멍한 표정을 짓고 있으니까 약간은 주저하면서 슬쩍 덧붙였다. "비틀스를 못 들어봤나 보지?"

들어보긴 했다. 그게 전부지만. 동생이 전에 왔을 때 그 그룹 이야기를 한 적이 있었고 같은 학생들하고 이야기를 할 때도 여러 번 그 이름이 튀어나왔던 걸 기억한다. 하지만 그때가 1969년이었는데도 나는 비틀스가 도대체 어떤 사람들인지 아무런 생각이 없었고, 그들이 1960년대 내내 영국 사회에 얼마나 큰 영향을 끼쳤는지 아무런 개념이 없었다. 비틀스 열풍을 한 번도 목격한 적이 없었으며, 그들의 음악을 알면서 들은 적은 단 한 번도 없었다.

제인과 마크는 자기들 세대한테 비틀스가 어떤 의미를 지니는지 나한테 설명하려고 애썼지만 내 귀에는 거의 들어오지 않았다. 나의 무지에 그들이 은근히 놀랐다는 걸 알아차릴 수 있었다. 제인은 나를 뚫어지게 바라보다가 내가 왜 그 사람들은 딱정벌레라는 기분 나쁜 벌레를 밴드 이름으로 삼은 거냐고 약간 이해가 안 간다는 듯이 묻자 그만 웃음을 터뜨리고 말았다.

내 또 한쪽 옆에서는 마크가 가사를 흥얼거리고 있었는데 나는 적나라한 욕구를 토로하는 "러브 러브 미 두!", "아이 워너 홀드 유어 핸드!", "플리즈 플리즈 미!" 같은 그 낯 뜨거운 가사에 충격을 받았다. 나는 마치 이판사판이라는 투로 자기의 욕망을 고래고래 외쳐대기는커녕 나한테 그런 욕구가 있다는 사실조차 인정하기 어려웠을 것이다. 그렇지만 문제의 가사는 내 안에 그냥 버려져 있던 곳을 건드리면서 사람들로 붐비는 곳에서 외로움을 절감하게 만들었다. 가만 보니까 내 주변은 온통 두드리는 발, 끄덕거리는 머리, 노래 가사를 따라 부르는 입술, 표현 하나 하나에 남다른 사연이 숨어 있다는 듯 의미 심장하게 주고받는 시선으로 채워져 있었다. 비틀스는 파티에 온 사람을 모두 하나로 이어주는 전류였다. 공간을 하나로 묶어주는 끈이었다. 사람들은 모두 자기들 세대의 대변인 노릇을 하고 있었다. 나이는 나와 엇비슷했겠지만 그들은 나의 대변인이 되어주지는 못했다. 몸은 파티장에 있었지만 나는 이방인이었다.

원하는 것을 툭툭 내뱉는 비틀스의 자연스러움과 자신감에 좀 얼이 빠지는 느낌도 들었지만 그래도 나도 그렇게 할 수 있었으면 좋겠다는 마음이 굴뚝 같았다. 30년이 지난 지금 나는 그들이 얼마나 천재였는지를 제대로 알게 되었고 아직도 그들의 음악을 들으면 견디기 어렵도록 가슴이 아려 온다. 비틀스가 노래하는 그런 욕구는 수녀원에서 교육을 받으면서 내 안에서 빠져나간 지 오래였다. 하지만 아프도록 바로 와닿는 노래 가사를 들으니 나한테도 그런 욕구가 있었으면 좋겠구나 하는 부러움을 내가 느끼고 있었음을 깨달을 수 있었다. "네게 필요한 건 오직 사랑뿐"이란 노래를 들으면서 눈물은 흘리지 않았지만 목이 메었다.

그런데 이 판국에 사랑이라니? 나는 춤추는 사람들을 흐뭇하게 바라보았다. 내가 새로 안면을 튼 이 사람들에게 퀵스텝은 보나마나 금

시초문이었을 것이다. 그들은 팔짝팔짝 뛰고 몸을 비틀고 손을 맞잡고 빙그르르 돌았다. 심지어 혼자서 추는 사람도 있었다. 미리 정해진 틀 같은 건 없었다. 그들은 허공으로 손을 뻗고 팔을 흔들고 요상한 각도로 다리를 움직였다. 동작이 자연스럽게 이어졌다. 하지만 나한테는 자연스럽지가 않았다. 잠깐이었지만 질투심이 확 치밀어 올랐다. 나도 그렇게 해봤으면 하는 생각이, 아무런 제약도 받지 않고 자유롭게 내키는 대로 움직였으면 좋겠다는 생각이 불쑥 들었다. 나로서는 엄두도 못 낼 일이었지만 이 학생들은 강렬하고 충만한 삶을 살아가고 있다는 느낌이 들었다. 마크가 고맙게도 같이 춤을 추지 않겠느냐고 물었을 때 나는 고개를 흔들었다. 차라리 날아다니는 것이 쉽지 나는 그런 식으로 온몸을 내던질 자신이 없었다.

여러 해 동안 나는 육체를 억누를 대로 억누르는 훈련을 받았다. 수녀는 알맞은 보폭으로 사뿐사뿐 걸어야 했다. 급박한 상황이 벌어지지 않는 한 뛰어서는 안 되었다. 처음에는 하나부터 열까지 힘들었다. 우리는 대부분 아직 나이가 어렸으므로 층계를 한 번에 두 계단씩 뛰어오른다거나 수업 시간에 늦었을 때 서두르고 싶은 충동을 억누르기가 쉽지 않았다. 그래도 시간이 흐르다 보니 나를 다스리는 요령을 깨우쳤다.

하지만 수녀의 일거수 일투족을 지배해야 한다고 여겨졌던 '종교적 절도'의 규칙은 끝내 완전히 습득하지 못했다. 지금도 그렇지만 나는 옛날부터 눈치가 빠르지 못했고 동작이 좀 굼뜬 편이었다. 같은 새내기 중에는 소리 없이 깔끔하게 처신하는 수녀도 있었지만 난 죽었다 깨어나도 그렇게는 못했다. 특히 "눈을 가두는 데"는 젬병이었다. 수녀원에서는 시선을 땅에다 박는 습관을 이렇게 색다른 이름으로 불렀다. 나는 궁금한 것은 그냥 넘어가지 못한다. 어디서 이상한 소리가 나거나 누가 방 안으로 들어오면 꼭 확인해야만 직성이 풀렸다. 눈을 겸손하게 내리깔지 않고 상급자를 건방지게 빤히 쳐다보았다는 이유로 혼난 적이 한두 번이 아니었다. 일부러 버릇없이 굴려던 건 아니었고 말할 때는 상대방 눈을 똑바로 쳐다보라고 어렸을 때부터 하도 이야기를 많이 들어서 그랬다.

그렇게 어설픈 수녀였는데도 수녀원에서 배운 것 중에서 완전히 몸에 밴 원칙도 조금은 있었다. 그래서 난 지금까지도 춤을 출 줄 모른다. 나의 또 다른 모습을 상상하면서 디스코걸처럼 폴짝폴짝 뛰면서 홀가분하게 음악 속으로 사라지는 공상도 많이 했다. 참 근사한 기분이 들 것 같았다. 하지만 그것은 불가능한 일이었다. 한창 감수성이 민감한 나이에 나의 몸은 전혀 다른 리듬에 길들어버렸고 좋든 싫든 이제는 그 리듬이 완전히 굳어버렸다.

춤추는 사람들을 지켜보고 있노라니 나는 개밥의 도토리 같은 느낌이 들었다. 대놓고 사람을 성적으로 자극하려는 그런 춤이었다. 다큐멘터리나 뉴스에서 가끔 보았던 아프리카 흑인들이 추는 민속 무용이 떠올랐다. 그것은 재미는 있었지만 나하고는 아무런 상관이 없었다. 나는 태연자약해 보이려고 애썼지만, 노티가 꽉꽉 나는 고리타분한 옷을 입고 어딜 가나 방패처럼 끼고 다니는 핸드백을 든 채 영연방 국가를 순방하러 온 자신을 위해 펼쳐지는 민속 무용을 얼빠진 미소를 지으며 바라보는 여왕처럼 주변과 겉도는 사람으로 보일 것이라는 생각을 하니 비참해졌다. 나는 더는 수녀원 사람이 아니었지만 그렇다고 바깥 세상 사람도 아니라는 서글픈 사실을 깨달았다.

돌이켜보면 처음 몇 달 동안 나는 어떤 이유에서든 파키스탄, 팔레스타인, 또는 짐바브웨에 있던 집을 떠나 유럽 국가로 터전을 옮긴 사람이 경험하는 문화 충격 비슷한 것을 겪었던 것 같다. 20세기라는 격동기에 수많은 사람들이 잇따른 참화를 겪으면서 졸지에 유랑민이 되었다. 이민은 당연히 주소가 바뀌는 것만을 뜻하지는 않는다. 그것은 정신적 혼란도 수반한다. 인류학자와 심리학자에 따르면 삶의 터전을 옮긴 이민자는 갑자기 낯설어진 우주 안에서 길을 잃었다는 느낌을 받는다. '집'이라는 준거점이 사라지니까 방향 감각을 상실하고 모든 것이 상대적이고 무의미해 보인다. 자기 문화와 정체성의 뿌리에서 떨어져 나온 이민자와 난민은 왠지 모르게 나날이 오그라들고 보잘것없어지는 듯한 느낌에 젖는다. 우주 안에서 그들만이 차지하는 자리와 떼려야 뗄 수 없는 그들의 '세상'은 거짓말 안 보태고 끝장이 났다.

이제 나도 이 20세기의 경험을 공유하고 있었다. 물론 내 발로 '집'을 떠나 수녀원에 들어갔고 난민과는 달리 수용소에서 힘들게 살았던 것도 아니었지만, 다른 사람들에게는 멀쩡하기만 한 모든 것이 나에게는 낯설기만 했다. 나는 아무것도 당연하게 받아들일 수가 없었고 내가 없는 동안 등장한 1960년대의 세상을 어떻게 이해해야 좋은지 갈피를 잡을 수가 없었으므로 세상은 무의미하다는 느낌이 들었다. 방향 감각을 근본적으로 상실하니까 어디가 어딘지를 모르겠고 어디로 고개를 돌려야 할지도 모르겠고 머리도 어지러워졌다. 우리가 신문과 군것질거리를 사던 기숙사 부근의 구멍가게를 지키던 나이 든 방글라데시 여자의 눈에서도 나는 어쩔 줄 모르는 당혹감을 보았다.

같은 기숙사에 있던 메리 실비아 수녀의 눈에서도 그것을 볼 수 있었다. 그녀는 영문학 학위를 따러 얼마 전에 인도에서 왔는데 내가 전에 있었던 차월 에지의 수녀원에서 학교를 다녔다. 인도에서는 좋은 대학을 나오고 학교도 운영하고 교단에서 높은 자리까지 올라간 모양이었다. 그런데 인도를 떠나니까 모든 것이 허물어진 것 같았다. 제대로 된 에세이를 잘 쓰지 못했고 칼리지 도서관에서 책을 빌리는 데 필요한 간단한 절차를 익히는 데도 애를 먹었으며 강의나 세미나 시간도 기억하지 못했다. 수녀들의 남 모를 세계를 잘 아는 사람으로서 내가 번번이 구원병으로 불려갔기 때문에 알게 된 사실들이다. 메리 실비아 수녀가 에세이 쓰는 것을 도와주려고 애는 써보았지만 그녀는 내가 하는 말이 머리에 잘 안 들어오는 모양이었다.

어느 날 실비아 수녀는 여느 때와 다를 바 없이 작은 세미나실에서 열린 문헌학 수업에 들어오지 않았다. 나중에 보니까 그녀는 식당에 공책을 펴놓고 따뜻한 미소를 머금은 채 우두커니 혼자 앉아 있었고 식당 종업원들은 그 옆에서 저녁 준비를 위해 바닥을 닦고 상을 차리면서 난감한 표정을 짓고 있었다. 그녀는 분명히 충격을 받았고 주변이 어떻게 돌아가는지 이해하지 못했고 방향 감각을 완전히 잃어버린 것이었다. 나는 그보다는 형편이 나았지만 그래도 그녀가 겪었던 것과 비슷한 것을 느끼고 있었다. 나도 익숙한 곳에서 떨어져 나왔기 때문에 나에게는 아무런 의미가 없는 세상에서 갈피를 못 잡고 있었다. 그해 말 나와 성(姓)이 같은 우주비행사 닐 암스트롱이 달에 처음으로 착륙하여 "인류를 위한 거보(巨步)"를 내딛고 구멍이 숭숭 뚫린 달의 표면을 껑충껑충 뛰어 다니는 것을 보았을 때, 그 너무나 황량하고 어둡고 을씨년스러울 만큼 공허한 달의 정경은 지구라는 행성이 내 눈에 들어온 바로 그 모습이었다.

아무도 들어올 수 없는 정원

 방학을 맞아 집에 가도 상황은 별로 달라지지 않았다. 가족들은 나를 따뜻하게 맞아주었지만 그들이 기대한 것은 7년 전에 집을 떠났던 딸의 모습, 언니의 모습이었다. 부모님은 조심스럽게 예전처럼 오순도순 살아가고 싶어했지만 그분들은 나에게는 거의 남남처럼 느껴졌다. 수녀원에 있는 동안 부모님은 여섯 달에 한 번씩 면회를 올 수 있었고 나는 넉 주마다 편지를 한 통씩 보낼 수 있었다. 아무리 후한 점수를 준다 해도 이렇게 빈약한 만남으로는 서로를 알 수가 없었다.
 수녀원 면회실의 분위기는 이만저만 거북살스럽고 작위적이지 않았다. 수녀는 '세속인'과 함께 식사를 할 수 없었으므로 나는 수녀원 식당에서 동료들과 함께 식사를 하러 가고 그동안 부모님은 차를 따르고 소곤소곤 대화를 나누는 한 무리의 수녀들에게 둘러싸인 채 휴게실에서 진땀을 흘리면서 따로 식사를 하셨다. 나보다 세 살 어린 여동생 린제이는 면회 오는 걸 싫어했다. 우리가 예배당으로 들어가서 군인을 방불케 하는 절도 있는 동작으로 제단 앞에서 살짝 고개를 숙이고 신도석에 무릎을 꿇고 가만히 앉아 있는 것을 보면서 동생은 그 저변에 흐르는 긴장과 웃음기라곤 찾아볼 수 없는 경직성과 누군가 실수를 저질러 이 완벽한 행사를 망쳐놓을지 모른다는 걱정 때문에 다른 데서는 전혀 그런 적이 없었는데도 몇 번이나 까무라쳐서 밖으로 실려 나갔고 수녀원 사람들은 그걸 보면서 흐뭇해하기도 했다. 내가 쓴 편지도 별로 나을 것이 없었다. 수녀원 안에서 일어난 일에 대해서는 입도 뻥긋할 수 없었고 여러 해 동안 수녀원 밖으로 나가본 적이 거의 없었으므로 주변의 경치가 어떻고 교회에서 드리는 미사가 얼마나 엄숙하고 하는 졸린 이야기밖에 할 수가 없었다.

그러니까 부모님은 내가 지난 7년 동안 어떻게 살았는지 전혀 알 수가 없었다. 좀 더 심각하고 근본적인 문제는 내가 그분들의 애정에 제대로 반응할 줄 모른다는 사실이었다. 나는 친밀감의 표현 앞에서는 덮어놓고 몸을 사렸다. 나를 만지는 것도, 껴안는 것도 견딜 수가 없었다. 가족들과 이야기를 할 때도 수녀들처럼 격식을 지키면서 거리를 두었다. 당연히 부모님은 상처를 받았고 나는 부모님을 아프게 해드렸다는 데 죄책감을 느꼈다.

그야말로 막다른 골목이었다. 결국 수녀원에서 받은 교육이 주효했던 것이다. 애정을 받아들이는 능력이 퇴화하거나 심하게 훼손되어서 제구실을 못하게 되었다. 나는 차가운 사람이 되어 있었다. 심장이 돌덩어리로 변한다는 말이 무슨 뜻인지 실감할 수 있었다. 내 안에 새로 생긴 이 냉담함이 차갑고 무거운 납덩어리처럼 몸으로 느꺼지는 듯했다. 나는 사랑을 할 수 없는 사람, 다른 사람에게 다가가는 능력을 잃어버린 듯한 사람이 되어 있었다. 좋아하든 싫어하든 이제 나는 벽으로 둘러싸인 정원, 뚜껑을 닫은 우물이었다.

그 시절에 종교인의 길을 접는다는 것은 직장을 바꾸거나 이사를 가는 것과는 성격이 달랐다. 우리가 다녔던 수련원은 우리의 내밀한 자아는 그대로 두고 새로운 전문 기술만을 익혀준 것이 아니었다. 우리는 어느새 외부 자극에 알맞은 행동을 하도록 조건화되어 있었다. 3년 동안 우리는 바깥 세상에서, 지역 사회에서 완전히 떨어져 지냈다. 수련원의 문은 사시사철 굳게 닫혀 있었고 아주 특별한 축일에만 다른 수녀들한테 말을 걸 수 있었다.

수련원이 세상의 전부였다. 다른 건 존재하지 않았다. 우리를 감독하는 수녀의 기분과 변덕이 엄청난 무게로 다가왔다. 한번 혼이라도 나면 온 우주가 무너져 내렸다. 외롭거나 비참한 느낌이 들 때 어디에도 기댈 데가 없었다. 그 쌀쌀한 분위기는 어떨 때는 무섭기까지 했다. 길다란 기숙사에서는 밤이면 여기저기서 흐느끼는 소리가 들렸지만 왜 우는지 절대로 물어봐서는 안 된다는 걸 우리는 알았다. 우리는 한 울타리 안에서 뺨과 턱처럼 붙어 살았지만 차라리 독방에 갇혀서 살았다고 보는 것이 좋을 만큼 외로웠다. 우리는 수련원장의 눈치만을 살피고 살도록 길러졌다. 그녀의 세계관과 그녀가 우리에게 내리는 평가를 마치 성서처럼 진리로 받아들였다. 나는 너무 어렸기 때문에 다른 데서 얻은 경험을 가지고 이런 압제에 맞설 수가 없었다. 그래서 세상은 뒷전으로 물러났고 수련원 생활의 자질구레한 드라마와 쌀쌀한 가치가 내 삶의 지평을 가득 채웠다.

고대에 널리 행해졌고 지금도 수많은 전통 사회에서 행해지는 통과의례에서는 이런 식의 격리 생활이 가장 중요하다. 사춘기가 되면 사내아이는 엄마의 품을 떠나고 일가 친척과도 헤어져서 잇따른 시련을 겪어야 하는데 이 과정에서 전혀 다른 사람으로 탈바꿈한다. 이것은 말하자면 죽음과 부활의 과정이다. 어린 시절에 작별을 고하고 성숙한 인간이 되어 완전히 다른 삶으로 올라선다.

어른들은 통과의례를 앞두고 아이들에게 너희는 앞으로 참혹한 죽음을 경험할 것이라고 말하곤 한다. 아이들은 동굴이나 무덤 안에 혼자 누워 있어야 한다. 산 채로 묻히기도 하고 엄청난 육체적 고통을 겪기도 하고(할례나 문신도 이때 한다) 무시무시한 의식을 치르기도 한다. 이런 극한 상황에서 어엿한 성인으로 제구실을 하면서 자기 종족을 위해서 봉사할 수 있는 힘을 자기 안에서 발견할 수 있다는 것이다. 그러니까 이런 통과의례의 목적은 의존적이었던 아이를, 사냥꾼과 싸움꾼으로서 목숨을 걸고 나설 수 있고 필요하다면 자기 종족을 위해서 죽을 각오까지 되어 있는 믿음직하고 자신만만한 어른으로 바꾸어놓는 것이다.

우리가 받은 교육도 통과의례였다. 우리도 세상에서 격리되어 정상적 애정을 맛보지 못했고 우리의 결연한 의지를 실험하기 위해 고안된 시련을 견뎌내야 했다. 우리도 따지고 보면 싸움꾼이었다. 예수회를 세운 이냐시오 로욜라†가 제정한 군인 뺨치는 복종의 규율을 실천에 옮기는 하느님의 병사들이었다. 우리 수녀원은 예수회의 일원이었다. 훈련은 다른 사람이 사랑해주거나 알아주지 않아도 꿋꿋하게 자립적으로 살아갈 수 있는 사람을 만드는 데 목표를 두었다. 우리도 지금까지 너희들 안에 머물러 있던 자기는 죽을 것이고 세속적이고 현세적인 사고 방식도 살아남지 못할 것이라는 말을 들었다. 물론 무덤 같은 데 산 채로 파묻힌다거나 하는 일은 안 당했지만 우리는 끊임없이 공격당하고 무시당하고 공개적으로 질책당하고 누가 보아도 말도 안 되는 지시를 받았다. 이냐시오의 규칙에도 나오는 말이지만 우리는 "어떻게 건드려도 가만히 있는 죽은 시체처럼, 또는 주인이 가자는 대로 하자는 대로 군소리 없이 따르는 노인의 지팡이처럼" 상급자를 통해 표현되는 신의 뜻을 한없이 겸허하게 받아들여야 했다.

나를 죽일 때 비로소 충만하고 고양된 삶을 살아갈 수 있다. 우리가 즐겨 인용한 말이지만, 예수도 말씀하셨다. "한 알의 밀이 떨어져 죽지 않으면 그것은 그냥 한 알의 밀알로 남아 있겠지만, 그 밀이 죽으면 더 많은 열매를 맺을 것이다." 서약을 하는 날 성가대가 성자들의 탄원을 노래하는 동안 우리는 장례용 제단보 밑에 누웠다. 그것은

---

† **Ignatius Loyola(1491~1556)** 에스파냐의 가톨릭 성직자. 교육과 선교, 박애 활동으로 유명한 가톨릭 수도회인 예수회를 창립하였으며, 16세기 가톨릭 종교 개혁에 가장 큰 영향을 끼쳤다.

예사롭고 쓸모없는 위로에 아기처럼 매달리는 어제의 탐욕스럽고 모자란 나는 이제 죽었다고 세상에 선포하는 상징적인 죽음의 의식이었다.

이제 와서 보니 나는 정말로 죽은 것 같았다. 그런데 더 많은 열매를 맺지 못한 것은 분명했다. 나는 삶과 죽음의 경계 구역으로 들어갔다가 소망했던 대로 환골탈태하여 나온 것이 아니라 두 세상의 안 좋은 것들만 들고 나온 게 아닌가 하는 느낌이 들었다. 통과의례를 거친 부족의 소년처럼 용맹스럽고 두려움을 모르고 남들을 지키는 데 나를 던지는 것이 아니라 그냥 목석 같은 사람이 되어버렸다 나는. 사랑도 못 하고 사랑을 받을 줄도 모르고 덜 된 인간이 되어버렸다 나는. 머리끝에서 발끝까지 달라지고 넘치는 인간이 되기를 바랐는데 모자란 인간이 되어버렸다 나는. 강해진 것이 아니라 그냥 굳어버렸다 나는.

"우리를 단련하기 위해" 고안된 냉정과 거듭되는 불친절은 나의 감정만 훼손시켜 그것을 질긴 스테이크 조각처럼 만들어버렸다. 나를 넘어서도록, 신에게 선뜻 다가서지 못하게 만드는 자만심과 이기심을 우리가 버릴 수 있도록 설계된 훈련이었다. 그런데 이제 와서 보니 나는 내 안에 갇혀서 어디로 달아나지도 못하고 남들에게 다가가지도 못하는 그런 꼬락서니가 되어 있었다. 통과의례는 평생을 공동체 안에서 살아가기 위한 준비 과정이다. 나는 봉사하기로 되어 있었던 공동체를 떠나서, 속속들이 그 가치를 거부해야 한다고 배웠던 세상에서 살아가고 있었다.

　가족이 있는 집으로 돌아갔을 때 가장 난감한 일의 하나는 어디를 가도 옛날의 나와, 상처받지 않았고 생기 발랄하고 희망에 가득 찼던 열일곱 살의 카렌과 만나야 한다는 것이었다. 내 방에서 나는 이 작은 의자에 앉아서 바로 저 침대에 누워서 바야흐로 시작되려는 위대한 모험을 앞두고 한없이 들떠 있던 나의 옛 모습을 떠올렸다. 책꽂이에서 책을 꺼내 보니 이 소설을 읽었을 때 혹은 저 시를 읽었을 때 내가 느꼈던 경이와 희열이 떠올랐다. 친구들한테서 받은 편지와 엽서가 들어 있는 상자도 있었다. 그런 넘치는 애정과 거리낌없는 친근감을 나는 더는 상상할 수가 없었다. 그 사람은 떠나버렸다. 그 아이는 제단보 밑에서 정말로 죽어버렸다. 나는 마치 죽은 친구를 떠나보낸 사람처럼 하염없는 슬픔에 잠겼다. 모두가 나의 잘못이라는 걸 나는 알았다. 윗사람들이 의도해서 나한테 이런 일이 벌어진 게 아니었다. 나를 이 생지옥으로 밀어넣은 것은 그들이 아니었다. 내가 훈련에 제대로 반응하지 못한 것이다. 나는 정말로 나를 죽이기에는 너무 여렸다. 나는 사랑과 애정에 늘 목말라했고, 이 지독한 고행을 견디기에는 너무 약해서 울었다. 나는 내가 감당할 수 없는 일을 철없이 벌였다가 다쳤다. 발레리나가 되고 싶어 안달을 하다가 발이 제대로 자라기도 전에 너무 일찍 어려운 고난도 자세를 연습하는 바람에 평생 발을 절면서 살아야 하는 신세가 된 어린 소녀처럼.

불감증, 느끼지 못하는 마음

사랑은 내 능력 밖이었다. 우정도 힘에 겨웠다. 하지만 적어도 나에게는 공부가 있었다. 나는 학과 공부에 소질이 있었다. 종교인으로 살아온 삶을 접는 우여곡절 속에서도 아직까지는 옥스퍼드에서 공부를 썩 잘해내고 있었고 졸업도 우수한 성적으로 할 수 있을 것 같았다. 그걸 발판으로 삼아서 학자가 되어 좋아하는 공부를 원없이 하면서 살고 싶었다. 그래서 여름에 나는 꿈을 현실로 만들기 위해 더 분발해야겠다는 새로운 각오를 잔뜩 품고서 옥스퍼드로 돌아왔다. 하나의 도피처를 잃었으니, 공부에만 매달려서 또 다른 도피처를 만들어내면 그만이었다.

그런데 새로운 장애물이 있었다. 이번 학기에 나는 남학생 칼리지에 소속된 젊은 교수의 지도를 받게 되어 있었다. 나와 함께 지도를 받을 학생은 샬럿이었다. 샬럿은 비범한 재능을 지닌 여학생이었지만 힘든 시간을 보내고 있었다. 옥스퍼드에 들어와서 1학년 때 엄마가 돌아가신 다음부터 식욕을 잃었다. 최악의 상황은 넘긴 듯했지만 여전히 말라깽이였고 먹는 데 예민했다. 우리는 서로의 사정을 알고 있다는 눈빛으로 서로를 쳐다보곤 했다. 둘 다 어렵게 버티고 있다는 쓸쓸한 인식을 나누어 가졌다. 그러니 더 많은 시간을 같이 보내는 게 나쁠 리 없었다.

샬럿은 소설가 지망생이었다. "정말 잘 쓰더라구." 도로시 베드라로스카는 나한테 샬럿 칭찬을 했다. 벌써 샬럿에게 출판 관계자까지 소개해준 모양이었다. 그런데 샬럿은 문학을 학문적으로 공부하는 데는 재미를 못 느꼈다. 샬럿의 글은 번득이고 독창적이었다. 하지만 "문학 공부를 그렇게 비판적으로 전문적으로 하는 건 내 글쓰기에 좋지 않아."라고 하소연했다. 자기 문체에 족쇄가 채워질까 봐 샬럿은 소설 연구를 아예 하지 않으려 들었다.

옥스퍼드 학생이라면 누구나 하는 대로 우리는 매주 지도 교수를 만나서 그 앞에서 에세이를 큰소리로 읽어야 했다. 내가 쓴 에세이를 보더니 샬럿은 눈에 띄게 심란해하는 것 같았고 심지어는 반감까지 품는 것 같았다. "어떻게 이런 글을 만들어내는지 재주도 좋네." 샬럿이 한번은 나한테 이렇게 말했다. "어떻게 보면 멋있어. 언니 에세이는 고딕 성당 같아. 알맞은 학자와 이론가가 곳곳에 박혀 있으면서 짜임새 있는 웅장한 구조를 만들어내니."

그 말을 듣고 기분이 썩 좋았던 것 같지는 않다. 나는 샬럿이 싫어하는 문학 비평을 읽는 것이 좋았다. 이 학자와 저 학자를 비교하면서 다른 사람들의 생각에서 내 나름의 틀을 만들어내는 것이 재미있었다. 그렇지만 내 글 안에 내가 별로 들어가지 않았다는 생각, 매주 내가 정리하는 것은 내 의견이 아니라 남들의 의견이라는 생각이 들어서 마음이 편치만은 않았다.

그런데 이번 학기에는 그럴 수가 없었다. 새로운 지도 교수는 약간 잘난 척은 해도 소문으로는 역사가 오래 되지 않은 신설 칼리지에 적을 둔 아주 똑똑한 젊은 학자였다. 우리는 연못에서 금붕어를 데리고 노는 학생들이 내려다 보이는 볕이 잘 들고 책이 가지런히 꽂힌 그의 방에 앉아 있었다. 커다란 가죽 안락의자에 보기 흉하지 않게 다리를 쭉 뻗고 앉은 브렌트우드 스마이드 박사는 책을 꺼내느라 가끔씩 일어섰다. "바이올릿 보건 모건 에세이 상을 받은 학생 맞지요?" 그가 나에게 물었다. "대단하네요. 시험을 아주 잘 보겠군요." 나는 그가 내가 상 받은 것을 대단치 않게 생각한다는 걸 알 수 있었다. 그는 샬럿에게 더 관심이 있어 보였다. 자기가 던진 질문에 대한 샬럿의 독창적이고 사려 깊은 대답에 깊은 인상을 받은 듯했다.

"시간 같은 거 정해놓고 그러지 맙시다!" 언제 지도를 받으러 와야 하느냐고 내가 물으니까 그가 역정을 내듯이 소리쳤다. "여학생 칼리지는 그게 문제라니까! 꼭 고등학교처럼 짜여져 있어. 에세이를 다 쓰면 전화해요."

"뭐에 대해서 써야 하는데요?" 내가 물었다.

"뭐든지 쓰고 싶은 걸로! 난 따분한 시험 문제 같은 걸로 진땀 빼게 할 마음이 없어요. 그런 건 세인트앤 칼리지에서 지겹도록 하는 거잖아. 아니지. 시에 대해서 한번 써보는 것도 좋겠군.〈한밤의 서리)로 합시다. 콜리지†. 문학 비평은 절대로 읽지 마세요. 그냥 이 시하고 일주일을 같이 보내다가 자신이 생각하는 의미를 말해보도록. 남이 생각하는 의미 말고. 준비 됐으면 전화해요."

샬럿한테는 가뭄에 단비 같은 소리였지만 나한테는 마른 하늘에 날벼락이었다. 나쁜 생각은 아니었다. 실제로 나중에 학생들한테 문학을 가르칠 때 나도 비슷한 숙제를 내주곤 했다. 하지만 그 당시에는 내가 도저히 그런 글을 쓸 수 없었다는 데 문제의 심각성이 있었다. 나한테 필요한 것은 다른 사람의 책이나 머리로 도망가는 것이었다. 나 혼자만 있으면 아무런 할 말이 없었다. 그 시가 나한테 아무런 느낌을 주지 않았다는 소리는 아니다. 뛰어난 작품임에는 틀림없었다. 그 시를 가지고 잉글랜드 낭만주의 운동에 관한 그럴 듯한 에세이 한 편을 쓸 자신도 있었다. 하지만 그 시가 나한테 무슨 말을 하냐고? 브렌트우드 스마이드 박사가 알고 싶어하는 건 바로 그 점이었는데 나는 무슨 말을 해야 할지 알 수가 없었다. 콜리지가 깊은 우울증에 시달리던 시기에 썼다는 시의 한 구절이 나도 모르게 떠올랐다. 옅은 구름과 달, 별들이 떠 있는 "연둣빛으로 물든" 저녁 하늘을 바라보면서 쓴 시였다.

---

† Samuel Taylor Coleridge(1772~1834) 영국의 시인, 문학 비평가, 철학자. 주로 인간 존재와 전 우주의 기본을 이루는 본질적인 창조의 원칙을 해명하는 데 관심을 쏟았으며, 그 기본 원칙의 원형으로 상상력을 중요하게 여겼다.

하나같이 어쩌면 저리도 고와 보이는지
어쩌면 저리도 아름다워 보이는지, 느껴지진 않지만!

이 시는 나를 송곳처럼 꿰뚫었어야 옳다. 벅찬 감동을 주체하지 못했어야 마땅하다. 예전엔 그랬다. 학교에 다닐 때만 하더라도 시에 심취했던 기억이 있다. 하지만 사람들과의 관계에서도 그랬지만 이제는 시에도 무감각해졌다. 내가 좋아한다고 생각했던 문학에도 둔감해진 것이다.

통과의례는 사람을 혼자 서게 만들지만 나의 통과의례는 나를 기대게 만들었다. 정해진 분량의 에세이를 채우기 위해 진땀을 흘리는 동안 나한테는 이제 나만의 생각이 없다는 우울한 사실을 마주해야 했다. 나만의 생각을 갖지 못하게 하는 교육을 그렇게 집요하게 받았으니 당연한 일이었다. 수녀가 되겠다는 청원을 올리고 나서 얼마 안 되었을 때 벌써 경고음이 울리긴 했다. 우리는 신앙의 합리적 이유를 설명하는 변증론 수업을 한동안 듣고 있었다. 나는 "부활의 역사적 증거를 논하라."는 문제를 받고 에세이를 써야 했다. 나는 필요한 책들을 읽고 원하는 답이 무엇인지를 파악한 다음 부활절의 첫 일요일에 일어난 사건을 논하면서 예수가 무덤에서 일어난 것은 워털루 전쟁처럼 역사적으로 아무런 논란도, 문제도 될 것이 없는 것처럼 보이게 만들었다. 물론 그것은 엉터리였지만 변증론에서는 그게 중요하지 않아 보였다.

"잘했어요, 자매님, 아주 훌륭해요." 우리 공부를 지도하던 파리하고 고운 그레타 수녀가 에세이를 돌려주면서 나한테 미소지었다. "아주 잘된 글이에요."

"그렇지만 수녀님," 나도 모르게 불쑥 튀어나오는 말이 있었다. "그건 사실이 아니잖아요."

그레타 수녀는 한숨을 쉬더니, 머리에 꼭 맞는 모자 밑으로 손을 밀어넣고는 반갑지 않은 생각을 지워내기라도 하듯 이마를 쓱쓱 문질렀다. "아니지." 지친 듯이 말했다. "사실이 아니지요. 하지만 다른 사람들한테는 그런 말 하면 못 써요."

그렇다고 해서 그레타 수녀가 예수의 부활을 믿지 않는다는 소리는 아니었고 신앙을 잃었다는 소리도 아니었다. 그녀는 벨기에의 권위 있는 루뱅 가톨릭 대학에서 공부를 했기 때문에 내가 쓴 그런 류의 글은 더는 지적으로 먹혀들지 않는다는 사실을 알고 있었다. 복음서에 나오는 부활 이야기들을 꼼꼼히 읽어보면 워낙 모순점이 많이 나와서 이것들은 현대의 역사가를 만족시킬 수 있는 사실에 입각한 목격담이 아니라 부활한 예수를 자신의 삶 속에서 역동적 존재로 체험했고 예수와 마찬가지로 죽음에서 삶으로 영혼의 이동을 경험한 초기 기독교인들의 종교적 신념을 묘사하기 위한 신화적 시도라는 것을 삼척동자라도 알 수 있다.

말없이 그레타 수녀의 얼굴을 바라보고 있는 동안 만일 그레타 수녀한테 전권이 있었다면 이분은 변증론 같은 이런 수업은 없애버리고 좀 더 유익한 신약 성서 연구로 우리를 이끌었을 거라는 생각이 들었다. 하지만 여느 수녀처럼 그분도 상급자의 지시를 어길 수 없었다. 내가 쓴 글은 진실이 아니었다. 신앙의 통찰은 합리적 분석이나 역사적 분석으로 요리할 수 있는 대상이 아니기 때문이다. 혼란스럽고 두서 없기는 했지만 이렇게 이른 단계에서 벌써 나는 그것을 알았고 그레타 수녀도 내가 안다는 사실을 모르지 않았다.

머리가 맑아지는 순간이었다. 가을 햇살은 창문을 통해 들어오고, 나이 든 수녀는 정신적으로 지치고 기가 꺾여 있고, 병아리 수녀는 멍하니 그녀를 바라보고, 우리 두 사람은 일부러 빛을 외면하려 애쓰고, 그 장면을 지금 와서 다시 떠올려보면 그때 우리가 도대체 무슨 생각을 하면서 살았던 것인지 궁금해진다. 나는 아주 무의미한 과제를 받은 것이었다. 일주일 동안 에세이를 준비하면서 누가 봐도 뻔한 문젯거리를 이런저런 간교한 술책으로 없애버리는 요령을 배우면서 나는 '빗나간 짓'을 하고 있었다. 나는 거짓말을 꾸며내고 있었다. 진실이 내 얼굴을 빤히 쳐다보고 있었는데도 내 정신의 자연스럽고 건강한 선입견을 뒤틀어서 대낮처럼 환한 진실을 부정하게 만든 것이다.

여러 해 뒤에 신경쇠약으로 고생하는 동안 나는 그레타 수녀가 우리가 교육받는 방식 때문에 실제로 많이 걱정했고 이래서는 안 된다고 목소리를 냈지만 위에서 깔아뭉갰다는 사실을 알게 되었다. 윗사람들은 도대체 무슨 심보였을까. 왜 나는 떳떳하지 못한 글을 찢어버리지 않았을까, 아니면 적어도 그레타 수녀하고 논쟁이라도 벌이지 않았을까? 나는 하나도 거룩하지 않은 진창길을 모든 수녀와 함께 터벅터벅 걸어가고 있었다.

하지만 나는 겨우 열여덟 살이었고 그런 일을 처음 겪은 것도 아니었다. 수녀가 되고 싶다는 청원서를 낸 그날 지도 수녀였던 앨버트 수녀가 성직의 길을 걷게 되면 처음 몇 년 동안은 어처구니없고 불합리해 보이는 이야기를 수도 없이 들을 것이라고 말했다. 그렇지만 그것이 어처구니없고 불합리해 보이는 것은 여러분의 영혼이 성숙하지 못했기 때문이라고 덧붙였다. 여러분은 바깥 세상과 판이하게 다른 풍토에서 살아가고 전혀 다른 공기로 숨쉬는 법을 배우는 중이다. 여러분은 아직 오염된 '이 세상'에서 막 들어온 풋내기다. 여러분은 아직도 속세에서 사는 사람처럼 생각하고 반응한다. 하지만 이제부터는 하느님의 관점으로 들어가야 한다. 하느님께서도 예언자 이사야한테 말씀하시지 않았던가.

> 나의 생각은 너의 생각이 아니고
> 나의 길은 너의 길이 아니다
> 하늘은 땅보다 높고 높으니
> 나의 생각은 너의 생각 위에 있고
> 나의 길은 너의 길 위에 있다

따라서 교단의 정신이나 원칙, 관행에 대해서 의구심이 들 때가 있어도 아직은 미숙해서 이해하지 못하는 것이라는 점을 명심해야 했다. 우리는 완전히 새로운 언어를 배우는 아기 같았다. 언젠가, 그리 멀지 않은 미래에 우리의 영혼이 성장하면, 그때는 이 모든 문제가 아주 다르게 보일 것이다. 그때까지는 신비주의자들이 말하는 미망의 구름 속에서 꾹 참고 기다려야 한다. 그럼 이치를 깨닫게 될 것이다. 그러니까 부활에 관한 나의 엉터리 글도 이런 원대한 교육의 일부분이었던 셈이다.

그러고 보니 역시 아직 정식으로 수녀가 되기 전에 바늘도 안 달린 재봉틀을 죽어라고 밟아야 했던 것도 역시 교육 과정의 하나였나 보다. 솔직히 말해서 그것은 오해에서 비롯된 결과였지만 바탕에 깔린 원칙은 다르지 않았다. 나는 바느질에 워낙 서툴러서 공동실에 있던 좋은 재봉틀이 나 때문에 고장이 났다. 화가 난 앨버트 수녀는 옆 방에 있는 낡은 재봉틀로 하루에 30분씩 연습을 하라고 나에게 말했다. 하지만 그 재봉틀에는 바늘이 없었다. 그 점을 지적한 것이 나의 불찰이었다. 앨버트 수녀는 얼마 전부터 바늘을 갈아야지 갈아야지 하다가 그만 잊어버렸던 모양이었다. 하지만 그렇지 않아도 미워 죽겠는데 내가 말대답까지 한 것이다. "감히 어디다 대고!" 노기로 싸늘해진 목소리였다. "수녀가 그렇게 버르장머리 없이 상급자를 깔아뭉개도 되는 거야? '그 재봉틀에는 바늘이 없는데요?'" 마치 내가 그렇게 하기라도 한 것처럼 나를 흉내내는 듯 고개를 빳빳이 쳐들고 악을 썼다. "옆방에 있는 재봉틀로 매일 연습해, 바늘이 있건 없건, 내가 그만두라고 할 때까지."

그래서 나는 바늘 없는 재봉틀을 돌리면서 나는 순종하고 있으니까 속세의 눈으로 보면 이 일이 아무리 부질없는 짓처럼 보일지 몰라도 가장 알차게 시간을 보내는 것이라고 속으로 나 자신을 추슬렀다. 그것은 하느님의 길이었으니까. 불쑥불쑥 고개를 드는 반감을 겨우 누르는 데 성공했다 싶었는데 두 주일 뒤 앨버트 수녀가 방에 들어오더니 이 아이가 돌았나 하는 눈빛으로 나를 쳐다보았다. "도대체 무슨 짓을 하는 거야?" 나는 준비가 되어 있었다.

"재봉틀 연습을 합니다." 겸손하게 대답했다.

"바늘도 없는데 무슨……"

그 여자는 말을 하다가 문득 기억이 난 모양이었다. 그 일을 까맣게 잊고 있었던 모양이었다. 앨버트 수녀는 한 손으로 자기 뒷머리를 탁 치더니 터져나오려는 웃음을 참느라 입술을 실룩거리면서 홱 돌아섰다. 진정을 되찾고는 나의 시건방짐과 반항기에 대해서 일장 훈시를 했다. 아무리 자기가 옳다는 생각이 들어도 수녀는 그날 네가 했던 것처럼 윗사람이 하는 말의 꼬투리를 잡으면 안 된다. 윗사람은 곧 하느님 자리에 있는 분이라고 생각하고 따르라. 네가 정신적으로 성장하지 못하는 건 같잖은 지적 오만 때문이다. 만사를 초자연적 관점에서 바라보기를 한사코 거부하는 한 너는 맨날 그 자리에 있을 것이다.

하지만 언제까지나 그렇게 굴어도 나의 마음이 정말로 망가지지 않고 돌이킬 수 없는 상처를 입지 않을 수 있을까? 한 해쯤 지나서 내 마음이 더는 내 뜻대로 움직여지지 않는구나 하는 사실을 절감했던 순간을 기억한다. 오락 시간이었다. 우리는 공동실의 긴 탁자에 둘러앉아서 바느질을 하고 있었다. 수련자 감독 수녀였던 월터 수녀가 자리를 함께했다. 그날 저녁 우리는 제2차 바티칸 공의회에서 채택된 미사 형식의 변화에 대해서 말하고 있었다. 지금까지는 라틴어로 미사를 진행했지만 이제는 영어로 바뀌었다든지 하는 그런 내용이었다.

그날 아침에도 부근의 사립학교 아이들이 자기들 손으로 만든 곡을 부르면서 기타를 쳤다. 월터 수녀는 그 노래를 마음에 들어하지 않았다. 일편단심 그레고리오 성가(가톨릭 교회에서 미사 시간에 부르는 단선율의 예배 음악)만 떠받들었고 우리도 그래야 한다고 가르쳤다. 돼지 멱 따는 소리 같다는 혹평을 월터 수녀한테 들어가면서도 나는 합창단에서 노래를 불러야 했다. 좀처럼 고음을 낼 수가 없었고 아무리 애를 써도 나아지지 않는 나의 형편없는 음악성을 한탄하면서도 그레고리오 성가가 영혼에 미치는 힘을 어렴풋이 깨달아 가고 있었다. 음악은 마치 명상을 하듯이 말들을 감싸고 돌면서 무심코 지나쳤을 뻔한 모호한 단어나 구절을 부각시켜 그 깊은 뜻을 드러냈다. 그런 그레고리오 성가를 들을 수 있는 날도 이제 얼마 남지 않은 것처럼 보였다.

월터 수녀는 바티칸 교황청을 비판하기보다는 차라리 자기 혀를 자를 여자였지만 이번의 조치는 돌이킬 수 없는 손실이라고 굳게 믿었다. "물론 바티칸 공의회는 성령의 은혜를 입었지만," 그녀가 말을 이어나갔다. "수백 년으로 거슬러 올라가는 음악 전통을 하루 아침에 바꾸는 이유를 납득하기 어려워요. 생각해봐, 성 베르나르두스†도 우리가 부르는 것과 똑같은 성가를 불렀을 거라구. 토마스 아퀴나스††도, 아시시의 프란체스코†††도 마찬가지구. 그런데 이제부터는 철없는 아이들의 기타 소리나 들어야 한다는 거 아니야." 차분하고 절도 있는 목소리가 잠시 흔들리더니 월터 수녀의 얼굴은 어두워졌다. 우리가 두려워하는 낯빛이었다.

"하지만 수녀님," 나보다 1년 먼저 들어왔고 내가 수련 생활을 시작할 때 내 '수호 천사'가 되어준 메리 조녀선 수녀가 목소리를 높였다. "변화가 반드시 몹쓸 결과를 낳는 건 아니지 않나요? 미사 때 기타 연주를 하는 게 근본적으로 잘못된 건 아니지 않나요?"

---

† Saint Bernardus(1090~1153) 프랑스 출신의 시토 수도회 수사로, 클레르보 대수도원을 설립하여 대수도원장을 역임했다. 중세 말 신비주의의 선구자로 불리며, 사랑과 겸손을 통한 신과의 일치를 주장했다.

†† Thomas Aquinas(1224?~1274) 중세 유럽의 스콜라 철학을 대표하는 이탈리아의 신학자. 로마 가톨릭 신학의 기초를 완성한 인물이며, 중세 사상의 완성자로 평가받는다.

††† d'Assisi Francesco(1182~1226) 이탈리아의 수도자. 프란체스코 수도회 및 수녀회 설립자이며, 13세기 초 교회 개혁 운동의 지도자였다. 자선·청빈과 강력한 지도력으로 수많은 추종자를 불러 모았다.

월터 수녀는 눈살을 찌푸렸다. "이런 얘기는," 차갑게 대꾸했다. "입 밖에 내는 게 아니었는데." 우리는 거리를 두듯 모두 고개를 숙이고 바느질에 열중했다. 이야기는 끝났다. 상급자가 그만하자고 분명히 밝혔는데 이야기를 더 끌고 간다는 것은 있을 수 없는 일이었다.

"그렇지만 어떤 사람들은," 놀랍게도 메리 조너선 수녀는 말을 이어 나갔다. "처음에는 기타 소리가 좋아서 그걸 들으러 교회에 올 수도 있거든요. 우리야 그레고리오 성가의 맛을 알지만 보통 사람들은 대부분 라틴어를 못 알아듣고 음악도 평소에 듣는 귀에 익은 음악이랑 너무 달라서 와 닿지가 않아요."

월터 수녀는 코웃음을 쳤다. 그러더니 화난 목소리로 일갈했다. "기타가 있어야 미사에 참석하는 사람은 신앙에 문제가 좀 많은 사람이지!" 눈은 굳었고 아랫입술은 심술궂게 삐죽 튀어나왔다. 방 안에는 일촉즉발의 긴장이 감돌았다. 아무도 그런 식으로 말대답을 한 적이 없었다. 우리는 마치 바느질에 목숨을 건 사람처럼 열심히 바느질을 했다. 하지만 나는 어느새 기대에 부풀어 메리 조너선 수녀를 바라보면서 계속 밀고 나가주기를 바라고 있었다. 나도 저런 적이 있었지, 나는 감탄을 하면서 생각했다. 다른 관점을 이리저리 모색하면서 차근차근 논리를 쌓아 나가고 다른 사람의 생각에 견주어 나의 생각을 가다듬곤 했었지. 하지만 이제 나는 그럴 자신이 없었다. 알몸으로 수녀원에서 뛰어다니라는 요구처럼 그것은 나에게는 불가능한 주문이었다. 감히 월터 수녀의 심기를 건드리는 것은 고사하고 — 그런데 가만 보니 메리 조너선 수녀는 여러 가지 규칙을 한꺼번에 어겼다. ― 그런 생각조차 할 수가 없었다. 더는 나만의 생각이 내 안에는 없었다. 하지만 메리 조너선 수녀한테는 있었다.

"기타가 하느님께 기회를 줄 수도 있습니다." 그녀는 가볍게 받아쳤다. "사람들은 기타 연주를 들으러 왔다가 더 많은 것을 느낄 수도 있거든요……."

"듣자하니까 정말!" 월터 수녀는 버럭 소리를 질렀다. "다른 사람은 몰라도 너만은 이해할 줄 알았는데." 메리 조너선 수녀는 음악을 아주 잘했다. "하느님께 기타가 필요하다고 생각하나?" 그녀는 기타가 음탕한 말이라도 되는 것처럼 뇌까렸다. "하느님께 기회를 줘?"

젊은 수녀는 꺾이지 않았다. "예수님이 지금 살아 계시다면 틀림없이 기타를 치셨을 겁니다."

"기가 막혀! 살다 살다 별 거지 같은 소릴 다 들어보네! 예수님은 그러실 분이 아니야!"

나도 모르게 삐져나오는 웃음을 감추기 위해 깁고 있던 스타킹에다 고개를 재빨리 묻어야 했다. 유대인 군중에게 둘러싸인 채 예수가 갈릴리 언덕에 서서 노래를 부르는 모습이 불쑥 떠올랐다. 좀 아둔해 보였다.

월터 수녀는 나를 짚어냈다. "신나는가 보군, 고마워서 어쩌나." 몹시 비아냥거렸다. "서글퍼서 견딜 수가 없네요. 메리 조너선 자매는 우리 모두의 오락 시간을 망치면서 순종과 정결의 서약을 심각하게 어겼어요!"

그것으로 사건은 일단락되었다. 하지만 월터 수녀의 눈을 피해 메리 조너선 수녀는 나한테 눈짓을 보내고는 얼굴을 찡그렸다. 이제 와서 하는 말이지만 그 동지 의식은 앞날을 예고하는 것이었다. 그녀는 나보다 조금 앞서 수녀원을 떠났다. 런던 대학에서 같이 공부하던 젊은 예수회 수사와 사랑에 빠진 것이다. 아무튼 그녀는 나보다 자기를 잘 지켰다. 메리 조너선 수녀는 누구에게든 자기 생각을 밝히는 데 별다른 어려움을 느끼지 못할 것이라고 나는 확신했다.

브렌트우드 스마이드 박사한테 보여줄 너무나 불만족스러운 에세이와 씨름하면서 내가 부딪쳤던 문제는 나만의 생각이 아예 없다는 것이었다. 조금이라도 도발적인 생각이 고개를 들면 나는 두 번 다시 그런 생각이 들지 않도록 짓뭉개버렸다. 물론 수녀원을 나오기 얼마 전에 옥스퍼드 선배였던 프레이테리타 수녀와 논쟁을 벌이기도 했지만 그때는 내가 읽은 책과 논문을 앵무새처럼 읊어댔을 뿐이다. 나는 더는 주체적 지식인으로 살아가지 못할 것처럼 보였다. 불량 식품을 먹거나 운동을 안 하거나 몸을 옥죄는 구속복에 팔다리를 밀어넣어 육체를 망가뜨리는 것처럼, 정신도 함부로 대하면 돌이킬 수 없는 손상을 입는 법이다. 나의 뇌는 전족을 한 중국 여자의 발처럼 꽁꽁 묶였다. 붕대를 풀었을 때의 고통은 상상을 초월한다는 글을 어디선가 읽었다. 속박을 너무 늦게 풀어버리면 두 번 다시 제대로 걸을 수가 없다.

신은 내게 아무 말도 걸지 않았다

제대로 된 수녀라면 신을 위해 모든 것을 버리고 세상을 영영 등져야 한다는 것을 나도 알았다. 하지만 신은 어떻게 된 것일까? 내 인생은 뒤집어졌지만 신은 그대로였다. 나도 미처 깨닫지 못하는 사이에 정말로 나는 성 이냐시오가 말한 죽은 시체나 노인의 지팡이가 되어 있었다. 나의 가슴과 머리는 마비되고 누렇게 뜬 것처럼 보였지만 신도 가버린 것처럼 보였다. 신이 머물러 있던 내 마음의 자리가 지금은 텅 비어 있었다.

어쩌면 나의 의식 안에 생겨난 신의 모습을 한 공백에 지금이야말로 고백을 해야 할 때인지도 몰랐다. 수녀원 생활에서 가장 고통스러웠던 일 중 하나는 기도를 잘 못하는 것이었다. 우리 생활의 한복판에는 신이 있었다. 우리가 하루하루를 침묵 속에서 살았던 것은 신의 말씀에 귀기울이기 위해서였다. 하지만 신은 나한테 아무 말도 걸지 않았다.

아침 6시면 우리는 수녀원 교회에 무릎을 꿇고 성 이냐시오 로욜라가 《영성 수련》에서 예수회 사람들에게 강조한 방법을 따라서 30

분 동안 묵상을 했다. 이것은 절차가 아주 복잡했다. 전날 밤에 묵상의 주제를 준비했다. 성서나 기도서에서 15분 동안 적당한 대목을 골라낸 다음 다음날 아침 이런저런 내용으로 묵상을 하면 좋겠다고 주제를 글로 적어둔다. 이냐시오의 묵상은 세 부분으로 이루어졌다. 그것은 보기, 판단하기, 행동하기다. 먼저, 몇 분 동안 모두 말없이 서 있으면서 하느님이 우리와 함께 계심을 일깨워주는 기도문을 낭송하고 나서, 무릎을 꿇고 책과 메모를 꺼내서 '보기' 시작한다. 이것은 우리가 고른 성서의 장면을 상상력을 한껏 동원해서 마음에 그려보는 것이다. 묵상의 주제가 추상적이라 하더라도 현장감을 주고 구체성을 불어넣어야 한다. 이냐시오는 모든 기능을 동원하는 것이 아주 중요하다고 보았다. 그래야 묵상하는 남자(이냐시오는 여자를 높이 평가하지 않았다)의 온몸이 거룩한 분위기에 젖는다.

이렇게 '자리 꾸미기'를 하는 또 하나의 이유는 잡념을 없애기 위해서였다. 예리코에서 예루살렘으로 가는 길을 부지런히 마음에 그리면서 중동의 찌는 듯한 폭염을 떠올리고 모래 언덕을 바라보고 당나귀 울음 소리 같은 것에 귀를 기울이다 보면 세속적 주제로 공상이 빠져들 가능성이 그만큼 줄어들었다. 적어도 이론상으로는 그랬다.

그 다음 단계는 머리가 역할을 하는 '판단'이었다. 이것은 전날 밤에 적어두었던 주제에 대해 성찰하는 시간이었다. 마지막 단계가 '행동'이었다. 이냐시오에게는 이것이 정말로 소중한 기도의 시간이었다. 이런 반성의 시간을 통해서 얻은 교훈을 앞으로 남아 있는 그날의 생활에 적용했다. 거기에는 구체적 결심이 들어가 있어야 했다. 앞으로는 좀 더 성실하게 살겠다고 하는 모호한 다짐만으로는 부족했다. 가령 바느질을 더 열심히 하겠다든가, 견디기 어려울 만큼 사람을 짜증스럽게 만드는 자매한테 미움을 품지 않도록 각별히 노력하겠다든가 하는 구체적 목표가 있어야 한다. 기도는 의지의 행동이라고 이냐시오는 생각했다. 기도는 경건한 생각이나 느낌과는 아무 상관이 없었다. 생각이나 느낌은 결단의 순간을 위한 준비 단계일 뿐이었다. 이냐시오의 영성은 그 자체가 목적이었던 것이 아니라 행동과 효율성을 늘 겨냥하고 있었다. 그는 예수회 수도사들이 세상에서 제 역할을 톡톡히 하고 매일같이 하는 묵상을 통해 행동의 뿌리를 신에게서 찾을 수 있게 만들려고 했다.

하지만 나한테는 그게 잘 먹혀들지 않았다. 매일 아침 이번에는 꼭 해내겠다고 마음먹었다. 이번에는 무슨 일이 있어도 잡념에 빠져들지 않겠다고 굳게 결심했다. 다른 수녀들처럼 나도 무릎을 꿇고 오직 신만을 생각하겠다고 다짐했다. 나 같은 문제로 고민하는 수녀는 없어 보였다. 나는 그때까지 살아오면서 집중력 문제로 고민해본 적이 한 번도 없었다. 한번 자리에 앉으면 꼼짝 않고 여러 시간을 공부할 수 있었다. 그런데 정말 한심하게도 신에게는 2분 이상 마음을 집중할 수가 없었다. 기도를 앞두고 꼼꼼히 준비를 하는 것은 실은 이렇게 집중력이 떨어지는 것을 막기 위해서였다. 그렇지만 무릎을 꿇는 순간 샛길로 빠지거나 백해무익한 걱정과 근심, 공상의 미로로 달아나거나 몸이 천근 만근 무거워지는 무기력감에 휩싸였다.

대부분의 청소년처럼 나도 아침잠이 많아서 새벽 5시 30분에 울리는 종소리를 듣는 것이 그렇게 괴로울 수가 없었다. 허기와 피로로 속이 울렁거릴 때도 많았는데 그럴 때는 쓰러지지 않으려고 바로 눈앞의 신도석을 꽉 붙들었다. 6시 30분에 수녀원의 시계종이 울리면 우리는 앉을 수 있었다. 하지만 이 달콤한 구원은 오래 가지 못했다. 쏟아지는 졸음과 싸워야 했기 때문이다. 그렇지만 나이 든 수녀 중에도 자세가 기울어져 있거나 어깨가 구부정해 있는 것을 보면서 졸음에 굴복한 것은 나만이 아니구나 하고 자위하기도 했다. 성당지기가 나타나서 바야흐로 미사가 시작된다는 것을 알리는 환영의 뜻으로 제단에 촛불을 켤 때까지 시간은 정말로 스멀스멀 기어갔다.

한 시간 뒤에 아침을 먹을 때는 열 가지 질문으로 새벽 묵상을 되돌아보아야 했다. 하느님이 함께하시는 것을 온전하게 알아차리고 있었는가? 아니요. '자리 꾸미기'에 충분한 노력을 기울였는가? 아니요. 모든 감각을 완전히 동원했는가? 아니요. 이런 식이었다. 이런 자기 평가에는 모두 15분을 써야 했는데 나는 언제나 시간이 남아돌았다. 1점에서 10점까지의 평점에서 내가 한 일에 몇 점을 줄까 고민할 필요가 없었기 때문이다. 나는 항상 0점이었다.

묵상은 우리가 날마다 하는 영성 수련의 시작일 뿐이었다. 하루에 네 번 우리 식으로 만든 성무일도서(로마 가톨릭 교회에서 매일 이루어지는 예배와 공식 기도를 싣고 있는 책)를 합창으로 불렀다. 하루에 두 번, 15분씩 이냐시오가 세워놓은 다섯 가지 기준에 따라 양심을 되돌아보았다. 작은 공책에다가 잘한 일과 못한 일을 적어놓았고 이번 주에 해야 하는 숙제를 몇 번이나 하지 못했는지 꼬박꼬박 기록했다 (이냐시오는 이것을 '특별 시험'이라고 불렀다). 30분 동안 함께 성서를 읽는 시간도 있었다. 이때는 한 사람이 큰소리로 낭독을 하고 나머지 사람들은 열심히 바느질을 하면서 들었다. 초저녁에는 예배당에서 30분 동안 말없이 '경배'의 시간을 가졌다. 혼자서 하는 묵주 신공(묵주 기도)도 있었다. 하지만 나는 하나같이 낙제였다. 7년 동안 나는 다른 수녀들처럼 기도를 드리지 못한다는 부끄러운 비밀을 누구에게도 털어놓지 않고 끙끙 앓았다.

그런데 기도가 없이는 성직자로 살아간다는 것은 말짱 꽝이었다. 단 하루도 빠지지 않고 하루에 몇 시간씩 나는 비참한 실패를 맛보아야 했다. 다른 면에서 나는 능력이 모자라지 않았고 재능이 있다고까지 말할 수 있을 정도였지만 신 앞에만 서면 왠지 어색해지는 듯했다. 이렇게 얼굴을 들기 어려운 부끄러움으로 내 삶의 응어리까지 곪아 들어가더니 나중에는 고름이 흘러나와 내가 하는 모든 행동을 오염시켰다. 신에게는 도무지 관심이 없어 보이고 신의 관심도 전혀 끌지 못하는 것처럼 보이는 사람이 수녀 행세를 한다는 게 생각해보면 말이 안 되는 것이었다.

내게 무슨 일이 생겨야 한다고 생각한 것인지 실은 나도 잘 모르겠다. 환영이나 환청을 기대하지 않은 것은 확실하다. 이런 것은 가장 위대한 성자만이 경험할 수 있다는 이야기도 들었지만, 어쩌면 그것은 우리를 오만하게 만들려고 악마가 보낸 망상인지도 몰랐다. 하지만 내가 읽어본 기도에 관한 책에서는 신앙인이라면 누구나 한 번은 겪기 마련인 마음이 메마르는 침체기에 종지부를 찍어주는 '위로'의 순간을 하나같이 강조했다. 신은 잊혀질 만하면 나타나서 영혼을 달래주고 당신이 가까이 있다고 안심시키고 따뜻한 사랑의 온기를 느낄 수 있게 한다는 것이었다. 말하자면 신은 영혼이 주기적으로 난관을 돌파할 수 있도록 당근을 제공하면서 영혼을 어르고, 그런 뒤에 영혼은 좀 더 성숙해져서 여행의 다음 단계로 올라설 수 있다는 것이었다. 이런 식으로 해서 영혼은 점점 차원이 높은 기도의 단계로 발돋움하고 나중에 가서는 침묵의 영역으로, 생각과 느낌의 손길이 미치지 않는 신비로운 영역으로 들어간다고 했다.

이론상으로는 그랬다. 하지만 이런 높은 상태로 나아가기는커녕 나는 늘 제자리를 맴돌았다. 물론 아름다운 음악을 듣고 가슴이 뭉클해진다거나 감동적인 설교를 듣고 마음이 고양되는 느낌을 받는 순간은 있었지만 내 생각에는 이것은 중요하지 않았다. 그것은 어디까지나 미학적 반응이었기 때문이다. 무신론자도 훌륭한 연설을 듣거나 멋진 연주를 들으면 얼마든지 경험할 수 있는 것이었다.

나는 나 자신의 밖에 존재하는 초자연적 존재와 한 번도 만난 적이 없는 것 같았다. 나는 어떤 위대한 것에 마음을 빼앗긴 적도 없었고 내 존재의 심연에서 맞닥뜨린 어떤 존재 덕분에 머리끝부터 발끝까지 달라진 듯한 경험을 한 번도 해보지 못했다. 나는 그 누군가를 경험하지 못했다. 신을 기다리지 못하는 마음으로 어떻게 그런 경험을 할 수 있겠는가? 기도는 영혼을 가라앉혀 하늘의 말씀을 들을 수 있게 하는 것이라는 소리를 우리는 늘 듣고 살았다. 방탕한 오관을 하나로 모아 신 앞에 나의 전부를 내놓아야만 예언자 사무엘처럼 "당신의 종이 듣고 있사오니, 주님, 어서 말씀해주십시오." 하고 머리로 또 가슴으로 솔직히 말할 수 있다는 것이었다. 하지만 나의 머리와 가슴, 오관은 뿔뿔이 흩어져 있었다. 아무리 애를 써도 다시 모아들일 수가 없었다. 그러니 신과 통할 수 있는 길이 없었다.

물론 윗사람들과 이 문제로 상의도 해보았다. 한 번도 '위로'를 받은 적이 없고 묵상 시간에도 집중이 잘 안 된다고 여러 번 털어놓았다. 윗사람들은 기가 막히다는 표정부터 지었다. "항상 극단적이구나 거긴!" 신학을 가르치는 프랜시스 수녀가 짜증을 부리면서 말했다. "항상 과장이 심해. 누구든지 한 번은 위로를 받기 마련이야. 6년 동안 신앙 생활을 해오면서 단 한 번도 위로를 받은 적이 없다는 소리야 지금?" 나는 고개를 끄덕였다. 그녀는 입맛이 쓴 모양이었다. "정말 할 말이 없네." 난감한 표정을 지었다. "희한한 일일세. 위로 한 번 받지 않고 그냥 살아간다는 게 가당키나 한 일인가. 하지만 말하는 것처럼 그렇게 심각하진 않다고 봐요." 갑자기 목소리에 생기가 감돌았다. "지금 기분이 약간 가라앉았을 뿐이야. 무슨 일이든지 자꾸만 극적 요소를 만들어내려고 애써봐요." 그래도 난 기운이 나지 않았다. 정말이지 난 중증이구나, 속으로 비참한 생각이 들었다. 기도를 할 때 집중이 잘 안 된다는 고백도 그분은 대수롭지 않게 받아넘겼다. "어두운 날은 누구한테나 있는 법이랍니다, 자매님!" 내가 어두운 날이라도 좀 가져봤으면 소원이 없겠다고 생각하는 줄은 아무도 몰랐다. 그건 밝은 날이 단 며칠이라도 있다는 뜻이었기 때문이다.

그래서 수녀원 안에서도 신은 나의 삶에서 나타나지 않았다. 나는 이것이 내 잘못 때문이라고 확신하게 되었다. 내 경우는 너무나 유별난 것이라서 단순히 제도의 잘못으로 떠넘길 수 없는 것처럼 보였다. 조금만 더 노력을 하고 조금만 더 집중을 하고 조금만 더 흥미로운 묵상의 주제를 찾아냈더라면 이런 일은 생기지 않았을 것만 같았다. 수녀가 얼마나 신앙 생활을 정성껏 하는가 하는 것은 기도의 질을 보면 알 수 있었다. 자꾸만 침묵을 깨뜨리고 못된 생각을 하고 무엇보다도 사람의 정을 그리워하고 혼나면 울먹이는 주제에 어떻게 감히 신의 존재를 알아차릴 수 있겠는가 말이다. 그리고 그것은 물론 악순환이었다.

기도가 공허해지면 공허해질수록 나는 시시한 것과 사람한테서 위로를 받으려고 했다. 돌고 도는 악순환이었다. 거기다가 나만의 의심도 있었다. 신앙의 까다로운 조항들 옆에서는 살금살금 걸어가려고 애썼지만 성모 마리아가 정말로 원죄를 저지르지 않고 잉태를 한 것인지, 죽은 다음에는 육신과 영혼이 하늘로 올라간 것인지 자꾸만 의심스러운 생각이 들었다. 예수가 신이라는 사실을 누가 알 수 있다는 것일까? 아니, 신이라는 것이 과연 있기는 있는 것일까? 그래서 아무리 기도를 해도 신을 못 만나는 것이 혹시 아닐까? 예배당에서 무릎을 꿇고 다른 자매들이 말없이 무릎을 꿇고 머리를 두 손에 파묻고 묵상에 잠긴 모습을 지켜보면서 나는 이따금 벌거벗은 임금님 이야기가 자꾸만 떠올랐다. 아무도 신을 경험하지 못했지만 그것을 아무도 선뜻 인정하지 못하는 게 아닐까 하는 생각이 들었다. 그럴 때면 나는 몸이 부르르 떨렸다. 이렇게 끔찍한 의혹을 품고 사는 수녀한테 신이 모습을 드러낼까?

그래서 서원에서 풀려나고 며칠이 지난 날 아침 6시에 자명종이 울렸을 때 나는 일어나서 새벽 미사를 드리러 세인트 얼로이시어스 교회로 걸어가지 않고 그냥 종을 끄고 다시 잤다. 7년 동안 단 하루도 빠지지 않고 하루를 기도와 성찬으로 시작했지만 이제는 부질없는 짓처럼 보였다. 물론 일요일 미사에는 그 뒤에도 계속 참석했다. 그것은 모든 가톨릭 신자의 의무니까. 수녀원도 그만두고 교회도 안 다니는 것은 아직은 너무 심한 것 같았다. 그렇지만 어둑어둑한 교회에서 말없이 무릎을 꿇어야 한다는 생각만 해도 피로가 몰려 왔다. 더는 못 하겠다, 그날 아침 나는 지친 목소리로 뇌까렸다. 도저히 못 하겠어. 거듭된 실패로 말미암아 나는 기진맥진했을 뿐 아니라 조금은 어지럽기까지 했다.

하느라고 한 거야, 돌아누워서 내 아늑한 기숙사 방의 하얀 벽돌로 된 벽을 마주보면서 나는 속으로 중얼거렸다. 세상에서 제일 가는 수녀는 아니었지만 솔직히 말해서 나도 최선은 다했고 선배들도 나를 도우려고 무던히 애를 썼다. 그렇지만 소용이 없었다. 만약 신이 존재한다면 그분은 나한테 관심이 없는 것이었고, 이제 와서 내가 신을 원망할 수도 없었다. 내 안에는 종교를 거부하는, 거룩한 것에 귀를 막는 무언가가 있었다. 그냥 보내자, 나는 잠으로 빠져 들어가면서 나한테 말했다. 더는 아등바등하지 말자. 주제넘는 영혼의 야심일랑 버리고 그냥 보통 사람으로 살아가자. 너는 이제 세상 사람이다. 세상과 사귀자. 한 번에 하나씩.

  하지만 그것도 쉽지 않다는 사실을 곧 깨달았다.

계단의 악마

산산이 부서진 거울 | 텅 빈 두려움
거식증, 소멸의 욕망 | 최우등 졸업

산산이 부서진 거울

그것은 냄새로 시작되었다. 향긋하면서도 유황기를 머금은 냄새, 상한 달걀을 연상시키면서 코앞에 닥친 위태로운 상황을 알리는 듯한 그런 냄새였다. 모든 냄새가 그렇지만 이 냄새만 맡으면 숱한 기억이 머리를 스치고 지나갔다. 나는 단박에 알아차렸다. 처음은 늘 그렇게 시작되었다. 수녀원에서 나는 여러 번 그 이상한 냄새를 맡았고 그때마다 원인을 찾기 위해 주변을 둘러보다가 세상이 산산조각 나는 것을 보았다. 햇볕이, 제단의 깜박거리는 촛불이, 전등 불빛이 미친 듯이 흔들리는가 싶더니 참을 수 없는 욕지기가 일어났고, 그러고는 끝이었다. 길고 긴 공허의 나락으로 떨어졌다.

이런 졸도를 네 번인가 다섯 번인가 경험했고 그때마다 윗사람들은 아주 짜증스러워했다. 한번은 부활절을 하루 앞두고 쓰러졌는데, 정신을 차리고 난 다음부터는 기분이 괜찮아졌는데도 프랜시스 수녀는 창피하게도 나한테 침대에 가서 누워 있으라고 했고 자정부터 시작되는 철야 예배에도 참석하지 못하게 했다. 그 다음날 런던 중심가에 있던 승리의 여신 교회에서 열린 미사에도 나는 마치 죄수처럼 교도관 같은 사람의 호송을 받으면서 가야 했고, 돌아오는 길에는 호된 질책을 들어야 했다. "감정 하나 추스르지 못하고. 과시주의에다 …… 의지 부족" 죽 나열되는 목록을 이제는 거의 외울 정도였다. 모름지기 수녀라면 시들시들한 빅토리아 시대의 요조숙녀처럼 기절을 해서는 안 된다는 것이었다. 우리는 자기를 다스릴 줄 알고 감정과 몸의 생리까지도 철통같이 누를 줄 아는 강인한 여자가 되어야 했다. 이냐시오는 예수회 수도자들이 기독교의 병사가 되기를 바랐으므로 우리는 씩씩한 기상을 길러야 마땅했다. 사열을 받는 지휘관 앞에서 행진을 하다가 기절해서 맥없이 고꾸라지는 군인이 도대체 어디 있단 말인가? 그러니 나의 졸도는 차가운 꾸지람의 대상일 수밖에 없었다. "정신을 똑바로 차리지 못해서 그런 거야." 프랜시스 수녀는 입을 앙 다물고 그렇게 결론지었다.

 나는 어떻게 해야 정신을 똑바로 차리는 건지 알 수가 없었다. 윗사람들이 어떻게 생각하든 내가 일부러 의식을 잃은 것은 아니었다. 나도 정신을 잃는 것이 무서웠다. 또 올 것이 왔구나 싶은 느낌이 들면 나는 끝까지 버텼다. 왜 자꾸 그런 일이 생기는지 알다가도 모를 일이었다. 윗사람들은 내가 감정을 추스르지 못해서 그러는 거라고 생각했지만, 마음이 심란할 때 졸도를 한 적은 거의 없었다. 부활절을 하루 앞둔 그 거룩한 토요일 저녁만 하더라도 나는 더없이 마음이 가벼웠다. 우리는 사순절이라는 자숙의 기간을 뒤로 하고 그날 밤 새롭게 불이 피워지고 이 세상을 초월한 듯한 부활 찬송(부활절의 신비를 한껏 드러내는 위대한 성가)이 울려퍼지고 세례수의 축복이 있고 자정에 승리의 예배가 거행되는 그 영묘한 미사 시간을 기다리고 있었다. 그것은 어둠을 빛으로, 죽음을 삶으로 바꾸어주는 종교 의식이었다. 부활절 일요일에는 또 소박한 세속적 즐거움도 누릴 수 있었다. 아침에는 삶은 달걀을 먹었고 하루 종일 대화를 나눌 수 있었으며 부활절을 맞아서 우리한테 온 우편물도 읽을 수 있었다. 기절하기 직전까지만 하더라도 나는 너무나 즐거운 마음이었다. 도대체 그 냄새, 부서지는 빛, 구토, 무의식으로 빠져드는 혼절은 어디서 왔을까?

내가 병원에 가야 한다고 생각한 사람은 아무도 없었다. 기절은 오직 하나, 히스테리 때문에 일어나는 것이었다. 학교에 다닐 때도 그랬다. 기절을 한 여학생은 퉁명스러운 추궁을 받으면서 공주병에서 벗어나라는 노골적인 비아냥을 들어야 했다. 한번은 교장 선생님이었던 캐서린 수녀가 한없이 이어지던 예배 시간에 기절을 한 여학생의 겨드랑이에 손을 집어넣더니 그 축 늘어진 몸을 반질반질한 통로를 따라 질질 끌고 가서 교회 문 밖에다 내팽개치고는 돌처럼 굳은 얼굴로 바로 돌아서 뚜벅뚜벅 걸어오는 것을 본 적이 있다.

시간이 흐르면서 나는 이런 해석을 받아들였다. 원인은 정확히 알 수 없었지만 특별히 혼란스러운 데는 없다 하더라도 관심과 사랑과 정에 목말라하는 잠재 의식이 겉으로 드러난 것이라고 생각했다. 실신은 관심을 끌기 위한 몸부림이라고 나는 결론지었다. 그러면서도 나의 무의식은 이만저만 말귀를 못 알아먹는 게 아니라는 생각을 하니 한편으로는 쓴웃음이 나왔다. 내가 그토록 갈망하는 따뜻한 관심을 불러일으키기는커녕 그저 짜증과 경멸을 낳을 뿐이라는 사실을 이제는 알아차릴 때도 되었건만 아직도 대책 없이 기절만 하고 있었으니 말이다.

  나의 졸도는 감정을 잘 추스르지 못해서 일어나는 현상이라는 데 누구나 동의했다. 수녀원에 있던 마지막 해에 내 몸은 정말로 자기 혼자서 반란을 꾀하는 것처럼 보였다. 한번 울음이 터졌다 하면 주체할 수가 없었다. 나는 슬픔보다는 분노에 몸을 부르르 떨었다. 음식을 먹으면 항상 속이 더부룩했다. 하도 코피를 많이 흘려서 나중에는 뜸을 떠야만 했다. 그리고 어김없이 기절도 했다. 내 몸뚱이 전체가 들고 일어나서 네가 수녀원에 있고 싶어하는 건 좋지만 아무래도 뭔가 잘못되고 있다는 사실을 똑똑히 좀 보라고 나한테 따지는 것 같았다.

  결국 내가 긴 방학 동안에 가 있던 해로의 수녀원 식당에서 나는 싸움을 포기하고 무릎을 꿇고 말았다. 갈등이 무의식 속에 줄곧 도사리고 있다가 기어이 겉으로 떠올라 나를 수녀원 밖으로 끌어내려 한다고 생각하지 않을 도리가 없었다. 이제 나는 세상으로 나온 몸이었다. 잘 맞지 않는 생활에 적응하느라고 끙끙 앓는 상황이 아니었다. 나는 자유를 누렸고 세계에서도 손꼽히는 대학에 다니는 행운아였다. 아직도 적응하는 데 좀 어려움은 겪고 있었지만 조금씩 나아지고 있지 않았나?

그런데도 왜 마치 싸움이 끝났다는 통보를 내 몸이 받지 못한 것처럼 같은 증세가 거듭해서 일어났던 것일까? 왜 다시 옛날처럼 몸이 반응하는 것일까? 이번에 나는 수녀원 예배당에서 무릎을 꿇고 있었던 것이 아니라 머튼 칼리지의 아늑한 도서관에 앉아 있었다. 실내는 빈 자리가 드물었지만 북적거린다는 느낌이 전혀 들지 않았다. 후끈한 여름 날씨였는데도 답답하다는 생각이 들지 않았다. 납으로 된 높은 창문은 활짝 열려 있었고 그리로 싱그러운 바람이 얇은 커튼을 팔랑거리며 실내로 흘러 들어왔다. 나는 19세기의 잉글랜드에 대한 존 존스의 강의를 들으면서 그의 약간 별난 사고 방식과 유려한 언어 구사를 즐기고 있었다. 바로 그때 그 낯익은 냄새에 숨이 막히면서 교수의 말소리가 무의미한 소음으로 흐트러지고 실내의 빛은 갑자기 음산해지고 나는 그야말로 공포에 사로잡혔다. 그리고 다시 한없는 나락으로 다시 떨어지는 것을 느꼈다.

다시 눈을 떴을 때 나는 이마에 좁게 퍼진 통증을 느꼈다. 눈앞에 어른거리던 갈색의 혼탁한 덩어리는 매끄러운 마룻바닥의 나뭇결로 바뀌었다. 나는 신음소리를 내면서 돌아누워 세상을 단 몇 분만이라도 지워보려고 애썼다.

"이제 정신이 돌아오나 보네." 남자의 낯익은 목소리였다. 천천히, 마치 깊은 우물에서처럼, 기억이 되살아났다. 강의 …… 존 존스 ……"물러서요, 맑은 공기 좀 들이마시게." 오른쪽으로 닳아빠진 커다란 구두와 역시 낡은 코르덴 바지가 눈에 들어왔다. 잠시 후에는 민망하다는 생각이 들리라는 건 알았지만, 지금 당장은 세상이 무의미한 조각들로 뿔뿔이 흩어져 있었다. 그 조각들은 하나도 관련성이 없어 보였다.

"자, 오늘 수업은 이걸로 끝냅시다." 존스 선생님이 말하고 있었다. 나는 고개를 들려고 애썼지만 무언가가 나를 강하게 짓누르는 것 같았다. "이 상태에서 수업을 한다는 건 아무래도 무리겠지. 이 쓰러진 아가씨를 아는 사람 있나?"

"제가 압니다. 한 기숙사에 있어요. 제가 바래다주겠습니다. 카렌, 나야 제인." 나는 그녀를 올려다보면서 웃으려고 애썼다. 이런 부자연스러운 각도에서 보니까 제인의 얼굴이 생소해 보였다. 제인도 어지간히 놀란 모양이었다. 나 때문에 수업이 엉망이 되었구나 하는 각성이 서서히 들었다.

"너무 …… 죄송합니다." 졸도한 다음에는 늘 그랬던 것처럼 나는 뇌까렸다. "너무 죄송합니다."

"세상에." 존스 선생님은 정말로 어이가 없다는 표정이었다. 고개를 돌려서 보니 그 커다란 얼굴이 걱정으로 일그러져 있었다. "일부러 그런 것도 아니잖아요. 우린 그저 걱정이 되어서 이러는 겁니다." 수녀원과는 약간 다른 반응이었다. 나는 얼떨떨해서 눈만 껌벅거렸다. "아직 많이 안 좋아 보이네요. 좀 어때요? 꽤 오래 정신을 못 차렸는데. 병원에 가는 게 좋겠지?" 마지막 말은 분명히 제인한테 한 말이었다.

"그럼요." 제인답지 않게 가라앉은 목소리였다. "전화로 택시를 부를 수 있을까요?" 나는 눈을 감고 마음 속으로 머리를 흔들었다. 동정, 의사, 택시, 이 모든 것을 한꺼번에 받아들일 수가 없었다. 나는 틀림없이 가볍게 저항했던 것 같기도 한데 아무도 알아차리지 못했다. 일이 끝나서 다행이라는 생각만 하면서 그냥 누워 있었다. 몹시 피곤했다.

기숙사로 택시를 타고 돌아와 짧은 계단을 걸어올라와 내 기숙사 방으로 들어설 때까지 제인은 끝없이 재잘거렸다. 아까 눈에 배어 있던 공포는 온데간데없고 어느새 평상시의 활달한 모습으로 돌아가 자기 생각을 늘어놓고 있었다.

"난 학교 다닐 때 얼마나 기절이 하고 싶었는지 몰라." 제인은 잔디밭이 내다 보이는 커다란 창을 열면서 신이 나서 말했다. 학생들이 하나씩 둘씩 바쁜 걸음을 재촉하는 평소와 다를 바 없이 바쁘게 돌아가는 화요일 아침이었다. "기절은 민감하고 섬세하다는 걸 드러내는 거라고 생각했거든. 안 해본 게 없어. 신발에다 압지도 넣어보았고 숨도 참아보았지. 끄떡없더라구. 구제불능이더라구. 난 너무 건강해서 탈이야."

나는 제인이 거울 앞에서 긴 금발 머리를 뒤로 넘기는 것을 바라보면서 빙긋 웃었다. 아닌 게 아니라 가냘프고 연약한 제인의 모습은 잘 상상이 안 갔다. 제인은 그러기에는 너무 덩치가 컸고 또 자신감에 넘쳤다. "전에도 쓰러진 적 있어?" 갑자기 정색을 하면서 제인이 물었다.

나는 고개를 끄덕였다. "수녀원에서는 여러 번 그랬어. 다 감정적인 거야. 마음에서 생겨나는 거지. 수녀님들은 그렇게 말하더라구."

"알아! 나도 가톨릭 여학교에 다녔다 그랬지? 그렇게 평화롭고 조용한 데서 살다가 나왔으니 스트레스가 쌓인 거지." 나는 가볍게 찡그렸다. 수녀들을 그렇게 가까운 거리에서 본 사람들도 수녀원 생활을 비현실적일 만큼 이상적으로 생각하는 걸 보면서 난 번번이 놀랐다. "솔직히 말해봐," 제인이 불쑥 캐물었다. "죄책감 느끼는 거야?"

나는 곰곰이 생각해보았다. 가톨릭 하면 죄의식이 떠오르는 모양인지 사람들은 종종 나한테 그런 질문을 던졌다. "아니," 나는 한참만에 대답했다. "죄책감 같은 건 안 느껴. 그건 죄책감하고는 다르지." 나는 윗사람들한테서 죄의식은 자아 속에서 허우적거리는 자기방종의 또 다른 이름일 수도 있다는 소중한 교훈을 얻었다. 죄의식은 잘못된 자존심에서 나온다고 그들은 말했다. 내가 바랐던 훌륭한 모습이 아니라는 사실에 대한 억울함 같은 것이라는 것이다. "서글프지," 나는 말을 이어나갔다. "실패한 게, 어떤 면에서는. 하지만 죄책감은 아니야."

"누군 좋겠다!" 제인은 내 안락의자에 몸을 파묻었다. "난 남자 친구하고 잠자는 거 때문에 항상 죄책감을 느껴. 그러니까 미사도, 영성체도, 고해 성사도 못 하는 거지. '바로잡겠다는 확고한 의지'가 없으니까. 난 그만두지 않을 거야. 진심으로 뉘우친 적이 없어. 그러니까 지금은 사이비 가톨릭 신자가 된 거라고나 할까."

"옛날이 그리워?" 나는 물었다. 그리고 나도 깜짝 놀란 질문을 덧붙였다. "그게 별거야?" 지난 몇 달 동안 내가 얼마나 멀리 왔는가를 새삼 실감했다. 작년 이맘때만 하더라도 가톨릭 교회를 떠나서 산다는 것은 상상도 못했는데 지금은 그런 확신에 금이 간 것이다. 제인의 성 생활에 신이 정말로 그렇게 신경을 쓸까? 거짓말을 하거나 쌀쌀맞아도 성직자가 되는 데 아무 문제가 없는데, 약혼자와 잠을 자는 것이 정말로 이런 죄보다 몹쓸 죄일까?

제인은 가만히 침묵을 지키더니 어깨를 으쓱했다. "그야, 뭐 당연히, 신경 안 쓴다고도 볼 수 있지. 만약에 하느님이 있다면, 어떨 때는 정말 하느님이 있는지 의심스러울 때도 있지만, 그렇게 속좁은 샌님일 리가 없겠지. 그리고 우리 대학에서도 별별 짓을 다 하는 아이들이 그냥 영성체도 하고 그런다는 거 나도 알아. 그런데 난 못 그러겠더라구. 솔직하지 못한 거 같아서……." 제인은 말꼬리를 흐렸다.

"그게 그립냐구?" 나는 캐물었다. 그렇게 세상과 모나지 않게 살아가고 매사를 긍정적으로 받아들이는 아이가 하느님 때문에 위축된다는 사실이 아무래도 납득이 가지 않았다.

"당연하지!" 제인은 잠시 숨을 골랐다. "학교 다닐 때 경건한 미사가 참 마음에 들었어. 작년 크리스마스는 마크하고 파리에서 보냈는데 노트르담 성당 자정 미사에 갔어. 상상이 가잖니 …… 마크는 내가 그걸 다 포기하고 살았다는 게 믿어지지 않았나 봐. 나더러 소설의 여주인공 같다나. 지금은 옛날 같지는 않지, 솔직히 말해서."

나는 내가 정말로 가톨릭 신자라고 말할 수 있는지 문득 궁금해졌다. 수녀원에서는 아무도 신앙을 회의하는 사람이 없었기 때문에 제인의 입을 통해서 그런 말을 들으니까 마음이 홀가분해졌다. "재미없으니까 내 얘기는 그만 할래!" 제인은 일어나서 책을 챙겼다. "가서 간호사 불러올게 …… 알아, 알아, 그 여자 밥맛 없는 거, 그래도 교수님께 약속했잖아. 아무리 스트레스 때문에 일어난 일이라 하더라도 봐서 손해볼 건 없잖아. 교수님 말대로 정말 오랫동안 정신을 못 차렸다구."

제인은 문을 나서기 전에 방을 한번 둘러보았다. 번쩍거리는 코르크 바닥, 색깔을 맞춘 주황색 커튼과 침대보, 옷장 겸용 책상이 있는 전형적인 현대식 기숙사였다. "주인의 색깔을 좀 살려야겠네요." 제인은 감정사처럼 말했다. "너무 개성이 없어. 소품도 좀 늘어놓고 그래. 내 정신 좀 봐!" 제인은 웃었다. "가진 게 아무것도 없는 사람보고. 앞으로는 좀 구해요. 이제는 수녀가 아니잖아. 성직자처럼 가난하게 살지 않아도 돼. 전축 어때? 음악도 좋아하고 작년에 에세이 상도 받았잖아. 상금으로 받은 돈 은행에 고이 모셔놓지 않았나? 기분 좀 내면서 살자구."

"그래." 나는 뜸을 들였다가 대답했다. "맞아."

텅 빈 두려움

칼리지에서 온 간호사는 활발하면서도 사무적이었다. 맞아요, 기절은 십중팔구 스트레스가 원인이지. 쌓이고 쌓인 갈등이 결국은 폭발했다고 봐야지. 그래도 바다에 나가서 죽는 사람도 있는데 뭘 그까짓 거 갖고 그래. 자기 연민에 빠지는 건 더 안 좋아요. 하던 일이나 열심히 해요. 앞으로 힘차게 걸어나가는 거야. 한없이 이어지는 상투어를 듣고 있으려니까 부아가 치밀었다. 고통을 겪는 사람 앞에서는 활발한 척 대범한 척하는 건 일도 아니었다. 수녀의 길을 접는 것은 사람이 겪는 고통 중에서 극히 약소한 것이라는 사실을 모를 내가 아니었다. 이혼이나 사별이 물론 훨씬 고통스러울 것이다. 하지만 어차피 경쟁하려는 게 아니지 않은가. "그래도 날 잡아서 병원에 꼭 가봐요." 간호사가 끝으로 말했다. "특히 전에도 비슷한 일이 있었으면 꼼꼼히 진찰을 받는 게 몸에 좋아요."

나는 그러겠다고 약속했다. 조심해서 나쁠 건 없어 보였으니까. 그리고 선배 수녀들의 차가운 반응과는 달리 나를 걱정해주는 마음이 고맙기도 했다. 내가 쓰러졌다는 소식은 삽시간에 퍼졌다. 얼굴만 겨우 알던 사람도 복도에서 나를 붙잡고는 괜찮냐고 물었다. 팻과 피오나는 꽃을 한아름 주었고 로즈메리는 나한테 꽃병이 없다는 걸 어떻게 알았는지 작은 꽃병을 선물했다. 샬럿은 그 사건에 대해서 꼬치꼬치 물었다. 우리는 똑같이 마음의 병을 앓는 동병상련의 사이로 말없이 돌아갔다.

샬럿과 나는 이제 지도 교수가 달랐다. 브렌트우드 박사는 일찌감치 나를 빼서 자기 밑에 있는 대학원생한테 넘겼다. 칼리지는 분개했다. 나처럼 성적이 우수한 학생을 이런 식으로 내팽개치는 것은 있을 수 없는 일이라는 것이었다. 나는 다시 베드나로스카 교수 밑으로 들어갔다. 그녀는 내가 쓴 정교한 고딕풍의 에세이를 마음에 들어했다. 모두들 만족해하는 것 같았다. 하지만 나는 나만의 생각을 써야 했을 때 직면했던 그 텅 빈 구멍을 잊을 수가 없었다. 브렌트우드 스마이드 박사는 내 글이 지적인 것처럼 포장되어 있지만 속은 텅 비어 있다는 사실을 꿰뚫어보았던 것이고 샬럿도 비슷한 생각이었지만 교수처럼 대놓고 깠다가는 내가 충격에서 헤어나오지 못하리란 사실을 너무도 잘 알았기 때문에 잠자코 있지 않았나 하는 생각이 들었다.

기절을 하는 바람에 좋은 일도 생겼다. 제인과 가까워진 것이다. 나는 방어의 수위를 조금 낮추어 나한테도 어려움이 있다는 사실을 남들에게 굳이 감추려 하지 않았다. 그리고 제인의 충고를 받아들여 전축을 사기로 마음먹었다. 제2차 바티칸 공의회의 개혁 정신이 조금씩 수녀원에도 뚫고 들어가 그때부터 이미 음악을 들어도 뭐라는 사람은 없었다. 신학원 공동실에 전축이 있었는데 오후 휴식 시간에는 그것으로 음악을 들을 수 있었다. 새로운 세상이 내 앞에 나타났다. 어느 날 세수를 하고 나서 공동실로 들어서다가 베토벤이 작곡한 〈황제 협주곡〉의 그 느리고 아름다운 선율을 듣고 온몸이 짜릿했던 기억도 난다. 당시로서는 거금이었지만 25파운드라는 돈을 들여 작고 단순한 전축을 사들인 덕분에 이제는 아무 때나 숭고한 감동에 젖을 수 있었다. 제인은 베토벤이 말년에 작곡한 4중주곡도 소개해주었다. 나는 거의 매일 밤 그것을 들었다. 종교에서 내가 찾았던 경험이 바로 이것이구나 하는 생각이 들었다. 음악을 듣는 동안 나의 영혼이 기워지는 느낌이 들었다. 세상이 눈에 들어오기 시작했다.

하지만 어느 날 밤 세상이 다시 부서졌다. 초저녁이었지만 에세이를 쓰느라고 전날 밤 거의 잠을 못 잤기 때문에 피곤했다. 옥스퍼드 학생은 모두 일주일에 한 번씩 경험하는 '에세이 비상'이었다. 마감 시간에 맞추어 에세이를 완성하기 위해 열심히 끄적거리는 학생들 때문에 기숙사는 밤새도록 방마다 불이 환하게 밝혀졌다. 수녀원을 나온 이후로 나는 이 주례 의식의 묘한 매력에 푹 빠져들었다. 사방은 어둡고 쥐 죽은 듯 고요하고 나 혼자 스탠드를 켜놓고 앉아 있으면 마법의 공간에 와 있는 듯한 느낌이 들었다. 가끔 문을 살짝 긁는 소리가 나서 보면, 나와 같은 날 에세이를 내야 하는 샬럿이나 로즈메리가 조심스럽게 문을 열고 고개를 들이밀었다. 그럼 우리는 한밤 중에 커피를 마시며 좀 쉬다가 다시 책으로 돌아갔다. 다음날은 진이 빠져서 축 늘어졌지만 그래도 뿌듯했다. 교수와 면담을 하고 나서 맛보는 희열도 컸다. 에세이를 완성하고 칭찬을 받고 다시 새로운 과제를 받아 다음주까지 거기에 몰입하는 생활이었다.

그런데 이날따라 눈이 욱신거리고 피곤했다. 그 낯익은 악취가 어느새 나의 코를 찌르고 있었다. 하지만 이번에는 뭔가 달랐다. 마치 우주처럼 거대한 감자 빻는 기계가 나의 뇌를 갈고 뭉개서 거기서 스파게티처럼 길다란 감각의 다발을 뽑아내는 것 같았다. 멀리서 구슬픈 종소리가 들렸고 누군가가 내 옆에 서 있다는 확신이 들었다. 곁눈질로 그의 얼굴까지 힐끗 볼 수 있었다. 눈이 휑한 늙은이의 얼굴이었다. 한편으로는 아무도 없고 만져보려고 손을 뻗으면 내 손은 허공을 휘저을 뿐이라는 생각이 들기도 했다. 하지만 이런 생각과 유령을 연결시킬 수가 없었다. 유령이 워낙 실감나게 당당히 버티고 있었기 때문이었다. 숨막힐 듯한 공포에 순간적으로 짓눌리는 바람에 나는 찬찬히 생각할 마음의 여유가 없었다. 주위를 둘러보니 방이 온통 낯설기만 했다. 한 번도 본 적이 없는 이상한 물건들뿐이었다. 세상은 으스스하고 두려운 곳으로 바뀌었다. 내가 누구고 무엇이고 어디에 있는지는 알 수 없었지만, 극심한 두려움과 아무런 의미가 없어 내 주변을 온통 역겨운 고동색의 썩은 빛깔로 물들인 오싹하고 진절머리나는 공포는 의식할 수 있었다.

그렇지만 한편으로는 전혀 그렇지 않았다. 나는 지금 말이나 생각하고는 아무런 관련이 없고 조리정연한 질서로 사물을 배치하는 문

법과 간결한 문장의 논리로는 파악이 안 되는 경험을 묘사하려고 애쓰고 있다. 내가 시인이라면 좀 더 잘 설명할 수 있을 것이다. 하지만 나는 히에로니무스 보슈†가 그림에서 전달하려던 것이 바로 이런 공포라고 확신한다. 마음을 달래주던 허깨비의 망사가 벗겨져 나가고 형체도 없고 의미도 없고 목적도 없고 속속들이 맹목적이고 하찮고 심술궂고 추한 세상이 눈에 들어온다.

엘리엇은 〈재의 수요일〉 세 번째 시에서 비슷한 상황을 묘사한다. 그는 나선의 계단을 올라간다. 그것은 머리와 가슴이 영혼의 깨달음을 향하여 '상승'하는 신비적 이미지다. 하지만 "두 번째 계단을 처음으로 돌아서니" 난간 모양으로 뒤틀린 형상이 나타나고 안개처럼 자욱하고 고약한 냄새를 풍기는 공기가 그것을 감싸고 있다. 그는 '계단의 마귀'와 사투를 벌여야 한다. 이 나선형의 형상들을 뒤로 하고 다음번 모퉁이를 도니 칠흑 같은 어둠뿐이다. "침을 질질 흘리는 늙은이의 도저히 손볼 수가 없는 이빨 빠진 입처럼, 혹은 늙은 상어의 이빨 박힌 아가리처럼 축축하고 들쭉날쭉하다." 그것은 우리의 마음 맨 밑바닥에 도사린, 말하자면 의식의 아랫배다.

공포가 물러가고 세상이 원래의 모습을 되찾아도 기억은 잊혀지지 않는다. 세상의 '실상'을, 우리가 보통 때 하는 경험을 덮어주는

---

† Hieronymus Bosch(1450?~1516) 르네상스 시기 플랑드르(지금의 네덜란드)의 화가. 그의 그림은 기괴하게 합성되고 변형된 동물과 식물, 물체들이 화면을 꽉 채우고 있으며, 오늘날 20세기 초현실주의의 선구로 높이 평가받고 있다.

달콤한 장막이 벗겨져 나갔을 때 모습을 드러내는 그 텅 빈 두려움을 보았기 때문에, 이제는 아무 일도 없었던 것처럼 살아갈 수가 없다. 까발려진 현실은 영혼에 깊숙이 박혀 우리가 느끼고 보는 모든 것에 영향을 끼친다. 그렇지만 이런 모습을 말로 표현하다 보면 왜곡이 불가피하고 어느새 미려하고 감상적인 산문으로 흐른다. 그보다는 차라리 콜리지처럼 간결한 시어로 묘사하는 것이 낫다. 콜리지는 아득한 옛날 뱃사람이 바다에서 시련을 겪은 뒤 자꾸만 시달리는 악몽을 이렇게 그린다.

> 인적 없는 길을
> 공포와 두려움에 떨며 걸어가는 사람처럼,
> 한번 돌아보았기에
> 다시는 고개를 안 돌리고 걸어가는 사람처럼,
> 무서운 악귀가 뒤에서 바짝 쫓아온다는 사실을
> 알고 있기 때문.

말들은 평이하고 이미지도 "무서운 악귀"에서 보듯이 일부러 진부하게 처리했지만, 늘 옆에 붙어 다니지만 손으로 만질 수 없는 공포를 이렇게 간결하게 묘사하니까 그 느낌이 생생히 전달된다.

공포의 경험은 그때 한 번으로 끝나지 않았다. 몇 주일 뒤 시내에서 장을 보다가 나는 세상이 세상에 의미와 일관성을 주는 근본 법칙과의 연결 고리를 몽땅 잃어버린 듯한 경험을 했다. 마치 기괴한 만화를 보는 듯한 기분이었다. 계산대에서 내 앞에 줄 서 있던 여자들이 마치 영국 화가 베릴 쿡의 그림에 나오는 이 세상 사람 같지 않은 뚱보들처럼 보였다. 그들의 이목구비가 거칠고 낯설었다. 온몸을 마비시키는 그 공포가 또다시 밀려왔다. 내가 어디에 있는지, 무엇을 하는지 아무 생각이 없었다. 내 차례가 되었을 때 계산대에 있던 여자가 내 지갑을 가리키면서 뭐라고 소리치는 것 같았다. 나는 그 여자가 나한테 무슨 말을 하는지, 무엇을 원하는지 몰라서 우두커니 그 여자를 바라보았다. 누군가 내 손에서 지갑을 뺏더니 그것을 열었지만 나는 그 안에 있던 둥근 쇳덩이들을 알아볼 수가 없었다. 나는 어지러워서 바구니를 놓고 비틀거리며 거리로 나갔다. 시간이 얼마나 흘렀는지는 모르지만 정신을 차려 보니 레드클리프 광장에 있는 브레이즈노즈 칼리지 앞에 앉아서 카메라 렌즈처럼 생겼다고 해서 카메라 돔이라는 이름이 붙은 도서관 건물을 물끄러미 바라보고 있었다. 그 건물은 완전함과 조화를 상징했다. 내가 자주 와서 공부를 하는 곳이었다. 비가 오고 있었다. 젖어서 오한이 났지만 세상은 다시 정상으로 돌아와 있었다.

    나는 이것이 초자연적 경험일지도 모른다는 생각은 꿈에도 못했다. 그저 몸이 안 좋구나 싶었고 자꾸 까무라쳤던 것처럼 이번 '환각'도 스트레스 때문에 일어났으려니 여겼다. 묘하게도 그렇게 보는 것이 상황과 잘 맞아떨어지는 것처럼 보였다. 내가 거부했던 세상이 나한테 덤벼들어 복수를 하는 바람에 나를 둘러싼 상황이 주기적으로 악몽처럼 낯설게 바뀌는 것이라고 나는 해석했다. 그렇지만 이런 희한한 경험이 점점 잦아지니까 불안한 생각이 들어서 내키지는 않았지만 의사를 찾아갔다. 난데없이 불쑥 나타나서 사람을 바보로 만들어버리는 이 공포와 어떻게 더불어 살아야 할까? 세상과 나는 물과 기름처럼 영원히 겉도는 사이라서 그 안에서 살아가지 못할 것만 같았다. 어느 날 내가 유리의 저편에 갇혀버릴지 모른다는 생각을 하니 겁이 났다.

의사는 나의 염려는 기우일 뿐이라고 말하면서도 내 상태가 썩 좋지 않다는 데는 선선히 동의했다. 그는 '불안 발작'이라는 전문어까지 동원하면서 이런 증세는 흔히 볼 수 있고 쉽게 요리할 수 있다고 말했다. 요는 내가 스트레스를 너무 많이 받았다는 것이었다. 그동안 너무 무리하지 않았나 싶다는 것이었다. 졸업이 얼마 안 남았죠? 여름에는 졸업 시험도 봐야 하고. 이맘때면 병원을 찾아오는 학생들이 많아요. 그렇지만 학생의 경우에는 …… 에 또 …… 병력도 있고 하니 전문의한테 한번 가보는 게 좋겠군요. 그러면서 리틀모어 병원에 아주 실력 있는 의사가 있다고 했다. 약속이 잡히는 대로 아마 연락이 올 거라고 했다. 상담을 하고 약도 좀 먹고, 물론 일시적으로, 그러면 이런 증세가 없어지고 곧 정상을 되찾으리라는 것이었다.

리틀모어. 옥스퍼드에는 정신병원이 두 군데 있었는데 그중 하나였다. 가슴이 철렁했다. 가만히 넋을 놓고 있다가 당한 것은 아니었지만 이미 증세가 굳어지고 있었으니 참담한 패배감밖에 느껴지지 않았다. 수녀원의 입장에서 보자면 정신과는 상상도 못할 일이었다. 누군가에게 "상담을 한다"는 발상 자체를 용납하지 않았다. 하지만 나로서는 대안이 없었다. 내 딱한 처지를 보고 간호사와 의사가 대뜸 상투어 뒤로 몸을 숨긴 것은 그들이 나를 치료하기에는 역부족이라는 사실을 고백한 것이나 마찬가지였다. 전문가를 찾아갈 필요가 있었다. 하지만 엉망진창인 나의 삶이 남에게 까발려진다고 생각하니 자꾸만 움츠러들었다. 누군가가 나의 삶을 임상학적으로 진단하고 평가한다는 것도 싫었고 내가 정신병자로 취급받는다는 것도 싫었다.

내가 옛날보다 사람을 더 피하고 내성적으로 변한 것은 그렇게 보이기 싫다는 방어 의식과도 무관하지 않았다. 다른 사람들과 같이 있다가 그런 증세가 나타날까 봐 겁이 났다. 나는 자신감을 잃어버렸다. 전에는 그냥 사교성이 부족하고 수줍음이 많은 정도였지만 이제는 나의 몸과 마음을 모두 믿을 수가 없었다. 그런 증세가 나타날까 봐 이제는 파티에 가기도 겁이 나고 친구들과 저녁 때 조용히 함께 시간을 보내는 것도 겁이 났다. 사람들이 이상하리만큼 중독되어 있던 댄스 파티의 그 깜빡거리는 불빛을 보면 나는 기분이 이상해졌다. 그래서 세상으로 더듬이를 막 내밀려고 하던 그 무렵에 나는 다시 더듬이를 말아들이기 시작했다.

거기에는 또 다른 중대한 이유가 있었다. 그 무서운 경험은 나를 바꾸어놓았다. 겉으로 보면 유쾌하고 순수해 보이는 평범한 일상이 순식간에 와르르 무너져 내릴지 모른다는 인식은 나의 일거수 일투족에 영향을 미쳤다. 이런 어두운 영역을 들여다본 사람은 나만이 아니었다. 나는 반 고흐가 그린 온몸을 뒤틀면서 괴로워하는 올리브 나무와 별들이 소용돌이치는 하늘에서 그것을 볼 수 있었다. 그것은 보슈가 그린 지옥도에도 있었다. 조지프 콘래드[†]가 1902년에 발표한 《어둠의 속》[††]도 바로 그것이었다. 이런 경험은 알맹이가 있는 현실이 아니라고 아무리 나한테 되뇌어도 별 의미가 없었다. 어떤 말을 갖다 붙인다 하더라도 그것은 인간의 마음에서 벌어지는 일이었다. 이미 그곳을 경험한 터라 나는 분열되어 있었다. 나는 이제 꽃봉오리를 피우려는 여학생들로 둘러싸여 있었다. 그들은 대부분 명랑했고 앞으로 펼쳐질 삶에 대한 기대와 희망에 부풀어 있었다. 그렇지만 나는 이런 타고난 낙천주의를 나눠 가질 수 없었다. 이제 나는 파티라는 말만 들어도 얼굴을 찌푸리면서 마치 동화에 나오는 못된 요정처럼 같은 학생들 사이에서도 이중으로 소외감을 느꼈다.

[†] Joseph Conrad(1857~1924) 폴란드 태생의 영국 소설가. 그는 주로 냉담한 자연에 직면한 개인, 인간의 악의(惡意), 인간 내면의 선과 악의 투쟁에 관심을 가졌다.
[††] 작가이기 전에 선원으로 살아 온 콘래드가 서른두 살 무렵 아프리카의 콩고 강을 항해한 경험을 바탕으로 쓴 소설. 당시 콩고 강 유역은 벨기에의 식민지였으며, 콘래드는 그곳에서 '인간 양심의 역사를 더럽힌 사악한 약탈의 현장'을 보았다고 말했다.《어둠의 속》이란 제목은 검은 대륙 아프리카의 한가운데를 의미할 뿐만 아니라 부패하고 허무주의적이고 악의에 찬 모든 것을 가리키는 것일 수도 있고, 나아가 악의 핵심으로서 인간의 마음을 가리키는 것일 수도 있다.

세상과 나 사이를 가로막는 막 같은 것이 자꾸만 느껴졌다. 시간이 흐를수록 단단한 고체로 된 사물은 하루살이처럼 덧없어 보였고 사람들은 뚜렷한 윤곽을 갖지 못한 허깨비처럼 보였다. 주변이 이렇게 갑자기 두려운 모습으로 바뀌면 내적 통일성을 보지 못하고 대상을 자꾸만 유동적이고 믿지 못할 것으로 받아들이게 된다. 사물은 서로의 안으로 흘러들어가는 것처럼 보였다. 친절한 얼굴은 험상궂은 얼굴로 돌변하고 좋은 경치는 어느새 음침해졌다. 가끔은 유리를 통해서 현실을 바라보는 게 아닌가 하는 느낌도 들었다. 물건을 만지려고 손을 뻗을 때마다 나는 이런 장애물을 예상할 때가 많았다. 소리는 희미하고 어렴풋했다. 이 과정은 워낙 조금씩 더디게 진행되어서 나중에는 이것을 의식하지 못하게 되었다. 이제는 그것이 정상처럼 보였고 내가 그 안에서 숨쉬고 살아가는 공기가 되었다. 나는 남들이 맨날 떠드는데 난 한 번도 본 적 없는 이 '물'이라는 게 도대체 뭐냐고 엄마한테 물어보는 이슬람 우화에 나오는 어린 물고기 같았다. 어떤 현실이 비정상이라는 사실은 상황 자체가 달라지지 않는 한 좀처럼 깨닫지 못한다. 그 당시에는, 내가 뿌리치고 나왔던 세상이 이번에는 나를 뿌리치는 듯한 느낌이 자꾸만 들었다.

그러다 보니 사람들과 어울리기가 더 힘들었다. 창유리를 사이에 두고 누군가와 말한다는 생각이 들면 정말로 마음을 나누기가 어렵다. 시사 문제도 전혀 와 닿지가 않았다. 그저 막연하고 모호하게만 보였다. 1970년 봄 골란 고원에서 이스라엘과 시리아가 맞붙었다는 기사를 읽었을 때도, 뼈만 앙상하게 남은 비아프라(Biafra, 1967년 5월 나이지리아에서 독립을 선언했다가 1970년 1월에 무너진 공화국)의 어린이 사진을 사진으로 보았을 때도, 베트콩의 라오스 총공세 소식을 전하는 텔레비전 뉴스를 보았을 때도 아무런 느낌이 없었다. 5월에는 베트남 전쟁에 반대하는 시위가 워싱턴에서 열려 세인트앤 칼리지 학생들을 흥분의 도가니로 몰아넣었지만 내게는 초현실주의 그림이 묘사하는 꿈처럼 낯설고 부질없어 보였다. 그 먼 곳에서 일어난 위기를 마치 천체망원경으로 보듯 바라보았다. 내가 한 번도 가본 적이 없는 다른 행성에서 벌어지는 사건들 같았다.

이번에도 나를 살려준 것은 공부였다. 공부를 할 때는 그나마 정상이라는 느낌이 돌아왔다. 제프리 초서나 위대한 극작가 윌리엄 셰익스피어에 대해서 괜찮은 에세이를 쓸 수 있는 한 내 머리는 돌이킬 수 없이 망가진 것이 아니었다. 독창적이지는 않았어도 아직까지 나는 조리 있게 논리적으로 생각할 수 있었다. 더 많이 읽고 공부하고 더 좋은 글을 많이 써낼수록 내가 완전히 돈 것은 아니고 언젠가는 보통 사람으로 돌아와서 세상으로 나갈 수 있겠구나 하는 믿음도 커졌다. 학자로 안정된 생활을 하면서 학생들도 가르치고 에밀리 브론테[†]나 윌리엄 워즈워스[††]에 관해서 가끔 논문도 쓸 수 있다면 내 안

[†] **Emily Brontë(1818~1848)** 영국의 작가. 그가 남긴 단 한 편의 소설인 《폭풍의 언덕》(1847)은 요크셔의 황량한 벌판을 무대로 악마적이라고 할 인간의 애증을 강렬한 필치로 묘사하고 있다.

에 침투한 악마의 손발을 묶어 둘 수 있을 것만 같았다.

　이 공포의 발작은 나를 외톨이로 만들었을 뿐 아니라 그렇지 않아도 흔들리고 있던 나의 신앙심에 또 한 방을 먹였다. 물론 이런 환각을 경험하는 동안 사탄을 보았다고 생각한 적은 없었고, 내가 악령을 느꼈다면 그것은 형이상학적 존재가 아니라 그저 내 마음이 만들어낸 것이라는 사실을 나는 너무나 잘 알았다. 하지만 환각 체험은 자꾸만 나를 생각으로 몰아넣었다.

　과학이 발전하지 않았던 옛날에는 나를 압도했던 그 유령 같은 늙은이를 정말로 악마로 보는 것이 지극히 자연스러운 결론이었을 것이다. 시인과 신비주의자는 지옥의 더러운 악취에 대해 자주 말했다. 지옥은 십중팔구 나같이 의지가 박약한 사람의 머리에서 만들어진 것이었다. 그런 믿음을 뒷받침하는 객관적 증거는 없었다. 그것은 우리를 고정 관념에서 해방시키는 훌륭한 생각이었다. 하지만 신도 정신 이상의 산물이라면? 성자가 경험한 황홀경과 무아지경은 내가 경험한 지옥의 환각만큼이나 공상에서 비롯된 것일 수 있다. 우리가 신이라고 부르는 것은 잠시 방향 감각을 잃은 마음이 만들어낸 것일 수 있다. 이런 생각을 해도 마음이 별로 아프지 않은 나 자신의 모습을 보면서 나는 조금은 착잡해졌다. 신이 없다면 내 삶의 대부분은 허튼

---

†† **William Wordsworth(1770~1850)** 영국의 낭만주의 시인. 1843~1850년 계관시인을 지냈다. 테일러 콜리지와 공저한 《서정민요집》(1798)은 영국 낭만주의 운동의 시발점이 되었다. 주로 자연과 전원 생활, 그리고 인생의 교감을 읊었다.

짓거리가 되어버리니까 나는 당연히 심란했어야 마땅했다. 그렇지만 신은 나한테 한 번도 구체적으로 다가온 적이 없었다. 그런데 번번이 모습을 드러내지 않는 신은 차라리 없는 편이 나을지도 몰랐다. 어쩌면 나는 담판을 짓고 진작에 교회를 떠났어야 했는지도 몰랐다.

사람 좋은 도미니쿠스 수도회의 조프리 프레스턴 신부는 나더러 너무 성급하게 결정을 내리지 말라고 했다. 나는 한 지도 교수의 권고로 도미니쿠스 수도회 미사에 참석하고 있었다. 그 여교수는 나처럼 가톨릭 신앙으로 고민을 많이 한 분이었고 지금도 헤어나오지 못한 게 아닌가 싶을 때가 있었다. 그분은 일요일 오전에 열리는 가족 미사가 좋다고 했다. 가보니 너무 지나치지만 않으면 마음껏 떠들 수 있고 교회를 자유롭게 뛰어다니고 기어다닐 수도 있게 한 그야말로 아이들 눈높이에 맞춘 신나고 재미있는 미사였다. 교수의 권유로 나는 조프리 신부와도 면담을 가졌다.

그는 분명히 친절한 사람이었지만 어딘지 불편해 보였다. 많은 사제가 그렇지만 그도 수녀에 대한 감정이 어정쩡했다. "하여간 이런 문제들에 대해서 죄책감은 갖지 않았으면 좋겠습니다." 그는 휴게실 의자가 불편한지 굵은 허리띠를 이리저리 움직이면서 말했다. "수녀는 죄의식을 먹고 사는 거 알아요. 잘못을 헤아려두기 위해 일부러 만든 묵주 같은 것이 있고 작은 수첩에다 그걸 적어놓는다면서요." 하면서 킥킥 웃었다. 당연히 농담으로 하는 소리라는 투였다.

"정말로 그렇게 하는데요." 내가 말했다.

조프리는 화들짝 놀란 듯했다. "농담하는 거죠?" 나는 고개를 가로저었다. "세상에," 그는 할 말을 잊고 멍하니 천장만 바라보았다. "우린 그게 다 할 일 없는 사람들이 지어낸 소린 줄 알았어요. 수녀들에 대해서 떠들어대는 말도 안 되는 소리들 있잖아요 왜. 그런데 정말로 그러는 줄은 몰랐군요."

"고생을 모르고 사셨군요." 나는 일어나서 외투를 입기 시작했다. "괜찮으시다면 이 다음에 제가 전부 이야기해드릴게요."

"내가 과연 받아들일 수 있을지 자신이 없네요." 조프리는 웃고 있었지만 속으로는 몹시 언짢아한다는 걸 눈치로 알아차릴 수 있었다. "여자들이 좀 그렇지요." 수도원을 나서면서 그가 생각에 잠겼다가 말했다. "여자는 공동 생활에는 맞지 않는다고 군대에서 늘 우리끼리 말하곤 했지요. 자질구레한 규칙에 너무 얽매이는 거 같아요. 나무만 보고 숲을 못 본다고나 할까."

기숙사로 돌아오면서 그럴지도 모른다고 생각했다. 하지만 그런 규칙을 애당초 만든 사람이 남자들이라는 사실을 모를 만큼 내가 교회를 잘 모르는 것도 아니었다.

거식증, 소멸의 욕망

　기차가 서섹스의 울창한 시골을 달리는 동안 나는 복잡한 심경에 잠겨 있었다. 내가 성직을 택하고 나서 처음 3년을 보냈던 수녀원으로 가고 있었으니까 어떻게 보면 친정으로 가고 있는 셈이었다. 레베카 수녀한테서 한번 들러 달라는 편지를 받고 가는 길이었다. 흔히 있는 일은 아니었다. 외부인은 웬만해서는 받아들이지 않았고 더구나 나는 레베카 수녀와는 어울리는 사람이 아니었다. 내가 수녀원을 떠난 14개월 동안 정말로 많은 변화가 있었다. 나는 내가 어떤 반응을 보일지 염려스러웠다. 다시 수녀원 분위기에 발을 담그면 어떤 느낌이 들지 전혀 감이 잡히지 않았다.

　레베카 수녀는 나보다 2년 선배였다. 내가 청원자였을 때 그녀는 2년차 수련자였다. 그녀는 나무랄 데 없는 수녀였다. 초기 르네상스 시기의 화가 보티첼리가 그린 마돈나처럼 차분한 얼굴에 눈은 항상 겸손하게 내리깔았고 말할 때도 거의 속삭임에 가까울 정도로 침착하고 조용하게 말했다. 한 번도 눈살을 찌푸리게 하는 행동을 하지 않았다. 대부분의 수녀는 가끔 자기들이 수녀라는 사실을 잊곤 했다.

그래서 계단에서 뛰기도 하고 깔깔 웃기도 하고 야단을 맞으면 말대답을 하기도 했다. 하지만 레베카 수녀는 달랐다. 늘 단아했고 차분했고 조용했다. 1967년 가을 내가 옥스퍼드에 처음 왔을 때 레베카는 프랑스어와 이탈리아어를 공부하고 있었고 졸업 학년이었다. 세인트앤 칼리지에는 수녀가 둘뿐이라서 우리는 같이 붙어다닐 때가 많았다. 점심을 먹고 나서는 수녀원 예배당에 가서 영혼의 의무를 꼬박꼬박 준수했다. 양심을 되돌아보고 묵주 기도문을 암송하고 성서를 읽고 30분 동안 마음의 기도를 올리는 일련의 무미건조한 과정을 마라톤 선수처럼 견디어냈다. 어차피 해야 할 일 몰아서 "해치우고" 저녁 시간은 공부에 전념하기 위해서였다. 기도가 끝나면 45분 동안 산책을 했다. 그러면서 이야기를 나누었다.

수녀끼리는 우정을 나누어서는 안 된다는 불문율이 있었지만 레베카와 나는 나머지 학생들과 대학 사회에서는 외톨이와 다를 바 없었으므로 자연히 친해질 수밖에 없었다. 우리는 둘 다 공부를 좋아했지만 좋아하는 공부 이야기를 들어줄 사람이 우리 말고는 없었다. 나는 《실락원》의 저자 존 밀턴 이야기를 아는 대로 해주었고, 레베카는 《신곡》을 쓴 이탈리아의 위대한 시인 단테와 프랑스 작가 마르셀 프루스트에 대해서 요즘 발견한 사실을 나한테 들려주었다. 하지만 꼭 이렇게 고상한 대화만 나눈 것은 아니었다. 나는 조금씩 반항하기 시작했다. 옥스퍼드의 수녀원 사회는 만만하지 않았다. 레베카와 나는 개혁을 열렬히 지지했지만 대부분의 수녀는 개혁을 노골적으로 반대했다. 하루 일과를 마치고 저녁마다 가졌던 대화 시간에는 오랫동안 이어 내려온 전통을 없애는 것을 불만스럽게 여기며 세태를 개탄하는 장광설이 지겹게 이어지곤 했다. 그럴 때마다 레베카와 나는 눈짓을 주고받으며 몰래 흉을 보았다. 겉으로 보면 나무랄 데 없어 보이는 레베카도 사실은 입이 맵고 신랄한 표현도 곧잘 한다는 사실을 나는 알게 되었다. 하지만 나하고 다른 점은 그래도 나이 든 수녀들한테는 늘 고분고분했고 단 한 번도 짜증을 내지 않았다는 것이다.

산책을 하는 동안 레베카는 성직 생활에서 점점 느끼던 좌절감을 들어주었다. 정말로 힘들었던 그 마지막 해에 레베카는 나에게는 생명줄이었다. 하지만 레베카는 내가 느끼던 환멸에는 공감하지 않았다. 나를 왜 보자고 했을까? 기차가 역으로 들어가는 것을 보면서 나는 궁금한 생각이 들었다. 어디가 아픈 걸까? 수녀원 차를 갖고 마중 나오기로 했는데 승강장에는 없었다. 역무원에게 표를 주고 밖으로 나왔지만 입구에도 레베카의 모습은 보이지 않았다. 그러다가 낡은 벽시계 아래 새로 바뀐 수녀복을 입고 마치 에드워드 시대(빅토리아 여왕의 뒤를 이은 에드워드 7세의 재위 기간. 1901~1907년)의 간호사 같은 차림새로 서 있는 한 수녀의 모습이 눈에 들어왔다. 어딘지 낯은 익었지만 너무 너무 마른 여자였다. 레베카가 저럴 리는 없었다. 나는 다시 한 번 그쪽을 쳐다보았다. 타일이 깔린 바닥으로 다소곳이 내리깐 그 눈, 그 겸손한 자세에 나도 모르게 끌려들었다. 수녀는 고개를 들더니 반갑다는 듯이 얼굴이 환해지더니 나한테 가볍게 손을 흔들었다. 심장이 멎는 줄 알았다.

그 해맑던 마돈나는 온데간데 없었다. 이 수녀는 방금 강제수용소에서 풀려난 유대인 아니면 말기 암환자처럼 보였다. 얼굴은 오그라들어 퀭하다 못해 당장이라도 튀어나올 것 같은 눈밖에는 남은 것이 없었다. 불거져 나온 광대뼈 밑으로 볼이 동굴처럼 움푹 파여 있었다. 대합실을 가로질러 나한테 걸어오는데 뼈만 앙상한 다리를 보고 나는 기겁을 했다. 레베카는 키가 165센티미터 가량이었는데 몸무게는 35킬로그램도 채 안 나갈 것 같았다. 하지만 목소리는 그대로였다. 나는 현실을 받아들여야 했다. 끔찍하리만큼, 무서우리만큼 달라지긴 했지만, 레베카는 레베카였다. 나는 재빨리 표정을 바꾸어 반가운 미소를 지어 보이려고 애썼다. "옷이 달라져서 처음에는 못 알아봤잖아." 볼과 볼을 가볍게 맞대는 수녀들의 인사를 나누면서 내가 말했다. 나는 계속 미소를 지었다. "보니까 좋네."

"와줘서 고마워." 우리는 역사 앞뜰을 가로질러서 차에 올라탔다.

"이런 것도 있었구나." 나는 명랑한 목소리로 들리기를 바라면서 말했다. "언제부터 운전하는 거 허락된 거야? 옥스퍼드에서도 그럴 수 있었으면 얼마나 좋았을까. 여기저기 좋은 데도 많았는데!"

"코츠월즈 …… 블레넘 …… 다 그대로지? 아, 가보고 싶다." 레베카는 혼잡한 도로로 들어섰다. 수녀원까지는 45분 거리였다.

"그대로지 뭐." 나는 대꾸했다. "'바깥'으로 나오니 똑같을 수야 없겠지만."

"말하는 게 꼭 방금 교도소에서 나온 사람 같네!" 우리는 앞만 쳐다보면서 어색하게 웃음을 터뜨렸다. "그렇지만 '안' 도 요즘은 많이 달라졌어." 레베카가 말을 이었다. "차도 그렇고, 복장도 그렇고, 이런 건 눈에 확 띄는 변화고, 요즘은 목욕도 전보다 자주 하고 말도 많이 해. 이제는 방도 전보다 아기자기하게 꾸밀 수 있고 커피도 서로 타주고 그래. 기숙사하고 약간 비슷해. 깔깔대기도 하고 열심히 토론도 하고 개똥 철학도 논하고. 모두 둘러앉아서 우리가 얼마나 망가졌는지 이야기도 나누고."

바로 그것이었다. 우리가 정말로 하고 싶었던 말이 바로 그것이었다. 침묵이 흐르더니 레베카가 조용히 입을 열었다. "아무 말 안 해줘서 고마워."

"몸무게 말인데." 질문은 아니었다. 나는 억지로 몸을 돌려서 레베카를 똑바로 쳐다보았다. "언제부터 그랬어?"

"순식간이더라구." 레베카가 한숨을 쉬었다. "런던에서 졸업자격 시험 보는 고등학생들 가르치다가. 가르치는 게 너무 너무 싫어. 몸은 갈수록 말라가고."

"왜 그러는데?"

"거식증이라고 잘 먹지를 못해." 나는 고개를 끄덕였다. 샬럿 말고도 거식증으로 고생하는 친구가 기숙사에도 몇 명 더 있었다. "처음에는 의사들이 갑상선 기능항진증일 가능성이 높다고 하더라구. 다들 그렇게 믿고 싶어했지. 내가 정신 질환이나 정서 장애를 앓는다는 것은 있을 수 없는 일이니까. 아직도 내가 거식증에 걸렸다는 사실을 받아들이지 않으려는 수녀님도 있어." 나는 다시 말없이 고개를 끄덕였다. 어런할까 싶었다.

"그래서 어떻게 한다는 건데?" 나는 다그쳤다. 식욕 장애는 입원을 해서 전문가의 도움을 받으면서 특별한 치료를 받아야 했다. 심할 경우 목숨을 잃을 수도 있는 병이었다.

"그냥." 레베카는 기운 없이 말했다.

"병원에 가야 한다니까!" 나는 몰아세웠다. "그 모습으로 어떻게 가르친다는 거야."

"가르칠 수 있어." 레베카는 침울한 목소리로 말했다. 아무렇지도 않은 척했지만 속으로는 무척 화가 나 있다는 것을 조금씩 알아차릴 수 있었다. "이 학교에서는 프랑스어를 가르치는데, 원장 수녀님이 당장은 후임자를 구할 수 없다는 거야. 그리고," 레베카의 목소리가 신경질적으로 바뀌었다. "몇 년만 있으면 교장이 될 거야."

나는 충격으로 말을 잇지 못했다. 가르치는 것도 싫어하고 몸도 이렇게 아픈 사람이 선택할 길이 아니었다. 잘못하면 목숨이 위태로웠다. "먹기는 해?" 한참 만에 내가 물었다.

"먹는 건 괜찮아." 웅장한 수녀원 입구로 이어지는 마을 도로를 천천히 오르면서 레베카가 설명했다. "나는 거식증 중에서도 좀 극단적인 경우인가 봐. 음식을 흡수하지 못하는 거 같아."

나는 정말로 걱정이 되었다. "실은," 레베카의 말은 이어졌다."옥스퍼드에서 버릇이 잘못 들었나 봐. 기억해? 강의 끝나고 이른 점심 시간에 맞추어 들어가기에는 빠듯해서 식당 앞에서 먼저 온 학생들이 다 먹을 때까지 기다렸던 거. 그러고는 달려들어가서 코스 요리를 십 분 만에 허겁지겁 해치우고. 1시 45분까지 교회에 가서 무릎을 꿇고 기도를 해야 했으니까."

레베카의 거식증에는 틀림없이 더 깊은 원인이 있다고 생각했지만 그 어처구니없는 시간표에 질린 레베카가 음식을 더 깊은 불만의 상징으로 예민하게 받아들였을 수도 있었다. "저녁은 또 어땠구." 나도 맞장구를 쳤다. "나는 자매들 앞에서 15분 동안 낭독을 하고 10분 안에 저녁을 후딱 해치워야 했고, 그쪽은 내내 음식 시중을 들어야 했잖아. 물론 우리를 배려하려는 뜻이었지, 암. 저녁 마치고 바로 같이 끝 기도 하러 가자는 소리였지."

레베카는 농담으로 그런 소리를 했겠지만 신앙 생활은 레베카의 삶을 망가뜨렸다. 물론 나도 망가졌지만 나하고는 좀 달랐다. 차는 긴 진입로로 들어서더니 향나무가 양쪽에 늘어선 길을 따라 14세기의 예배당으로 올라갔다. 따사로운 햇살이 드는 잔디밭, 19세기에 지어진 학교 건물, 낡은 탑, 수련원, 하나같이 너무나 평화로운 분위기였다. 우리는 정문 앞에서 멈추었다. "다시 오니까 기분이 어때?" 레베카가 물었다. 나는 고개를 흔들면서 말했다. "잘 모르겠어."

차 안에서 심란한 이야기를 듣고 난 다음이었는데도 막상 수녀원 안으로 들어가니까 어딘지 마음이 놓였다. 이상하게 집에 온 것만 같은 생각이 들었다. 타고 남은 양초 동강이로 우리가 만든 광택제 냄새가 났다. 정문 바로 옆으로 커다란 안뜰을 가로질러 쭉 이어진 황금빛 타일과 반짝거리는 녹이 눈에 들어왔다. 내 손으로 백 번은 족히 쓸고 닦았을 것이다. 나는 문 위에 달린 큼지막한 십자가를 바라보았다. 멀리서 종이 울렸다. 수녀 가운데 누군가를 부르는 특별한 신호였다. 본능적으로 나는 숫자를 헤아렸다. 세 번 울리고 잠시 멎었다가 두 번 더 쳤다. '나'를 부르는 소리는 아니구나. 그제서야, 나는 이제 여기 사람이 아니니까 내 '소리'도 있을 리 없다는 생각이 들었다. 안뜰 저 끝에는 금역으로 들어가는 육중한 문이 있었다. 저 문을 열면 그 안에 무엇이 있는지 나는 잘 알았다. 아주 길게 이어진 회랑이 있고, 내벽보다 외벽이 좁은 창들이 있고, 식당으로 들어가는 겹문이 있고, 모퉁이에는 등신대의 마리아가 죽은 예수를 안고 있는 피에타 상이 있었다. 물론 이제 나는 속인이니까 그 안으로 들어갈 수는 없었다.

수녀원에서 스물네 시간을 보내는 동안 나는 너무나 익숙해서 어느새 몸이 먼저 반응하는 세계에 꼼짝없이 붙들린 듯한 느낌이 들었다. 레베카와 3년 동안 거의 매일처럼 시골길을 산책하면서 오붓한 시간을 보내는 연인 앞에 악어처럼 불쑥 나타나 혼비백산하게 만들기도 하고 밤에는 부근에 있던 성공회 교회에서 15분마다 울리던 종소리를 듣기도 하고 수녀들의 기도 시간을 알리는 첫 번째 종소리에 들고 있던 책이나 커피잔을 가만히 놓고 자리에서 일어났던 그 시절로 돌아간 듯한 느낌이었다.

하지만 수녀원은 예전과는 많이 달라져 있었다. 가라앉은 침묵은 이제 찾아볼 수 없었다. 수녀들은 삼삼오오 모여서 재잘거리기도 하고 때로는 아주 크게 웃기도 했다. 실용적인 짧은 치마를 입었고 하늘거리는 작은 베일을 썼다. 문도 소리가 나게 닫았고 젊은 수녀들은 도전적으로 당차게 두 팔을 흔들며 걸을 때가 많았다. 교회 안의 분위기도 어딘가 들떠 있었다. 옛날 수녀복을 입었을 때만 하더라도 무릎을 꿇은 상태에서는 꼼짝 말고 있어야지 안 그랬다가는 베일이 흐트러지고 다리는 엉켜서 풍성한 치마를 구기기 일쑤였다. 옛날 수녀복을 낭만적으로 그리워하는 것은 아니었다. 그 옷은 더웠고 불편했고 비위생적이었다. 현대식 수녀복은 수녀에게 더 큰 동작의 자유를 주었다. 어떤 수녀들은 가만히 있는 것이 큰 고역이었는지 자꾸만 꼼지락거렸다. 아니면, 기도하면서 애를 먹은 사람은 나 혼자만이 아니었을지도 모른다는 생각이 내내 머리를 떠나지 않았다.

다음날 나는 미사를 드리는 예배당에서 다른 일반인 몇 사람과 함께 무릎을 꿇었다. 바티칸 공의회의 결정에 따라 이제 미사는 사람들을 마주본 상태에서 진행되었다. 수녀들이 성체 배령(영성체)을 하기 위해 줄지어 걸어오는데 그 안에 레베카도 있었다. 나는 피골이 상접한 그 모습을 처음으로 보았을 때와 같은 충격을 다시 한 번 받았다. 수녀원을 꾸몄던 그 모든 장식물이 갑자기 엉터리로 보였다. 제단 주변으로 모여든 수녀들은 아주 독실한 신앙 공동체의 표상처럼 보였지만 그들은 자기들 눈앞에서 동료 한 사람이 시들어 가는 것을 수수 방관하고 있었다. 공동실 의자가 전보다 푹신푹신해지고 목욕도 더 자주 하게 되었을지는 몰라도 구습은 여전했다. 30~40년을 성직자로 살아오면서 낡은 체제의 관습이 뼛속까지 배어든 여자들이 하루 아침에 달라질 수 있을까?

 수녀들이 눈을 내리깔고 내면을 응시하면서 줄지어 자리로 돌아가는 모습을 보면서 나는 그럴 수 없을 것 같다고 속으로 뇌까렸다. 애잔한 향수에 잠겨봤자였다. 바깥 세상에서 당혹감을 느낄 때면 단점은 많았지만 그래도 적어도 친숙하기는 했던 그 옛날의 생활이 그리워질 때가 있었다. 어제 수녀원으로 들어오면서 마음이 편안해진 것도 그래서였다. 하지만 아무리 힘들더라도 이제 나는 앞을 보고 나아갈 수밖에 없었다.

 "이게 누구야, 너무 반갑다." 우아한 면회실에서 아침을 먹다가 고개를 들었다. 나도 수없이 손님을 접대한 경험이 있지만 몇백 미터 떨어진 곳에서 수녀원 식구들이 콘플레이크, 빵, 마가린을 먹는데 커피와 토스트와 달걀이 차려진 아침상을 받아먹는 기분은 참으로 묘했다. 나는 잼을 더 얹으면서 속세에서 산다는 게 좋은 점도 있구나 하고 생각하다가 프랜시스 수녀가 방으로 들어오는 바람에 나도 모르게 떠올랐던 미소를 서둘러 지웠다. 새 수녀복 차림이라서 그런지 전보다는 덜 위압적으로 보였지만, 그래도 얼마 전에 관구 참사원으로 승진했다는 소식을 들었다.

"식사하는데 방해하네." 프랜시스 수녀는 버터가 발라진 따끈따끈한 토스트를 가리키면서 말했다.

"전혀 아닌데요." 순식간에 나는 어린 수녀로 돌아갔다. 한때 나를 지도했던 윗분이 내 앞에서 말을 하는데 음식을 목구멍으로 넘길 수는 없었다.

"얼굴이 좋아 보이네." 그녀는 테이블 상석의 참나무로 된 팔걸이 의자에 몸을 묻으면서 말했다. "잘 지내?"

"못 지내요." 다 좋다고 대답해야 한다는 건 나도 알았지만 레베카의 주름진 얼굴이 불현듯 떠올랐다. "내가 과연 적응할 수 있을까 싶을 만큼 너무너무 힘들어요. 그러니까 자꾸 몸도 아픈 거 같고." 나는 졸도와 발작과 정신과 의사에 대해 골자만 추려서 설명했다.

"이를 어째, 카렌 수녀, 아니, 카렌," 그녀는 장난기 없이 가볍게 웃으면서 말을 바로잡았다. "그 말도 안 되는 문제를 홀가분하게 털어버린 줄로 알았는데. 이제는 벗어날 때도 됐잖아. 스물다섯인가? 스물여섯?"

"스물다섯이요." 대답은 했지만 내 나이가 이것과 무슨 상관인지 알 수가 없었다.

"그러니까 하는 소리야. 언제까지 유치하게 티를 내면서 살 수는 없잖아."

"적응한다는 거, 정말이지 쉽지가 않아요." 떠나려는 수녀한테 제대로 충고를 하려면 사회 생활에 적응하는 게 얼마나 힘든지 똑똑히 알아야 한다. "저는 꼬박 5년 동안 수녀가 되는 훈련을 받았어요. 그게 어떤 건지 잘 아시잖아요. 그래서 수녀로 '양성' 한다고 하는 거잖아요. 그런 훈련을 받으면 사람이 근본적으로 달라져요. 수녀에서 벗어나기가 힘들어요. 보통 사람으로 돌아가는 훈련을 똑같이 혹독하게 받을 필요가 있어요. 뼛속까지 박힌 버릇과 자세를 없애는 훈련이요. 전 이걸 어떻게 해야 하는지 모르겠어요. 수녀님하고 월터 수녀님하고 저를 수녀로 만들었잖아요, 어떻게 해야 그걸 되돌릴 수 있는 거죠? 내 안에 심어진 프로그램을 제거하려면 다른 사람의 도움이 필요해요. 저 혼자 하긴 어려워요."

"드라마로 몰아가는 그 말버릇은 여전하구나." 프랜시스 수녀는 자기가 불리하다 싶을 때면 지겹다는 반응을 보였는데, 지금이 그랬다. "처음에는 다 어려운 법이야. 당연하지." 그녀는 가볍게 웃더니, 아마도 나와 눈을 맞추기 싫어서 반질반질한 식탁에 흩어진 빵 부스러기를 쓸어 담기 시작했다. "결국은 시간 문제라고 생각해요." 그녀는 단호하게 말했다. 이 이상 왈가왈부하지 말자는 뜻이었다. 나는 이러지도 저러지도 못하는 곤혹스러운 처지로 다시 내밀렸다. 열쇠로 문을 걸어 잠그는 소리가 나는 듯했다. "앞으로 어떻게 할 건지 그 얘기나 들어보자." 그녀는 쌀쌀맞은 목소리로 말했다. "마지막 시험이 있잖아. 이번 학기지 아마?"

"여섯 주 남았어요." 나는 고개를 끄덕였다. 졸업 성적이 상위권에 들고 나라에서 3년 동안 주는 장학금을 따낸다는 조건으로 대학원에서는 나를 받아주었다.

"우린 그저 잘되기만 기도할 뿐이지." 프랜시스 수녀가 힘주어 말했다. "공부는 잘하는 모양이구나. 그러니까 심각한 문제는 없는 거잖아." 그건 질문은 아니었다.

좋을 대로 생각하세요, 나는 지쳐서 속으로 생각했다. 정말로 어려움이 있다는 사실을 이 여자가 인정하고 싶어하지 않는다는 것을 알 수 있었다. 내가 제도 때문에 망가졌다면 그것은 아주 골치 아픈 문제를 낳을 수밖에 없었다. 마치 내 생각을 들여다보기라도 한 것처럼 프랜시스 수녀는 실눈을 뜨고 나를 다시 한 번 쳐다보았다. "레베카 수녀는 어떻든가?"

"처참했어요, 원장님. 병원에 가봐야 돼요. 당장."

"병원에 다녀온 거 다 알면서 그러네." 다시 찬바람이 불었다. 고깝다는 빛이 역력했다. "결국은 갑상선 기능항진증 때문이라는 게 다 밝혀질 거라고 난 아직도 믿어요. 다른 가능성은……." 수녀원장은 병명을 말하기보다는 말을 끊었다. "도저히 받아들일 수가 없는 거구."

"받아들일 수가 없다뇨?" 나는 그 여자의 얼굴을 빤히 쳐다보았다. "원장님이 받아들이고 안 받아들이고 할 문제가 아니잖아요. 그저 사실이라구요. 이대로 두면 죽어요."

"세상에," 프랜시스 수녀는 또다시 비웃었지만, 잔뜩 긴장하는 눈빛이었다. 그녀는 가려고 일어나서는 식탁에 두 손을 얹고 나를 뜯어

보았다. "어련하시겠어! 왜 이리 극단으로만 흐를까! 쓸데없이!" 그녀는 분을 삭이지 못하면서도 내 양 볼에 인사가 아니라 뺨을 후려갈기는 듯한 입맞춤을 하더니 한숨을 쉬면서 내 어깨에 두 손을 얹고 가볍게 흔들었다. 나의 수녀원 생활을 망쳐놓은 눈물과 졸도와 구토와 출혈을 속으로 곱씹는 듯했다. "신경 과민으로 죽는 사람은 없다는 것만 알아둬." 그 말을 끝으로 문 쪽으로 걸어가더니 마지막으로 한 번 더 나를 돌아보았다.

"너하고 레베카 수녀." 그녀는 다시 한 번 고개를 흔들었다. "쌍둥이구나!"

최우등 졸업

　소개받은 정신과 의사를 만나러 가기 위해 며칠 뒤 옥스퍼드 중심가에서 1번 시내 버스에 올랐을 때 나도 모르게 프랜시스 수녀가 마지막으로 던진 말을 생각하고 있었다. 레베카와 나는 규칙과 교리를 너무 진지하게 받아들인 것일까? 프랜시스 수녀가 나한테 화가 나서 쏘아붙인 말이 아직도 기억에 생생했다. "융통성이라곤 모르는 밥통이구나!" 우리가 받고 있던 훈련의 모순점을 몇 가지 지적했다가 들은 말이었다. 아니면 우리가 너무 골똘히 생각했고 근본적으로 몰상식한 제도를 이해하려고 너무 애썼기 때문인지도 몰랐다.

　정신과 전문의는 리틀모어 병원에서 이미 보았다. 실력이 좋기로 소문난 바스크 출신의 의사였다. 나도 은근히 기대가 컸다. 나는 그가 지도하는 의사를 2주일에 한 번씩 보게 되었다. 한 명이 아니라 이 의사 저 의사한테 넘겨졌다. 혼돈을 피하기 위해서 이 의사들을 전부 대변하는 가공의 인물을 만들고 그를 닥터 수다라고 부르기로 하자. 전문의는 나의 증세를 대수롭지 않게 여기는 듯했다. 이런 불안 발작은 상황을 감안하면 이해할 수 있다는 것이었다. 그는 나에 대해서 한 가지 인상에 남는 발언을 했다. "환자분께서는 지금 뭐랄까 옴짝달싹하지 못하는 것처럼 보이네요. 인생은 거대한 회전목마처럼 휙휙 돌아가는데 올라타지는 못하고 지켜보고만 있는 거지요. 타고는 싶은데 안 돼요. 그 이유가 뭔지를 지금부터 알아보자는 겁니다." 듣고 보니 일리가 있었다. 가슴에 와 닿는 말이었다. 나는 1960년대 옥스퍼드의 떠들썩한 사육제를 마주하고 있었다. 장발을 한 다른 젊은이들의 목소리는 결연했고 행동에는 자신감이 넘쳤다. 그들은 인생을 어떻게 살아야 하는지 본능적으로 다들 알고 있었다. 비틀스 노래를 처음으로 들으면서 춤도 못 추고 아무데도 끼지 못하고 혼자 우두커니 서 있었던 그 파티가 떠올랐다. 어쩌면 수다 박사한테 기댈 수 있을지도 모르겠다는 생각이 들었다.

그래서 아담하고 단출한 그의 진료실에 가 앉았을 때 잘하면 뭔가 해결책이 나오겠구나 하는 기대를 품고 있었다. 그는 기절과 공포에 대해서 물어보았다. 나는 이상한 냄새와 가중되는 두려움, 세상이 알아볼 수 없게 변하는 순간, 끔찍한 모습이 언뜻언뜻 나타나는 환각, 눈이 움푹 꺼진 노인의 머리가 앙상한 목 위에서 끄덕거리는 모습을 자세히 묘사했다.

"그 사람을, 아니면 비슷하게 생긴 사람을 실제로 본 적이 있나요?" 수다 박사가 물었다.

"네." 사실은 나도 그 점이 흥미로웠다. 한번은 저녁에 학생 휴게실에 우연히 들렀다가 다른 학생들이 보고 있던 D. H. 로렌스[†]의 단편소설을 드라마로 만든 것을 텔레비전에서 같이 보게 되었다. 성(性)에 대한 결벽증을 가진 한 처녀의 이야기였다. 그 작품은 그녀가 결국 결혼하게 되는 돈 많은 노인의 심란한 표정과 함께 끝나는데, 그 사람이 바로 내가 본 망령과 비슷했다. 내가 그 점을 설명하니까 수다 박사는 얼굴이 환해지더니 수첩에다 열심히 적었다. 나는 가슴이 철렁했다. 그가 이 정보를 어떻게 해석할지 뻔했다. 아니나 다를까,

"드라마의 여주인공이 나를 닮았다는 생각은 안 들던가요? 나하고 비슷하다는 생각은 안 해보셨나요?"

솔직히 말해서 그런 생각은 안 해봤다. 드라마의 주인공은 아주 변덕스럽고 예쁘고 공부와는 담을 쌓았고 돈이 많았고 남아도는 시간을 무엇으로 채워야 할지 모르는 여자다. 아무리 보아도 나와는 별로 닮은 구석이 없는 여자다. 그렇지만 내가 뭘 알겠는가? 나한테 조금이라도 관심을 보인 남자가 하나도 없었기 때문에 나로서는 입을 다물고 있을 수밖에 없지만 어쩌면 나도 자꾸만 성을 피하려는 강박관념에 젖어 있을지도 모르는 일이다. 내가 이렇게 말하니까 수다 박사는 마치 자기가 더 잘 안다는 듯이 흐뭇한 미소를 지었다. 하긴 그가 더 잘 알지도 몰랐다. 내가 하루라도 빨리 낫기 위해서는 그의 말

---

† **David Herbert Lawrence(1885~1930)** 영국의 소설가, 시인, 수필가. 결혼 제도와 계급 문제가 본질적으로 성적 억압을 통해 유지된다고 보고 작품 속에서 이를 비판했다. 주요 작품으로 《아들과 연인》(1913), 《채털리 부인의 사랑》(1928) 등이 있다.

을 우선은 믿어주는 수밖에 없었다.
 "노인의 머리만 보였다는 게 재미있네요." 나는 눈을 치켜떴다. "지금까지 공부만 하면서 살아오셨잖아요. 머리와 두뇌에 발이 묶여 있는 셈이지요." 수다 박사의 말이 이어졌다. "그 사람의 나머지 신체 부위는 안 보는 거지요." 노골적으로 문제의 부위를 지칭하지 않은 것만도 어디야, 나는 부아가 치밀었다. 나는 수다 박사가 속으로 어떤 생각을 하는지 짐작할 수 있었다. 정말이지 이건 아니었다.
 "부모님과의 관계도 좀 살필 필요가 있겠네요." 수다 박사는 의자에 등을 기대고 마치 내가 용케 정답만 알아맞힌 신통한 아이라도 되는지 흡족한 표정으로 나를 바라보았다. "내가 보기에는 이 공포 발작은 환자분의 어린 시절과 무관하지 않습니다. 자라면서 어떤 충격이랄까 상실감 같은 걸 느꼈다고 보는 거지요. 그건 아주 전형적인 이미지거든요." 다시 전문가답게 고개를 끄덕거렸다. "물론 애당초 수녀원에 들어간 이유가 무엇인지도 밝혀야 합니다. 십대 소녀는 여간해서는 그런 결정을 내리지 않거든요. 그 뿌리를 캐기 전까지는, 어디에 문제가 있었길래 세상을 등지고, 또," 그는 못 박듯이 덧붙이면서, "가족을 떠나기로," 의미심장하게 말을 끊었다가 다시 이었다. "마음을 먹었는지 알아내기 전까지는, 문제를 근본적으로 해결할 수가 없습니다."
 그것이 발단이었다. 나는 몇 년 동안 정신과 상담을 받았고 그동안 우리는 남달랐던 나의 어린 시절에 대한 기억을 있는 대로 갈퀴로 긁어모았다. 의심할 나위 없이 그것은 그 당시 주류 정신의학의 울타리를 벗어나지 않았지만, 많은 경우 나는 그것이 성인이 살아가면서 봉착하는 심리적 문제를 다루는 효과적인 방법이었다고 확신한다. 하지만 내 경우에는 그것이 먹혀들지 않았다. 불안 발작과 공포, 가끔씩 의식을 잃는 증세는 계속되었고, 한번 환각에 시달릴 때마다 나는 세상에서 더욱 멀어져 갔다. 감히 회전목마에 오를 엄두가 안 났다.

《세상 나들이》를 쓸 때 나는 수다 박사와 나누었던 대화를 뼈대로 삼아 나한테 일어났던 심리적 문제를 설명하려고 했다. 하지만 솔직히 말해서 기억에 남아 있는 대화는 거의 없다. 나는 기어이 효과를 보고 싶었기 때문에 최대한 협력했다. 그렇지만 프로이트가 했던 말로 아는데, 치통을 앓고 있는 사람은 생산적 분석을 할 수가 없다. 심지어는 사랑에 빠질 수도 없다. 수다 박사는 더 깊은 질환의 증상쯤으로 여겼지만 주기적으로 찾아드는 이 발작을 뒷전에 두고 전문의와 정신과 상담을 하다 보니 집이 활활 타고 있는데 한가하게 중세사를 주제로 난해한 토론이나 하고 있는 꼴이 아닌가 싶었다.

수다 박사가 내가 수녀원에서 겪었던 일을 마음껏 이야기할 수 있게 풀어주지 않은 것이 못내 아쉽다. 수련기에 대해서, 고독에 대해서, 마지막 2, 3년 동안 느꼈던 심적 갈등에 대해서, 성직 생활에 대해서 내가 느꼈던 모순된 감정에 대해서 허심탄회하게 털어놓을 수 있었다면 어쩌면 나는 그 경험을 지혜롭게 처리하는 길로 들어섰을

지도 모른다. 하지만 수다 박사는 그런 토론을 왜곡하기 일쑤였다. 그는 그런 논의가 삼천포로 빠지는 것이라고 생각했고 진짜 문제를 호도하는 연막이라고 믿었다.

"수녀원에서는 안전했잖아요." 그는 진지하게 말했다. "위협을 안 느끼니까요. 안전하고 조용한 곳이지요. 악다구니를 쓰는 인간들이 들끓는 세상과는 다르지 않습니까. 그러니까 성 문제나 감정의 문제를 직시한 적이 없지요. 생을 보류했다고나 할까요. 말하자면 자궁으로 다시 기어 들어간 셈이지요."

나는 공상이 섞인 이런 설명을 들으면서 속으로 웃었다. 수다 박사에게 신앙 생활이라는 것은 비밀의 정원이나 잃어버린 문학의 영역과도 같았다. 양지 바른 수녀원 회랑을 따라서 사뿐사뿐 걸어가는 아름다운 수녀들의 행렬을 보면서 수녀원은 화기애애하고 따사로운 평화의 공간이구나 하고 속으로 생각할 사람이었다. 수녀원 생활이 매력적이라는 사실은 부정할 수 없겠지만 당신은 당신의 진정한 문제와 책임을 줄곧 외면했다고 그는 심각한 얼굴로 나한테 말했다. 그런 목가적인 고정 관념에 집착하는 의사의 모습을 보면서 문제는 나한테 있는 것이 아니라 바로 그런 허구에 매달리는 정신과 의사한테 있는 게 아닐까 하는 생각이 들 정도였다.

바깥 세상의 불편한 현실로부터 우리가 보호를 받은 것은 사실이었지만, 마음에 안 드는 세상에서 벗어나고 싶다는 생각 하나만으로 수녀원에 들어온 사람은 7년은커녕 단 한 달도 버티지 못했을 것이다. 뿐만 아니라, 내가 현실 도피를 했다고 말하는 것도 하나만 알고 둘은 모르는 소리다. 우리가 지닌 문제의 핵심은 결국 자아에 뿌리를 두고 있는데, 수도 생활에서는 바로 이 자아를 하루 24시간 1년 365일 마주 보아야 한다. 나를 정면으로 응시해야 하는 자각에서 벗어나는 길은 바깥 세상에 훨씬 더 많은 법이다. 골치 아픈 주제는 바꿀 수도 있고 전화로 스트레스를 풀 수도 있고 텔레비전에 빠질 수도 있고 독주를 들이킬 수도 있다. 수녀원에서는 이런 걸 하나도 할 수 없었기 때문에 얼마 안 가서 우리는 우리 자신의 한계에 대해 쓰라린 자각을 할 수밖에 없었다.

하지만 내가 기댈 데라고는 수다 박사밖에 없었다. 그 사람마저 없다면 나는 평생을 이 소름 끼치는 공포의 발작과 함께 살아야 할지도 모르는 일이었다. 한 번 발작이 일어날 때마다 어둠이 야금야금 다가왔다. 나는 낭떠러지를 등지고 바닷가에 서서 밀물이 조금씩 차오르는 것을 속수무책으로 바라만 보고 있어야 하는 사람 같은 느낌이 들었다. 그래서 나는 하루 아침에 기적을 바라서는 안 된다고 나 자신을 다그치면서 수다 박사에게 돌아가곤 했다. 내가 정신의학에 대해서, 마음의 오묘한 세계에 대해서 도대체 뭘 안단 말인가? 끝까지 견디다 보면 언젠가는 내가 언제 그랬던가 싶게 모든 게 제자리를 찾겠지. 그런데 그럴 때마다 왠지 낯익은 논리라는 생각이 불쑥불쑥 들었다. 그것은 수녀원에서 내가 우려먹었던 논리였다. 그리고 그 논리의 결과는 보시는 대로였다.

1970년 7월의 몹시 후덥지근한 날이었다. 구두 시험을 치르기 위해 마련된 시험장의 방은 우리 네 사람이 들어가면서 낸 발소리로 쩌렁쩌렁 울리는 듯했다. 우리는 벽에 등을 대고 잔뜩 주눅이 든 불쌍한 모습으로 어깨를 웅크리고 앉았다. 큼지막한 창 앞에 놓인 커다란 탁자의 세 변에 둘러앉은 시험관들을 바라보니 눈앞이 캄캄했다. 가운까지 완전 정장을 한 열여섯 명의 교수가 무표정하게 우리를 응시하고 있었다. 그 맞은편에는 응시생이 앉아야 하는 의자가 하나 달랑 놓여 있었고 여섯 주 전에 우리가 치렀던 졸업 시험의 열 가지 문제가 적힌 시험지도 옆에 있었다.

구두 시험을 치르게 되어서 나는 퍽이나 기뻤고 마음이 놓였다. 영문과에서는 우등 학위와 차우등 학위의 경계선에 있는 학생 아니면 우등 학위를 받을 것으로 예상되는 학생만 구두 시험을 보았다. 따라서 구두 시험을 못 보는 학생은 우등 학위의 꿈을 접어야 했다. 나는 마지막으로 다시 한 번 내가 치른 시험을 마음 속으로 복기했다. 구두 시험은 몇 시간이 걸릴 수도 있다. 그렇지만 시험관들을 다시 쳐다본 순간 나는 절망의 나락으로 떨어졌다. 도저히 못할 것만 같은 우울한 생각이 들었다.

내가 쓴 답은 모두 공들여 짜낸 것이었다. 시험 보기 몇 주일 전부터 나는 어떤 돌발 상황에도 써먹을 수 있도록 에세이 준비에 만전을 기했다. 나의 주특기인 고딕 대성당, 다른 사람들의 생각을 섬세하게 짜 맞춘 조형물이었다. 그런데 이제 시험관들이 기대하는 것은 내 힘으로 생각하는 것이었는데 그럴 자신이 없었다. 나는 아직도 수업 시간에는 입을 꾹 다물고 있으면서 다른 학생들이 자기 생각을 자신 있게 드러내고 토론을 하다가 기발한 의견을 제시하고 자신의 주장을 뒷받침하는 논리를 순식간에 개발하는 모습을 보면서 부러워만 하고 있었다. 특히 "내 생각에는" 하고 자기 생각을 거침없이 쏟아내는 모습이 그렇게 인상적일 수가 없었다. 나한테는 '나'의 생각이 없었다. 머리를 아무리 뒤져보아도 그저 옛날처럼 텅 비어 있었다. 거침없는 대답으로 시험관들에게 좋은 인상을 줄 자신이 없었다.

나는 심사위원장이 나처럼 이름이 A로 시작하는 학생들에게 몇 시까지 구두 시험을 보러 오라고 일일이 이름을 호명하면서 시간을 알려주는 것을 비참한 심정으로 들었다. 그는 내 이름을 부르지 않았다. 나는 순간적으로 실망과 크나큰 안도를 동시에 느끼면서 무언가 착오가 있었나 보다 생각했다. 차우등에도 턱없이 못 미치는 성적을 받았기 때문에 시험관 앞에서 구두 시험을 보지 않아도 되겠구나 하는 생각이 들었다. 바로 그때 심사위원장이 다른 학생들한테도 보였던 그 정중한 엷은 미소를 나한테 보내면서 고개를 끄덕였다. "암스트롱 양은 잠깐만 남아주세요."

다른 사람들이 빠져나가는 동안 나는 가운을 고쳐 입으면서 자리에서 천천히 일어섰다. "이리 와요." 심사위원장은 의자를 가리켰다. 카펫을 가로질러 의자까지 가는 길이 그렇게 멀어 보일 수가 없었다.

나를 그 자리에서 얼어붙게 만든 갑작스러운 소리의 정체를 깨닫기까지는 약간 시간이 걸렸다. 그것은 박수였다. 고개를 들어보니 시험관들이 일어서서 모두 박수 갈채를 보내고 있었다. 그들은 사각모를 벗어 경의를 나타냈다. 모두들 함박웃음을 짓고 있었다. 그제서야 오랜 전통이 떠올랐다.

"암스트롱 양," 예의 바른 박수 소리가 잦아들었을 때 심사위원장이 다시 입을 열었다. "정말로 뛰어난 답안지를 제출했습니다. 축하합니다."

나도 모처럼 환하게 웃었다. 날아갈 것만 같은 기분이었다. 해낸 것이다. 이른바 '최우등 졸업'을 기어이 하고 만 것이다. 그렇게 심란한 상황에서도 해냈다면 무슨 일이든 못할 게 없었다. 난 이겨내고 말 거야. 한동안 나의 앞길은 희망으로 가득 차 보였다.

상처 입은 짐승

새로운 안식처 | 자폐증과의 만남
나 좀 도와주세요 | 나도 학자가 될 수 있을까
나는 신과 갈라섰다

새로운 안식처

새 방을 둘러보면서 나는 안도의 미소를 지었다. 여기라면 공부를 제대로 할 수 있겠어. 여기서 박사 논문을 쓰는 거야. 오래 전에 연두색으로 칠했던 벽은 이제는 바랠 대로 바래서 멀겋고 흐리멍덩하게 변해 있었다. 예쁜 창문도 둘이나 나 있었는데 무성한 담쟁이가 에워 싸고 있어서 천장이 낮은 그 방은 아담한 시골집의 분위기가 났다. 세면대, 벽에 붙인 낮은 소파, 버들가지로 엮은 의자 둘, 책상, 내게 필요한 것은 다 있었다.

"마음에 드는지 모르겠네?" 집주인 제니퍼 하트는 조마조마한 목소리였다. 그녀는 세인트앤 칼리지에서 현대사를 가르치는 교수였다. 시대와 관습에 도전장을 내미는 듯한, 서로가 겉도는 요란한 옷을 입고 걸어 다니는 모습을 나도 자주 보았다. 나이는 오십대 중반은 먹었겠다 싶었는데 퍼머를 하지 않은 생머리를 어깨까지 길러 귀 뒤로 넘기고 다녔다. 불그스름한 빛을 머금은 그녀의 황금색 머리도 집안에 있던 대부분의 물건과 마찬가지로 조금씩 색이 바래 갔다. 화장을 거의 하지 않았고 볕에 그을은 얼굴에는 주름이 나 있었다. 왠지 모르게 완강하고 비타협적인 분위기가 느껴졌다. 하지만 지금은 초조해 보였고 심지어는 무방비 상태로까지 보였다.

 사실은 떨면서 방을 알아보러 갔었다. 좀 힘든 아이를 봐주는 대가로 먹여주고 재워주는 집이 있다는 이야기를 듣고서였다. 국비 장학금으로 그런 대로 살아갈 수는 있었지만 늘 쪼들리는 처지로는 희소식이었다. 위치도 나무랄 데 없었다. 영문과 도서관에서 겨우 몇 분 떨어진 하얀 저택이었다. 하트 교수는 사실 좀 무서웠다. 그 밑에서 배웠던 학생들 이야기로는 답답한 것은 못 참는 성격이라고 했고 멍청하다 싶은 학생은 대놓고 무시한다는 것이었다. 게다가 정치 성향은 왼쪽으로 많이 기울어 있었다. 교수 중에서도 가장 급진적인 좌파에 속해 있었다. 그렇지만 연구실로 처음 찾아갔을 때 나는 오히려 교수에게서 따분하고 인습적이라는 느낌을 받았다. 본인은 펄쩍 뛸 거라고 얼른 생각했지만 종교적인 분위기까지도 느껴졌다.

 놀랍게도 그녀는 내가 방 이야기를 꺼내자 반색을 했고 나를 끌어들이지 못해 아주 안달이 난 사람처럼 매달렸다. 내가 좀 더 의심이 많은 사람이었다면 이상한 낌새를 눈치챘을지도 모른다. 내 지도 교수들의 반응은 별로 고무적이지 않았다. "제니퍼 하트하고 같이 산다고? 어이구 두야!" 미스 그리피스는 말을 잇지 못했다. 도로시 베드나로스카 교수도 그렇게 노골적으로 반감을 나타내지는 않았지만 벌린 입을 다물지 못했다. 그것은 어처구니없는 일을 당했을 때 그녀가 어김없이 나타내는 반응이었다. "무슨 일이야 있겠어," 그녀는 마지못해 내뱉었다. "얼마 동안은."

　그래서 나는 내심 염려하면서 방을 보러 갔다. 하트 교수가 문을 열어주었을 때 나는 기겁을 했다. 거실은 주홍색으로, 식당은 시뻘건 자주색으로, 부엌은 밝은 청록색으로 칠해져 있었다. 그 당시만 하더라도 실내는 흰색으로 칠해야 한다는 불문율 같은 것이 있었다. 집안 살림은 안주인이 생각하는 우선 순위에서 한참 밑이라는 사실을 한눈에 알 수 있었다.

　벽은 언제 칠을 했는지 알 수 없을 정도로 긁히고 생채기가 나고 때에 절어 있었다. 먼지가 쌓이지 않은 물건이 없었다. 선반에도 벽 아래쪽의 굽도리에도 그동안 한 번도 치운 적이 없었는지 고운 먼지가 켜켜이 쌓여 있었다. 사방이 어수선했다. 현관을 지나 거실로 들어가다가 나는 함부로 바닥에 벗어놓은 외투에 걸려 하마터면 넘어질 뻔했다. 안으로 들어가니 제대로 된 옷걸이가 있었지만 거기에는 옷을 걸지 않고 때에 절은 테니스 라켓, 우산, 지팡이 같은 잡동사니를 모아서 걸어두고 있었다. 선반이란 선반에는 책과 신문이 수북이 쌓여 있었고 사이사이에 커피잔도 보였는데 나중에 보니까 먹다 놔두어서 커피가 엉겨 붙은 커피잔도 있었다. 방을 보러 계단을 오르다 보니 난간에 무슨 문제가 있는지 벽을 따라 굵은 밧줄을 쳐놓았고 계단 꼭대기에서는 우리 앞을 태연하게 가로막은 지저분한 셔츠와 속옷 더미를 넘어가야 했다.

　그렇지만 파격적인 색깔과 너저분한 집안이 왠지 싫지 않았다. 병적이리만큼 청결했던 수녀원과 우아하긴 했지만 개성미가 부족했던 기숙사에서 살다가 와서 그런지 굳이 꾸미려고 하지 않는 무신경을 보니 오히려 가슴이 후련했다. 하지만 내 방은 과연 어떨지 슬슬 걱정이 되던 차에 어지러운 집안과는 달리 마냥 있고 싶은 공간으로 잘 정돈된 것을 보니 마음이 놓였다.

"마음에 들어요?" 하트 교수가 좀 더 초조한 목소리로 다시 물었다. 이 방을 다시 꾸미는 데 엄청난 노력을 쏟아부었겠구나 싶은 생각이 문득 들었다.

"감사합니다. 너무 좋네요." 그제서야 긴장이 풀리는 모양이었다. 어떻게 해서든지 나를 붙잡아야 한다는 절박감에 대한 반감 같은 것도 언뜻 느껴졌다. "책꽂이도 있어야겠네." 내 환심을 사려는 눈물겨운 노력이 말 한마디 한마디에서 묻어나왔다. "아들 녀석들 방에 책꽂이가 하나 있어요. 당장 가서 가져오지 뭐." 나는 복도를 따라서 뒤쫓아갔다. 빨랫감 옆을 지나다가 그녀가 무심결에 그것을 발로 차는 바람에 속옷 두어 개가 계단참으로 날아갔다.

"이렇게 산다우 …… 한심하지?" 그녀는 한숨을 폭 내쉬었다. 나는 딱히 할 말이 없어서 배시시 웃고 말았다. 그 큰 방은 오래 되어서 딱딱하고 누렇게 변색된 신문지로 완전히 도배가 되어 있었다. 전등은 떨어져나가 아가리를 드러냈고 천장에는 검푸른 색깔의 글씨로 욕이 적혀 있었다. "언제 날을 잡아서 치워야 하는데." 그녀는 포기했다는 듯이 손톱으로 신문지를 긁었다. "봐요, 얼마나 두꺼운지. 다

치우려면 아마 몇 주는 걸릴 거야. 회벽도 같이 떨어져나갈 거구. 사내놈들 고집을 누가 꺾어."

"지금도 같이 사나요?" 나는 짐짓 아무렇지도 않다는 듯이 물었다.

"웬걸! 대학 나오고 히피로, 벽돌공으로 살겠다고 공동 생활을 하고 있답니다." 갑자기 서글픈 표정이 되었다. "집에는 어쩌다가 한 번씩 들르고." 낡은 책이 가득 꽂힌 하얀 책장 쪽으로 갑자기 돌아섰다. "우선은 이걸로 하자구요. 아래층에 작은 책꽂이가 하나 더 있으니까 그것도 필요하면 쓰고."

"이 책들은 어떻게 할까요, 선생님?" 내가 물었다.

"선생님은 무슨, 그냥 제니퍼라고 해." 약간 짜증기 섞인 목소리였지만 친절하려고 나름대로 애쓰고 있었다. 그녀는 낡은 기타, 못 쓰는 전축 같은 것으로 꽉 찬 방을 무기력하게 둘러보았다. 방 한구석에는 퇴물로 전락한 자전거도 있었다. "일단은 침대 위에다 쌓아둡시다." 그녀는 한숨을 내쉬었다.

20분 뒤 우리는 다시 거실로 돌아왔다. 거실은 제니퍼의 서재로 통해 있었다. 서재는 육중한 책상이 거의 독차지하고 있었다. 신문이 잔뜩 쌓여 있었고 책꽂이에도 책이 한가득이었다. 하지만 그 방은 깜찍한 두 개의 창문으로 초저녁의 햇살이 조용히 내리쬐는 파란 잔디가 내려다보여 편안하게 머물 수 있는 그런 곳이었다. 제니퍼는 앞으로 닥칠 시련에 대비시키려는 듯 작은 은잔에다 셰리주를 따라주었다. "그럼 이제부터 제이콥 이야기를 해볼까."

상처 입은 짐승

처음 찾아갔을 때도 제이콥 이야기는 조금 들었다. 내가 그 집에 있어야 하는 이유가 바로 그 아이 때문이었으니까. 제이콥은 정신장애가 있는 여덟 살 먹은 남자아이였다. 걸걸하던 목소리가 아들 이야기를 할 때는 불안스럽게 꺾이는가 하면 거부감을 줄이기 위해서 어떻게 해서든 매력적인 아이로 그려 보여야겠다는 안간힘이 느껴지기도 하면서 다채롭게 변했다.

제이콥은 다른 자식들이 웬만큼 어른이 되었을 때 태어난 늦둥이였다. 달 수를 채우지 못하고 태어난 제이콥은 탯줄을 목에 감고 세상에 나왔다. 산소 부족으로 뇌가 돌이킬 수 없는 손상을 입었다. 공식적으로 제이콥에게 내려진 진단은 자폐증이었다. 최근에는 간질 증세까지 보였다. 그때까지 나는 자폐증이 있는 아이는 말이 없고 내성적인 줄 알았는데 제이콥은 잠시도 입을 다물고 있을 때가 없는 듯했다. 언어를 좋아하는 아이였다. 하지만 뇌에 생긴 말썽 때문에 주변 상황을 남들처럼 제대로 파악하지 못하고 자기만의 공상의 세계에서 살아가고 있었다.

아이 엄마 말로는 제이콥은 무서운 것을 못 견디는 모양이었다. 천둥 같은 큰소리만 났다 하면 자지러진다고 했다. 그런 현상이 왜 일어나는지 아무리 알아듣게 설명을 해주어도 그 아이한테 큰소리는 알 수 없는 미지의 두려운 힘으로 남았다. 공포가 심해지면 아이는 자제심을 잃고 바닥에 드러누워서 인사불성 상태로 발길질을 하고 악을 써댔다. 그럴 때는 가만히 지켜보는 수밖에 없었다. "내가 옆에 있으면 더 그러는 거 같아요." 제니퍼는 서글프게 웃었다. "그렇다고 다른 애들한테 말발이 먹히는가 하면 그것도 아니지만." 그 집에는 거의 30년째 같이 사는 유모가 있었다. 큰아이가 태어났을 때부터 줄곧 이 집에서 살았다고 했다. "우리한테는 은인이지요." 제니퍼는 정색을 하고 말했다. "아주머니하고 잘 지내도록 하세요."

제이콥은 공부를 잘 따라가지 못하는 아이들이 다니는 특수 학교에 보냈는데, 사실 제이콥한테는 맞지 않는다고 했다. 제이콥은 여러모로 아주 명민한 아이였기 때문이다. 듣자 하니 그 나이 또래보다 어휘력이 뛰어나고 책도 술술 읽는 모양이었다.

"책은 잘 못 읽을 거라고 의사들이 그랬어요." 제니퍼가 말했다. "엄마 아빠가 다 공부하는 사람들이니까 글 읽는 데 집착할 줄 알았나 봐. 너무 몰아붙이지 말라고 신신당부하더라구. 그런데 억지로 시킨 게 아니거든. 아주 자연스럽게, 우연히 그렇게 된 거야. 어렸을 때 아침을 먹을 때 내가 신문을 읽으면 꼭 그 옆에 앉았어요. 그래서 입을 다물게 하려면 뭔가 할 일이 있어야 할 거 같아서 O가 들어간 단어를 모두 골라봐라, 그 다음엔 A가 들어간 단어를 모두 골라봐라 이랬더니 글쎄, 어느 날부터 갑자기 혼자서 읽기 시작하는 거야."

유모가 쉬는 동안 제이콥을 돌보는 것이 나의 일이었다. 수요일 저녁마다 유모가 친구를 만나러 나가니까 저녁을 먹고 나서부터 내가 맡아야 했고, 유모가 반나절만 일하는 토요일에도 엄마와 내가 번갈아가며 돌봐야 했다. 엄마가 오후 내내 데리고 있다가 저녁까지 먹이면 내가 방으로 데리고 와서 잘 때까지 돌보았다. 간질이 있었으므로 나는 아이가 잠든 다음에도 엄마가 밤 10시 반쯤에 올 때까지 옆에서 꼬박 지켜야 했다. 어둠을 몹시 두려워하고 악몽과 발작 때문에 혼자서는 못 자는 아이 때문에 꼭대기에 있는 커다란 다락방에서 엄마가 벌써 몇 년째 같이 잔다는 이야기를 듣고 나는 깜짝 놀랐다. 남편 허버트는 거실 옆에 달린 자기 서재에서 잤다. 집에서 조립한 육중한 스테레오 시스템이 꽉 들어찬 그 방도 어지럽기는 마찬가지였다. 그 스테레오 시스템은 뉴 칼리지에 막 자리를 잡았다는 한때 사위였던 앨런 라이언이 커다란 나무 상자로 만들어낸 작품이었다. 비록 지금은 딸 조애나와 이혼했지만 듣기로는 아직도 한식구처럼 지내는 모양이었다. 그럴 수 있다는 게 정말이지 신기했다. 우리 집 같은 가톨릭 집안에서는 일단 이혼하면 영원히 남남으로 살았다.

"그리고" 제니퍼가 말을 이었다. "내가 회식 같은 게 있어서 아주 늦어질 때는, 유모는 아이하고 붙어 있느라고 힘들 테니까, 괜찮거든 좀 도와줬으면 해요. 물론 시간이 있을 때만." 그녀는 서둘러 덧붙였다. "거기서 책을 읽어도 되니까. 제이콥은 침대 맡의 전등을 켜놓아도 잠을 자니까 내가 올 때까지 침대 옆에서 책을 읽을 수 있거든요."

제니퍼가 조용한 대학 연구실에서 내가 해야 할 일을 그렇게 하나하나 설명했을 때는 그까짓 것쯤이야 하는 생각이 들었다. 그런데 막상 제이콥을 만나려니까 만만치 않겠다는 생각이 들었다.

"너무 걱정 안 해도 돼요." 셰리주가 담긴 잔을 들고 내 맞은편 하얀 소파에 앉으면서 제니퍼가 말했다. 그러나 정작 자신은 불안을 감추지 못하고 있었다. "그럴 필요가 없어요. 조금이라도 불안한 빛을 보이면 아이가 먼저 알아차리니까 절대 그러지 말아요. 한번 욱하면 속수무책이거든요." 나는 자신감이 묻어나기를 바라면서 애써 웃었지만 제이콥이 나를 본능적으로 배척할까 봐 두려웠다. 침을 흘리고 둔해 보이는 아이일까? 한 번도 이런 일을 해본 적이 없어서 어떻게 다루어야 할지 아무 생각이 없었다. 뇌를 다친 아이를 한 번에 몇 시간씩 한 주도 빼놓지 않고 어떻게 상대해야 할까? 내 생각을 읽기라도 했는지 제니퍼는 마지막 충고를 덧붙이면서 나의 불안을 더욱 가중시켰다.

"나만의 방식을 찾아야 돼요. 뭔가 같이 할 수 있는 특별한 일을 찾아봐요. 그 아이는 꽉 막힌 방들로 우리를 한 사람씩 집어넣고는 다른 사람의 영역으로 침범하는 걸 절대로 묵과하지 않아요. 이런 식의 강박 증세는 자폐아한테서 흔히 나타나거든. 책 읽어주는 건 유모만 해야 돼요. 나하고는 주사위 놀이를 하고. 아니, 하려고 애쓰고." 그녀는 잠시 웃었다. "걸핏하면 화를 내요. 그래도 엄마가 정원에서 일하면 도와주기도 하고 같이 산책도 하고 그래요. 지금은 아빠하고 드라이브를 하러 나갔고. 그것도 쉽지는 않지만. 애 아빠가 운전을 썩 잘하는 편은 아니거든. 아무튼," 그녀는 밝은 목소리로 말했다. "지내다 보면 알게 되겠지. 보기보다 어려운 일은 아니에요. 기본적으로는 마음이 열려 있고 사랑스러운 아이니까. 대체로 어른을 좋아해요. 누나 누나 하면서 많이 따를 것 같은데."

나도 그러기를 빌었다. "다른 아이들하고는 어떻게 지내나요?" 내가 물었다. "학교 친구가 있나요?"

제니퍼는 고개를 저었다. "아니. 아이들하고 있으면 마음이 편치 않은가 봐. 제이콥은 나이에 비해서 키가 아주 크거든. 작은 아이들이 옆에서 빨빨거리고 다니면 깜짝깜짝 놀라나 봐. 아이들은 시끄럽잖아요. 걔네들도 제이콥이 좀 무섭겠지. 제이콥도 그걸 눈치로 알고." 그녀는 마른 갈색 다리를 쭉 뻗더니 투박한 남자 신발을 걸친 자기 발을 물끄러미 바라보았다. "제이콥을 멀리 보내지 못한 건 그래서예요. 위탁 가정이나 병원 같은 데." 그녀는 얼굴을 찡그렸다. 목소리가 어두워졌다. "많은 사람들이 그러라고 했지만, 언어도단이지!" 그녀는 지금까지 수도 없이 했던 입씨름을 재연하는 것 같았다.

"힘은 들지만 우린 잘하고 있어요. 유모도 있고 이제는 카렌까지 왔으니 한결 나아지겠지. 우린 그 아이 못 보내요. 그건 너무 무책임한 짓 같아. 제이콥도 집에서 나름대로 잘 지내고 있고. 제이콥은 유모를 좋아하고 어른 친구도 많아요. 우린 콘월에 집이 또 한 채 있는데 부활절 휴가와 여름 휴가도 거기 가서 지내요. 제이콥이 아주 좋아하지. 절벽 꼭대기에 있는 큰 집인데 거기서는 마음이 편한가 봐. 언제 한번 가요. 좋은 사람도 많으니까 같이 어울리고."

현관 열쇠가 돌아가는 소리가 났다. 나는 두근거리면서 고개를 들었다. "처음에는 수줍음을 많이 탈 거예요." 제니퍼가 귀띔했다. "떼를 쓰더라도 그냥 모른 척해요." 나는 침을 꿀꺽 삼키면서, 태연자약한 표정을 지으려고 애썼다.

"엄마!" 현관에서부터 명령조로 소리를 지르더니 어지러운 발소리가 나면서 제이콥이 방으로 뛰어들어 왔다. 미처 준비가 안 되어 있었지만, 내가 공들여 꾸몄던 인위적 미소는 어느새 흐뭇한 미소로 바뀌었다. 제이콥은 미소년이었다. 호리호리한 키에 피부는 잘 그을었고 이목구비는 단정했으며 금발은 헝클어져 있었다. 하지만 역시 성깔은 보통이 아니었다. 문을 쾅 닫더니 경계하는 눈초리로 방 안을 둘러보았다.

"저 사람 누구야?" 단어 하나하나를 끊어가면서 나직이 물었다.

"카렌 누나야. 여기서 우리랑 살면서 널 같이 보살필 거야. 신나지?" 엄마의 목소리는 질문에서 애원으로 바뀌었다. 제이콥은 나를 잡아먹을 듯이 노려보았다.

"안녕, 제이콥." 내 목소리였지만 내가 들어도 불안했다. 제이콥은 들은 척도 하지 않고 방 맞은편으로 걸어갔다. 겉은 멀쩡했지만, 걸음걸이를 보니 어디 안 좋은 데가 있는 모양이구나 싶었다. 긴 팔을 마치 자기 몸의 일부가 아닌 듯이 건들거리면서 질질 끌듯이 걸었다. "가!" 다짜고짜 소리를 지르더니 방바닥에 얼굴을 묻었다. 엄마는 그리로 가서 옆에 무릎을 꿇었다.

"좋은 누나야. 너 놀이방 옆에서 잘 거야. 학교에서 집 가지고 오

상처 입은 짐승 163

면 짐 푸는 거 도와주면 좋겠네."

나는 즐거운 표정을 지으려고 애썼지만 몸이 말을 안 들었다. 옆방에서 들려오는 잔잔한 모차르트의 피아노 협주곡 선율이 허공을 채웠다.

"말 시키지 마!" 제이콥은 명령조였다. "안 그러면 막 막 화낼 거야."

제니퍼는 포기하고 소파로 돌아갔다. "여보!" 남편을 큰소리로 불렀다. "와서 인사해요." 모차르트 선율이 그치더니 어지러운 발소리가 들리고 손잡이가 한참 까딱까딱거리더니 거실 문이 홱 열리면서 나무 의자 팔걸이에 쾅 부딪쳤다. 옥스퍼드 대학 법대 교수였으며 지금은 퇴임한 허버트 하트는 무심하면서도 매력적인 미소를 지으면서 내 쪽으로 걸어왔다. 똑똑한 유대인 얼굴에 머리는 헝클어져 있었고 되는 대로 주섬주섬 걸쳐 입은 듯한 옷차림이었다. 하마터면 작은 탁자에 걸려 넘어질 뻔하면서 비틀비틀 걸어오는 모습을 보니 제이콥의 걸음걸이는 장애가 아니라 유전이라는 것을 깨달을 수 있었다.

"반갑습니다." 보아하니 수줍음이 많은 사람이었다. "같이 지내게 되어서 정말 기쁩니다."

"여긴 카렌 암스트롱." 제니퍼는 소개를 하기 시작했다. "그리고 여긴 애 아빠 허버트……."

"로열 암스!" 단어 하나하나에 힘이 들어가 있었다. 우리는 어리둥절해서 모두 제이콥을 돌아보았다. "로열 암스!" 얼굴을 여전히 바닥에 묻은 채로 또박또박 말했다.

우리는 서로의 얼굴만 멀뚱멀뚱 바라보았다. 허버트는 어깨를 한 번 으쓱 하더니 가까스로 의자에 몸을 던졌다. "펍(pub, 간단한 식사와 술, 음료를 마실 수 있는 술집) 이름인가." 아빠가 중얼거렸다. "로열 암스라는 펍에는 데려간 적이 없는데. 드라이브를 하다가 간판에서 본 모양이구나. 제이콥, 오늘 우리가 어디 갔었는지 엄마 …… 하고 …… 카렌 누나한테 말씀드려."

"로열 암스!" 제이콥은 갑자기 몸을 일으켜서 앉더니 희색이 만면했다. 우리도 웃어주었다. 한숨 돌렸지만, 무슨 영문인가 싶었다.

"아니야. 우리가 간 데는 로열 암스가 아니지." 허버트의 약간 탁한 목소리는 참을성이 있었다. "어디로 갔게? 기억 안 나?"

"몰라." 제이콥은 아빠의 쓸데없는 질문을 무시하려는 듯 두 손을 휘저었다. 그러더니 발을 질질 끌면서 내 앞으로 오더니 유심히 나를 뜯어보면서 마치 심사를 하듯이 고개까지 끄덕거렸다. 그리고는 천천히 나지막한 소리로 말했다. "로열 암스구나."

"아!" 불현듯 깨달음이 왔다. "맞아 내 이름. 암스트롱."

제이콥은 자기의 말장난이 스스로도 대견했던지 다시 희색이 만면했다. 그러더니 무언가를 캐려는 사람처럼 얼굴을 한쪽으로 삐딱하게 기울이고 나를 쳐다보았다. "로열……" 하고는 기다렸다.

"암스!" 내가 마무리를 지었다. 우리는 같이 깔깔 웃었다. 일단은 말이 통한 것이다. 제이콥의 부모는 안도하는 빛이 역력했다.

상처 입은 짐승

"우리 아들 유머 감각이 대단하네." 제니퍼는 칭찬을 하더니 이 생각지도 못한 화기애애한 분위기를 더욱 끌어올리려고 이렇게 덧붙였다. "엄마하고 누나하고 작은 책장 옮기는 거 좀 도와줄래?"

"야호!" 제이콥은 소리를 지르더니 신이 나서 엄마의 서재로 달려가서는 서가에서 책을 집어들고 좀 조용조용 하라는 엄마의 조심스러운 요청을 묵살하고 사방으로 내동댕이쳤다. 나는 방 안에 흩어진 책을 모아서 문 옆에다 차곡차곡 쌓았다. "카렌." 제이콥은 어느새 무릎을 꿇고 책장과 벽 사이의 틈새를 유심히 들여다보고 있었다. "카렌." 다시 불렀다. "여기 와서 이거 좀 봐." 비위를 맞춘답시고 제니퍼와 나는 여유만만하게 웃으면서 그곳을 들여다보았다가 깜짝 놀랐다. "정말 말도 안 돼," 제니퍼는 탄성을 질렀다. "믿어지지가 않아. 여보, 이리 좀 와봐요."

아담한 장미 덩굴이 마룻바닥 틈새로 용케 비집고 나와 가냘픈 줄기가 50센티미터쯤 자라 있었다.

"나무다!" 제이콥은 팔짝팔짝 뛰면서 좋아했다. "거실에서 나무가 자란다!"

"인간 문명의 얇은 나무판을 뚫고 자연이 자기 주장을 하는군. 이걸 문명이라고 부를 수 있다면." 허버트가 감상을 토로했다. "이런 주제로 씌어진 시가 있지 않나요?" 궁금한 표정으로 나를 바라보았다. "〈웃음 짓는 농사의 여신 케레스〉던가요?"

"포프[†]가 썼지요. 〈벌링턴 서한〉이라는 시지요." 내가 대답했다.

"끔찍한 시골 별장을 회화화했지요. '푸짐한 수확은 그의 자존심이 세웠던 모든 것을 묻어버렸다…….'"

"'그리하여 웃음 짓는 케레스는 땅을 되찾았다.'" 장미 덩굴은 까맣게 잊어버리고 허버트는 책장에서 포프의 작품집을 찾기 시작했다.

"그 장미 나무는 버리지 마세요." 책장을 어렵사리 밖으로 빼낸 다음에 내가 제니퍼한테 말했다. 허버트는 안경을 비스듬히 걸친 채로 약간 어색한 자세로 책을 움켜쥐고는 소파에서 온화한 미소를 지었다. "걸작이야!" 그는 우리가 용을 쓰는 것을 무심히 바라보면서 환하게 웃었다.

이렇게 다시 새로운 삶이 시작되었다.

몇 주 안 가니까 하루 일과의 틀이 어느 정도 잡혔다. 내 방에도 가스레인지는 있었지만 아무 때나 부엌을 써도 좋다는 허락을 받았다. 그렇다고 해서 내가 무슨 대단한 요리를 한 것은 아니었다. 달걀이나 풀어서 지지고 수프 통조림을 데우는 정도였다. 하지만 내가 좀 더 거창한 요리를 했어도 신경 쓰는 사람은 아무도 없었을 것이다. 가족끼리 오붓하게 살아가는 데 내가 걸림돌이 된다거나 방해가 된

[†] Alexander Pope(1688~1744) 영국의 신고전주의 시인. 영국의 시인 중 가장 많이 인용되는 작가이다. 현실 사회를 풍자하는 작품을 발표했으며, 창의적인 언어 구사 능력과 호메로스나 호라티우스의 작품 등 고전을 이해하고 차용하는 능력이 뛰어났다.

다거나 해서 눈치를 봐야 하는 경우는 전혀 없었다. 가정 생활이라고 할 것도 사실은 없었다. 따로따로 살아가는 개인들이 그냥 다투지 않고 한 집을 쓴다는 정도였다.

유모는 뿔 달린 괴물이 아닐까 하고 내심 걱정했지만 곱상한 할머니였다. 그분은 끝이 안 보이는 어지러운 집안일을 군소리 없이 해내고 계셨다. 제이콥은 보통 유모와 같이 아침을 먹었고 허버트, 제니퍼, 나는 각자의 음식을 준비하면서 쿠커나 주전자의 차례가 돌아오기를 예의 바르게 기다렸다. 허버트와 제니퍼는 점심은 물론이고 저녁도 각자의 칼리지에서 해결할 때가 많았다. 집에 있을 때는 제니퍼는 나처럼 저녁을 대충 때우고 넘어갔지만 허버트는 나름대로 새로운 요리를 시도하는 것이 낙이었다.

아침은 부산하게 시작되었다. 허버트는 잠옷 바람에 가운만 걸치고 주방과 서재 겸 침실 사이를 커피잔을 들고 들락날락거리다가 잔을 어딘가에 놓고 그냥 가기 일쑤였다. 그런 잔이 한두 개가 아니었는데 나중에 유모의 눈에 띄었다. 제니퍼는 수척하고 피로한 얼굴로 낙타 털로 만든 고동색의 낡은 가운을 걸치고 보건소에서 받은 검은 안경을 코에 걸치고 신문을 열심히 읽었다. 제이콥은 잠시도 쉬지 않고 주절주절거리면서 엄마가 읽던 신문을 몇 장 나꿔채서는 눈에 띄는 구절을 목이 터져라고 읽었다. 죽 읽는 것이 아니라 토막토막 읽으니 엽기적으로 들렸다. "위기 징후!" 아이는 비장하게 선언했다. "엄마, 기류 지속! 지속! 카렌, 각료 소집! 아홉시, 정각 아홉시." 그러고는 잠시 생각에 잠겼다가 덧붙였다. "칼같이 도착하지 않으면 큰일나는데. 뭉뚝하게 도착할지도 모르는데. 엄마, 정각에 도착하지 않으면 어떻게 돼?"

"응, 잘 도착할 거야."

"그래도 안 그러면? 안 그러면?" 아이는 집요했다. "총리가 무지 화낼까? '당신들은 나쁜 각료야' 이렇게 말할까? 경기 후퇴 임박! 엄마, 경기 후퇴가 뭐야?" 제니퍼와 나는 속수무책으로 서로 얼굴만 멀뚱멀뚱 쳐다보았다. 제이콥은 도무지 얼렁뚱땅 넘어가는 법이 없었다. 또 다른 구절에 정신이 팔린다면 모를까, 기어이 제대로 된 답변을 얻어내고야 말았다.

"월출!" 아침을 먹으러 내가 아래층으로 내려가면 제이콥이 어김없이 던지는 말이었다. "카렌, 월출! 오전 12시 45분!"

"무슨 소리예요?" 처음 그 소리를 들은 날 아침 나는 유모한테 물어보았다.

"신문 읽는 거라우. 매일 달이 뜨는 시간. 아침에 일어나면 그것부터 챙겨요." 죽이 든 냄비를 들여다보면서 유모가 웃었다. "그런 재미로 사는 아이야. 곧 익숙해질 거유."

정말로 그랬다. 나는 응접실에서 장미 나무가 자라고 벽에 신문지가 덕지덕지 발라져 있고 하루가 월출을 알리는 우렁찬 소리와 함께 시작되는 집에 차츰 익숙해졌다. 저녁에 도서관에서 돌아와 내 방으로 올라가노라면 제이콥이 어김없이 하는 인사가 있었다. "로열—"

제이콥은 유모 방에서 텔레비전을 보다가 소리를 질렀다.
"암스!" 나도 기다렸다는 듯이 맞고함을 질렀다. 그것은 일종의 숙박부를 적는 것과도 같은 행위였다. 나는 명함도 못 내밀 만큼 이상해 보이는 집이 얼마 안 가서 내 집처럼 편안해졌다.

자폐증과의 만남

　그래도 내게 관심을 가져주는 아이가 있다는 것은 나쁘지 않은 일이었다. 옥스퍼드는 유령의 도시가 되어 있었다. 대학원생으로 살아가는 것은 너무나 달랐다. 지난 18개월 동안 가까운 친구를 많이 사귀지 못한 것은 사실이었다. 하지만 북적거리고 시끌시끌한 세인트 앤 기숙사에서 지내다 보면 사람들과 많이 어울려 지내는 듯한 착각도 들었다. 저녁 먹고 나서 커피 한 잔 마실 수 있는 사람은 언제든지 있었고 거의 매일이다시피 사람들과 함께 차를 마셨고 학생 휴게실에 가면 누군가는 있기 마련이었다.
　하지만 1970년 10월 첫 학기가 시작되었을 때 옥스퍼드는 학생으로 북적거려도 황량하게만 보였다. 같이 공부했던 학생들이 거의 다 출판계로, 교직으로, 정부 기관으로, 기업체로 흩어져서 전문가의 길을 걷기 시작했다. 대학원 공부를 하는 학생은 극소수였다. 칼리지는 내가 전혀 모르는 학부생들로 가득 차 있었다. 교수들은 옥스퍼드에서 여러분은 잠시 머무르다 가는 철새와도 같다고 입버릇처럼 말했다. 얼마 안 가서 우리의 차례가 돌아오면 그때는 이렇게 인위적으로

구축된 공간을 떠나 고달프고 한 치 앞을 내다볼 수 없는 바깥 세상으로 나가야 한다는 것이었다. 나는 그런 소리를 듣는 것이 싫었다. 그렇지 않아도 정든 물건과 공간, 사람을 두고 떠나는 데 이골이 났기 때문에 나는 조금이라도 안정된 것이 못내 그리웠다. 하지만 나도 언젠가는 상아탑 너머에 도사리고 있는 위험하고 무심한 미지의 바깥 세상으로 나갈 수밖에 없었다.

아무튼 지금은 다시 옥스퍼드에서 3년을 지낼 수 있었고 어쩌면 학계에 그대로 남을 수도 있었다. 아무래도 공부가 체질에 맞는 것 같았기 때문에 잘하면 지성의 전당에 자리를 잡을 수도 있었다. 나는 테니슨†의 시 형식을 박사학위 논문의 주제로 삼았다. 주변에서는 대체로 좋은 주제를 잡았다고 했다. 테니슨은 너무나 소홀히 취급된 시인이었다. 수십 년 동안 학생들은 테니슨의 시를 감상적이라고 깎아내리는 수업만 들었다. 빅토리아 시대를 대변한 주역의 한 사람을 조롱하는 것은 이 잔인하고 모순으로 가득 찼던 시대의 영향력을 뿌리치는 길이었다. 그런데 1960년대부터 조류가 바뀌더니 테니슨이 쓴 일부 시의 놀라운 매력과 마력을 재발견한 학자들이 나타나기 시작했다. 나는 곧바로 거기 끌려들었다. 찰스 다윈이 《종의 기원》을 발표하기 전에 이미 작품 활동을 시작한 테니슨은 현대 생물학과 지질학이 종교에 끼칠 영향을 처음으로 깨달은 선각자의 한 사람이었

† **Alfred Tennyson(1809~1892)** 영국 빅토리아 시대의 대표 시인. 초기에는 인간 진보에 대한 굳은 믿음을 보여주었으나 후기에는 주로 근대의 퇴폐를 비판하는 시를 썼다.

다. 사랑하던 여인이 죽고 나서 쓴 〈추도문〉이라는 주옥 같은 시에서 그는 의심과 믿음이 중첩된 모호하고 서글픈 세계를 탐구하는데 나는 거기서 동병상련을 느꼈다.

좀 더 깊이 들어가보아도 테니슨의 시에는 나에게 너무나 낯익은 분위기가 깔려 있었다. 그의 시에 나오는 인물 중에는 나처럼 아무도 감히 뚫고 들어올 수 없지만 자기 자신을 위협하는 절대 고독의 벽 안에 도사린 사람이 너무나 많았다. 그들도 한 발 물러서서 세상을 먼발치에서 바라보는 것 같았다. 약혼자에게 버림받은 마리아나는 해자로 둘러싸인 성에 틀어박혀 산다. 창문에는 그리운 사람들의 얼굴이 어른거리고 담벽 밑에서는 쥐들이 찍찍거린다. 마리아나는 바깥의 냉정한 현실에 순응하지 못하여 알 수 없는 저주를 받고 탑에 갇히는 신세가 된다. 마침내 사랑하는 사람이 생겨서 바깥 세상으로 용감히 나가지만 세상은 기다렸다는 듯이 그녀를 죽인다.

이 모든 것이 나를 나만의 내면 세계에 가두었던 환각과 일맥 상통했다. 테니슨의 시에 나오는 사람들처럼 나도 나를 둘러싼 활력 넘치는 세상으로 뛰어들고 싶었지만 알 수 없는 힘 때문에 자꾸만 뒷걸음질을 쳤다. 나처럼 테니슨도 자기만 아는 공포에서 허우적거리는 듯했다. 죽마고우였던 시인 아서 핼럼의 무덤가에 선 주목(朱木)을 바라보면서 테니슨은 그 뿌리가 친구의 뼈와 두개골을 감싸는 모습을 상상한다. 그 이미지에 매료되어, 그리고 나도 자주 그랬지만, 자기의 뇌에서 빚어낸 기괴한 공포의 모습에서 헤어나오지 못하면서,

그는 시체를 뿌리로 감싼 나무에게 말한다. "나는 내 심장이 멎고 피가 다 말라붙어, 그대와 한 몸뚱이가 되어 가는 것만 같네."

내가 더욱 뼈저리게 공감한 것은 〈공주〉에 나오는 그 기묘한 구절이었다. 여기서 주인공은 주기적으로 엄습해서 주변에 대한 현실 감각을 앗아가버리는 '야릇한 발작'을 묘사한다.

> 대낮에 그것도 사람들 속에 있다가 별안간,
> 평소에 하던 대로 걷고 말하다가,
> 나는 유령들의 세계 속에서 움직이는 것만 같았고,
> 나 자신이 꿈의 그림자처럼 여겨졌다.

테니슨의 시를 읽을 때 나는 친구를 만난 것처럼 반가웠다. 처한 상황은 그렇게 다를 수가 없었지만 "모든 것이 빠짐없이 있으면서도 없는" 그 예측할 수 없는 세상에서 우리는 살고 있었다. 나는 살아 있는 어떤 인간보다도 테니슨에게 동질감을 느꼈다.

수다 박사의 자신만만한 장담에도 불구하고 나의 불안 증세는 점점 자주 나타났다. 무서운 것이 다가오는 것만 같은 느낌이 들어서 나는 점점 잠을 이룰 수가 없었다. 잠을 못 자서 몸이 피곤해지니까 이 무서운 허깨비가 더 자주 나를 공격했다. 그래서 밤마다 수다 박사가 처방해준 마귀처럼 생긴 커다란 수면제를 삼켜야 했고 낮에는 라각틸이라는 신경안정제를 먹어야 했다. 신경안정제를 먹으면 마치 안개 속을 걷는 것처럼 몽롱했고 바닥이 아득히 멀어 보였으며 손이 자꾸 떨렸다.

하지만 아무리 약을 먹어도 공포는 끄떡없이 고개를 들고 나타나서 내가 살아가는 곳을 '유령의 세계'로 바꾸어놓았다. 수다 박사는 이런 발작은 단순한 외부적 증세일 뿐이라고 일축할 수 있었을지 몰라도 나한테는 그것은 해결해야 할 문제였다. 나를 치료하던 정신과 의사보다 테니슨이 그 문제를 더 잘 아는 것 같았다.

또 하나의 문제는 갈수록 심해지는 외로움이었다. 당시 옥스퍼드의 박사 과정은 다른 대학하고는 좀 달랐다. 성적 평가의 자료가 되는 과제인 코스 워크(coursework)가 있는 것도 아니었고 두 학기가 끝나면 강의도 없었다. 학생은 지도 교수의 도움을 받아 10만 자의 논문만 써내면 그것으로 끝이었다. 케임브리지처럼 대학원생들끼리 모여서 커피도 마시고 술도 마실 수 있는 별도의 공간이 있는 것도 아니었다.

다행히 제인도 박사학위를 따려고 남았다. 제인이 쓰려는 논문 주제는 W. B. 예이츠[†]의 정치적 소신이었다. 제인은 내가 사는 곳에서 멀지 않은 신식 기숙사에 살았기 때문에 나에게는 구세주와 다를 바 없었다. 우리는 미끈하게 빠진 제인의 현대식 기숙사 방에서 커피도

[†] **William Butler Yeats(1865~1939)** 아일랜드의 시인, 극작가. 아일랜드 독립 운동에 참여하는 등 민족주의 정치가로도 활약했다. 초기에는 여성적이고 아름다운 서정을 보여주었으나 점차 남성적이고 건조한 스타일로 변화했다.

마시고 셰리주도 홀짝거렸다. 논문 자격 시험을 위해 공부하던 두 학기 동안 우리는 박사 과정 학생이라면 누구나 들어야 하는 서지학과 고문서학 두 과목을 같이 들었다. 둘 다 정말 끝내주게 지겨운 과목이었다.

"인간 같지 않은 것들!" 제인은 내 옆에 털썩 주저앉으면서 너무 큰소리로 중얼거렸다. 하기야 나도 같이 공부하는 학생들이 썩 마음에 드는 것은 아니었다. 서지학의 묘미에 푹 빠져서 논문을 쓰지 않고 그 대신 별로 안 알려진 작가의 비중이 덜한 작품을 골라서 여러 가지 판본을 대조하여 확정판을 만들어 제출하는 학생이 많았다. 전생에 도서관 사서가 아니었나 싶을 만큼 도서관에서 사는 학생도 있었다. 제인은 이 모든 것으로부터 거리를 두면서 수업 시간에 가장 지적이고 재치 있는 질문을 던지는 것을 목표로 삼았고, 나도 따라서 그렇게 하려고 노력했다.

정신적 고통을 숨기기 위해 나는 강인하고 지적으로 보이려고 노력했고 그것이 어느 정도 방패막이가 되어준 것 같다. 나는 연체동물처럼 물렁물렁하고 너무나 상처받기 쉬운 사람이었기 때문에 살아남기 위해서는 두꺼운 껍질이 필요했다. 그리고 나는 말을 가지고 그런 껍질을 만들어내는 요령을 터득했다. 마음의 병을 앓는 우울하고 딱한 인간으로 세상에 알려지는 것이 싫어서 말과 재치로 사방에다 바리케이드를 쌓아올렸기 때문에 아무도 내가 얼마나 다른 사람을 필요로 하는지 몰랐다.

내가 얼마나 가시 돋친 말을 뱉었던지 심지어는 제인도 깜짝깜짝 놀랐다. "세상에, 이러다 나까지 눈밖에 나는 거 아닌지 모르겠다!" 어느 날 내가 아주 매섭게 쏘아붙이니까 제인이 우는 소리를 했다. 그 말을 들으니 아차 싶었다. 내 혀의 위력을 나도 모르게 과소 평가했던 것이다. 수녀원에서 워낙 심한 말을 들으면서 살아서 그런지 내가 내뱉는 말은 선배들한테 들었던 꾸지람에 비하면 약과라는 생각을 했는데, 알고 보니 선배들의 말버릇을 내가 그대로 흉내내고 있었던 것이다. 겁에 질린 사람이 보통 그런 것처럼 나도 상처받은 짐승처럼 아무한테나 덤벼들곤 했고 그 누구에 대해서도 좋은 이야기를 할 때가 드물었다.

샬럿도 옥스퍼드에 남았지만 대학원 공부를 하지는 않았다. 샬럿은 글을 써서 먹고 살기로 결심하고 작은 방을 하나 얻어서 살면서 방세를 내기 위해 지방 세무서에 다녔다. 샬럿의 방은 침대와 책상 하나가 겨우 들어갈 만한 크기였다. 그 방에 앉아서 커피나 싸구려 와인을 같이 마시다 보면 참 장하다는 생각이 들었다. 도대체 어떻게 작가가 되겠다는 결심을 할 수 있는 것인지 나로서는 상상이 가지 않았지만 샬럿은 암울한 상황에도 굴하지 않고 차곡차곡 원고지를 쌓아 가고 있었다.

그렇지만 샬럿도 어떤 면에서는 나만큼이나 세상에 잘 적응하지 못할 성격이었다. 자기만의 세계에 갇혀 사는 게 아닌가 싶었다. 샬럿은 사랑에 빠져 있었다. 샬럿이 우리한테 한 번도 보여주지 않은 마이크라는 남자는 어쩌다가 기분이 내키면 샬럿의 방에 불쑥 나타났다. 샬럿은 그 남자 집에 갈 수도 없었고 전화도 못했다. 남자가 주소도 전화번호도 가르쳐주지 않은 탓이었다. 안정된 일자리를 가진 마이크는 밴을 타고 시골을 쏘다녔다. 샬럿과 사귀면서 절대로 주도권을 잃어서는 안 된다는 것이 그 사내의 철칙인 모양이었다.

나는 여성주의에는 문외한이었지만 이건 해도 너무 한다 싶었다. 씩씩하고 재능 있는 샬럿이 이 아무 짝에도 쓸모없는 떠돌이가 누리는 알량한 자유를 위해 감옥살이와 다를 바 없는 생활을 해야 한다고 생각하니 열불이 났다. 자기가 없는 사이에 그 잘난 마이크가 다녀가실까 봐 샬럿은 바깥 나들이를 꺼렸다. 그래서 내가 사는 집에도 단 한 번도 놀러오지 않았고, 우리는 펍이나 근사한 식당에서 만날 수도 없었다. 공동으로 쓰는 전화기가 울릴 때마다, 아니면 길가에서 차문이 닫히는 소리가 날 때마다 샬럿이 신경을 곤두세우는 것을 보면서 나는 사랑에 빠지더라도 저렇게 끌려다니지는 않겠다고 맹세하곤 했다.

그렇지만 샬럿은 자기가 얼마나 말도 안 되는 짓을 하고 있는지도 모를 만큼 중증은 아니었다. 뭔가 기분 전환을 할 필요가 있었다. 그때 좋은 계획이 떠올랐다. 샬럿의 삼촌이 처음으로 파리에 갔다가 퍽 깊은 인상을 받은 모양이었다. 그는 샬럿한테 일금 50파운드짜리 수표를 보내면서 언제 날을 잡아서 주말에 파리에 놀러 갔다오라고 했다. 샬럿은 나더러 같이 가자고 했다. 내가 마다할 이유가 없었다. 나는 집세를 내지 않고 있었기 때문에 다른 대학원생들보다는 상당히 여유가 있었다. 그렇지만 파리 이야기를 꺼낼 때마다 나는 속으로 굉장히 찜찜했고 가만 보면 샬럿도 그런 것 같았다. 그렇게 오랫동안 청빈하게 살다가 흥청망청 돈을 쓴다는 게 영 내키지가 않았다.

하지만 그것이 이유의 전부는 아니었다. 파리는 생명, 관능, 자유, 재미를 상징하는 도시였다. 그것 때문에 영 발길이 떨어지지 않았다. 그런 쪽은 내 체질과 안 맞았다. 나는 그림자가 어울리는 사람이었다. 입장은 많이 달랐지만 샬럿도 나도 어디까지나 주변인이었다. 아무튼 지금은 그 주변인의 자리에 발이 묶여 있었다. 물론 언제까지나 그래야 한다는 법은 없었다. 언젠가는 꼭 가보자고 우리는 서로에게 다짐했다. 표도 우리 손으로 끊고 방도 우리 손으로 잡자고 했다. 하지만 아직은 아니었다. 아직은 그럴 수가 없었다.

나 좀 도와주세요

제이콥은 두 손으로 감싸 쥔 머리를 앞뒤로 흔들면서 내 책상 앞에 앉아 있었다. 유모가 외출을 나가는 수요일 밤이라서 나와 저녁 시간을 같이 보내고 있었다. 아이는 내 방에 오는 것을 싫어하지 않았지만, 잠자리에 들 때까지 심심하지 않게 해주는 것은 여간 힘든 일이 아니었다. 우리는 카드도 하고 어떨 때는 도미노 게임도 했지만 제이콥은 금방 싫증을 냈고 솔직히 말해서 그런 놀이는 별로 재미가 없었다. 라디오도 듣고 단어 놀이도 했지만 아직은 나만의 '특별한' 놀이를 찾아내지 못했다. 하지만 오늘밤은 달랐다. 제이콥은 신경이 곤두서 있었고 나는 다가갈 수가 없었다. 입고 있던 가운이 벗겨져 있었고 줄무늬 파자마 안의 두 다리로 내 의자를 꼭 감고 있었다.

"무슨 일 있어?" 나는 최대한 자상한 목소리로 물었다. "나 좀 봐. 어디가 안 좋은지 말을 해야 누나가 돕지."

제이콥은 고개를 홱 돌렸다. 대놓고 물어보면 꼭 저런 반응을 보였다. 그것은 제이콥이 앓는 자폐증의 뚜렷한 특징이기도 했다. 그 아이는 상대방이 아무리 호의를 가졌어도 자기 안으로 들어오려는 시도를 결코 용납하지 않았다. 턱을 가슴에 꽉 붙이고 제이콥은 남 이야기를 하는 것처럼 혼자서 뇌까렸다. "카렌은 어디가 안 좋으냐고 물어보지만 제이콥은 죽어도 대답하지 않는다. 질문이 엉터리다."

나는 왜 그러는지 알았다. 제이콥을 내 방으로 데리고 온 유모가 아무래도 제이콥이 비바람이 쏟아질까 봐 걱정하는 것 같다고 귀엣말을 해주었다. "아까 본 먹구름 때문에 그러는 모양이야. 비바람은 안 불 거라고 얘기해줬는데도, 영 ……." 유모는 한숨을 쉬면서 고개를 절레절레 흔들었다. 제이콥은 천둥에는 영 맥을 못 추었다. 제니퍼는 이런 비합리적인 공포는 십중팔구 간질과 관련이 있다고 설명했다. 처음 겪는 일이 아닌데도 자꾸만 처음 겪는 일인 것처럼 반응한다는 것이었다. 뇌 안에서 일어나는 전기 자극 때문에 지금까지 한 번도 본 적이 없는 것처럼 모든 것이 낯설어 보인다는 것이었다.

"자." 내가 손을 잡으니까 아이는 냉큼 뿌리치고는 다시 깍지를 꼈다. "비바람은 안 불어요. 정 그러면 일기예보라도 들어보자." 말은 그렇게 했지만 소용없다는 걸 나도 알았다. 한번 저런 상태에 빠지면 논리로는 설득을 할 수가 없었다.

"아주 듣기 좋은 천둥 소리가 녹음된 음반이 있는데." 어쩌다가 그런 생각을 해냈는지 나도 모를 일이었다. "천둥하고 번개 치는 소리가 똑똑히 들려. 베토벤이라는 사람이 멋진 곡으로 만들었거든." 제이콥은 고개를 들더니 벽을 물끄러미 바라보았다. 내 말을 유심히 듣고 있다는 것을 알 수 있었다. "그러다가," 나는 말을 이었다. "갑자기 끝이 나. 천둥이 언덕 너머로 조금씩 멀어지는 걸 소리로 들을 수 있어. 진짜 폭풍이 불 때도 그러잖아. 그리고 전부 조용해져. 그 다음에는 자유롭고 행복한 음악이 이어지고."

제이콥이 의자를 빙그르르 돌리더니 세면대를 유심히 쳐다보았다.

"한번 들어볼래?" 안 그럴 이유가 없었다. 제이콥은 의식을 좋아했다. 의식을 통해서 삶에 대한 공포를 잠시나마 잊고 한치 앞을 내다볼 수 없어 괴로운 자기의 인생에서 어느 정도의 틀을 잡는 것 같았다. 하기야 다른 의식도 종교도 핵심은 이것과 크게 다르지 않을지도 모른다. 음악은 폭풍을 그의 내면에서 어느 정도 양식화해주고 처음과 중간과 끝을 들려주어 그것을 통제할 수 있게 만들 수도 있었다.

"로열……?" 제이콥이 나직히 말했다.

"암스!" 나는 말이 떨어지기가 무섭게 대답했다. 아이는 킥킥 웃더니 잠시 딴전을 피우는 것 같았다.

"한번 들어볼래?" 재차 물었다.

제이콥은 일어나더니 등나무 의자에 앉아서 가운을 앞으로 모았다. "틀어!" 그는 나를 곁눈질하면서 명령을 내렸다.

"뭐라구요?" 나는 짐짓 화가 난 척하면서 다그쳤다.

"화 안 났잖아." 제이콥은 좋아서 죽겠다는 표정이었다. 고운 말을 쓰는 것도 우리가 즐기는 놀이의 하나였다. 함부로 말하는 것이 마치 원칙처럼 통용되던 그 집에서, 예의 바른 말을 쓰라는 것은 어른이

틈만 나면 내뱉는 따분한 잔소리가 아니라 듣도 보도 못한 색다른 놀이였다.

"누나 화내는 거 한번 볼래." 내가 다시 일부러 인상을 쓰니까 제이콥은 좋으면서도 쭈뼛거렸다. "틀어 뭐?"

"주세요. 틀어주세요." 아이는 나한테 와서 구부정하게 나를 내려다보았다. 내 팔을 어루만지는 제이콥의 얼굴은 천사 같았다. "틀어주세요. 카렌 누나."

"좋아. 플러그를 꽂아. 옳지. 이 음반 표지를 봐. 시골에서 사람들이 잔뜩 모여서 놀고 있지. 자. 들어봐. 처음에는 천둥 소리가 아주 작다가 점점 커지는 거야. 그러다가 다시 사그라지지. 천둥이란 게 원래 다 그래……."

"카렌은 천둥 소리가 점점 사라진다고 말한다." 제이콥은 〈전원교향곡〉에서 폭풍이 처음 밀려오는 화음을 들으면서 가스 레인지에 대고 나직이 속삭였다.

처음에 나는 해설자 노릇을 했다. "여기는 빗방울이 떨어지는 거야. 이제, 천둥이 우르르거린다."

"우르르!" 제이콥은 처음에는 맞장구를 쳤지만, 어느 순간부터는 나한테 입을 다물었으면 좋겠다는 눈치를 노골적으로 보이는 바람에 나는 고운 말을 쓰라는 압력도 넣을 수가 없었다. 제이콥은 완벽한 박자 감각으로 음악과 혼연일체가 되어갔다. "파팍! 번개가 친다! 쿠릉! 천둥 소리!" 그리고는 폭풍이 잦아드니까 등을 의자에 파묻으며 과장스럽게 안도의 한숨을 내쉬었다. 교향곡의 마지막 가락이 그치자 뒷면도 듣자고 졸랐다.

"좋아. 이번에는 뻐꾸기 소리와 춤추는 모습이야."

잘 시간이 다 되어서는 나도 제이콥만큼이나 음악에 심취했다. 우리는 낭만주의 음악가인 엘가의 첼로 협주곡도 독파했다. 제이콥은 이 곡도 무척 마음에 들어했다. 첼로 소리를 듣더니 대뜸 "깊은 바이올린"이라고 이름을 붙였다. 다시 드보르자크의 협주곡을 들려주니까 "깊고 새로운 바이올린 녹음"이라고 했다. 엄청나게 섬세한 아이였다. "봐라, 카렌, 바이올린이 물어본다."라는 말을 하는가 하면 "이건 되게 슬프네. 누가 운다!" 이런 말도 했다. 하지만 주로 조용히 듣고만 있었다.

9시가 조금 지나서 우리는 제이콥이 자는 방으로 올라갔다. 제이콥은 문 앞에 서서 점잖게 고개를 꾸벅 숙였다. "감사합니다, 누님." 격식을 갖추어 말했다. 엄마 아빠가 저녁 식사에 초대한 손님이 집에 갈 때 하는 작별 인사를 흉내낸 말이라는 걸 뻔히 알 수 있었다. "오늘 밤은 정말 너무 좋은 시간을 보냈습니다." 신발도 신지 않은 맨발의 뒤꿈치를 거의 착 붙여 예의를 갖추면서 말했다. "정말 오랜만에 즐겁게 보냈습니다. 그쵸?" 나는 고개를 끄덕였다. "다음번에 왔을 때도 음반을 틀어주실 거죠?"

"그럼요. 요 다음에는 좀 다른 걸 들읍시다."

"다른 것도 듣고 천둥소리도 다시 듣고. 부탁해요." 제이콥은 빙긋 웃었다. 어느새 아이로 돌아가 있었다. "그럼 지금부터 화장실로 간다!" 고함을 지르더니 내가 하려던 말을 먼저 했다. "변기 물 내리는 거 잊어버리지 말고!"

"겨우 고걸 저녁이라고 먹는 거야? 언어도단이야! 좀 더 먹어야지." 제니퍼는 계단 꼭대기에 엉거주춤하게 서서 불편한 감정을 노골적으로 드러냈다. 어린 사람한테 주제넘은 충고는 하지 않는다는 평소의 원칙을 어기면서까지. 우리는 내 저녁 식사가 담긴 쟁반을 들여다보았다. 삶은 달걀 한 알, 과자 두 조각, 멀건 요구르트 한 통이었다. 나한테는 그것도 너무 많아 보였다.

나는 허리띠를 졸라맬 대로 졸라매어서 이제는 한 주일 식비가 2파운드를 넘지 않았다. 달걀을 작은 것으로 한 판 사면 엿새는 버텨야 했다. 보온병으로 요구르트를 만들어 먹는 법도 배워 가고 있었다. 맛없게 될 때가 있어서 그렇지 비용은 크게 절약되었다. 오늘 저녁에 먹을 요구르트도 내가 직접 만든 것이었다. 점심은 과자 두 조각에 싸구려 치즈를 얹어 먹었다(치즈도 한 통으로 일주일은 먹어야 했다). 그러니까 먹는 것은 계속 먹었다. 다만 양을 줄였을 뿐이었다. 결과는 고무적이었다. 눈에 띄게 몸무게가 줄기 시작했다.

그것은 다분히 의도적으로 시작한 일이었다. 레베카 같은 거식증은 물론 아니었다. 거식증은 내 마음대로 조절할 수 있는 병이 아니었으니까. 그렇지만 나는 안 먹는 쪽을 내 스스로 택했다. 어떨 때는 미칠 듯이 배가 고파서 가끔 토스트에 버터를 발라서 먹기도 했다.

상처 입은 짐승

내가 정말로 거식증에 걸렸다면 그건 있을 수 없는 일이었다. 그렇다고 해서 나도 모르는 무의식적 동기 때문에 그런 것도 아니었다. 나에게는 지극히 단순하고 실용적인 목표가 있었다. 돈을 모으고 싶었다.

나한테 돈은 심각한 문제였다. 전에는 돈을 만져본 적이 없었다. 수녀원에서는 아무것도 가진 게 없었지만 그 대신 뭐든지 필요한 것은 거저 나왔다. 학부생으로 지낼 때도 마찬가지였다. 학기가 시작될 때마다 정부에서 장학금으로 주는 수표를 받으면 그 돈으로 칼리지에 기숙사비를 냈다. 청소도 기숙사에서 해주었고 하루 세 끼도 꼬박꼬박 나왔다. 그렇지만 지금은 먹는 것도 내 돈으로 사면서 내 손으로 살림을 해야 했다. 그것은 은근히 부담스러운 일이었다.

앞날을 생각하니 슬슬 겁이 났다. 교수 자리를 얻는 것은 하늘의 별 따기였고 지금 받는 장학금은 3년 뒤면 끝이었다. 그 다음에는 어떻게 될까? 대학교에서 자리를 잡지 못하면 나는 도대체 어떻게 되는 걸까? 나는 공부밖에는 할 줄 아는 게 없었고 스물여섯 살이라는 나이는 뭔가를 새로 시작하기에는 너무 늦은 나이였다. 물론 대학교가 아닌 일반 학교에서 아이들을 가르칠 수도 있겠지만 그건 하고 싶지 않았다. 그 상황에서 나 혼자 감당할 수 있는 대비책이 하나 있었다. 돈을 모으는 것이었다. 여윳돈을 만들어놓으면 박사 논문을 끝낼 때까지 몇 년 더 버틸 수 있고 그렇게 되면 꿈에 그리던 교수가 될 수 있는 자격이 생긴다. 그 다음부터는 생활의 안정을 누리면서 먹고 싶은 것 얼마든지 먹고 쓰고 싶은 돈 얼마든지 쓸 수 있다.

굉장히 합리적인 해결 방 안인 것처럼 적어도 나 자신을 설득하기는 했지만 그것은 정말로 정신나간 계획이었고 내가 얼마나 불안정한 상황에 놓여 있었는가를 뚜렷이 드러냈다. 다른 학생들에 비하면 나는 여유가 있었다. 장학금은 필요한 데 쓰고도 남았고 따로 500파운드가 있었다. 500파운드면 당시로서는 적은 돈이 아니었다. 수녀원을 나올 때 교단에서 받은 100파운드, 돌아가신 할머니께 받은 유산 조금, 상금으로 받은 돈 100파운드가 모인 돈이었다. 안 먹고 안 쓰는 버릇이 워낙 체질화되어서 1976년 처음 내 집을 샀을 때 그동안 모은 돈으로 보증금을 내고 또 가구까지 너끈히 들여놓을 수 있었다. 주택 구입 자금을 융자해주는 은행의 담당 직원이 내가 그 돈을 장학금에서 모았다고 말하니까 놀라던 얼굴이 지금도 눈에 선하다. 그는 두말 않고 돈을 빌려주었다.

돈은 중립적 성격을 지녔지만 상징하는 바가 컸다. 나는 내 손으로 벌어서 먹고 살지 못할 거라고 확신했다. 그건 말도 안 되는 기우라고 생각할 만한 마음의 여유가 나한테는 없었다. 나의 미래는 암담해 보이기만 했다. 사회로 돌아와서도 나는 적응을 하지 못하고 있었다. 그 똑똑한 바스크 의사 말마따나 나는 어디에도 마음을 붙이지 못했다. 가슴이 죽어 있는데 어떻게 인생을 헤쳐 나갈 수 있겠는가? 문학 작품을 읽어도 나만의 감흥이 없는데 무슨 수로 학자가 되겠는가? '괴상한 발작'에 자꾸만 시달리는데 어떻게 사람 구실을 하겠는

상처 입은 짐승 187

가? 앞날을 생각하면 내가 가 있을 곳은 열쇠가 채워진 독방 아니면 자해를 못하도록 스펀지로 벽을 댄 방이었다. 수녀로 몇 년을 지내다 보니 어느새 세상에 적응을 할 수가 없었고 내 안의 무언가가 망가져서 나 자신을 추스를 수 있다는 자신감이 안 생겼다.

사실 알뜰히 챙겨 먹어야겠다는 생각도 별로 안 들었다. 머리와 가슴이 돌이킬 수 없을 만큼 망가졌는데 뭐가 좋다고 먹고 싶은 마음이 나겠는가? 하지만 어떤 면에서는 자꾸만 나 자신을 굶기면서 세상으로 나아가고 있다는 느낌도 들었다. 나는 도움을 청하고 있었다. 사람들은 언제나 나한테 참 잘한다, 잘 지내서 다행이라고 말했다. 하지만 난 잘 지내지 않았다. 사람들이 그걸 알아주었으면 싶었다. 살이 빠지니까 제니퍼 같은 사람은 내가 수척해졌다는 사실을 알아차리기 시작했고 나는 거기서 비뚤어진 만족감을 느꼈다. 그렇구나, 나는 속으로 생각했다, 나한테는 이런 심리가 있었구나. 나 좀 봐주세요, 도와주세요.

"저기……" 제니퍼는 말을 흐렸다. 호의를 드러내는 데 익숙하지 않은 워낙 건조한 성격이었다. "달걀은 식기 전에 먹어야지. 참," 지나가듯이 덧붙였다. "일요일에 우리랑 점심 같이하면 어떨까 싶은데. 가족이 한자리에서 먹는 건 그때뿐이잖아, 이제는 카렌도 한 식구나 마찬가지구. 정말이야." 이제는 괜찮아졌는지 한결 덜 쑥스러워하면서 말했다. "적응하느라 그동안 애 많이 썼지. 일요일마다 위에서 혼자 지내는 건 아무래도 보기 좀 그래요. 우리랑 같이 있자구."

"고맙습니다, 선생님." 나는 너무 뿌듯했다. 이건 아무한테나 하는 초대가 아니었다. 하트 부부는 웬만한 사람들은 콘월의 별장으로 불러서 어울리거나 각자의 칼리지 식당에서 접대했다. 친구를 집으로 초대하는 법은 거의 없었다. 제니퍼는 보나마나 나한테 일주일에 단 한 끼라도 제대로 먹이려고 하는 모양이었지만 그건 상관없었다. 중요한 것은 나한테 호의를 베풀었다는 점이었다. 호의가 얼마나 소중한 것인지를 나는 그 무렵 뼈저리게 느끼고 있었다. "고맙습니다." 나는 거듭 말했다. "저도 너무 좋아요."

일요일 점심은, 별로 놀랄 일은 아니었지만, 점잖지도 우아하지도 않았다.

"엄마! 나 물주전자 기울이는 거 봐라!" 제이콥은 엄마를 빤히 쳐다보면서 주전자를 아슬아슬한 각도로 기울였다.

"아서, 제이콥, 그러지 마." 제니퍼는 구운 양고기를 날렵하게 썰면서 소용없다는 걸 알면서도 응수했다. 그러면서도 교양 있는 대화를 이어나가려고 노력했다. "미사는 어디로 보러 가는 거야?" 그녀는 예의 바르게 물었다. 하트 부부는 나의 가톨릭 신앙을 은근히 부담스러워했다. 차라리 뉴기니의 오지에서 사는 종족 틈에서 7년을 살았다면 모를까 수녀원에서 그 오랜 세월을 버텼다는 것이 그들 상식에서는 너무나 벗어나는 일이었다. 사실은 두 사람이야말로 수도원에서 사는 것이 여러모로 체질에 맞는지 모를 일이었는데도.

허버트와 제니퍼는 모두 철저한 무신론자였다. 허버트는 종교라는 구조 자체를 도저히 이해하지 못하는 사람이었고 제니퍼는 종교는 하나같이 "말이 안 된다."고 생각했다. 그 당시의 수많은 지식인이 그랬던 것처럼 그녀는 공산당원이었다. 신문에서는 제니퍼가 버제스-매클린 간첩단[†]에 연루되어 있다는 억측성 기사가 실렸지만 그녀는 그것을 강하게 부인했다. 그녀는 공산당에 환멸을 느낀 지 오래였지만 종교는 여전히 경멸했다. 남편도 아내도 기독교라면, 그중에서도 특히 가톨릭이라면 '질색'이었다.

그런데 오늘은 어쩐 일인지 내가 나가는 교회에 제니퍼가 유난히 관심을 보이는 것 같았다. 나는 사실은 별로 관심 없어할 거라고 생각하면서도 도미니쿠스 수도회를 잠시 설명했다. 오늘따라 제니퍼는 집요했다. "그러니까 가족 미사에서 아이들이 떠들거나 말거나 상관없다는 말이지?"

"네. 그렇지만 마음이 편해서 그런지 아이들도 대체로 얌전히 굴어요. 좋아하는 거 같아요."

"설교는 어떤가요?" 허버트가 물었다. "거기도 생각이 제대로 박

[†] 일명 '케임브리지 5인조'라 불린 소련 간첩단 사건을 말한다. '케임브리지 5인조' (킴 필비, 도널드 매클린, 가이 버제스, 앤소니 블런트, 존 케른크로스)는 소련의 KGB가 영국 정보기관 MI6에 침투시켰던 전설적인 스파이들이다. 이들은 1930년대 케임브리지 대학 재학 시절에 KGB에 포섭되었으며 소련을 진정한 사상의 조국이라고 생각했다. 특히 필비는 1939년 영국 정보기관인 MI6에 들어가 영국의 정보를 빼돌렸다. 그러다 정체가 탄로나면서 1963년 소련으로 망명했다. 버제스와 매클린도 소련으로 망명했으나 망명한 3명 모두 비참한 말년을 보낸 것으로 알려졌다.

힌 사람이 있을 텐데."

"지겨운 얘기 그만하자, 카렌!" 제이콥이 포크를 그릇에 탁 놓으면서 소리를 질렀다. 그 바람에 소스와 야채가 사방으로 튀었다.

"쉿…… 누나가 이야기하는 거 재미있잖아." 제니퍼가 뺨에서 소스를 닦아내면서 딴지를 걸었다.

"재미야 있지." 허버트도 시인했다. "제대로 배울 만큼 배운 사람이 성모 수태나 삼위일체 같은 걸 믿는다는 건 정말이지 희한해. 그보다는 차라리 올림피아 신들을 믿는 게 나을 거 같은데. 왜 아폴론이 아니고 굳이 여호와냐 이 말씀이야! 솔직히 말해서 난 아폴론이 더 마음에 들던데."

나는 그 말이 무슨 뜻인지 알았다. 여호와는 당신한테 해준 것이 별로 없다. 아폴론한테도 한번 기회를 주는 것도 좋지 않겠는가.

"가톨릭을 믿어서 꼭 행복해진 것도 아닌 거 같은데." 제니퍼는 제이콥이 저편으로 휙 던진 감자를 피하면서, 내 마음 속에서 맴돌던 말을 대신 해주었다. 감자는 큰 거울에 뭉개지면서 더운 김을 뿜었다. 어른들의 탄식이 나왔다. "제이콥, 빨리 먹으라니까!"

"어떻게 가톨릭 교회가 사람을 행복하게 할 수 있다는 거지요?" 허버트가 나를 보면서 빙긋 웃었다. 악명 높은 역사적 만행으로 나를 유인하면서 쾌재를 부르는 듯했다. "그 오랜 탄압과 공포. 종교재판소에, 면죄부 판매에……"

"타락한 교황에." 나도 끼어들었다.

"분서에. 학살에."

"예수회에, 말장난에!"

"얘기가 너무 길어졌다! 다른 얘기 좀 하자." 제이콥이 있는 대로 악을 썼다. "교회다, 교황이다, 뭐다 하는 거 하나도 재미없다!"

"좋아." 제니퍼는 아들 쪽으로 돌아앉았다. "하고 싶은 얘기 해 봐."

"폭죽 터뜨리는 얘기나 하자." 제이콥은 이제 자기가 끼어들 수 있는 대화를 하자 느긋해졌다. 가이 폭스라는 가톨릭교도가 잉글랜드 국왕 제임스 1세를 시해하려던 음모를 사전에 적발한 것을 기념하여 해마다 11월 5일 밤에 터뜨리는 폭죽은 제이콥한테는 한 해 중에서 가장 중요한 사건의 하나였다. 몇 달 전부터 그날이 오기를 손꼽아 기다렸다. 처음에는 시끄러운 폭죽 소리와 가이 폭스의 으스스한 인형에 겁을 냈지만 유모와 엄마 아빠가 이것을 작은 축제로 만들어 두려움을 없애주었다.

"아빠, 날이 어두워지면 폭죽에 불을 붙이는 얘기 좀 해봐."

"나뭇가지가 타닥타닥 타들어가고." 허버트는 명령에 따랐다.

"snap, crackle and pop!"

"폭죽 놀이가 시작되면," 제니퍼도 끼어들었다. "제이콥은 신나하고."

"피융! 근데 카렌, 처음에는 좀 무서울지도 몰라. 처음에만. 그럼 내가 이렇게 말할게. '걱정 마. 하나도 무서운 거 없어.'"

"고마워, 제이콥."

"아빠! 가이 폭스가 누구야?"

"가톨릭교도야!" 허버트는 의자를 밀면서 신이 나서 큰소리로 대답했다. 식사는 웃음꽃이 만발한 가운데 끝났다.

나도 학자가 될 수 있을까

나는 도저히 흉내낼 수 없는 병원 특유의 냄새를 들이마시면서, 다른 사람들의 애환을 곁눈질하면서, 간호사를 따라 복도를 걸어갔다. 파란 침대 커버, 트롤리(운반차), 휠체어. "끝까지 쭉 가서," 간호사가 명랑한 목소리로 말했다. "왼쪽 작은 병실에 친구분이 계십니다."

"카렌!" 레베카의 목소리는 그대로였다. 그렇게 모진 고통을 당하고서도 여전히 부드럽고 차분했고 잔잔했다. "와줘서 고마워! 이렇게 빨리 올 줄은 몰랐어!" 전에 마지막으로 봤을 때도 안 좋다고는 생각했지만 지금 보니까 살아 있다는 게 기적이었다. 얼굴은 이미 시체 같았다. 나는 잠자코 있었다. 레베카도 내가 마른 걸 알아차렸겠지만 눈치 빠르게 침묵을 지켰다. 우리는 쓸쓸하게 서로를 쳐다보았다.

그날 아침 나는 레베카 특유의 날카로운 글씨체로 씌어진 엽서를 한 통 받았다. 그동안 런던 수녀원으로 옮겼는데 시내로 심부름을 갔다가 거리에서 쓰러져서 병원 중환자실에 있다는 것이었다. 아직도 안심할 단계는 아니었다.

"좀 어때?" 말을 해놓고 보니 바보 같은 질문이었다. 나는 침대 옆에 앉아서 친구의 참담한 몰골과 납작한 가슴 앞에서 담담해지려고 애썼다. 피부는 창백하다 못해 파르스름했고 눈은 전보다 더 쑥 튀어나와 있었다.

"많이 좋아졌어. 정말 이제 괜찮아." 그냥 하는 말 같았다. 갑자기 참을 수 없게 분노가 치밀었다. 어떻게 명색이 공동체라면서 사람이 이 지경이 되도록 구경만 하고 있었단 말인가? 도대체 뭘 하는 사람들인가? 사람을 죽일 작정이었나?

"미안해." 나는 레베카 앞에 놓인 식반을 보고 약간 마음을 놓으면서 말했다. "점심도 못 먹게 하고."

오후 3시였으니까 점심 먹기에는 좀 늦은 시각이었지만 유순하고 착한 레베카는 소시지와 콩과 감자튀김이 뒤섞인 김이 모락모락 나는 음식에 포크를 밀어넣었다. 레베카는 진저리를 치면서 한 입 삼키더니 다시 포크를 음식에 갖다댔다. 나는 안 보는 척했다.

"한 시간마다 먹을 게 나와. 체중이 40킬로는 넘어야 여기서 내보내준다니까 갈 길이 멀어. 아직도 몸무게는 그대로야," 레베카는 조용히 말했다. "이렇게 먹는데도. 그래도 줄지는 않고 있으니까."

"그래, 무조건 좋은 쪽으로만 생각하자." 안 나오는 말을 어렵게 했을 때 간호사가 부산을 떨면서 병실로 들어와서는 과일 요구르트를 식반 위에 놓고 갔다.

"도와주는 사람이 있니?"

"있어. 일주일에 두 번 정신과에서 상담을 받으래. 의사가 가톨릭 신자라서 도움이 될 거 같아."

우리는 다시 서로의 얼굴을 쳐다보았다. 너하고 레베카 수녀는 쌍둥이라던 프랜시스 수녀의 말이 생각났다. 우리는 둘 다 파멸로 치닫는 게 아닌가 싶었다. 나는 몸이 흡수하기를 거부하는 분홍색의 달착지근한 요구르트를 레베카가 숟가락으로 뜨는 모습을 지켜보았다. 나처럼 레베카도 삶에 대한 통제력을 잃어가는 것 같았다. 미래를 향해 움직일 힘이 없는 것 같았다. 우리는 어떻게 살아야 할지 모르는 사람들이었다. 우리는 요령을 잊어버린 사람들이었다.

"정신과 의사라는 사람은 만나봤어?" 프랜시스 수녀는 그런 데 기댄다는 발상 자체를 혐오하던 사람이었다. 하지만 그건 잘못된 생각이었다. 레베카를 보니 '신경 과민'으로 죽을 수도 있겠다는 생각이 들었다.

레베카는 고개를 끄덕였다. "주로 어렸을 때 이야기를 해." 그러고는 웃었다. 몸서리치는 시체의 웃음. "재미있어. 까맣게 잊었는데. 난 어릴 때 참 정열적이고 반항적인 아이였어. 화를 잘 못 참고. 옷장 안에 틀어박혀서 내 요구가 받아들여질 때까지 버티기 일쑤였지."

"니가? 공격적이었다구?" 나는 기가 막혔다. 그 분노가 다 어디로 갔단 말인가? 그것도 바보 같은 질문이었다. 정열적이거나 반항적인 수녀가 이 세상에 있다는 소리는 들어본 적이 없었으니까. 하지만, 그러면 안 된다는 법 있나, 불쑥 그런 생각이 들었다. "우리를 있는 그대로 좀 받아들여주면 어디 덧나나?" 속생각이 말로 튀어나왔다. "왜 우리를 뜯어고치지 못해서 안달이래? 너한테는 분노와 정열이 있었고, 난 언제나 '과민' 했어. '지금 예민한 거 우리한테 유세하는 건가요, 자매님?'" 나는 수련자를 지도하던 선배 수녀의 은근히 괘씸해하던 목소리를 흉내냈다. "정열이 무슨 잘못인데? 예민한 게 뭐가 어때서? 예수님도 정열적인 분이었잖아. 결코 둔감한 사람이 아니었어. 맨날 목에 힘만 주는 사람이 아니었다구."

"알아." 레베카는 싸움에 지친 듯했다. "그렇지만 나도 달라지고 싶었거든." 마치 과거의 나와 지금의 나는 아무런 관련이 없는 것처럼 무덤덤하게 말했다. "난 다른 사람이 되고 싶었어."

"물론 우리도 달라지고는 싶었지." 가만 보니 나 역시 남 이야기를 하는 것처럼 추상적으로 말하고 있었다. 마치 죽은 사람에 대해서 말하는 것처럼. "하지만 그건 별개의 문제 아니니?" 나는 제자들이 보는 앞에서 예수가 산 위에서 변신하는 복음서의 장면을 생각하고 있었다. 빛이 얼굴에서 흘러나오고 옷은 눈처럼 새하얗게 반짝였다. 예수는 오그라든 것이 아니라 끌어올려졌다. 그의 개성과 육체는 그대로인 상태에서 신성한 힘을 부여받아 자신의 인간성을 완성한 것이다. "우리를 없앨 필요까지는 없었어. 있는 그대로의 우리를 완전하게 만들 수도 있었어."

하지만 그런 일은 벌어지지 않았다. 레베카한테 남은 것은 거짓말 안 보태고 아무것도 없었다. 간호사가 휠체어를 가지고 왔다. "엑스선 사진 찍으러 갈 시간이네요, 수녀님."

"걷지 못해?" 나는 놀라서 물었다. 레베카는 가운을 끌어당기면서 불안하게 의자에 몸을 실었다.

"기운을 빼면 안 되거든요." 간호사가 사무적으로 설명했다. "계단을 오르내리다가 그 금쪽 같은 칼로리를 태워 없애면 안 되거든요. 아끼고 봐야 돼요."

난 그런 노력이 실효를 거두기를 바랐지만 크게 기대할 수 없을 것 같았다. 레베카는 탈진할 대로 탈진해 있었다. 나도 그렇지만 레베카도 모든 기운과 열의가 짓눌려서 그렇게 망가진 몸과 마음으로는 제구실을 할 수도 없었고 마음대로 다닐 수도 없었다.

"또 올게." 간호사가 밀고 가는 휠체어를 보면서 나는 약속했다.

"친구하고 똑같은 병을 앓는 거라니까요." 수다 박사는 의자를 뒤로 당기면서 나한테 눈을 치켜떴다. 이번 상담은 그런 대로 괜찮은 축에 들었다. 내가 발끈한 것은 그가 급소를 건드렸다는 뜻이었다.

"아니에요. 달라요!" 나는 거세게 반발했다. "제 문제는 마음이지 몸이 아니라구요."

수다 박사는 못마땅하다는 듯이 고개를 가로저었다. 내가 발작 이야기를 꺼낼 때마다 보이던 반응이었다. "다르면서도 같지요." 그가 말했다. "환각이라든가 두려움의 분출은 억압의 증세거든요. 레베카라는 친구가 어린 시절의 그 뜨거웠던 피를 억누른 것과 똑같지요.

감정은 기어이 밖으로 드러나거든요. 그러지 않고는 무언가를 느낄 수가 없는 겁니다."

"레베카는 굶어 죽기 일보 직전이잖아요!"

"정도의 차이일 뿐이죠." 의사는 진찰 기록에다 뭐라고 적어 넣었다. "맞아요, 친구처럼 몸이 병든 건 아니지요. 체중이, 얼마더라, 40킬로그램이고, 친구는 30킬로그램 겨우 넘고. 그렇지만 먹는 데 장애를 느끼는 건 같아요. 두 사람 다 거식증이라구요."

"그래도 달라요. 다르다고 생각해요." 나는 다시 완강하게 주장했다. 내가 먹지 않는 것은 거식증이라기보다는 나 좀 도와 달라는 호소였다. 음식을 안 먹어서 체중이 정말로 줄었다면 그건 내가 의지로 선택한 결과이지 나도 어찌지 못하는 충동 탓이 아니었다.

"아무튼, 두 사람 다 지금 살아는 있어도 사는 게 아니에요." 수다 박사가 말을 이었다. "비슷하잖아요. 방 안에 혼자 틀어박혀 지내죠, 불안 발작이 일어날까 봐 겁이 나서 외출도 잘 못하죠, 연애한 적도 없죠, 여자처럼 꾸미고 싶은 마음도 없죠, 그리고 일부러 가슴을 없애고 몸매를 없애고 월경도 없애고, 결국에 가서는 중성(中性)이 되는 겁니다. 아직도 자기가 만든 수녀원 안에 갇혀 살고 있어요. 두 사람 다 이런 억눌린 감정으로 스스로를 괴롭히는 겁니다."

"그럼 저더러 어쩌라는 건데요?" 나는 울먹였다. "저도 이러기 싫어요."

"그런 억눌린 감정의 뿌리까지 들어가야 합니다." 수다 박사는 무덤덤하게 대꾸했다. "그러기 전까지는 일종의 감옥처럼 스스로 쌓아 놓은 상아탑 안에 갇혀 있을 수밖에 없어요. 머뭇거리지 말아요. 이제는 밖으로 나와야 합니다."

말은 쉬워도 몸이 따라주지 않았다. 샬럿이 비좁은 방 안에 갇혀 지내고 레베카가 병원 침상에 누워 있는 것처럼 나는 여전히 내 머리 안에 틀어박혀 있었다. 밖으로 나가서 즐겁게 어울리는 요령을 본능적으로 터득한 것처럼 보이는 제인과 나는 달랐다. 제인과 마크는 자주 나를 불러서 같이 드라이브도 하고 교외로 점심도 먹으러 다녔다. 아니면 도서관에 있는 나를 덮쳐서 술집으로 끌고 갔다. 제인은 세상이 굴러가는 이치를 알았고 나한테는 두렵기만 한 세상에서 더없이 편하게 지냈다. 학문적으로도 인정을 받고 있었다(는 사실을 나는 조금씩 알아차렸다). 나는 그러지 못했다(는 사실이 차츰 분명해졌다).

제인과 나는 박사 과정으로 올라가는 자격 시험을 우수한 성적으로 통과했다. 그렇지만 거기서부터 우리의 길은 갈라졌다. 제인은 세인트앤 칼리지에 소장 연구원으로 채용되었다. 나는 주위에서 그 자리에 지원하지 않는 게 좋겠다는 충고를 들었다. 교수들은 학자로 나갈 생각은 접으라고 나한테 거듭 얘기했다. 여행이라도 다녀보는 게 어떻겠느냐는 조언도 들었다. 교양 과정에 역점을 두는 미국의 사립 대학에서 자리를 얻을 수도 있지 않겠냐는 것이었다. 옥스퍼드 교수들이 그런 자리를 우습게 본다는 것은 바보가 아닌 다음에야 누구나 알아차릴 수 있었다. 학교 교사도 진지하게 생각해보라는 권유를 받았다. 도로시 베드나로스카는 그쪽이 내 적성에 훨씬 잘 맞는다고 주장했다. 나는 그 말에 동의할 수 없었다. 종소리가 울리고 규칙이 있고 권위적인 인물이 있는 학교는 수녀원과 너무나 비슷했다. 나는 학자가 되고 싶었다.

아무래도 내 얼굴에 문제가 있는 모양이었다. 시간이 지날수록 그런 생각이 굳어졌다. 수업하고는 아무 상관이 없었다. 내 불안한 정신을 우려하는 사람도 없었다. 내가 겪는 정신적 고통을 심각하게 받아들이는 사람은 아무도 없었다. 내가 정신과 상담을 받고 있는 것을 아는 사람들은 그저 수녀원을 나온 후유증을 된통 앓고 있으려니, 조금만 지나면 정상을 되찾으려니 생각했다. 거기다가, 옥스퍼드 교수진은 세상 어느 누구보다도 수더분한 사람들의 집단이 아니었다. 그들이 내가 학자의 길을 걷는 것을 반대한 데는 더 깊은 이유가 있었다.

"그 사람들은 거기를 밀어내려고 작심을 한 거야." 나중에 이것이 더는 문제가 되지 않았을 때 제인도 그렇게 말했다. "나는 원했고 그쪽은 원하지 않은 거야." 왜? 나는 공부도 잘한다는 소리를 들었다. 제인은 나보다 분명히 '정상'이었지만, 언제부터 옥스퍼드 교수들이 정상인지 아닌지에 그렇게 관심을 가졌단 말인가? 교수들이 '글러먹었다'고 본능적으로 생각하는 무언가가 있지 않고는 그럴 수가 없었다. 그들이 움츠러드는 것은 뭐랄까 이식된 심장 앞에서 환자의 몸이

상처 입은 짐승 201

보이는 거부 반응과도 같았다. 그들도 말로는 그것을 표현하기 어려웠을 것이다.

그런데 지나고 보니 그들이 옳았다는 생각이 든다. 나는 대학 교수 생활이 체질에 맞지 않는 사람이었다. 더군다나 그 당시의 전형적인 옥스퍼드 대학 교수상과는 더더욱 맞지 않는 사람이었다. 나의 재능은 다른 데 있었다. 하지만 어떤 면에서 내가 모범생으로 보였던 1971년에는 나를 비롯해서 누구도 그걸 확실히 알지 못했다.

이유야 어찌 되었건 영예로운 자리에 있다가 하루 아침에 밑바닥으로 추락한 것은 커다란 충격이었다. 학자로 살아갈 수 있다는 가능성은 내 인생의 유일한 희망이었다. 나는 다시 한 번 정든 세계를 떠나야 할 판이었다.

나는 신과 갈라섰다

제이콥은 등을 돌린 채 곤히 잠들어 있었다. 나는 제니퍼의 침대 머리맡에 있는 전기 스탠드에서 나오는 작고 은은하고 동그란 불빛 아래 막 책을 읽으려던 참이었다. 아이 엄마가 학교에서 회식을 마치고 돌아올 때까지 침대에서 제이콥을 지키고 있는 중이었다. 길쭉한 다락방에 놓인 침대에 누워 나는 모처럼 평화로움을 느꼈다. 밖에서 부엉이가 울었다. 나는 혹시나 싶어서 제이콥을 보았다. 잠이 깊게 드는 아이가 아니었다. 한번 잠에서 깨어나면 이리 뒤척 저리 뒤척거리면서 제대로 잠을 이루지 못했다. 다행히 계속 잤다. 어지러운 탁자 위에 놓인 자명종은 침묵을 깨뜨리면서 재깍재깍거렸다.

갑자기 제이콥이 몸을 일으키더니 허공을 응시했다. 눈은 공포에 질린 듯 어딘가에 붙박여 있었지만 딱히 무엇을 보고 있는 것 같지는 않았다. 그러더니 목구멍에서 울부짖는 듯 괴상한 소리가 나기 시작했다. 나는 공포에 질렸다. 이거로구나. 간질 발작이 시작되는구나.

제니퍼가 침대 옆에 두고 간 고무 고리를 얼른 집어서 전에 배운 대로 살살 제이콥의 입에 밀어 넣은 다음 가만히 도로 옆으로 눕혔다. 그러고는 기다렸다. 무서웠다. 어떤 일이 벌어질지 그걸 어떻게 감당해야 할지 알 수가 없었다. 제이콥은 이제 다 큰 아이였다. 나보다 키도 컸고 힘도 셌다. 혹시 자해라도 하면 어떻게 막는단 말인가? 경련을 그치지 않으면 어떻게 해야 할까? 앞으로 10분 안에 의식을 찾지 못하면 응급 상황이다. 간질 지속 상태는 치명적이라고 들었다. 그렇지만 집에는 오직 나 혼자였다. 전화도 아래층에 있었다.

갑자기 제이콥이 숨을 멈추었다. 겨우 몇 초였을 테지만 내게는 몇 분처럼 느껴졌다. 얼굴이 일그러지고 화난 사람처럼 눈을 부라렸다. 피부에서 색이 빠지더니 나중에는 잡티가 섞인 더러운 돌멩이처럼 변했다. 그러고는 한참을 있다가 고무 고리를 이빨로 꽉 물더니 몸이 경련을 일으켰다. 제발 멎게 해달라고 누구한테인지도 모르면서 기도를 드렸지만 경련은 그치지 않았다.

그러더니 다시 느닷없이 경련이 그치고 제이콥은 축 늘어졌다. 입에서 고무 고리가 빠져나왔고 제이콥은 깊은 잠으로 빠져들어 갔다. 숨이 거칠고 귀에 거슬렸다. 피부색이 점점 살아났다. 그렇게 끝이 났다.

하지만 또 다시 발작이 일어날 가능성도 있다는 것을 나는 모르지 않았다. 그럴 경우 지체 없이 구급차를 불러야 한다. 그렇지만 호흡이 조금씩 정상으로 돌아오면서 제이콥은 평화로운 잠에 빠져들었다.

너무나 불공평해 보였다. 제이콥의 발작은 얼마 전부터 시작되었다. 그 정도면 당할 만큼 당한 것 아닌가? 누군가를 탓하자면 결국은 신을 원망할 수밖에 없었다. 하지만 지금은 그럴 입장도 아니었다. 제이콥의 장애를 비롯해서 이 지상에서 벌어지는 모든 일에 어떤 식으로든 책임이 있는 초월자가 저 하늘에 있다고 내가 정말로 믿은 적이 있었나? 없었다. 그렇게 믿은 적이 없었다. 알 수 없는 자기만의 프로그램에 따라서 시련과 보상을 안기면서 저 위에서 이 세상을 내려다보면서 다스리는 신이 존재할 가능성은 희박하다고 생각했을 뿐 아니라 그런 발상 자체가 엽기적이라고 생각했다. 사랑의 섭리라는 것이 설령 있다 하더라도 그것은 내가 상식적으로 이해할 수 있는 사랑은 아니라고 생각했다. 나는 그런 신이 존재한다고 믿지 않았다. 그날 밤 희미한 전등불 아래 제이콥을 지키면서 나는 도대체 내가 단 한 번이라도 신을 믿은 적이 있었나 싶었다.

아래층에서 인기척이 났다. 제니퍼가 다락방으로 난 철 계단을 살금살금 올라오고 있었다. 서리가 낀 유리 너머로 근육질의 마른 형체가 나타났다. 나는 제니퍼가 소리를 최대한으로 줄이려고 애쓰면서 손잡이를 돌려 너무 지나치다 싶을 만큼 조심하면서 방 안으로 몰래 들어오는 것을 보았다. 크고 어지러운 방에서 조심조심 발을 디디다가 마루에서 끼익 소리가 나자 제니퍼는 울상이 되었다 .

"아무 일 없었지?" 소곤소곤 물었다.

"있었어요. 아무래도 발작 같았어요. 그래도 지금은 괜찮아요."

"아!" 그녀는 허겁지겁 침대로 오더니 아들의 얼굴을 살폈다. 즐거웠던 저녁 시간의 자극이 남아 있던 얼굴은 무너지고 말았다. 평상시에 즐겨 입는 이상한 드레스 중의 하나를 입었는데 이번 것은 진한 녹색이었고 거울처럼 반짝거리는 작은 보석이 달려 있었다. 스타킹도 옷에 맞추어 녹색이었다. 이 낙천적이고 약간은 유치한 옷차림이 갑자기 너무나 안 어울려 보였다. "어쩌면 좋아! 미안해요." 그녀가 말했다. "굉장히 힘들었을 거야. 짜증 많이 났을 텐데."

"아니에요. 신경 쓰지 마세요." 나는 빙긋 웃으면서 책을 주섬주섬 챙겼다.

"카렌," 불쑥 말을 걸었다. 물론 아직도 소곤소곤했지만, 주저하는 목소리로 보아 아주 꺼내기 힘든 말을 하려는 모양이었다. "카렌, 혹시, 물론, 당연히 싫으면 싫다고 해야겠지. 지금 너무 제몫 이상으로 잘 해줘서 고맙고 제이콥도 카렌을 좋아해요. 둘이 같이 있으면 내가 항상 안심이 돼. 그래서 말인데, 혹시 ……."

"괜찮으니까 말씀하세요." 나는 기분은 좋았지만 약간은 의외였다.

"저기, 제이콥을 성당 미사에 데려가줄 수 없을까 해서 말이야." 거북한 소리라서 그런지 한꺼번에 내뱉었다.

"네?" 너무 놀라서 나도 모르게 소리가 커졌다. 우리는 둘 다 가슴이 철렁해서 침대 쪽을 불안하게 돌아보았다. 다행히 제이콥은 모르고 계속 잤다. "죄송하지만," 나는 최대한 목소리를 낮추었다. "이야기가 백팔십도 달라지는 거 같은데요. 세상 없어도 그런 데는 안 보내실 것 같은……."

"무슨 말인지 알아." 그녀는 서글픈 미소를 지으면서 별수없지 않느냐는 몸짓을 해 보였다. "정신 나간 소리로 들릴 줄 알아. 다른 사람도 아니고 우리 부부가! 우리 친구들이 뭐라고 그럴지 상상이 가지? 논리에도 맞지 않고 일관성도 없는 거지. 그렇지만 이 아이한테는 어떤 식으로든 종교가 있었으면 좋겠다는 생각을 전부터 자주 했어요. 가령 교회를 다니면 의식이 많잖아, 그걸 너무 좋아하거든. 그리고 종교는 마음의 위안도 되고." 그녀는 머뭇머뭇 나를 올려다보았다.

"글쎄요……." 나는 말꼬리를 흐렸다. 하고많은 날 중에서 하필이면 오늘 같은 날 그 길을 가고 싶지는 않았다. 나도 모르게 약간은 빈정거리는 말이 나왔다. "선생님은 같이 안 가실래요? 빛을 본 적이 없으세요? 아저씨는 같이 가시지 않을까요?"

"세상이 무너져도 그럴 일은 없겠지." 우리는 최대한 조용히 킬킬 웃었다. 너무나 말도 안 되는 제안이었다. "농담이 아니거든." 제니퍼가 말을 이었다. "도미니쿠스 교회가 딱이야. 좀 소란을 피워도 뭐라 그러는 사람 없고. 미사가 끝나고 차 한 잔 마시면서 이 사람 저 사람 사귀게 되고. 아이한테는 정말 좋을 거 같아."

종교가 마치 일주일에 한 병씩 꼬박꼬박 먹으면 저절로 마음이 평화로워지는 정력 강장제나 되는 것처럼 말했다.

"좋아하긴 할 거예요." 나는 마지못해 한 발짝 물러섰다. 제이콥이건 누구건 하트 집안 사람이 교회에 나간다는 사실이 너무 뜻밖이어서 얼른 실감이 나지 않았다. "그렇지만," 나도 모르게 자꾸만 토를 달았다. "그냥 공연을 데리고 가 달라 이 말씀이네요. 이런 거 저런 거 가르칠 생각 말고."

"내 말이 그 말이야. 교리는 몰라도 돼!" 제니퍼는 말해놓고도 은근히 자존심이 상하는 모양이었다. 나는 빤히 그 여자의 얼굴을 쳐다보았다. 정말 약았구나. 그렇지만, 따지고 보면, 미궁처럼 복잡한 교리를 제대로 이해하는 가톨릭 교인이 몇이나 될까? "하느님이다, 천당이다, 지옥이다 하는 그 역겨운 생각은 오히려 몰랐으면 해." 제니퍼는 그 말이 얼마나 무례한 말인지도 모르고 거침없이 말을 이었다. "솔직히 다 엉터리지. 말이 안 돼! 그런 건 몰라도 돼요!"

"그래도 뭔가 경험을 하게 하려면 조금은 알 필요가 있어요." 생판 모르는 사람한테 미사가 어떻게 보일까 상상해보려고 애를 쓰면서 내가 말했다. "물론 공상 이야기로 받아들이겠지요. 그래도 뭔가 알아듣는 건 있을 거예요. 심오하지는 않더라도, 그냥, 글쎄요, 예수님은 나를 사랑하고 내 친구다 하는 정도."

"그건 나쁘지 않겠네." 제니퍼는 미덥지 않은 투였다. 잠시 얼굴이 구겨졌다. 갑자기 그녀에게 연민이 솟구쳤다. 그녀는 뭐랄까 영웅에 가까운 행동을 하고 있었다. 지금까지 소중히 지켜온 원칙을 깡그리 희생하려는 것이었다. 똑똑하고 비판 정신이 투철한 그녀의 친구들은 앞에서 매정하게 굴고 뒤에서도 줄창 씹어댈 것이다. 하지만 제니퍼에게 제일 소중한 것은 제이콥의 행복이었다. "무슨 소리냐 하면,"

그녀는 말을 이었다. "나나 남편 같은 사람은 종교를 거부해도 얼마든지 잘살 수 있어. 하지만 제이콥한테는 무언가가 필요해요. 기댈 언덕이 필요하다구."

"그러니까," 나는 빈정거리는 투로 말했다. "종교는 저능아, 약골, 장애인한테나 필요한 거라 이 말씀이네요."

"휴," 제니퍼는 불안한 눈빛으로 피식 웃었다. "괴롭다. 맞아⋯⋯ 그래, 솔직히 말해서 그렇게 생각⋯⋯." 그녀는 말꼬리를 흐리면서 애처롭게 나를 바라보았다.

나한테 양심이 있다면 제니퍼와 옥신각신할 수는 없었다. 방금 나도 환상일 뿐이라고 신을 몰아내지 않았던가? 하지만 제이콥은 위로를 받을 자격이 있었다. "알겠어요." 마침내 승낙을 했다. "데리고 갈게요."

신앙의 마지막 흔적까지 마침내 깨끗이 지워버렸다는 점에서 나는 시대의 주류에 어느 때보다도 가깝게 다가선 셈이었다. 영국에서 1960년대에 종교는 죽었고 교회에 나오는 신도의 숫자는 뚝 떨어졌다. 잉글랜드는 세계에서 네덜란드 다음으로 세속 사회가 되었다. 종교를 일관되게 부정하는 하트 부부의 자세는 옛날 같으면 방자한 우상 파괴주의로 보였겠지만 지금은 특히 지식인 사이에서는 너무나 흔했다. 그렇지만 하트 부부가 가톨릭을 "언어도단"으로 여겼다고 해서 호전적 무신론자였는가 하면 그렇지는 않았다. 그들은 19세기의 영국 철학자 제러미 벤담이 처음으로 선언한 공리주의의 신봉자였다. 행위는 그 자체로 선하거나 악하지 않으며 그 결과만 가지고 판단해야 한다는 것이 공리주의다. 최선의 결과를 낳는 것이 올바른 행동이다. 미사에 참석하는 것도 그 자체로는 그릇된 행위가 아니므로, 비록 그것이 확연히 잘못된 신념 체계에서 비롯되었다 하더라도 제이콥한테 도움이 된다면 도미니쿠스 교회에 다녀야 한다. 신앙에 더욱 심하게 반발하는 하트 부부의 친구들은 보나마나 이런 태도를 은근히 못마땅하게 여길 것이다.

제이콥 같은 사람이 가톨릭 예배를 뒷받침하는 교리를 받아들이지 않고도 예배에서 무언가를 얻어낼 수 있을지 모른다는 발상은 나한테는 새로운 것이었다. 종교는 본질적으로 믿음인데 이제 나는 더는 교리를 받아들이지 않으니까 신앙인이라고 말할 수 없다는 것이 나의 지론이었다. 그런데 주변을 둘러보니 제도권 기독교의 속박을 떨치고 나온 사람들은 동시에 또 다른 대안 신앙을 모색하고 있었다. 하트 부부의 두 아들 애덤과 찰리만 하더라도 영국 반문화 운동의 기수였다. 찰리는 케임브리지 부근의 공동체에 살면서 팝 그룹을 결성했다. 나와 나이가 같았던 애덤은 더 급진적이어서 음악인으로 살아가는 것도 타협이라고 보았다. 그는 잉글랜드 북부의 노섬블랜드 오지에 들어선 공동체에서 아버지가 공동체를 위해 사준 집에서 살면서 아무런 생산 활동에 참여하지 않았다. "느끼는 대로 해라," "안달복달하지 말고 편하게 살아라," "흐름에 몸을 맡겨라," "너만의 것을 해라." 같은 1960년대의 전형적 구호에 잘 드러나는 그들의 이상은 겉으로 보면 내가 있었던 수녀원의 이상과 상극이었지만 둘 사이에는 닮은 점도 있었다.

형제는 부모의 공리주의를 배격했고 딱히 믿는 종교도 없었지만 그래도 어떻게 보면 진리를 탐구하는 종교인과 비슷한 길로 들어섰다. 그들은 사회에서 등을 돌리고 삶에 본질적 가치를 주는 진실을 추구하면서 돈과 세속적 성공을 거부했다. 따지고 보면 나도 비슷한 생각을 하면서 수녀원에 들어갔다. 체계적 수련을 한 것도 아니었고 기독교 같은 권위적 구조와도 거리가 멀었지만 그들은 사고 구조를 확 바꾸어버리겠다는 희망을 품고 초월적 명상을 수련했다. 전후의 다른 영국인들도 자기 변신을 추구했다. 그들은 "어딘가 다른 곳"에서 살고 싶어했다. 어떤 사람은 네팔의 카트만두로 갔고 어떤 사람은 마약을 먹고 무아경의 세계로 떠났다. 자기들은 영국에서 예수 그리스도보다 유명한 사람들이라고 바른 소리를 했다가 미국의 기독교 신자들을 격분시킨 비틀스도 인도에서 몇 달 동안 스승을 모시고 명상 공부를 했다.

그때는 몰랐지만 지나고 보니 나더러 제이콥을 미사에 데리고 가 달라고 제니퍼가 부탁한 것은 결국 시대가 그런 방향으로 흘러가고 있었기 때문이었다. 제이콥에게 필요한 것은 교리가 아니라 마음의 평화를 안겨주는 영성과 의식이라는 것을 그녀는 잘 알았다. 하지만 나의 입장에서는 믿음이 없는 종교는 말 자체가 모순이었으므로, 나를 절망의 나락으로 몰고 간 교회가 제이콥으로 하여금 끔찍한 세상을 차분히 받아들이도록 도와줄 수 있으리라고는 기대하지 않았다.

"월출!" 좁은 통로를 따라 주방으로 달려오면서 제이콥은 평소처럼 나를 반겼다. "월출 오전 12시 49분! 카렌! 우리 오늘 어디 가는데?"

"우리가 가는 데는……." 나는 문장을 마저 채우기를 기다렸다.

"교회!" 제이콥은 기가 살아서 함성을 질렀다. 굉장히 들떠 있었다. "나 멋있어?"

"아주 아주 멋있어." 정말이었다. 흰 모직 셔츠, 고동색 골덴 바지에 곱슬곱슬한 머리를 단정히 빗었다. "누나가 토스트 굽는 동안 제이콥은 신문 보고 있어."

"카렌." 제이콥은 나를 빤히 쳐다보았다. "흰 옷에다가 커피를 좍 엎질러도 화 안 낼 거지?"

"실수로 그런 거면 화 안 내."

"일부러 그러면?"

"그럼 무지 화낼 거야."

"그래도 난 할 거지롱!" 제이콥은 잔을 집더니 기대에 차서 나를 빤히 쳐다보았다.

"그러기만 해봐!" 나는 호통을 치면서 박자를 맞춰주었다.

"너무 심하다!" 제이콥의 얼굴에 화색이 돌았다.

"둘 셀 때까지 자리에 얌전히 앉지 않으면 진짜 심하게 나간다!"

"알았다니까 그러네!" 식당으로 돌아가면서 제이콥이 중얼거리는 소리가 들렸다. "카렌이 제이콥한테 너무 심하게 군다. '그러기만 해 봐!' 화내면서 막 소리 지른다 …… 제이콥은 풀이 죽는다. 카렌한테 사정한다. '알았다니까 그러네.'" 처량하게 애걸한다."

한 시간 뒤 미사가 시작되었을 때 제이콥은 그렇게 얌전할 수가 없었다. 눈을 꼭 감고 서서 손가락이 하늘로 향하게 두 손을 모았다. 학교에서 아마 기도하는 것을 배운 모양이었다. "그렇게 내내 서 있지 않아도 돼." 내가 속삭이니까 심각하게 고개를 끄덕였다. 찬송가와 음악이 울려 퍼지는 동안 머리를 살짝 돌려 열심히 들으면서 알 듯 모를 듯한 미소를 입가에 흘렸다. 한참을 그렇게 빠져 있더니 고개를 뒤로 젖히고 향을 훅 들이마셨다. "카렌," 코를 쿵쿵거리면서 대견스럽게 속삭였다. "나 여기 오는 거 좋다, 정말 좋다!"

제니퍼의 판단은 옳았다. 제이콥은 정말로 여기서 얻는 게 있었다. 그런데 내가 얻는 건 도대체 무엇인가? 오늘 아침 미사는 내 고민과는 아무런 상관이 없었다. 인위적이었고 겉돌았다. 제2차 바티칸 공의회의 결정에 따라 이제 미사는 라틴어가 아니라 영어로 진행되었다. 발랄하고 참신하고 명랑한 분위기였다. 나한테는 좀 부담스러울 만큼 명랑했다. 하나같이 사리에 맞았고 사무적이었다. 신은 우리한테 다가오려고 하며 우리는 편한 마음으로 자연스럽게 신한테 다가설 수 있다는 분위기를 풍겼다. 신이 마치 너그러운 사장님이라도 되는 것 같았다. 그래도 신은 내 친구는 아니었다. 나한테 친구였던 적이 한 번도 없다는 것을 이제 나는 알았다.

오늘 미사는 너무 말이 많았다. 예전 미사는 중간중간 노래로 끊기는 동안 잠시 생각에 잠길 시간이 있었다. 조용히 성찰할 수 있는 알맹이 같은 것이 있었다. 그런데 지금은 말을 중단하면 큰일이나 날 듯한 분위기였다. 그리고 이 세상을 창조하고 우리를 거두어준 신이 마치 딴전을 피우기나 하는 것처럼 자꾸만 신에게 그런 사실을 일깨우고 있었다. E. M. 포스터[†]의 《인도로 가는 길》에 보면 무어 부인이 마라바르 동굴에서 바닥을 모를 메아리 소리를 들으면서 "나불거리기만 하는 딱하고 가소로운 기독교"가 아무런 도움이 안 되는 것을 한탄하는 장면이 나오는데, 내 심정이 딱 그랬다. 이런 식으로 신한테 쉴새없이 떠들지 않았다간 공허한 침묵이 신을 삼켜버릴지 모른다는 불안감 같은 것이 있었다. 어쩌면 진짜 그랬는지도 모를 일이었다.

〈사도신경〉을 낭송하기 위해 자리에서 일어났을 때 제이콥은 향이 또 없나 하고 주위를 두리번거렸다. 귀에 익은 단어들이 들려왔다. "전능하신 천주 성부, 천지의 창조주를 저는 믿나이다 …… 예수 그

[†] **Edward Morgan Forster(1879~1970)** 영국의 소설가, 수필가, 평론가. 1차 세계대전 당시에 알렉산드리아에서 민간인으로 전쟁과 관련된 일을 하면서 3년을 보냈으며, 1912~1913년과 1921년에 두 차례 인도를 방문했다. 전후에 쓴 소설 《인도로 가는 길》에선 동서 문명의 대립, 인간과 인간의 소통과 이해의 어려움을 상징적으로 표현했다.

리스도님 …… 성령으로 인하여 잉태되어 나시고 ……" 나도 옛날에 수없이 그랬지만 회중은 이 엄청난 문장을 대수롭지 않게 따라 읽었다. 하지만 이제 나는 거기에 끼어들 수가 없었다. 한 예수회 수사가 신앙은 지성의 동의가 아니라 의지의 행위라고 우리한테 피정 때 한 말이 떠올랐다. 기독교인은 본질적으로 납득이 잘 안 가는 전통을 그저 믿겠다는 의식적 선택을 통해서만 받아들일 수 있었다. 교리를 증명할 수도 반증할 수도 없으니까, 믿고 따라보겠다는 의식적 결정을 내릴 수밖에 없는 것이다. 그렇게 가다 보면 언젠가는 옳은 것으로 판명될 수도 있었다. 하지만 그 길을 가다가 어딘가에서 나는 포기하고 말았다. 그런 선택을 할 만한 심정적 열의나 종교적 열정을 이제 나는 되살릴 수가 없었다. 나는 지칠 대로 지쳐 있었다. 이 모든 것이 조금은 역겹기조차 했다. 나는 신과 갈라섰고, 정말로 신이 있었다면, 신도 오래 전에 나와 갈라섰다.

"카렌! 다음주에도 데려와줄 거지?" 큰길을 건너 부지런히 걸어가면서 제이콥이 물었다. 그 아이한테는 잊지 못할 아침이었다. 미사가 끝난 다음 나는 제이콥을 다과실로 데려갔다. 거기서도 제이콥은 얌전하게 굴었다. 커피 잔을 들고 내 옆에 서서 반갑게 인사하는 사람들의 말에 유심히 귀를 기울였다. 조프리 프레스턴 신부는 일부러 제이콥한테 와서 나중에 미사 볼 때 제단에서 하는 일을 좀 거들어달라고 부탁했다. 나는 그건 좀 무리라고 보았지만, 조프리는 다운증후군에 걸린 버나드라는 아이도 꼬박꼬박 미사를 도우면서 십자가를 들고 앞장서서 걸어 들어온다고 강조했다. 제이콥은 그 자리에서 대답은 하지 않았지만 속으로 뿌듯해하는 것 같았다. 도미니쿠스 교회가 마음에 드는 모양이었다. 교회 사람들도 제이콥을 따뜻하게 맞아주었다.

"카렌!" 제이콥은 내 팔을 당기면서 코와 코가 닿을락말락하게 얼굴을 나한테 바짝 들이밀었다. "카렌, 다음주에도 교회에 꼭 가는 거지?" 나의 신앙 생활이 막을 내리는 데 맞춰서 제이콥의 신앙 생활이 시작되려는 모양이었다. 하기야 내가 안 데려가면 데려가줄 사람도 없었다.

"당연히 데려가지!" 그러자 제이콥은 흡족해서 나한테서 떨어졌다. 그는 아버지를 꼭 빼닮은 삐딱한 걸음걸이로 내닫다가 고개를 돌려서 내가 있는지 가끔씩 확인했다.

그 다음부터 나는 제이콥을 교회에 데리고 갔다. 나는 교회 안에 있는 것을 하나도 믿지 않았다. 신은 나의 인생에서 사라졌지만 좋은 사람들 옆에서 매주 잠시라도 앉아 있는 것이 해로울 리는 없었다. 제이콥한테 새로운 기회를 주는 것도 바람직한 일이었다. 그렇게 낙이 없이 살던 애가 이제 모처럼 소중한 것을 찾아냈는데 그것을 다시 빼앗는 것은 사람으로서 못할 일이었다. 일요일 오전에 내가 아무 할 일이 없어서 그런 게 아니었다. 솔직히 말해서, 그것 말고는 내 인생에서 달리 할 일이 아무것도 없었다.

공포의 절규

자살 기도 | 내 영혼은 앞으로 나아간다
남루한 현실도 아름답다 | 버릴 수 있는 용기
마지막 결별

자살 기도

 어쩌다가 그런 증세가 시작되었는지는 알 수 없었지만 일이 심상치 않게 굴러간다는 것만큼은 분명했다. 적어도 나한테는 고민거리였다. 수다 박사는 이야기를 듣고도 평소처럼 대수롭지 않다는 반응을 보였다. 그렇지만 최근에 나타난 증세는 나의 정신이 완전히 허물어지고 있다는 또 하나의 조짐이었다. 내 행동에 대한 장악력을 잃곤 했다. 아주 잠깐씩, 그것도 아주 가끔씩 일어나는 일이긴 했지만 그래도 기분이 굉장히 찜찜했다. 처음 그 증세가 나타났을 때 나는 내 방에서 공부를 하다가 커피를 타러 내려갔다.
 "한 잔 더 마실라구?" 주방으로 들어가서 주전자를 올려놓고 가스레인지를 켜니까 유모가 웃었다. "오늘 아침은 목이 마른가 보네."
 "네? 무슨 말씀이신지?"
 유모는 황당한 표정을 지었다. 그럴 만도 했다. "삼십 분 전에도 내려왔잖아." 나는 틀림없이 얼빠진 여자처럼 보였을 것이다. "거실 청소를 하는데 잔을 들고 올라가더라구. 기억 안 나?" 유모는 자기 기억력이 갑자기 못 미더웠는지 다짐을 받으려 들었다. "내 눈으로 분명히 봤는데." 자기부터라도 확신을 가지려고 다시 덧붙였다.

"아, 맞아요. 죄송해요, 아주머니. 딴 생각을 하고 있었나 봐요." 나이는 못 속이는구나, 나는 방으로 돌아오면서 그렇게 생각했다. 아주머니는 요즘 들어 부쩍 늙어 보였다. 노인은 원래 건망증이 심하지 않은가.

그런데 내 방에 들어와보니 창틀에 잔이 있었다. 가서 보니 커피가 가득 들어 있었다. 아직 다 식지도 않았다. 아무리 생각해도 커피를 탄 기억이 없었다. 분명히 아래층으로 내려가서 물을 끓이고 커피에 부어서 책상으로 돌아왔을 것이다. 그런데 하나도 기억이 안 났다.

그리고 몇 주가 지나서는 영문과 도서관에 앉아 있는 내 모습을 발견했다. 이층 열람실 책상에 영문학 학술지 〈의문과 해설〉(우리는 그것을 〈인용문과 장광설〉이라고 불렀지만)을 펼쳐놓고 앉아 있었다. 그런데 이번에도 집에서 나와 골목길을 걸어서 큰길을 건너 도서관으로 들어온 기억이 없었다. 아무 생각이 안 났다.

겁이 덜컥 났다. 망가져도 단단히 망가졌구나 하는 생각이 들었다. 감금 병동과 스펀지를 댄 독방이 떠오르면서 이러다 평생 의식을 못 찾고 사는 게 아닌가 하는 두려움이 밀려왔다. 나로서는 뾰족한 수가 없었다.

수다 박사는 아랑곳하지 않았다. "너무 공부를 열심히 하다 보면 그렇게 깜빡깜빡 하는 수가 있어요." 그는 싱글거리면서 책상 너머로 말했다. "학자들이 원래 다 그렇지 않나요? 학자의 전형이네 뭐."

"아니에요." 나는 반발했다. "그거하고는 달라요. 그냥 까먹은 게 아니에요. 무슨 일을 하는지도 몰랐단 말이에요!"

"이거 봐요 카렌 양," 수다 박사는 더 밝은 목소리로 말했다. "자꾸만 심각하게 받아들이지 말아요. 공부하느라 너무 무리한 거 같은데. 아니면 약 때문에 생긴 부작용일 수도 있고. 라각틸은 당분간 끊고 리브륨으로 가봅시다. 어쨌든 독방에 감금되네 어쩌네 하는 말도 안 되는 소리는 좀 그만 들었으면 좋겠네요. 옥스퍼드에서 가끔씩 건망증 증세를 보이는 사람을 죄다 입원시키면 병원이 미어터지고 도시 기능이 마비될 거라는 사실만 알아두세요. 깜빡깜빡 하는 건 학자들한테는 일종의 직업병입니다. 맨날 너무 고상한 생각만 해서 그러는 거예요. 허접한 현실에는 통 신경을 안 쓰잖아요. 그런 데 신경도 좀 쓰고 그래요."

나는 반항하듯이 카펫을 노려보았다. 수긍할 수가 없었다. 나는 딴 생각을 한 적이 단 한 번도 없었다. 나는 뭘 까먹는 사람이 아니었다. 내 기억력은 비상했다. 지금도 그렇지만 그때도 나는 사람들과 했던 이야기를 몇 년이 지나서도 고스란히 기억했다. 누가 무슨 옷을 입었고 점심 때 뭘 먹었는지도 고스란히 기억했다. 나는 공부밖에 모르는 꺼벙한 학자가 아니었다. 그건 건망증이 아니라 일종의 무의식 상태로 빠져드는 것이었다. 커피 물을 끓이고 안전하게 길을 건널 만큼 정신이 말짱하면서도 막상 그걸 하는 동안은 기억을 못했다. 어딘가에 심각한 문제가 있지 않고서는 그럴 수가 없었다. 그러면서도 한편으로는 수다 박사의 말을 믿고 싶은 마음이 있었다. 학자들이 흔히 보이는 건망증에 불과한 것이라면 얼마나 좋을까. 내가 별종이 아니라 학자의 '전형'이라면 얼마나 다행스러운 노릇일까. 워낙 그런 사람을 많이 보았으니 저렇게 추호도 의심을 안 하지.

"어쨌든," 그는 안경을 벗고 정색을 하면서 말했다. "이 모든 증세는 연막에 불과한 겁니다. 진짜 문제를 가리는 물 타기예요. 애당초 수녀원으로 등을 떠밀었던 그 문제 말입니다. 뭔가 극적이고 색다른 곳으로 숨으려는 건 그래야 자기가 중요하게 느껴지기 때문이거든요. 뭔가 특별한 고민 같지만 전혀 그런 게 아닙니다. 결국은 정체성의 혼란, 성적 갈등, 부모와의 알력으로 통해요. 아주 흔히 벌어지는 일이지요. 여자라면 누구나 겪는 문제입니다. 그렇지만 진부한 건 못 견디는 거지요. 그래서 수녀원이다, 환각이다, 환청이다, 악마의 위협이다 하는 뭔가 음습한 정신적 외상으로 변질시키려는 거지요. 그래서 드디어 몽유병 증세까지 나타난 거구요! 죽어도 평범하게 살긴 싫은 거지요. 이런 '흥미로운' 정신 상태를 계속 만들어내는 한은, 막상 난관에서 벗어나면 나는 별 볼일 없는 사람이라는 달갑지 않은 현실을 받아들여야 하는 순간을 미룰 수가 있는 거지요. 똑똑한 여학생일수록 자기가 여자라는 사실을 순순히 받아들이지 못해요. 미안한 얘기지만, 그런 여학생이 쌔고 쌨습니다. 특별할 게 없어요." 그는 시계를 스윽 보았다. "봐요, 건망증에 대해서 이야기하느라 시간을 다 허비했잖아. 이번에도 뭔가 굉장한 일인 것처럼 부풀리는 바람에. 그래서 정작 중요한 얘기는 하지도 못했고. 지연 작전입니다. 회피하는 거예요."

나는 그를 노려보았다. 내가 무슨 말을 하겠는가? 어쩌면 그가 옳은지도 몰랐다. 평범하게 살기를 거부한다는 말도 일리는 있었다. 어린 시절을 꼬치꼬치 파헤치는 것을 내가 죽기보다 싫어한다는 것도 맞는 말이었다. 그야말로 별 볼일 없었던 여고 시절 — 백 번 옳은 소리였다. — 을 내가 되돌아보지 않으려고 애쓴다는 것도 옳은 지적이었다. 나는 늘 그에게서 자기가 직접 눈으로 보지도 못한 사건에 대한 자기의 해석과 자기가 만나본 적도 없는 사람에 대한 자기의 평가를 나더러 받아들이라고 강요하는 듯한 인상을 받았다. 내가 성적 정체성의 혼란을 겪는다는 말을 나는 기꺼이 수용할 수 있었다. 내가 보아도 잘 먹지를 않으니까 몸이 중성으로 변해서 여자인지 남자인지 알 수가 없었다. 수녀원에서 깨끗이 털고 나오지 못한 앙금 같은 것도 많았다. 이런 문제를 이야기하고 싶은 마음은 굴뚝 같았지만 수녀로 살았던 시절에 대해서는 절대로 이야기해서는 안 된다는 불문율이 있었다. 그런 것도 '진짜' 문제와는 하등 관련이 없는 또 하나의 혼란 요소였다.

"그러니까 앞으로는," 수다 박사는 상담을 마무리하면서 모질게 말했다. "더는 시간 낭비하지 맙시다. 이제 사소한 문제 가지고 고민하지 말자는 얘깁니다. 이 모든 증세를 일으키는 근본 문제로 바로 들어갑시다. 부탁인데, 하나도 문젯거리가 안 되는 한눈 좀 판 거 가지고 연극은 하지 않았으면 좋겠습니다. 어차피." 그는 너무 매몰차게 나갔다 싶었는지 미소를 지었다. "대단한 일도 아니었잖아요. 커피를 탄다든가, 도서관에 간다든가. 지금 장난하는 겁니까? 다른 사람 같으면 몰라도 공포를 만들어내는 상상력이 그 정도밖에 안 돼요? 다음에는 뭔가를 좀 보여줘요. 재미가 없잖아."

그래서 몇 주일이 지난 1971년 가을 나는 뭔가를 보여주었다. 한꺼번에 삼킨 수면제를 게워내면서 병원에서 눈을 떴다.

이번에도 기억이 통 안 났다. 제인이 내 스물일곱 번째 생일을 축하한다며 선물로 준 셰리주를 나 혼자 잔에 따랐던 기억은 분명히 난다. 환각과 공포와 혼란에서 벗어나 나 자신을 잊고 싶었다. 조금이라도 숨을 돌리고 싶었다. 그렇지만 수다 박사가 내 불면증 때문에 처방해준 보라색 수면제를 한 움큼 삼킨 것은 기억이 안 난다. 이대로 끝장내야겠다고 결심을 했던 기억이 정말이지 없다. 의식을 하면서 또는 일부러 그런 행동을 한 것이 아니었다. 달콤하면서도 끈끈한 셰리주를 마셨던 기억은 나지만 수면제를 먹고 제인한테 발견되고 소동이 벌어지고 구급차가 달려오고 그런 기억은 하나도 안 났다. 아무것도 생각나는 것이 없었다.

그래서 억지로 토해야 하는 고통과 창피함과 의사들의 쌀쌀맞은 지시는 견디기가 힘들었다. 도대체 무슨 일이 일어났는지 어디에 와 있는지 나는 아무런 개념이 없었다. 간호사가 고압적으로 내 이름을 물었다. 본인이 몇 살인 줄 아세요? 오늘이 며칠이죠? 지금 총리가 누구죠? 제인의 근심스러운 얼굴과 이 복도에서 저 복도로 실려 다니면서 자꾸만 바뀌던 천장과 문, 그리고 견디기 힘든 추위는 어렴풋이 기억이 났다. 병실 침대로 번쩍 들어올려져 눕혀졌을 때 환자 한 사람이 주제넘게 한마디 하는 것을 들었다. "추울 텐데! 담요 한 장 더 갖다주시오, 간호사 양반! 추울 텐데!"

"참견하지 말고 자리로 돌아가세요." 누군가가 쏘아붙였다. "저희가 어련히 알아서 할라구요."

난 그 말이 무슨 뜻인지 정확히 모르면서도 아무튼 고마웠다. 그래서 "너무 추워!" 우는 소리를 했다. 제인이 키득거리면서 한마디 꼬집었다. "그 말이 정답이었네." 그러자 간호사가 내 침대로 몸을 숙였다. 강한 전등 불빛에 반사된 그녀의 얼굴이 엽기적으로 보였다.

"따뜻한 물 주머니 어디 있어요?"

나는 간호사의 얼굴만 멍하니 쳐다보았다.

"물 주머니 어디 있냐구요! 빠뜨리고 온 거 아니죠?"

제인이 한바탕 쏘아붙이는 소리를 어렴풋이 들었다. 나중에 들으니 제인은 이렇게 따졌다고 한다. "물 주머니가 나중에 필요할지 이 환자가 어떻게 알았겠어요! 죽으려는 사람이 물 주머니 챙기게 생겼어요 지금?"

나는 침소봉대하고 싶은 마음은 없다. 다음날 눈을 떠서 사태를 찬찬히 뜯어 맞춰보니 부끄러움이 밀려왔고 간호사들이 왜 나한테 대놓고 쌀쌀맞게 굴었는지도 이해가 갔다. 몹쓸 병에 걸려서 살겠다고 바둥거리는 환자를 보살피는 사람이 목숨을 헌신짝처럼 내던지는 사람을 돌보고 싶은 마음이 들겠는가? 그렇지만 내가 정말로 죽으려 했다는 생각은 들지 않았다. 그날 밤 일을 가만히 곱씹어보니 내가 매달렸던 것은 죽음이 아니라는 생각이 점점 강해졌다. 내가 삼킨 수면제도 치사량은 아니었다. 그 수면제는 웬만큼 먹어도 목숨에는 지장이 없었다. 나는 그것까지 다 감안했을 것이다. 내가 튀는 행동을 한 것은 결국 도와 달라는 호소였다. 그날 밤 나는 무의식적으로 내가 얼마나 절박한 상태에 있는가를 똑똑히 알리고 싶었다. 어떻게 살아야 좋을지 도무지 알 수가 없었다. 내가 얼마나 무서움에 떨고 있는지 아무도 알아주지 않는 것 같았다. 아무도 내 말에 귀를 기울여주지 않았다.

문제는 자살 기도처럼 보이는 것이 실은 도와 달라는 절규일 "뿐"이라는 사실을 알게 된 사람들이 이런 호소는 못 들은 척하는 것이 좋다는 결론에 도달할 때가 자주 있다는 것이다. 실제로 그들은 아예 반응을 보이지 않는 쪽으로 방침을 정하기도 한다. 한두 번 받아주다 보면 자제를 못하고 자꾸만 그런 식으로 자기를 과시하는 못된 버릇이 들지 모른다는 것이었다. 사람은 어디 아픈 데가 있으면 케케묵은 상징주의로 포장을 할 것이 아니라 아프다고 대놓고 말해야 한다는 것이었다. 그렇지만 내 딴에는 내가 느끼는 공포와 당혹감을 시시콜콜하게 설명하려고 노력했지만 아무도 관심을 가져주지 않았다.

까놓고 말해서 나는 도움이 아쉬웠지만, 도움을 받고 있다는 느낌을 못 받았다. 무의식적으로 내가 저지른 사고에는 그런 심리적 배경도 깔려 있었다. 그날 아침 침대에 누워 있노라니 다음번에는 이런 반수면 상태에서 무슨 짓을 또 저지를지 착잡했고 걱정도 되었지만, 한편으로는 속이 후련하기도 했다. 공연히 평지풍파를 일으킨 것이 미안하기도 했지만 그만큼 나는 지쳐 있었고 도움의 손길이 아쉬웠다. 벌써 몇 년째 악귀와 싸우다 보니 사람이 극단으로 흘렀다. 나는 기진맥진해 있었다. 당신은 너무나 정상이며 잘 지낸다고 시원시원하게 이야기하는 사람만 보다가, 나를 보살펴주는 사람이 옆에 있으니 살 것만 같았다. 언제까지 이럴 수 없다는 것은 물론 알았지만, 그래도 잠시나마 긴장의 끈을 놓을 수 있으니 마음이 편했다. 내 마음도 조금은 가라앉았다. 늘 어수선하기만 하던 마음이 지금은 차분했다. 별 소득은 없었지만 난 최선을 다한 것이다. 그동안 느낀 공포와 절망을 다 표현했으니 여한은 없었다. 끝까지 가서 희망을 접으니까 묘하게 마음이 편해졌다.

그날 오후 병실로 찾아온 수다 박사는 이것을 전부 개인적 차원에서 받아들이는 것 같았다. 뭔가 보여 달랬더니 그 말을 가슴에 새기고 있다가 자기한테 앙갚음을 했다는 것이었다. 내가 자기한테 앙심을 품은 것인데 자기가 보기에는 그래도 일보 전진이라는 것이었다. 마음이 가라앉은 상태에서도 나는 남의 개인사 한복판에 자기를 떡 들어앉히는 행태에 은근히 부아가 치밀었다. 그는 내가 자기의 관심을 끄느라고 이런 짓을 했다고 생각하는 모양이었지만, 그건 어디까지나 본인의 상상이었고 그 사람은 나한테는 절대로 중요한 사람이 아니었다. 그는 나를 괴롭히는 문제가 주변적인 것이라고 생각하는 사람이었으므로 내가 감정적으로 그 사람한테 솔깃할 이유가 없었다. 나한테는 별 볼일 없는 사람이었다. 레베카한테 그런 식으로 반응하는 의사가 있었다면 나는 화를 벌컥 냈을 것이다. 그렇지만 그 사람한테 무슨 미련이 있어야 화를 내도 낼 것이 아닌가. 수다 박사는 나한테 그런 사람이 아니었다. 몇 달째, 아니 이제는 몇 년째, 나는 점점 공허한 존재가 되어가는 듯한 느낌이 들었다. 테니슨이 말한 대로 나는 허깨비들이 사는 세상에서 살아가는 또 하나의 허깨비일 뿐이었다. 이렇게 흐리멍덩한 상태로 워낙 오래 지내다 보니 이제는 현실 감각이 흐릿해졌고 중요한 게 뭔지 도통 알 수가 없었다.

그렇지만 수다 박사는 이제는 나의 불면증에 대해서 전처럼 코웃음을 치지는 않았다.

"아무래도 시간을 더 내서 우울증에 대해서 좀 더 허심탄회하게 이야기하는 편이 좋았지 않았나 싶습니다." 그는 약간 화난 목소리로 말했다. "난 의사니까 환자가 왜 자살 충동을 느끼는지 알아야 할 필요가 있습니다."

"그런 충동을 느낀 적이 없거든요." 나는 잠시 평정을 잃고 쏘아붙였다. "그놈의 약을 먹는 줄도 몰랐어요. 다른 때도 그랬어요. 내가 뭘 하는지 몰랐어요." 그는 한숨을 내쉬었다. "내가 얼마나 저기압인지는 그동안 누누이 말씀드렸잖아요." 나는 정말이지 답답했다. "지겹도록 말했잖아요."

"그래도 이게 또 다른 회피 작전이라는 생각은 안 드나요?" 수다 박사는 고개를 절레절레 흔들었다. "이렇게 된 근본 원인이 무엇인지를 마음 독하게 먹고 파헤쳐야 합니다." 그 소리를 들으니 가슴이 철렁했다. "그렇지만 일단은 안정이 필요하겠지요." 수다 박사의 말투가 약간 부드러워졌다. "보살펴줄 사람이 있으면 좋겠는데. 병원에서는 내일 퇴원시킬 겁니다. 어디서 지낼 생각인가요?"

"지금 사는 데로 돌아가긴 좀 그래요." 아무리 태연자약하려고 해도 그 생각만 하면 정말 고개를 들 수가 없었다. 나한테 그렇게 잘해준 사람들한테 고작 보여준 것이 뭐란 말인가. "그럴 수는 없어요." 나는 수다 박사의 말을 먼저 막았다. "내 입으로 부탁할 수는 없어요. 그분들 입장이 얼마나 난처하겠어요. 그분들이 어떻게 거절을 하겠냐구요."

우리는 이런저런 가능성을 타진했다. 부모님은 어차피 휴가를 떠나셨지만 그분들이 아는 건 정말 내가 원하지 않는 바였다. 수다 박사는 어떻게 생각할지 몰라도 부모님 탓은 아니었다. 내가 고집만 부리지 않았어도 부모님은 수녀원에 들어가는 것을 막았을 것이다. 나더러 성직자가 되라고 억지로 등을 떠민 사람은 아무도 없었다. 그렇게 오랫동안 거기서 버티라고 강요한 사람도 없었다. 어디까지나 자업자득이었다.

"혼자서 지내는 건 좀 그래요." 수다 박사가 역정을 냈다. "보호자가 필요합니다."

아무리 생각해봐도 전에 내가 잠깐 머물렀던 차월 에지의 수녀원 말고는 갈 데가 없었다. 그렇지 않아도 거기 수녀님들이 아쉬운 일이 있으면 언제든지 연락만 하라고 지나가듯이 몇 번 말한 적이 있었다. 물론 마음에 딱 드는 곳은 아니었다. 수다 박사도 영 개운치 않은 모양이었다. 하지만 거기가 아니면 정신병원에 입원하는 것 말고는 내가 갈 데가 없었다. 그래서 우리는 내가 수녀들한테 전화를 걸어서 당분간 수녀원에서 지낼 수 있겠는지 알아보기로 하는 선에서 이야기를 끝냈다. 수녀원은 적어도 생소한 곳은 아니었다. 세속 사회에 적응하느라 고생한 사람한테는 휴식이 필요했다. 어쩌면 내게 정말로 필요한 것은 그저 잠시 쉬는 것인지도 몰랐다.

수다 박사와 만나는 동안은 어두운 장막에 싸인 것처럼 내내 분위기가 침울했는데 제인의 입을 통해서 그 처량한 사건이 어마어마한 무용담으로 탈바꿈했다. 제인은 비장한 물 주머니, 옷가지 몇 개, 포도 한 송이, 소설책이 잔뜩 들어 있는 가방을 들고 마치 파티에 놀러 온 사람처럼 의기양양하게 병실로 들어섰다. 표지를 보니 존 업다이크[†], 솔 벨로[††], 마거릿 드레블[†††], 아이리스 머독[††††]의 작품이었

[†] John Updike(1932~) 미국의 작가. 세심한 장인 기질을 보였으며, '미국 소도시의 개신교 중산층' 생활을 사실적이면서도 섬세하게 묘사한 소설을 발표했다.
[††] Saul Bellow(1915~2005) 미국의 소설가. 사회에서 소외되었으나 영혼은 파괴되지 않은 현대의 도시인을 그린 작품들을 써서 1976년 노벨 문학상을 받았다.

다. 나는 약간 기가 질렸다. 고맙기도 하고 미안하기도 해서 어색해도 뭔가 말을 하려는데 제인이 손사래를 쳤다.

"내가 못 살아요! 정말 얼마나 내가 운이 좋았나 몰라! 구급차 부르고 주인집 아주머니 부부 상대한 거밖에는 없지만 그래도 내가 너무너무 대견해 보이는 거 있지."

나는 움찔했다. "그분들이 뭐라시디?"

"날벼락을 맞은 거지 뭐. 아주머니는 발만 동동 구르고 아저씨는 저녁도 못 먹고 달려오고. 가엾더라구, 얼마나 정성껏 만들었는데."

심심하길래 평소처럼 우리 집에 불쑥 찾아오고 싶더란다. 내 방에 불이 켜진 것을 보고 부엌문을 통해 집안으로 들어가니 아저씨가 갓도 안 달린 40촉짜리 알전구의 침침한 불빛 아래 늦은 저녁을 공들여 준비하고 있었다. 아저씨는 요리를 잘하는 제인을 보더니 반색을 했다. 그리고 이것저것 물었다. 오레가노를 좀 더 뿌릴까? 2, 3분 화기애애하게 대화를 나누고는 내 방으로 올라와 문을 두드려도 응답이 없길래 살짝 들여다보았더니 내가 정신을 잃고 침대에 쓰러져 있었다. 다행히 제이콥은 내내 잠들어 있었다.

††† **Margaret Drabble(1939~)** 영국의 소설가. 한 소녀가 사랑, 결혼, 모성의 경험을 겪으면서 성숙해 가는 성장 과정을 주제로 한 여러 편의 소설을 썼다.

†††† **Iris Murdoch(1919~1999)** 아일랜드 출신의 영국 작가. 그의 소설들은 지성과 위트, 진지함으로 호평을 받았다. 남녀 관계에 내재된 긴장과 복잡성에 대한 정교한 분석이 특징이다.

"먹은 걸 토하게 한다든지 멋있는 행동을 못해서 좀 그렇네." 제인이 말을 이었다. "혹 때리다 괜히 혹 붙이면 안 되지, 말은 그렇게 했지만 솔직히 내가 비위가 너무 약하거든. 이런 소리 하긴 좀 그렇지만," 제인이 씩 웃었다. "카렌을 알고부터는 심심할 새가 없어."

나는 다시 베개에 기대어 친구를 흐뭇하게 바라보았다. 제인은 이 일을 나중에 안주거리 삼아 이야기할 수 있는 재미난 일화로 받아들이기로 단단히 마음을 먹은 모양이었다. 구급대원들이 무슨 말을 했고 내 꼬락서니가 어땠고 간호사들이 얼마나 못마땅해했는지, 제인은 긴박감 넘쳤던 순간순간을 재현했다. 그렇게 봐서는 안 된다는 걸 물론 나는 알았다. 일어난 일을 좋은 쪽으로만, 우스운 쪽으로만 안이하게 봐서는 안 된다는 걸 알았고 또 그러고 싶은 마음도 없었다. 하지만 그날 오후만큼은 어두운 쪽을 한사코 보지 않으려고 이야기를 명랑한 분위기로 몰아가는 제인 덕분에 마음이 한결 가벼워졌다.

어젯밤의 난리를 가슴 떨리는 한 편의 일화로 만드는 제인의 솜씨를 보면서 나한테도 저런 담대함이 조금이라도 있었으면 좋을 텐데, 부러운 마음이 들었다. 나머지 방법은 하나같이 쓸모가 없어 보였다. 수다 박사도 자기의 십팔번을 동원했는데도 기대했던 결과가 안 나오니까 조금 당황스러운 모양이었다. 백약이 무효라면 그저 업이려니 생각하고 마음의 고질병과 더는 싸우지 말고 히피들처럼 흐르는 물결에 몸을 맡기는 것이 상책인지도 몰랐다.

내 마음의 상처는 영영 아물 길이 없어 보였다. 다시는 정상인으로 살아가지 못할지도 몰랐다. 그래도 장애인이 그러하듯이 이런 마음의 불구를 숙명으로 알고 받아들이면 내 안에서 평화와 인내의 샘을 찾아낼 수 있지 않을까 싶었다. 나를 이 지경으로 만들어놓은 과거는 내 손으로 바꿀 수 있는 것이 아니었다. 제인이 자연스럽게 체득한 것처럼 보이는 강한 낙천성을 나도 억지로라도 배워야 할 것만 같았다. 어린 시절에 보았던 찬란한 세상은 영영 돌아오지 않는다는 사실을 깨닫고 나자 윌리엄 워즈워스가 다졌던 각오가 새삼 떠올랐다.

서러워하기보다는 차라리
남은 것에서 기운을 얻으련다.

이 말을 주문으로 삼아야 할 것만 같은 생각이 들었다.
제인은 내가 몸을 추스르러 수녀원에 들어간다니까 펄쩍 뛰었다. "설마 진담으로 하는 소리는 아니겠지!" 어이없어했다. "지금 카렌을 이 지경으로 만든 게 그 썩어빠진 집구석이잖아! 죽어도 거긴 안 돼."
나는 고개를 흔들었다. 가고 싶은 마음은 솔직히 없었다. 그렇지만 나와 레베카한테는 안 맞을지 몰라도 훨씬 많은 여자들이 똑같은 훈련을 받고도 멀쩡히 살아남았다. 수녀원만 탓할 일은 아니었다. "기질인지 유전자인지는 몰라도 하여간 그런 훈련을 혐오하는 무언가가 내 안에 있었어. 이제 와서 생각하니 종교를 혐오한 게 아니었나 싶기도 하고." 나는 우울하게 뇌까렸다.

"무슨 소리야?" 제인은 귀를 곤두세웠다.

"종교를 믿으려 해도 자꾸만 겉도는 거야. 정말로 노력은 했어. 기도도 하고, 묵상도 하고, 그런데 소용이 없어. 의식은 황홀했지, 너한테도 물론 그랬다는 거 알지만, 그치? 그렇지만 그건 미적 반응일 뿐이었어. 버팀목 같은 거 없이, 아름다운 노래나 음악, 볼거리 없이, 그냥 혼자서 무릎을 꿇고 내 힘으로 신을 찾아내지 못하면 그게 다 무슨 소용이야. 난 그게 안 되더라구."

"그럼 신앙을 잃은 거야?" 제인이 캐물었다.

"나한테 신앙이란 게, 제대로 된 신앙이 있기나 했는지도 잘 모르겠어. 다 믿고 싶은 마음이야 컸지. 하느님과 만나고 싶었어. 그런데 안 되더라. 하느님은 한 번도 나한테 현실로 다가온 적이 없어. 다른 수녀들은 안 그랬지만 내 삶으로 들어온 적이 없어."

"지금은 어때? 자살은 무거운 죄잖아. 죄책감을 느껴?"

"아니." 나는 느릿느릿 대답했다. "못 느껴. 공연히 말썽을 피워서 미안한 마음이야 물론 있지. 그렇지만 하느님 말씀을 어겨서 죄스럽다는 생각은 안 들어. 신이 있다는 걸 못 믿겠어."

"내 말이 그 말이야." 제인이 씁쓸한 미소를 지었다. "신이 있다고 해도 이 세상을 너무 엉터리로 다스린다는 말밖에는 나도 할 말이 없어. 그건 그렇고," 제인은 훌훌 털고 애써 밝은 쪽으로 돌아오려고 하는 것 같았다. "수녀원으로 돌아간다는 그 정신 나간 생각은 재고

해줬으면 좋겠다. 주인집에도 그러는 게 아니야. 그분들은 너하고 같이 살길 원해. 곰살맞게 굴지는 않아도 그분들은 나름대로 널 좋아한다고. 물론 죽어도 그걸 인정할 사람들이 아니지만. 아주머니가 오늘 아침에 병원으로 전화를 해서 안부를 묻더라."

"고맙네." 가슴이 순간 뭉클했지만 마음을 모질게 먹었다. "그래도 싫어. 아무 일도 없었던 것처럼 내일 아침 불쑥 들어갈 순 없어. 죽어도 그렇겐 못해."

내 영혼은 앞으로 나아간다

알고 보니 제인은 쓸데없이 걱정을 한 셈이었다. 차월 에지에 있던 수녀원으로 전화를 걸어서 원장이랑 통화를 했을 때 원장은 처음에는 진심으로 반가워했다. 내가 수녀원에서 보냈던 마지막 해에 나하고 심하게 부딪쳤던 프레이테리타 수녀의 후임자로 서섹스에 있을 때부터 먼 발치에서 보았던 서글서글한 분이었다. 그러나 원장은 내가 자초지종을 털어놓고 나니 당장 발을 뺐다. 내가 저지른 행동은 정말로 끔찍한 짓이라는 것이었다. 자기도 기도는 하겠지만 다른 분들하고 상의를 해야겠다고 했다. 그러면서 공동체에서 이런 책임을 떠맡을 것으로 보지 않는다고 덧붙였다.

전화를 끊고 나니 약이 올라서 몸이 부들부들 떨렸다. 수녀는 예수님처럼 어떤 일에도 놀라지 않는다는 말을 귀에 못이 박히도록 떠들던 사람들이었다. 수녀 앞에서는 인간의 본성에 관해서 무슨 소리를 해도 괜찮다. 이론상으로는 그랬지만 현실은 사뭇 달랐다. 하기야 수녀가 아니라 그 누구라도 마찬가지다. 30년 가까이 세월이 흐른 지금 나는 나와 통화를 했던 수녀를 욕할 수는 없다고 생각한다. 사실 그 수녀는 간이 콩알만 해졌을 것이다. 싫은 소리 한마디 못 하는 수줍음 많은 햇병아리 수녀로만 알았던 여자가 정신이 돌아서 자살이라는 극단적 행동을 저지르고는 떡 나타났으니 말이다. 몸을 추스르기 위해 수녀원으로 돌아간다는 것 자체가 정신 나간 생각이었고, 그것도 말이 되겠구나 하고 내가 생각했다는 것 자체가 겉으로는 태연한 척해도 내 판단력이 얼마나 흐려졌는가를 말해주었다. 그렇지만 그 당시에는 막상 거절을 당하니까 울고 싶은데 뺨을 맞은 격이었다. 그래도 값진 교훈이었다. 언제까지나 과거에 매달려서는 안 된다는 깨달음을 얻었으니까. 앞으로 나아가야 했다. 나는 새로운 주문을 곱씹었다. "서러워하기보다는 차라리 남은 것에서 기운을 얻으련다."

그렇지만 몇 시간 뒤 입원 수속을 밟기 위해 리틀모어 정신병원의 푹신한 소파에 앉아서 어떤 환자가 게걸음으로 복도에서 아주 느리게 움직이는 모습을 보고 있자니 마음을 밝게 갖는 것도 쉽지만은 않았다. 환자는 관절이 빠진 사람처럼 팔다리가 따로따로 놀았다. 한 발 한 발 고통스럽게 내딛을 때마다 금방이라도 숨이 넘어갈 것처럼 힘들어했다. 두 손과 두 발이 벽에 닿아 있는 동안은 괜찮았지만 앞으로 질끔 움직일 때마다 단단한 현실과의 유일한 연결 고리는 허물어지고 말았다.

"기운 내세요 어머니, 할 수 있어요!" 간호사가 30초마다 용기를 불어넣었다. 정말로 할 수 있을까? 나는 할 수 있을까? 이런 상황에서는 나의 주문이 부질없어 보였다. 백보를 양보해도, 내 평생 본 적이 없는 끔찍한 정신병동에서 기운을 찾기는 어려워 보였다. 물론 스펀지를 댄 독방은 없었고 병실에도 자물쇠는 채워져 있지 않았다. 간호사한테 언질만 주면 병실 출입은 내 마음대로 해도 좋다는 말까지 친절하게 해주었다. 그렇지만 병실 안을 둘러보다가 상태가 심각한 환자들을 보니 그곳이야말로 내가 있어야 할 동네 같았다. 아무리 애를 써도 한 발짝도 앞으로 잘 못 내딛었던 아까 본 그 환자의 얼굴을 짓눌렀던 공포가 아무래도 남의 일 같지 않았다. 나는 우울하게 병실을 둘러보았다. 아픈 냄새와 소독약 냄새가 코를 찔렀다. 꿋꿋한 정신을 가진 사람 둘은 탁구를 쳤지만 나머지는 낡은 의자나 소파에 그냥 앉아서 벽 아니면 허공만 멍하니 쳐다보았다. 수다 박사가 허락하는 거처를 찾아낼 때까지 앞으로 여기서 몇 주일을 있을지 몇 달을 있을지 모른다. 순간, 나는 정신을 바짝 차렸다. 하루라도 빨리 여기서 나가야 한다. 여기가 내가 있어야 할 곳이라는 생각은 절대로 해서는 안 된다.

맥주를 많이 마셔서 배가 불룩 튀어나온 땅딸막한 중년 사내가 소파에 털썩 몸을 날려 내 옆에 앉았다. "얼굴 좀 피쇼, 아가씨. 여기도 사람 사는 동네야! 하루 이틀 지나면 여기도 집 같다니까."

내가 두려워하던 것이 바로 그 점이었다. 그 남자는 자기가 어떻게 하다가 이 "미치광이 쓰레기통"까지 흘러 들어오게 되었는지 그 장황한 사연을 구구절절 늘어놓았다. 두통, 이 의사 저 의사, 아리송한 검사 결과, 6개월 동안 리틀모어 정신병원에 우울증으로 입원. 본인 말로는 단 한 번도 우울한 적이 없었다는데, 의사들은 우울증이 근본 원인이라고 선언했다는 것. 우울증을 막지 않고 그냥 내버려두었다면 두통은 오지 않았으리라는 것. 여섯 달 동안 집단 치료, 개인 치료, 약물 치료를 받은 결과 두통은?

"놀랄 노 자지요." 그는 고개를 절레절레 저었다. "모를 일입니다. 정말 모를 일이에요. 끄떡도 안 해요." 사내는 정신과 치료에 맛을 들인 듯했다. 어떻게 우울증이라는 걸 모르면서도 우울증에 걸릴 수가 있을까요? 수다 박사와 만나면 죽이 잘 맞을 것 같았다. 나는 사내를 물끄러미 바라보았다. 심리적 문제가 아니라 뇌 자체에 문제가 있는 것은 아닐까? 하지만 이제는 여기 터줏대감이 되어서 '미치광이'를 자처하면서 다니니 그걸 누가 알아낼 수 있을까?

털실로 짠 선홍색 원피스를 입은 여자가 우리 쪽으로 주춤주춤 걸어왔다. 얇은 털실을 헤집고 어깨뼈가 삐죽 드러났고 허옇게 센 머리는 깔끔하게 뒤로 묶었다.

"나 누구죠?" 허리를 숙이고 묻는 바람에 어쩔 줄 모르는 그 불안스러운 눈빛이 나와 마주쳤다. "나 누군지 몰라요?"

"심스 여사이시지 않습니까." 사내가 참을성 있게 말했다. 많이 해본 솜씨였다. "아시겠어요? 심스 여사."

"맞아!" 그 여자는 탄성을 질렀다. "심스 여사라고 해요!" 나한테 신이 나서 알리더니 방 저쪽으로 또 불안한 걸음걸이를 옮겼다.

"카렌 님." 간호사가 앞으로 오더니 내 가방을 들었다. "이쪽으로 오실래요?"

"수속하러 가나 보구나?" 남자 환자는 신이 났다. "나중에 봅시다, 아가씨!" 허겁지겁 간호사를 따라가는 내 등 뒤로 그가 떠들었다. 아까 본 아주머니는 아직도 복도에서 엉금엉금 기고 있었다. 모퉁이를 돌아서니까, 기가 질린 표정으로 병동 입구에 있는 대로 바짝 붙어서서 깔끔을 떨면서 서 있는 제니퍼 하트의 모습이 보였다.

"세상에!" 그녀는 부리나케 달려오더니 간호사한테서 내 가방을 나꿔채다시피 했다. "생각이 있는 거야 없는 거야? 여기서 지낸다는 게 말이 돼? 언어도단이야!"

내 평생 사람이 그렇게 반갑기는 처음이었다. "그 말씀은……." 그렇게 사면장이 금방 떨어지리라곤 상상도 못했다. 제니퍼는 간호사한테 굳은 얼굴로 목례만 까딱하고는 어느새 문을 밀치고 밖으로 뚜벅뚜벅 걸어나가면서, "뭐 해 거기서!" 나한테 소리를 버럭 질렀다. 나는 그제서야 허둥지둥 계단을 내려가서 동굴 같은 현관을 통해서 병원 바깥으로 나왔다. 나는 제이콥이 교회에서 향을 맡으려고 코를 게걸스럽게 킁킁거리던 모습을 떠올리면서 그 시원한 공기를 훅 들이마셨다. "정말 잘하는 짓이야!" 제니퍼가 흥분했다. "병원에 전화를 해서 언제 데려올 수 있느냐고 물어봤더니, 아 글쎄 이리로 왔다잖아!"

"의사 선생님이……." 주차장을 가로질러 고물 자동차 쪽으로 걸어가면서 내가 입을 열었다. 늦가을의 나뭇잎은 어느 때보다 짙은 황금빛으로 물들어 있었다. 무겁고 칙칙하고 암울하기만 하던 병동에 있다가 밖으로 나오니 공기도 그렇게 향긋할 수가 없었다. 정말 날아갈 듯이 상쾌했다. 갑자기 뭐든지 다 할 수 있을 것만 같았다. 먼지를 뒤집어쓴 쭈그렁 차가 신들이 타고 다니는 전차처럼 보였다.

"그 양반하고도 통화했어." 제니퍼는 뒷좌석에다 내 가방을 획 던졌다. "우리 집에는 미안해서 못 오겠다면서 수녀원에서 지내겠다고 했다면서. 기가 막혀! 그게 도대체 말이 된다고 생각해? 정말 미쳤나 봐!"

"그런가 봐요." 나는 속으로 웃었다. "가끔씩 그런 생각이 들 때가 있어요."

"자." 제니퍼는 조수석의 사물함을 뒤적거리더니 이미 뜯겨진 초콜릿 박하 상자를 꺼내 내 무릎에다 던지고는 시동을 걸었다. "어제 저녁 학교에서 회식이 있었는데 먹다 남은 거야. 제법 남았을 거야. 그거 먹으면서 기운 좀 차리라고."

차를 타고 옥스퍼드로 향하니까 다시 내가 살아 있구나 하는 느낌이 들었다. 왁자지껄한 거리는 활기가 감돌았고 중심가의 우아한 곡선로가 새삼 아름답게 보였다. 사탕을 보고 있자니까 나도 모르게 흐뭇한 미소가 번졌다. 대학에서 사탕을 집어 온 것은 제니퍼다운 발상이었다. 그녀는 구두쇠 소리가 저절로 나올 만큼 알뜰했다. 새 상자를 내밀었다면 그것은 제니퍼답지 않은 행동이었다. 해가 서쪽에서 떴다는 소리였다.

"제이콥은 아니나요?" 차가 집 쪽으로 꼬부라질 때 내가 물었다.

그녀는 고개를 저었다. "몸이 안 좋아서 좀 쉬러 간 줄로 알아. 이상하긴 한 모양이야. 뭔 일이 있었나 보구나 하는 정도. 그 이상은 아니야."

차를 차고에 넣고 부엌문을 통해 집안으로 들어갔을 때는 날이 벌써 어둑했다. 가방을 들고 가다가, 서재 입구에 서 있던 허버트와 마주쳤다. 그는 손을 쳐들며 나한테 인사를 했다.

"월출!"

그 이상하고 몸서리쳐지는 사건은 결국 하나의 분수령이 되었다. 생활은 달라진 게 없었지만 나는 안으로는 달라졌다. 아직도 공포에 시달렸고 불면증으로 잠 못 이루는 날이 많았으며 아직도 나 혼자만 누에고치 속에 달랑 들어가 앉아서 세상과 동떨어져 사는 듯한 느낌이 강했지만, 더는 싸우는 것이 부질없다는 생각이 들었다. 어차피 내가 제대로 요리하지도 못할 바에는 평생을 끌어안고 살아가는 것이 좋겠다는 결론을 내렸다. 발작이 시작되면 나는 이를 악물고 마치 중간에 내릴 수 없는 롤러코스터에 묶인 사람처럼 그것에 내 몸을 맡겼다. 어쨌든 이제는 발작도 시간이 흐르면 잦아들고 최악의 경우에도 내가 발작 때문에 죽을 일은 없다는 것을 알았다. 무슨 일이 있어도 정신 병동에서 평생을 썩을 수는 없다는 마음의 각오를 단단히 다졌다.

그렇지만 실생활은 말처럼 깔끔하게 굴러갈 수가 없었다. 몇 달이 지나니까 다시 침체되면서 처음으로 돌아가는 듯한 느낌이 들었다. 수다 박사가 옥스퍼드를 떠난 다음에도 정신과 의사를 몇 명 더 보았지만 증세는 호전되지 않았다. 그래도 이제는 큰 기대를 하지 않았기 때문에 치료가 효과가 없어도 실망감은 들지 않았다. 리틀모어에 잠깐 들렀던 것을 마지막으로 다시는 정신병원 출입을 하지 않은 것도 아니었다. 옥스퍼드에 있던 원포드라는 정신병원에 두 번인가 입원을 했다. 또 자살 소동을 벌여서가 아니라 마음 고생을 워낙 많이 한 탓인지 기운이 없고 늘 울적했는데 의사 말로는 잠시 휴식을 취하면서 약물 치료를 하는 것 말고는 다른 방법이 없다는 것이었다. 항상 약에 취해 있었기 때문에 그때 일은 기억도 잘 안 나고, 똑같은 이유에서겠지만 어쩌다가 입원까지 하게 되었는지도 잘 생각이 안 난다. 이때의 경험으로 내 경우에는 불안을 떨어뜨리는 독한 약은 백해무익하다는 교훈을 개인적으로 얻었다.

어느 날 병동 휴게실에 앉아 있던 기억이 난다. 한때는 우아한 응접실로 쓰이던 곳이었다. 프랑스풍의 커다란 창이 테라스로 나 있고 정교한 띠 장식이 있는 천장과 벽은 눈부시게 희었고 문은 크지도 작지도 않은 것이 딱 적당한 크기였다. 그렇지만 보기 좋은 것은 그게 전부였다. 건물이 처음 지어졌을 때의 화려한 광채는 어디 가고, 판에 박힌 의자, 더러운 때를 감추어주는 꽃무늬 카펫, 우울한 병원 냄새 때문에 골치가 지끈거렸다. 시계에서 좀처럼 눈을 뗄 수가 없었다. 시간이 얼마나 유연한가를 그때처럼 절감한 적도 없었다. 마치 시간이 또 하나의 원소가 된 것만 같았다. 순간 순간이 영원처럼 느껴졌다. 진흙탕처럼 질퍽거리는 시간의 늪을 헤쳐가야만 할 것 같은 그런 기분이 들었다. 머리를 가득 채운 무겁고 칙칙한 공기를 걷어내면 그 밑에는 어떤 약으로도 치료할 수 없는 날카로운 긴장이 용솟음쳤다.

단체 생활에 적응하는 것도 큰 문제였다. 골치 아픈 문제가 그대로 도졌다. 규칙은 절대적이었고 예외는 용납되지 않았다. 나는 과식증에 걸린 예쁘장한 스위스 소녀와 한 방을 썼다. 침대 머리에서 불과 10센티미터도 안 되는 거리에 큼지막한 낡은 방열기가 있었는데 거기서 나오는 숨막힐 듯한 열기와 지독한 페인트 냄새가 고역이었다. 밤마다 나는 이불을 뒤집어서 발은 방열기 쪽으로 머리는 문 쪽으로 두고 잤다. 그러면 간호사는 어김없이 나를 흔들어 깨워서 원상복구시켰다.

아침에 일어나면 머리가 욱신거렸다. 쉬려고 병원에 들어온 사람을 꼭두새벽같이 깨워서는 어디론가 끌고 가서 다른 거식증 환자들과 함께 체중을 잰 다음 다시 가서 자라고 했다. 항의해도 소용이 없었다. 직원들은 그저 농담으로 받아넘겼다. 의사는 코빼기도 볼 수 없었다. 눈에 보이는 것은 간호사와 원무과 직원뿐이었다. 병원에 입원했을 때마다 하도 약을 많이 먹어서 나름대로 대책을 강구하는 데 꼬박 며칠이 걸렸다. 나는 간호사가 준 약을 먹는 척하다가 토한 다음 머리가 서서히 맑아지기를 기다렸다. 어느 정도 됐다 싶으면 병실을 빠져나와서 담당 의사가 있는 방으로 달려갔다. 두 번 다 운좋게 의사가 있었고 고맙게도 바로 내 이야기까지 들어주었다. "여기 못 있겠어요." 내가 말했다.

"알 만합니다." 두 번째로 찾아갔을 때는 의사도 수긍했다. "병원은 배운 사람한테는 있을 데가 못 되지요."

그 뒤로는 발길을 딱 끊었다. 바깥 세상의 빛깔과 자극, 그 넘치는 기운은 마치 은총처럼 늘 나를 반겨주었다. 음식은 더 맛있었고 공기는 더 향긋했으며 별 볼일 없는 나의 사생활이 굉장한 특혜인 것처럼 느껴졌다. 나는 매번 기대에 부풀어 잠자리에서 일찍 눈을 떴다. 사실 달라진 것은 아무것도 없었다. 불안 발작은 평생 끼고 살아야 하겠지만 적어도 정신 병동에 있는 것은 아니었다. 의사 말마따나 나한테는 재능이 있었다. 나는 똑똑했다. 어쩌면 병원에서 군림하는 듯이 보이는 간호사보다 더 똑똑한지도 몰랐다. 물론 여기서 말하는 똑똑함은 옥스퍼드 대학에서 좋아하는 그런 똑똑함은 아니었지만, 이 막다른 골목에서 내가 빠져 나오는 데 앞으로 요긴하게 쓰일 강력한 도구라고나 할까 무기가 될 수 있었다.

남루한 현실도 아름답다

　나는 이렇다 할 어려움 없이 아주 자연스럽게 다시 정상적으로 먹기 시작했다. 역시 거식증과는 거리가 멀었던 것이다. 살이 다시 붙었지만 나는 그런가보다 했다. 고비를 넘긴 것이다. 이제는 도와 달라고 울지 않았다. 기대를 접었으니까. 물론 내가 어려울 때 호의를 베풀어준 하트 부부와 제인한테 고마운 마음이야 이루 말할 수 없었지만 그들은 본질적 문제를 건드릴 수 없었고 내가 세상으로 돌아가는 길을 순탄하게 만들어줄 수도 없었다. 오직 나만이 그 일을 할 수 있었다. 그래서 대학원에 들어간 지 거의 3년이 지났을 때부터 정신과 상담도 받지 않았다. 다른 사람한테는 그런 치료가 도움이 되었을지 모르지만 나한테는 아무런 효험이 없었다. 그리고 솔직히 말해서 이제 다른 사람이 정해놓은 프로그램과 의제에서 벗어날 때도 되지 않았나 하는 반성도 들었다. 어쩌면 바로 그것이 나의 문제인지도 몰랐다. 이제는 아무리 선의를 가진 사람이라 하더라도 남한테 내 인생을 맡길 것이 아니라 내 손으로 내 인생을 끌어안고 가야 할 때라는 생각이 들었다. 앞으로는 내 힘으로 살아가야 한다.

이렇게 환속한 지 4년 반 만에, 박사 공부를 시작한 지 3년 만에, 나는 인생의 전환점을 맞이했다. 시대 분위기도 조금은 작용했을 것이다. 1960년대 말과 70년대 초에 지금까지 난공불락처럼 보였던 법이 심각한 도전을 받았던 것이다. 남자는 여자보다 우월하다, 동성애는 범죄다, 백인이 흑인을 지배해야 한다는 편견에 선뜻 동조하는 사람을 비웃는 분위기가 무르익고 있었다. 여자들은 당당히 자기 인생을 살아가면서 동등한 권리를 요구하고 하나둘 쟁취했다. 1970년 11월 동성애자해방전선이 영국에서 처음으로 시위를 벌였다. 미국에서, 남아프리카에서, 유럽에서 인종 평등 운동이 전에 없이 거세게 일어나면서 오랜 압제와 굴종을 고통스럽게 서서히 뒤집었다. 넬슨 만델라와 마틴 루터 킹은 전세계 학생의 영웅이었다.

사람들은 생각을 다르게 먹고 어두운 과거를 제치고 세상을 고쳐 나갔다. 성직을 떠났을 때 나도 내 나름의 방식으로 그 전까지는 감히 상상도 할 수 없었던 것에 맞서서, 금기를 깨뜨리고 한때는 도저히 넘을 수 없을 것처럼 보였던 경계선을 훌쩍 뛰어넘은 셈이었다. 나도 슬슬 생각을 바꾸어 나갔다. 나를 속박했던 전제가 결코 철옹성이 아니었다는 사실을 깨닫기 시작했다. 언젠가는 나도 같은 시대를 살아가는 사람들과 어깨동무를 하고 반전 가요를 부를 수도 있을 것만 같았다.

일단 자신감을 되찾으니까 앞날도 크게 걱정되지 않았다. 1973년 여름으로 정부에서 받는 장학금은 끝이 나지만 논문을 지도하는 교수도 바뀌었고 논문도 순조롭게 진행되어서 앞으로 1년이면 학위 논문을 제출할 수 있을 것 같았다. 그것 하나만도 사실은 적지 않은 성과였다. 논문을 쓰는 데 최소한 7년 이상을 잡아먹는 사람도 있었고 어떤 사람은 끝끝내 마무리를 짓지 못하고 헤맸다. 박사 학위가 없으면 직장을 알아볼 엄두도 못 냈을 테지만 그동안 아껴 쓴 덕분에 나는 여유 자금이 있었다. 먹여주고 재워주는 곳이 있으니까 논문을 마칠 때까지는 너끈히 버틸 수 있었다.

이렇게 마음의 여유가 있어서였는지는 몰라도 1973년 겨울 학기에 나는 정말 회복기로 접어든 듯한 느낌을 처음으로 맛보았다. 머튼 칼리지에서 영문학을 가르치는 헬렌 가드너 교수의 엘리엇 강연을 들으러 가서였다. 그분은 영문과에서 '귀부인'으로 통했다. 마치 가든 파티를 여는 안주인처럼 학생들을 강당으로 다정하게 맞아들이는 그 예절 바른 태도와 기품에 더없이 어울리는 이름이었다.

그날 가드너 교수는 엘리엇이 〈재의 수요일〉이라고 부른 연작시를 주제로 강연을 했다. 연작 중에서 첫 작품은 워즈워스가 쓴 "영생을 예감하는 시"를 엘리엇이 자기 식으로 해석한 시라고 교수는 설명했다. 나는 정신이 번쩍 들었다. 과거를 버리고 새로운 힘과 기쁨을 찾아나간다는 내용을 가진 나의 주문이 바로 이 시에서 나왔기 때문이다. 교수의 입에서 흘러나오는 엘리엇의 시구를 들으면서 나는 오랜만에 시에 저절로 깊이 빠져 들어가는 감동을 맛보았다. 이제 나는 권위자가 해석할 때까지 기다리지도 않았고 머리로만 반응하지도 않았다. 나의 모든 인격이 어떤 식으로든 결부된 아주 감성적이고 직관적인 반응이었다. 그 시는 내 안에 깊숙이 박혀 있는 무언가를 건드렸다. 그런 능력은 이제 영영 잃어버린 줄로만 알았는데 이제 보니 아직도 있었던 것이다. 안과 밖이 조금도 겉돌지 않고 하나로 맞물렸다. 차분하고 너무나 적확한 표현이 인상에 남는 그 시는 나의 상태를 완벽히 표현했고 두둔했고 내가 생사의 투쟁에서 맥없이 물러난 것이 아니라 인간의 근원적 조건과 세상살이의 진실과 우연히 맞닥뜨린 것이라는 사실을 보여주었다.

그 2월 아침 가드너 교수는 〈재의 수요일〉 연작시에 들어가는 다른 시들도 설명하면서 영혼이 앞으로 나아가면서 깨우침을 얻는 경험을 시인은 나선 계단이라는 상징으로 나타냈다고 강조했다. 이것은 단테의 《신곡》 '연옥편'에 나오는 이미지와 비슷하다. '연옥편'에서 영혼들도 하느님을 만나기 위해 연옥 산의 기둥들을 힘겹게 올라간다. 그 기둥 하나를 올라갈 때마다 영혼은 그만큼 정화된다. 이 책 앞머리에도 실려 있는 연작의 첫 번째 시를 보면 시행의 단어, 이미지, 소리가 자꾸만 반복된다. 시인은 거듭해서 "되돌아가지 못하리" 하면서도 실은 돌아가고, 그러면서 자꾸만 새로운 통찰을 하면서 천천히 올라간다. 시인은 희망을 버렸다고 말하지만 나는 묘하게도 기운이 샘솟는 것을 느꼈다.

나도 내 나름대로는 희망을 버렸다고 생각했는데 엘리엇은 그것이 앞으로 나아가는 길일 수도 있다고 말하는 것 같았다. 옛날로 돌아가서 마치 아무 일도 없었던 것처럼 과거를 되돌려놓을 수 없다는 것을 나도 너무나 잘 알았다. 수녀원을 나온 뒤로 나는 남들처럼 정상적으로 살아가려고 애썼다. 그렇지만 아무리 노력을 해도 친구들과 똑같아질 수가 없었다. 이제는 "이 사람의 재주"를 탐내거나 "저 사람의 그릇"을 부러워하지 않아야 할 때가 온 것이다. "몸에 밴 권세"에 더는 굴복하지 않아야 할 때가 온 것이다.

열일곱의 나이로 수녀가 되기로 결심했을 때 나는 다르게 사는 길을 택한 것이었고, 지금 나는 좋든 싫든 달라져 있었다. 내가 특별한 사람이라서가 아니라, 나한테 남다른 재주나 감수성이 있어서가 아니라, 세상과 근본적으로 불화를 빚는 사람으로 나를 바꾸어놓을 목적으로 만들어진 제도에 내가 제 발로 걸어 들어가서 몸과 마음을 모두 바쳤기 때문에 그렇게 된 것이었다. 제도는 나를 바꾸어놓았다. 그것은 어떤 면에서는 나를 망가뜨렸지만 모든 통과의례가 그렇듯이 처음으로 되돌릴 수는 없는 노릇이었다. 나는 "되돌아"가지 못할 운명이었다. 나와 다른 경험을 한 사람들이 정상적으로 여기는 것을 손에 넣기 위해 더는 "아등바등하지" 않아야 할 입장이었다.

내가 포기한 것은 또 있었다. 아니, 내가 포기했다기보다는 그쪽에서 나를 포기했다고 말하는 것이 옳겠다. 엘리엇이 말하는 "긍정하던 날의 불안한 환희"를 이제는 "다시는 알게 되리라 바라지 못"할 것만 같았다. 세상을 아주 밝게만 바라보았던 건강한 마음을 나는 잃은 지 오래였다. 세상을 긍정하는 눈이 얼마나 '불안'하고 약한지를 나는 실제로 깨달았다. 깨어 있는 일상 의식의 바로 밑에서 아가리를 벌리고 있는 공포를 몸소 겪었기 때문이다. 그 경험은 기억에서 사라지지 않았다. 설령 두 번 다시 공포 발작을 경험하지 않는다 하더라도 한번 내 눈으로 본 것은 머리에서 지워지지 않았다.

　신도 가버리고 없었다. 그 "거룩한 얼굴"을 나는 한 번도 본 적이 없지만 (이제는 자신 있게 말하건대) 그것은 신이 애당초 존재하지 않기 때문이었다. 처음 성직으로 나섰을 때만 하더라도 내가 열심히 노력만 하면 하느님의 존재로 말미암아 세상은 확 달라지고 나는 성서에서 약속한 것처럼 독수리처럼 날아오를 것이라는 확신이 나한테는 있었다. 그런데 세상은 오그라들었고 내가 가질 것으로 기대했던 날개는 이제 보니 "왜소하고 메마른" "공기에서 퍼덕이는 한낱 부채"일 뿐이었다. 불멸을 찾아내고야 말겠다던 희망은 사그라들었고 우리한테는 오직 현재밖에 없다는 사실을 이제 나는 깨달았다. "시간은 늘 시간"이고 자리는 "늘 자리일 뿐"이라는 사실을 깨달았다. 워즈워스가 말하는 "영광과 꿈"은 시들었지만 내가 기운을 얻을 수 있는 힘은 "남은 것"에 있었다.

　엘리엇의 시에서 가장 감동적인 말은 "니"와 "그래서"였다. 가능성이 줄어든 것을 냉정히 받아들이면서 전혀 울적해하지 않는 모습이 좋았다. 시인은 "나는 있는 대로 세상을 보는 것이 좋"다고 말한다. "있는 것"의 한계를 절감했으"니"까.

　　다시 되돌아가리라 바라지 못하리니

그래서 즐겁다, 즐거워할 무언가를
만들어야 하니깐

　구문과 언어가 갑자기 거칠어지는 것은 이것이 쉽게 얻은 결론이 아니라는 사실을 말해준다. 그것은 자연스럽게 얻은 결론이 아니다. 새로운 기쁨은 노력을 요구한다. 내가 학위 논문을 한 장 한 장 엮어 나가는 것처럼, 기술자와 항공 전문가가 비행기를 만드는 것처럼, 열심히 공들여 쌓아 나가야 한다. 어쩌면 평생을 바쳐야 할지도 모른다. 아주 세심한 데까지 신경을 쓰면서 열과 성을 바쳐야 할지도 모른다. 하지만 가드너 교수의 강연을 듣다 보니 그렇게 할 수 있겠다는 생각이 들었다. 그렇게 자신할 수 있었던 것은 내가 이미 그런 길로 접어들었기 때문이었다. 나는 내 병과 싸우기를 포기하고 내 삶을 있는 그대로 받아들였다. "그래서" 정말로 모처럼 내가 망가지기 전까지 그랬던 것처럼 한 편의 시에 나도 모르게 온몸으로 반응할 수 있었다. 그것은 동토를 뚫고 솟아오른 생명의 조짐, 싹이었다.

　인생이란 것이 워낙에 그렇지 않은가. 자기 삶을 사랑하는 사람은 그것을 놓치고, 자기 삶을 놓치는 사람은 그것을 살리기 마련이다. 이것은 신이 자의적으로 정한 계율이 아니라 인간의 근원적 조건이라고도 말할 수 있는 법칙이었다. 완전히 포기할 작정으로 빵을 강물에다 던지면 비록 모습은 달라져도 그것은 결국 내게 돌아오고야 만다.

　그 시는 나에게 값진 선물이었다. 수녀원에 있었으면 나는 아마 그 순간 은총을 입었다고 말했을 것이다. 그렇지만 그것이 신의 작품이라고는 믿지 않았다. 내가 보기에 엘리엇은 신앙을 잃지도 않았고 여전히 기도를 드렸다. 하지만 그것은 그가 누리는 특권일 뿐이었다. 나한테는 해당되지 않았다. 은총의 순간은 그 자체로 소중한 것이었다. 진정한 회복의 길이었기 때문이다. 물론 아직 갈 길이 멀다는 사실은 알았다. 하지만 내가 세상을 느낄 수 있다는 것, 걱정했던 바와는 달리 내 감정이 죽어버리지 않았다는 것, 내 마음이 슬슬 살아나려 한다는 것을 이제는 알게 되었다.

내가 완전히 건강을 되찾으려면 반드시 따라야 할 규칙이 있다는 것도 깨달았다. 내가 특히 충격을 받은 것은 "나는 있는 대로 세상을 보는 것이 좋"다는 구절이었다. 오랫동안 나는 검은 것을 희다, 흰 것을 검다고 말하면서 스스로를 속였다. 신의 존재를 입증하는 이른바 '증거'를 내가 정말로 믿는 것처럼, 행복을 느끼지 못하더라도 하느님의 뜻을 따르는 거니까 사실은 행복한 것처럼, 바늘도 안 달린 재봉틀을 몇 시간씩 돌리는 것이 시간을 가장 유익하게 쓰는 일인 것처럼 거짓말을 했다. 내 마음이 진리로 손을 뻗으려고 할 때마다 나는 일부러 거짓말을 하면서 마음을 내리눌렀다. 결국 내 마음은 뒤틀리고 무능력하게 되었다. 앞으로는 진리를 입에 올릴 때는 신중해야 했다. 특히 나 자신한테는.

이것이 과히 인기 있는 전술이 아니라는 것을 모르지는 않았다. 불행한 일이나 힘든 일이 닥쳤을 때 사람들이 나서서 덮어놓고 듣기 좋은 이야기만 하는 것을 나는 많이 보았다. 누가 보아도 그런 낙관론이 눈앞의 현실과 전혀 맞아떨어지지 않을 때조차도. 엘리엇이 또 다른 시에서 말한 대로 "인간은 현실을 잘 견뎌내지 못한다." 고통을 부정하거나 적어도 그것을 떨쳐내려는 시늉이라도 하는 것이 한결 자연스러운 반응이다. 그것은 괜찮은 생존 전략일 수는 있었다. 구름 가장자리로 비치는 환한 햇살에 감격을 금치 못하면서도 안으로는 부지런히 손을 보아서 정말로 폭풍이 닥쳤을 때는 이미 이겨낼 준비가 되어 있는 것이다.

그렇지만 나에게는 그럴 힘도 없었다. 나는 알코올 중독에서 빠져나오는 사람이나 같았다. 그런 사람한테는 기분을 붕 띄워주는 그 불로장생의 술을 단 한 방울도 마시게 해서는 안 된다. 그랬다간 자기 파괴의 습관이 되살아나기 때문이다. 내가 수다 박사와 그 양반의 정신의학 이론을 더 감당할 수 없었던 이유도 거기에 있었다. 내가 보기에 그런 이론은 현실을 반영하지 못했다. 아무리 현실이 구질구질하더라도 그것을 직시하는 버릇을 들여야만 거기서 즐거움을 느낄 수 있을 것 같았다. 이제부터 내가 할 일은 망상에 대한 나의 잘못된 생각을 바로잡아 내 마음이 옛날의 건강을 되찾을 수 있도록 나 스스로 노력하는 것이었다.

그렇지만 나는 엘리엇이 말한 나선 계단에 이제 막 첫 발을 올려 놓았을 뿐이었다. 갈 길은 아직도 멀었고 얼마나 더 가야 하는지도 나는 몰랐다.

버릴 수 있는 용기

그런데 마음을 버리고 운명에 순응하는 척하기는 했지만 가만히 보면 그런 것도 아니었다. 시간이 지날수록 삶이 나를 버리고 간 것이 아닌가 하는 생각이 가끔씩 들었다. 모두들 앞으로 나아가는데 나만 혼자 뒤에 남은 듯했다. 샬럿마저도 이제나 저제나 하면서 하염없이 애인이 와주기만을 기다렸던, 해자로 둘러싸인 그 답답한 성에서 벗어나기로 결심했다.

"여길 뜰 거야." 어느 날 저녁 샬럿이 말했다. "런던으로 갈 거야. 마이크하고도 헤어지고. 거기서 일자리를 알아볼 거야."

나는 부러운 눈으로 샬럿을 바라보았다. 샬럿은 참으로 어려운 용단을 내린 것이었다. 자기 손으로 쌓아올린 감옥을 허물고 마이크도 없는 텅 비고 낯설기만 한 미래로 용기 있게 나서려는 것이다. 자기의 인생에 의미를 주었던 모든 것과 샬럿은 이제 결별하려는 것이다. 샬럿은 되돌아가지 않을 생각이었다. 그런데 샬럿이 나한테 "우리 같이 뜰까?"라고 했을 때 왜 내 마음이 편치 않았을까?

나는 고개를 흔들었다. "논문 마저 끝내야지. 장학금도 끝나 가고.

학위를 딸 때까지는 지금 있는 집에서 지낼 수밖에 없어."

샬럿은 동의하기 어렵다는 표정을 짓고 있었다. "학자가 되는 건 난 별로라고 생각하는데. 너무 답답하잖아. 아마 견디기 어려울걸. 세상을 등지고 또 다른 수녀원에 들어간 거랑 뭐가 달라……."

"…… 우물 안 개구리처럼 좁은 시야로, 엘리트에 속한다고 우쭐거리기나 하고." 내가 맞장구를 쳤다. 그래서 내가 그렇게 기를 쓰고 학자가 되려던 것일까? 어지럽고 혼란스러운 세상에서 또 다시 벗어나 안전하고 독립된 세계로 들어가려던 것일까? 세상에서 초연하고 싶었던 것일까? 어쩌면 다시 되돌아가려는 마음이 있었는지도 몰랐다. "그럼 내가 뭘 하면 좋겠는데?" 나는 약간 짜증스럽게 물었다.

"글을 써야지." 샬럿은 너무나 당연해서 언급할 가치도 없다는 듯이 말했다. "논문 쓰는 거 말고. 그거야 남들이 바라는 것을 연습 삼아 써보는 거고. 내 글을 써야지. 카렌은 천상 작가야. 작가로 나서야 해."

"글을 써라!" 나는 말도 안 된다는 듯이 뇌까렸다. 다른 사람이 먼저 틀을 잡아놓지 않으면 한 문단도 나 혼자서는 쓸 수가 없는 사람더러 작가가 되라? 매일같이 텅 빈 종이를 쳐다보는 것도 고역이겠지만, 종이에다 단 한 글자도 끄적거리지 못하게 만드는 그 내면의 공허를 나더러 응시하라고? "말이 안 되지." 나는 단호히 말했다. "작가야 그쪽이지. 아니, 설마 나더러 논문 집어치우라는 소리는 아니지? 3년 동안 그렇게 죽을 고생을 해놓고?"

"그야 아니지. 논문은 끝내야겠지." 샬럿은 빈 잔을 다시 채우기 위해 자리에서 일어나면서 한 발 물러섰다. "그렇지만 그 다음에는 …… 조금 자유로운 일을 해야 할 거 같은데…… 자꾸만 쥐구멍으로 숨어 들어가려고만 하지 말고. 지금 당장은 아니더라도 좋아. 하지만 빠를수록 좋아."

몇 주일 뒤 런던에 있던 수녀원으로 레베카를 찾아갔을 때도 샬럿이 한 말이 떠올라서 마음이 불편했다.

"나 그만둘 거야." 레베카가 말했다. 그 말이 방 안으로 무겁게 떨어졌다. 레베카는 앞만 물끄러미 바라보았다. 상상이 잘 안 되는 미래를 응시하고 있다는 걸 나는 너무나 잘 알았다. 아주 천천히 조금씩 건강을 회복하기는 했지만, 이제는 두 발로 설 수도 있고 가벼운 집안 일을 할 수도 있었지만, 아직도 보기 안쓰러울 만큼 비쩍 말랐고 방석 없이는 앉을 수가 없었다. 어린아이가 젖병을 물고 다니듯이 레베카는 어딜 가나 꼭 방석을 들고 다녔다. 레베카의 피부는 투명했고 눈은 아직도 퀭했다. 온몸이 엄청난 고통을 겪은 것이다. "교단에서 나올 거야." 자칫 흔들릴 수 있는 마음을 다잡듯이 이번에는 나한테가 아니라 자기에게 말을 하는 것 같았다.

솔직히 말해서 나는 별로 놀라지 않았다. "기분은 어떤데?" 그렇게만 물었다.

레베카는 한숨을 푹 쉬더니 입고 있던 두툼한 스웨터 안으로 몸을 더욱 오그렸다. 따뜻한 봄날이었고 전기 난로도 켜져 있었지만 추운 모양이었다. "결정은 잘했다고 봐." 천천히 입을 열었다. "그런데 앞으로 어떻게 될지 상상이 잘 안 가. 여기 없다는 게. 자긴 겪어봐서 훤히 알겠네."

나는 고개를 끄덕였다. 금세 마음을 잡을 것이라면서 값싼 위로를 던지는 것은 오히려 상대를 모욕하는 것일 수가 있다. 수녀원에서 겨우 7년밖에 안 살았던 나도 너무 견디기 힘들었는데 레베카는 무려 12년 동안이나 수녀원에서 지냈고 나보다 훨씬 안 좋은 몸으로 지금 세상으로 나가려 하고 있었다.

"여긴 내가 있을 만한 데가 없어." 레베카는 차를 더 따랐다. 나는 방 안을 둘러보았다. 수녀원 건물이 사범대학 건물로 쓰이던 시절에 학생들이 기숙사로 쓰던 방이었다. 예쁜 난로도 있었고 전기로 물을 끓이는 주전자도 있었고 구색을 갖춘 잔과 받침 접시도 있었고 고급스러운 침대보도 있었다. 내가 나온 뒤로 가톨릭 교단도 바뀌긴 많이 바뀌었구나 싶었다. "나가려면 빨리 나가야지." 레베카가 다시 말을 이었다. "용서가 안 되나 봐."

"거식증 때문에?"

고개를 끄덕였다. 알 만했다. 그날 내가 나타나니까 반가이 맞아주는 척 애는 많이 썼지만 수녀들의 표정이 어쩐지 굳어 있었다. 그들은 나한테 무슨 일이 있었는지 소식을 들어서 알고 있었기 때문에 어색한 반응을 보인 것이다. 레베카와 나는 수녀원이라는 제도의 허점을 온 세상에 알렸다. 내가 알기로도 수녀들은 착한 사람들이었다.

그래서 자기들이 우리를 망가뜨렸다는 사실을 인정해야 한다는 사실이 견디기 어려울 만큼 고통스러웠으리라. 자기가 피해를 입힌 사람을 용서하기란 늘 쉽지 않은 법이니까.

"그래도 많이 달라졌잖아." 나는 방 안을 가리키면서 말했다. "적어도 겉으로 보기에는 정말 많이 달라졌어."

"맞아. 달라졌지. 달라져야 한다고 수녀들부터 그렇게 생각하고. 그렇지만 생각만큼 빠르게 바뀌지는 않아. 입는 옷은 달라졌고 우리가 사는 방도 근사해졌지만⋯⋯ 안은 그대로야. 똑같아. 안 그럴 수가 있나? 평생을 가라고 받은 훈련인데."

"평생을 가지." 나도 거들었다. 몸에 밴 버릇을 없애지 못해 내가 고생한 것처럼 수녀들도 달라진 세상에 적응하는 데 어려움을 느꼈을 것이다. 레베카와 나는 쓸쓸히 서로 얼굴만 바라보았다. 그게 무슨 뜻인지 굳이 입으로 말할 필요는 없었다. 레베카와 이야기하면 그렇게 마음이 통해서 좋았다. 다른 사람은 무슨 소린가 하겠지만 레베카는 내 말을 척 알아들었다.

"뭐 할 건데?" 내가 물었다.

"아빠가 〈태블릿〉에다 자리를 알아봐주셨어 ⋯⋯ 별 건 아니지, 그렇다고 귀찮은 일도 아니고. 할 만할 거 같아."

"잘 생각해봤어?" 난 깜짝 놀라서 물었다. 찬물을 끼얹고 싶지는 않았지만, 〈태블릿〉은 너무나 속속들이 아는 동네였다. 그것은 영국에서 제일 알아주는 가톨릭 교양지였다. 물론 가치 있는 일이었고 훌륭한 신문이었지만 나 같으면 만드는 것은 고사하고 솔직히 말해서 두 번 다시 쳐다보기도 싫었다. "좀 …… 가톨릭적이지 않나?"

레베카는 빙긋 웃었다. "좀이 아니라 많이 그렇지. 무슨 말인지 알아. 그렇지만 다른 일은 해낼 자신이 없어. 지금은 그래. 괜찮을 거 같기도 해. 작은 사무실에서 서너 명이서 일한대. 오붓한 분위기지. 아주 마음에 들어."

내 눈에는 훤히 보였다. 만사를 무조건 교회의 시각으로만 보고 관심 영역이라고 해야 가톨릭의 선입견을 좀처럼 못 벗어나는 좁고 폐쇄적인 세계. 잘못된 선택이라는 생각은 들었지만 본능적으로 나는 왜 레베카가 가톨릭 신문에서 일하고 싶어하는지 그 심정을 너무나 잘 이해했다. 샬럿과 나누었던 대화가 떠오른 것은 바로 그 순간이었다. 넌 나을 게 뭔데?

"그래서 떠나게 됐어." 영문과 도서실을 나와 제인의 집으로 가면서 제인이 침울하게 말했다. "빼도 박도 못해. 케즈윅으로 가는 거야."

제인과 마크는 작년 여름 결혼했는데, 런던에 있는 사범대학에 자리를 잡은 마크가 잉글랜드 북부의 레이크디스트릭트라는 산골에 자리잡은 비슷한 사범대학으로 더 좋은 조건으로 가게 된 것이다. 현모양처였던 제인은 남편을 따라가기로 했다.

"기분이 어떤데?" 나는 조심스럽게 물었다. 이것으로 제인은 학자가 되겠다는 꿈을, 아니면 적어도, 옥스퍼드에 남겠다는 꿈을 접어야 할지도 몰랐다. 나하고는 달라서 제인은 마음만 먹으면 옥스퍼드에 남을 수도 있었다. 영문학과의 실세들이 다 제인을 좋아했다.

"별로야." 제인은 얼굴을 찡그렸지만 그 끓어오르는 낙천성 앞에 서는 얼마 가지 못했다. "그래도, 그 집이 끝내줘요. 200년 가까이 된 운치 있는 집이거든. 괜찮은 옛날 집을 소개한 책에도 실렸어요. 지금은 엉망이지만. 바닥부터 천장까지 싹 칠을 할 거야. 집 수리가 끝나면 신랑은 대학으로 출근하고 나는 양만 쳐다보면서 살아야겠지만. 놀 게 정말 없어. 그 틈에 망할 놈의 논문이나 끝내야지."

"논문을 마치면?" 나는 물고 늘어졌다. 아직은 학문적 호기심 차원에 머물러 있지만 그 무렵 나는 여성주의를 막 발견했다. 아직까지는 남자들이 내 인생을 침범한 적이 거의 없었지만 앞으로 일자리를 놓고 남자들과 경쟁할 때는 내가 여자라는 사실이 불리하게 작용할 것 같았다. 우리는 유서 깊은 건물로 들어가 제인의 아파트로 통하는 계단을 올라갔다. 두 사람 중에서 훨씬 능력이 뛰어난 제인이 마크 때문에 희생해야 한다는 사실이 왠지 억울해 보였다.

"마치면? 그거야 모르지!" 제인은 어깨를 으쓱했다. 그 집은 소장 연구원이라는 위엄 있는 자리에 걸맞은 괜찮은 현대식 아파트였다. "앞날이야 암울하지. 도로시 베드나로스카한테 어제 말했더니 '너무 안됐다!' 이러더라구. 일부러라도 잘한 결정이라고 이야기해주는 사람이 한 명도 없어! 랭카스터에도 대학은 있거든. 자리가 나면 거기로 출퇴근하겠지." 제인은 커피 물을 올려놓았다. "아니면, 그냥 설거지나 하면서 사는 거지. 양들이랑."

　심란한 모양이었다. 왜 안 그렇겠는가. 공부를 많이 했는데 자기보다 똑똑하지 못한 남자와 결혼한 여자가 어떻게 되겠는가? 내가 제인 입장에 있었다 하더라도 솔직히 고민을 많이 했을 것이다. 그렇지만 여자가 그런 식으로 희생하는 것을 당연하게 받아들이는 남자가 무척 괘씸했다. 나는 마크가 마음에 들지 않았다. 제인은 기운이 넘치는 사람이었다. 승진도 좋지만 그런 제인이 닭장 같은 외딴 집에 하루 종일 갇혀 살아야 한다고 생각하니 속이 상했다. 그런데 내 동생 린제이는 또 전혀 입장이 달랐다. 며칠 전 그애가 나를 찾아와서 캐나다로 이민 간다고 했다. 자리에 앉아 커피를 마시면서 나는 제인한테 동생 이야기를 꺼냈다.

　"배우 한다는 그 유명한 동생?" 제인이 눈을 동그랗게 떴다. "일일 연속극에 나오지 않았나? 캐나다에는 왜?"

　동생이 배우로 살겠다니까 부모님은 조금 실망하셨다. 한동안 두 분은 딸 하나는 배우고 또 한 딸은 수녀라고 소개하는 쑥스러운 기쁨을 누렸다. 살아가는 길이 너무 틀리고 관심도 많이 다르다 보니 동생하고는 자주 보지 못했다. 동생은 작품이 없어서 '쉴' 때는 타자도 치고 식당에서 음식도 나르면서 런던에서 아주 힘들게 살았다. 키도 늘씬하고 몸매도 잘 빠진 동생을 볼 때마다 난 애당초 백조가 되기는 글러버린 미운 오리 새끼 같은 기분이 들었다. 작년에는 텔레비전에서 동생 얼굴을 제법 본 편이었다. 인기 있는 일일 연속극에 고정 배역을 맡았기 때문이었다. 유모와 나는 그 드라마에 거의 중독되었고 제인도 우리와 같이 보기도 했다.

"드라마에서 밀려났거든. 여름 휴가 때 키프로스에서 알게 된 남자를 따라 캐나다로 가려나 봐."

"휴가 때 만난 사람하고? 그래도 되는 건가? 만난 지 얼마나 됐는데?"

"겨우 일주일. 말도 안 돼지. 그래도 동생 말로는, 자기가 무슨 초일류 배우도 아닌데, 런던에서 하루 벌어 하루 먹고 사는 지긋지긋한 생활로 돌아가기보다는 새로운 나라에서 새로운 남자와 살아가고 싶다는 거야. 동생한테는 일보다는 남자가 훨씬 중요하거든."

"백마 탄 왕자님?" 제인은 짓궂게 웃었다. 어떻게 보면 굉장히 안 어울리는 말이었다. 동생은 가톨릭의 속박을 미련없이 박차고 나온 그야말로 1960년대의 반항 정신으로 똘똘 뭉친 아가씨였으니까. 그런 반면에…….

"현대 사회의 올가미에 사실은 걸려든 거지. 왜 있잖아, '님 찾아 사랑 찾아……'"

"산골짜기까지." 제인이 우울하게 맞장구를 쳐주었다. "가긴 가지만, 가고 싶어서 가는 건 아니야, 솔직히 말해서. 자기 같으면 그럴까? 갑갑한 데서 이제 막 나왔는데 모처럼 얻은 자유를 포기하고 싶을까?"

나는 어깨를 으쓱했다. 나와 제인은 처한 상황이 너무 달랐다. 내가 남자한테 코가 꿰일 가능성은 제로였다. 남자들 눈에는 나는 없는 것과 같았다. 그런 문제는 애당초 생기지 않았다.

그렇지만 이제는 내 인생의 상당 기간을 보낸 좁은 자취방으로 돌아가기 위해 자리에서 일어나면서 나는 얼마나 자유로운가 자문하지 않을 수 없었다. 제인이나 동생이 나보다 더 인생을 용감하게 사는 건 아닐까? 모든 것을 흔쾌히 버릴 수 있을 만큼 어떤 대상을 내가 사랑할 수 있을까? 수녀원에 들어갔을 때 바로 그런 마음가짐이었지만, 나한테 과연 그럴 만한 용기가 아직 남아 있을지 의심스러웠다.

마지막 결별

그해 부활절에도 나는 하트네를 따라 콘월로 갔다. 남쪽 해안에 자리잡은 그 커다란 집은 제니퍼의 아버지가 결혼 선물로 아내에게 지어준 것이었다. 바람이 워낙 심해서 콘월에서는 보통 절벽 뒤에다 집을 짓는데 람레드라라는 이름을 가진 이 집은 용감하게 바다로 몸을 훤히 드러냈다. 이 육중한 건물에는 하인들이 기거하는 별도의 숙소가 마련되어 있었고 귀족 집안에 어울리는 으리으리한 홀도 있었다. 이 집을 처음 꾸민 윌리엄스 부인이 살아 있었을 때는 참으로 볼 만했겠지만, 지금은 누가 하트 부부의 집이 아니랄까 봐 어수선했다. 테라스로 나가면 도드먼 곶의 장관이 한눈에 들어오고 붉은 바늘꽃이 흐드러지게 핀 덤불 너머로는 푸른 대서양이 넘실거렸다. 집 앞에는 작은 해변까지 가파르게 죽 이어진 비탈진 방목장에서 근처 승마 학교에서 키우는 말들이 바다를 배경 삼아서 한가롭게 풀을 뜯고 있었다.

나는 대개 제니퍼와 함께 고물 자동차를 타고 갔다. 뒷좌석에는 유모와 제이콥이 낑겨 앉았다. 길고 고단한 여정이었다. 나의 임무는 내내 운전을 해야 하는 제니퍼한테 말을 거는 것이었고 유모는 제이콥이 싫증을 내지 않도록 말 상대를 해주는 것이었다. 도착하면 우리는 집안으로 달려가서 제니퍼와 한 자매인 마리엘라가 겨울 몇 달 동안 이곳에서 지냈던 흔적을 없앴다. 그녀가 걸어둔 우아한 장식품은 구박을 받으며 벽장으로 처박혔고 ("어떻게 이런 걸 고를 수가 있지?" 하나도 괴상하지 않은 전등갓을 들어 보이면서 제니퍼는 혀를 찼다. "언어도단이야!") 그 자리를 제니퍼의 희한한 물건이 차지했다. 제니퍼가 보란 듯이 부엌 벽을 눈부신 주황색으로 칠하면 마리엘라는 새하얀 목련 빛깔에 대한 애착을 대놓고 드러내면서 자매는 노골적으로 신경전을 벌였다. 허버트는 보통 우리가 온 다음에 편하게 기차를 타고 왔기 때문에 도착했을 무렵에는 이미 집안 정리가 다 되어 있었다.

람레드라 생활은 나한테는 배움의 연속이었다. 응석을 받아주는 사회가 어떤 것이라는 것을 나는 거기서 생생히 목격했다. 하트 부부의 두 아들 애덤과 찰리는 각자의 공동체에서 같이 살아가는 사람들과 부인들과 여자 친구들을 우르르 몰고 나타났다. 애덤이 명상 생활에서 나보다 큰 성과를 과연 얻었는지 속으로 궁금할 때가 많았지만 감히 물어보지는 못했다. 나는 애덤과 찰리 앞에만 서면 왠지 주눅이 들었다. 나한테 더없이 친절하게 굴기는 했지만 그것은 적당히 거리를 두는 친절이었다. 애덤의 부인 메리는 '체제'에 몸을 팔아넘긴 사람에게나 보일 법한 경멸감을 나한테 보이는 것 같아서 특히 무서웠다.

허버트가 아들 애덤의 공동체를 위해 사준 집에서 어느 날 오후를 보냈던 경험담을 나는 재미있게 들었다. 애덤과 메리는 평등 정신을 지켜 나가기 위해서 남자 성만 따르지 않고 두 사람 성을 사이좋게 썼다. 그래서 전화번호부에도 성이 하나가 아니라 "해밀턴 하트"로 올라가 있다. 허버트가 함께 있었던 그날 오후, 그 지역 보수당원 두 사람이 선거 운동을 하기 위해 전화번호부를 뒤지다가 성이 두 개인 것을 보고 부부가 모두 뼈대 있는 집안 출신이구나 싶어서 당연히 보수당을 찍는 사람일 줄로 알고 집으로 찾아왔다. 허버트는 마약을 먹어 해롱거리는 히피들이 여기저기서 기어나오고 남녀 한 쌍은 이상한 요가 동작을 취하면서 누가 왔는지 아랑곳하지도 않고 애덤의 딸 모조는 발가벗고 쓰레기더미 같은 집안을 뛰어 다니는 모습을 보면서 골수 보수당원들이 경악하던 장면을 신나게 묘사했다. 이때만큼은 제니퍼의 십팔번인 "언어도단이야"가 더없이 어울릴 것 같았다.

애덤과 찰리가 별장으로 오면 제니퍼는 하인들이 쓰던 별채를 내주었다. "알아서들 자라지." 대뜸 나한테 한 말이었다. "누가 누구랑 자는지도 모르겠어." 찰리는 아직 미혼이라서 이 여자 저 여자와 잠을 잔다고 치지만 부부라는 애덤과 메리도 다른 여자, 다른 남자와 잠을 잤다. 그야말로 극단적인 성의 혁명이었다. 그런데도 제니퍼가 태연자약한 것이 나는 놀랍기만 했다. 한때는 사위였던 앨런 라이언도 애인 캐티를 데리고 자주 나타나는 단골 손님이었다. 여기다가 제니퍼와 허버트가 부르는 친구들도 있었다. 그래서 콘월의 절벽에 자리잡은 그 별장에서는 고명한 옥스퍼드의 학자들과 사는 동네가 완전히 다른 히피들이 얼굴을 맞대고 지내는 기묘한 혼숙이 벌어졌다. 그렇지만 모두 화기애애하게 지냈다. 어느 날 저녁 허버트와 저명한 역사가 아이자이어 벌린†은 응접실에서 맥스 비어봄††의 〈사보나롤라 브라운〉을 정열적으로 낭독하여 사람들 배꼽을 잡게 만들었다. 바로 그 옆 홀에서는 마리화나 연기가 자욱했고 히피들은 찰리의 기타 연주를 몽롱한 얼굴로 듣고 있었다.

나는 이 두 세계를 넘나들었다. 가끔은 젊은이들이 같이 합석하자고 나를 정중히 초대하기도 했지만 내 나이 또래의 사람들과 별로 어울리고 싶지 않았기 때문에 정중히 거절했다. 나는 의식을 굳이 갈고 닦을 필요성을 느끼지 못했다. 그렇지 않아도 나도 모르게 생겨나는 악몽을 감당하기에도 힘이 들었다. 또 정신병원에서 마약의 폐해를 똑똑히 보았기 때문에 평생 마약에는 호의를 품을 수가 없었다.

몇 번인가 용기를 내서 나도 그 자리에 끼였을 때 자연스럽게 반겨주긴 했지만 옥스브리지(옥스퍼드와 케임브리지)의 고명한 어르신들 사이에 있어도 불편하긴 마찬가지였다. 하기야 내가 있건 없건 그 양반들은 크게 신경쓰지 않을 사람들이었다. 나는 그저 '하녀'일 뿐

† **Isaiah Berlin(1909~1997)** 역사학자이자 사상가이며. 카를 마르크스의 전기로 유명한 전기 작가이기도 하다. 옥스퍼드 대학의 교수를 지냈고 1974~1978년까지 영국 아카데미 원장을 지냈다. 철학적 자유주의의 적극적 옹호자이자 전체주의의 반대자로 알려져 있다.
†† **Max Beerbohm(1872~1956)** 영국의 만화가, 작가. 영국의 제국주의와, 당대의 유명 인사와 사교계 인사들의 가식과 우둔함을 풍자한 글과 만화로 유명했다.

이었다. 그리고 일을 마치면 내 마음대로 집안을 돌아다니고 하고 싶은 일을 마음 편하게 할 수 있었다. 그쪽이 나한테는 맞았다. 그해 부활절에 나는 테라스에서 많은 시간을 보냈다. 책은 별로 안 읽고 주로 바다를 쳐다보았다. 가끔은 밤에 보름달이 환하게 떠서 수평선 저 끝까지 달빛으로 길을 내는 장관을 연출하기도 했다.

집안이 늘 그렇게 조용하기만 한 것은 아니었다. 시끄럽지는 않았지만 그래도 왁자지껄할 때가 많았다. 한번은 오후에 부엌으로 들어가니까 허버트와 철학자 두 분이 마리엘라의 식기세척기 앞에 심각한 표정으로 앉아 있었다. 한 사람이 수리를 하고 있었는지 마치 내가 어젯밤 달빛을 눈이 빠져라 바라보았던 것처럼 세척기를 뚫어지게 쳐다보고 있었다. "장모님 때부터 써온 겁니다." 허버트는 감개무량한 듯이 말했다. 어디서 싸게 구했는지 찰리가 그랜드 피아노를 싣고 나타난 것도 그해였다. 온 식구가 나서서 그 가파르고 구불구불한 길을 따라 둥근 막대기들 위로 피아노를 있는 힘껏 밀어올려서 간신히 홀 안으로 들여놓았다. 그 다음부터 찰리는 제니퍼와 두 대의 피아노를 위한 작품을 즐겨 연주했다. 아들은 그랜드 피아노에서 화려하게, 엄마는 낡은 보통 피아노에서 간결하고 힘차고 건조하게 연주하면서 모차르트와 베토벤의 곡으로 흥을 돋우었다.

하트네와 살면서 색다른 일도 많이 보았고 그동안 내가 알았던 세계와는 너무나 다른 세계를 알게 되었지만, 이건 너무 비슷하다 싶은 점도 있었다. 제니퍼는 내가 모셨던 수녀님들만큼이나 절약 정신에

투철했다. 카펫 청소를 너무 자주 하는 것도 시트를 너무 자주 빠는 것도 허용되지 않았다. 카펫과 시트가 닳기 때문이었다. 제니퍼는 또 새로 수리한 세척기도 "물 잡아먹는 귀신"이라면서 못마땅해했다. 응접실에 있는 전기 스토브는 덜덜거리면서 소리만 요란했다. 낡아 빠진 세 개의 전열선에서 나오는 화력은 정말 가련할 정도였고 그게 아니더라도 안전을 생각한다면 진작에 창고에 처박아 넣었어야 했겠지만, 이걸 두고도 입씨름이 끊일 날이 없었다. "좀 썰렁하다고 아침부터 난로를 켜는 사람이 어디 있어, 여보! 왜 쓸데없이 낭비를 하냐구! 추우면 땔감이 얼마든지 있는데……."

"그런 소리는," 허버트도 식탁 맞은편에서 물러서지 않고 응수했다. "고등학교 기숙사에서 지겹도록 들었수다."

그래서 어떤 면에서는 집처럼 편안했다. 람레드라 별장에서는 고행이 생활화되어 있었다. 아침을 먹으면 어김없이 제니퍼한테 붙들려 나가서 손삽과 곡괭이를 하나씩 들고 마당 여기저기에 솟아난 쐐기풀, 엉겅퀴와 전쟁을 했다. 몸이 불편하거나 논문을 써야 하는 사람을 제외하고는 아무도 이 강제 사역을 피할 수 없었다. "줄줄이 끌려가시는구만!" 허버트는 참가하기를 단호히 거부하고 아침 식탁에서 일어나 자기 방으로 가면서 즐겁게 말했다. 나도 강제 사역에서 벗어났다. 집안일을 해야 했기 때문이었다. 여기저기 긁히고 쏘이고 흙먼지를 잔뜩 뒤집어쓰고 더위를 먹어 녹초가 되어 집으로 돌아온 병사들을 위해 유모를 도와 점심을 준비하는 것도 나의 몫이었다. 아무리 더러워도 온수로 샤워를 하리라는 꿈은 버리는 게 좋았다. 그런 낭비는 언어도단이었다.

오후에는 절벽 아래의 바닷가에서 해수욕을 해야만 했다. 그런데 아무도 "춥다"는 말을 입 밖에 내서는 안 됐다. 그러면 제이콥이 물에 들어오지 않는다는 것이었다. 이를 악 물고 온몸에 힘을 주고 우리는 얼음장처럼 차가운 바닷물로 들어가 안 나오는 소리를 질러가면서 제이콥을 꼬드겼지만, 영리한 제이콥은 거기에 넘어가지 않았다. 그래도 몇 번인가 고무 보트에 올라타기는 했다. 그러면 허버트는 해풍에 긴 머리를 휘날리면서 허벅지까지 올라오는 차가운 바닷물에서 보트를 묵묵히 잡아 끌었다. "괜찮으세요?" 그 옆으로 빠르게 헤엄치다가 걱정이 되어서 물었더니, 그는 "다리가 없다고 생각하는 거지요."라며 안경을 고쳐 쓰면서 여유 있게 대답했다.

옷을 입은 다음에는 집에서 갖고 온 배낭에다 해변의 자갈을 가득 채워야 했다(1970년대에는 환경 파괴를 걱정하는 사람이 거의 없었다). 테라스에 깔아둔 자갈이 강풍에 날려가는 바람에 자꾸 보충할 필요가 있었다. 우리는 교만함을 속죄하기 위해 무거운 돌을 짊어지고 허리가 잔뜩 휘어서 연옥의 산을 꾸역꾸역 기어올라가던 단테의 그 부질없이 우쭐거리던 사람들처럼 무거운 배낭을 지고 허우적허우적 가파른 비탈길을 기어오르곤 했다.

명색이 부활절이었는데도 종교가 아주 간접적으로 배경에 깔린 이 문학적 비유를 제외하고는 나는 종교에 대해 단 한 번도 생각하지 않았다. 평생 처음으로 부활절을 한 주일 앞두고 시작되는 성주간의 의식에 참석하지 않았다. 예수가 최후의 만찬에서 제자들의 발을 씻어주었던 의식을 기리는 목요일 미사도, 예수가 십자가에서 처형된 성금요일의 십자가 경배 의식도, 부활절 아침에 엄숙하게 행해지는 부활의 미사도 참석하지 않았다. 이상한 것은 그런데도 아무렇지도 않았다는 것이었다. 처음으로 종교를 깡그리 잊어버리고 부활절을 맞이했는데도 향수도 죄책감도 들지 않았다. 아니, 마음이 더 가벼웠다. 워낙 풍광이 아름다운 곳에서 지내고 또 하트네 식구들과 손님들이 다들 잘 대해주어서 그런지 나도 모르게 상처가 아물었다. 종교에서는 한 번도 맛보지 못했던 경험이었다.

처음 몇 해 동안은 별장에 가서도 일요일마다 가까운 읍내에 있는 가톨릭 교회에 기를 쓰고 갔다. 그러려면 꼭두새벽에 일어나서 절벽 길을 이십 리나 꼬박 걸어야 했다. 걷기는 괜찮았지만 사나운 수소들이 가득 찬 들판을 뚫고 가려면 배짱이 두둑해야 했다. 철조망에 걸려 옷이 찢긴 적도 몇 번 있었다. 그렇게 애써 찾아간 미사는 기대 이하였다. 신자들은 누가 보아도 빨리 미사를 끝내고 바닷가로 돌아가고 싶어서 몸이 단 휴양객이 태반이었고 신부는 그런 신자들한테 넌더리와 짜증이 났는지 건성으로 미사문을 봉독했다.

하지만 이번 부활절에는 근처 교회에도 가지 않았다. 별장에 모인 사람 중에서 누가 그런 사실을 눈치챘는지는 모르지만 약속이나 한 듯이 다들 모른 척했다. 종교와 그런 식으로 마지막 결별을 했는데도 내가 멀쩡하다는 데 나는 놀랐고, 약간은 충격을 받기조차 했다.

무신론자의 아성이었던 하트네 별장에서는 예수가 수난을 겪다가 죽고 나서 무덤에서 부활한 성주간 동안의 사건들은 명백한 허구였다. 그것은 한낱 신화, 20세기의 현실 생활과는 아무 상관이 없고 하나도 그럴 법하지 않은 사건들의 임의적 나열이었다. 하지만 재의 수요일부터 시작해서 기나긴 사순절 동안의 단식과 참회를 거쳐 골고다 언덕으로 향하면서 그 신화를 차근차근 순간순간 몸소 살았던 수녀원에서는 신화가 전혀 다른 의미로 다가왔다.

사순절의 대미를 장식하는 성주간은 특별한 시간이었다. 우리는 하루도 거르지 않고 그 긴 성무일도서를 처음부터 끝까지 낭송했다. 그냥 간추린 낭송으로 생색만 낸 것이 아니었다. 수련자는 예언자 예레미아의 탄식에 나오는 한 장을 돌아가면서 낭독해야 했다. 그레고리오 성가의 구슬픈 선율은 우리의 폐부를 찔렀다. 그러고 나서 부활절 전야의 장대한 미사가 펼쳐졌다. 나는 그 신화를 한 번도 심각하게 의심한 적이 없었다. 부활절 기간 동안 수녀원에서 엄격하게 지켜진 침묵과 단식, 의식을 통해 신화는 되살아난 것과 다를 바 없었다. 어떤 의미에서는 2천 년 전에 예루살렘에서 무슨 일이 벌어졌든 그것은 중요하지 않았다. 중요한 것은 그 사건들이 지금 이곳에서 재현되었다는 사실이었다. 그렇지만 그런 엄격한 의식을 지내지 않으면 신화는 죽은 것이나 마찬가지였다. 신앙을 지키려면 결국 예배에 꾸준히 참석해야 한다. 미사에 참석하지 않고 그런 의식과 이야기를 바겉에서 보면 하나같이 허무맹랑하게 보였다. 언어도단처럼 보였다.

"내일이 부활절 아닌가?" 저녁을 먹다가 누군가가 말했다.

"부활절이니 뭐니 재미없는 얘긴 하지 말자!" 제이콥이 나섰다. 모두들 깔깔 웃다가 갑자기 내 눈치가 보였는지 여기저기서 웃음을 그쳤다. "유모는 나하고 이층으로 갈 거니까 카렌이 설거지 할 거지?"

"물론이지." 나는 화제가 바뀐 걸 다행스러워하면서 대답했다.

"식기세척기만 안 쓰면 되는 거지." 허버트가 넌지시 꼬집었다.

"식기세척기는 절대 안 돼요. 그런 낭비가……."

"설거지 할 거지?"

"카렌," 케임브리지의 뉴넘 칼리지 학장으로 있는 진 플러드가 내 쪽으로 당겨 앉으면서 말했다. "내일 나는 케임브리지로 돌아가야 하거든. 아주 일찍 떠나요. 미사에 가고 싶으면 내가 가는 길에 읍내에 내려줄 수 있는데."

나는 가슴이 철렁했다. 나는 이제 신앙을 잃었다고 만천하에 공표하기는 정말이지 싫었다. "말씀은 고맙지만……." 내가 말을 하려는데, "큰일날 소리. 데려가지 말아요." 제니퍼가 라자냐를 더 먹으라고 나누어주다가 펄쩍 뛰었다. "교회만 다녀오면 표정이 어둡더라구!" 내 그릇에도 라자냐를 떨구었다.

"정말 제가 그랬나요?" 나로서는 뜻밖이었다.

"그랬지! 분명히 말하지만, 난 사람을 우울하게 만드는 그런 종교, 인정 못해."

내 생각도 마찬가지였다. 나를 아프게 하고 불행하게 하고 스스로에 대해서 만족하지 못하게 만든 것 말고 종교가 나한테 해준 게 무엇이란 말인가? 그것도 모자라서 이제는 짜증까지 부리게 만들었다? 그런 종교라면 차라리 없는 게 나았다.

몇 주일 뒤 옥스퍼드로 돌아오고 나서 나는 제니퍼가 문 틈으로 밀어넣어준 봉투를 차마 뜯지 못하고 바라보기만 하다가 결국 봉투를 뜯어 편지를 읽어 보았다. 그리고 읽고 또 읽었다. 나는 일자리를 얻었다. 런던 대학 산하 베드포드 칼리지의 강의 연구원으로 채용된 것이다.

채용 광고를 본 것은 제인이었다. 내가 점심으로 먹을 수프를 끓이고 있던 부엌으로 걸어 들어와서는 코앞에서 신문을 흔들었다. "여기다 지원해봐!" 3년짜리 계약직이었다. 그동안 논문도 마칠 수 있고 덤으로 강의 경험도 쌓을 수 있었다. 탐나는 자리였다. 제인도 욕심이 나는 모양이었다. 굳이 말을 안 해도 알 수 있었다. 제인이 지원하기만 하면 그 자리는 따놓은 당상이라는 것을 제인도 나도 알았다.

그렇지만 제인은 케즈윅으로 가야 했기 때문에 결국 내가 지원해서 면접을 하러 오라는 연락을 받았다. 도로시 베드나로스카 교수가 추천서를 써주었다. 그 정도면 나한테 무난한 자리라고 생각한 모양이었다. 게다가 "끽해야 런던"에 있는 대학이었다. 옥스브리지의 기준으로 보자면 고려할 만한 가치도 없었다. "추천서에서 굉장히 띄워줬지." 제인한테 그런 말을 한 모양이었다. 아닌 게 아니라 면접을 보는데 두 젊은 교수는 내가 오는 걸 기정 사실로 받아들이는 분위기였다. 19세기 시와 20세기 시를 강의해 달라면서 자기들은 같은 시기의 드라마에 집중하고 싶으니 나더러 20세기 소설도 맡아줄 수 있겠느냐는 것이었다. "맬컴 로리[†], 존 파울스[††], 그레이엄 그린[†††], 아이리스 머독, 도리스 레싱[††††] 같은 작가, 괜찮겠어요?" 한 교수가 내게 물었다.

"물론이죠." 나는 거짓말을 했지만, 일단 취직을 한 다음 여름 방학 동안 집중적으로 읽으면 못할 것도 없을 것 같았다. 하지만 그들은 내가 당장이라도 가르쳐주기를 바라는 것 같았다.

나는 믿기지 않는 마음으로 옥스퍼드로 돌아갔다. 그런데 정말이

[†] Malcolm Lowry(1909~1957) 영국의 소설가, 시인. 케임브리지 재학 중 등단했으며, 1947년에 발표한 두 번째 소설 《화산 아래서》로 널리 알려졌다. 20세기를 살아가는 현대인의 정신적인 황폐화를 날카롭게 묘사한 작가이다.

[††] John Robert Fowles(1926~2005) 영국의 소설가, 에세이스트. 옥스퍼드 대학을 졸업하고 프랑스와 그리스 등에서 교사로 일했다. 1963년 《콜렉터》를 발표하면서 등단한 뒤 1969년 《프랑스 중위의 여자》를 발표해 세계적인 명성을 얻었다.

[†††] Graham Greene(1904~1991) 영국의 소설가. 첫 소설은 대공황이 일어나기 직전에 나왔으며, 그 당시에 쓰여진 작품들은 파시즘과 전쟁으로 치달아가는 1930년대 세계의 황량한 붕괴를 그리고 있다. 전쟁 후에 나온 작품은 좀더 내적인 고찰로 바뀌었다.

[††††] Doris Lessing(1919~) 영국의 소설가. 1950년에 첫 소설 《풀잎은 노래한다》를 발표했으며, 그 후 수많은 작품을 발표하며 페미니즘 문학의 대가이자 영국을 대표하는 작가로 활약하였다.

었다. 자리를 잡은 것이다. 이제 계약서에 서명만 하면 되는 것이었다. 사다리를 한 단 올라갔다고나 할까, 문으로 한 발을 들여놓았다고 할까 …… 아무튼 그런 기분이었다. 잘하면 정말로 학자가 될 수 있을 것만 같았다. 새로운 출발이었다.

  3년이라는 세월이 나를 유혹하면서 내 앞에서 손짓하고 있었다. 3년만 런던에서 지내면 이 세상에서 못할 게 없을 것 같았다.

절망 속의 엑스터시

대학 강단에서 | 잃어버린 박사학위
간질이라는 선물 | 더는 잃을 게 없다

대학 강단에서

리전트 파크 호수 옆에 자리잡은 요란하지 않고 기품 있는 건물에 있는 베드포드 칼리지 영문과는 왁자지껄한 런던에서는 낙원처럼 한적한 곳이었다. 강의실에서 보면 해오라기들이 호수 위에서 급강하하여 나무가 우거진 섬에 사뿐히 내려앉는 모습이 한눈에 들어왔다. 거기서 불과 몇백 미터만 밖으로 나가도 번잡한 도로에서는 차량 소음이 끊이지 않았다. 앞으로 3년을 이곳을 중심으로 살아가야 했는데 결과적으로 나에게는 그곳에서 보낸 시간이 아주 좋았다. 강의 부담이 많지 않아 논문에 많은 시간을 쏟아부을 수 있었기 때문에 논문도 거의 마무리 단계에 있었다.

교수들도 호의적이었다. 특히 나를 면접한 리처드와 재키는 나를 각별히 대접해주었다. 우리는 19세기와 20세기 문학을 가르쳐야 했으므로 얼마 안 가서 학과 안에서 3인조처럼 호흡을 함께하면서 제일 공간이 넓은 리처드의 연구실에서 정기적으로 만나서 커피를 마셨다. 강의가 이루어지는 방식에 대해서 나는 약간 불만이었다. 학생들은 이 강의에서 저 강의로 우르르 몰려다니는 것처럼 보였다. 아직

고등학생이라고 해도 할 말이 없을 것 같았다. 저러다 어느 세월에 혼자서 책을 읽고 연구를 한단 말인가? 내가 보기에는 학생들한테 너무 많이 가르치는 것이 문제였지만, 나는 잠자코 있었다. 어쩌면 그것은 옥스퍼드 대학을 나온 사람이 품고 있는 편견인지도 몰랐다. 전체적으로 보아 베드포드는 분위기가 따뜻했고 나도 모처럼 제자리를 찾았구나 싶었다.

사실은 너무나 일이 순탄하게 풀리니까 나중에는 어디 덫이라도 있는 게 아닌가 불안한 생각이 들 정도였다. 대학 교수가 하는 일이 이게 전부는 아니고 뭔가 더 있어야 할 것만 같았다. 지난 3년 동안 선생님들한테서 교수가 될 생각은 꿈에라도 하지 마라는 소리를 귀에 못이 박히도록 들은 나였다. 그 말은 내 지적 능력을 뛰어넘는 일을 하다가 스트레스를 받다 보면 내 허약한 '신경'에도 좋을 게 없다는 소리 아니었겠는가. 그렇지만 나는 그런 대로 잘 해나가는 것 같았다. 학생들과도 아무런 문제가 없었고 리처드와 재키도 내가 잘하고 있다고 했다. 그야말로 만사형통이었다. 왜 사람들이 내 앞날을 어둡게만 보았는지 알 수가 없었다. 교수진 중에는 거물급 학자가 없는 것 같았다. 나의 '신경'은 평소보다 더 나쁠 것도 없었다. 감당하기 어려울 만큼 벅차다거나 힘겹다는 생각은 한 번도 들지 않았다. 솔직히 말해서 편했다. 앞으로도 …… 그렇게 흘러가는 것일까? 그렇다면 좀 …… 따분하지 않을까?

그런 마음이 수면으로 떠오르는 것을 애써 막으려다가 결국 포기하고 만 순간을 지금도 기억한다. 첫 학기가 끝나갈 무렵이었다. 나는 런던 북쪽에 있는 보금자리로 부지런히 돌아가고 있었다. 시내 한복판에 자리잡은 킹스크로스 지하철 역은 퇴근하는 사람들로 미어터졌다. 나는 마음만이라도 인파와 소음과 혼잡에서 벗어나려고 애썼다. 앞으로 이틀 동안은 부담 없이 연구만 할 수 있었다. 집에서 죽치면서 붙잡고 있던 논문의 일부를 마저 끝내고 국립도서관으로 갈 계획이었다. 신난다! 이틀을 내리 학교에 안 가도 된다니! 그런데 가만 있자, 내가 왜 좋아한다지? 지난 두 달 동안 나는 참 운 좋게 이 직장을 잡았구나 그런 생각만 하면서 살았는데, 지금은 인파로 가득 찬 역에서 "이게 단가?" 이런 회의에 빠져들었다. 앞으로도 내내 이렇게 살고 싶은 걸까 나는? 물론 아주 …… 편했다. 편하다는 말은 달라진 내 삶을 묘사하려고 할 때 대뜸 떠오르는 단어였다. 하지만 아무튼 마음이 개운치 않았다.

좋다는 말은 너무 싱겁고 맹숭맹숭했다. 옥스퍼드 교수들의 판단은 틀렸다고 나는 생각했다. 나는 이 일을 거뜬히 해내고 있었다. 어쩌면 너무 쉬워서 탈인지도 몰랐다. 이렇게 편하게 살자고 …… 그 고생을 하고 아둥바둥하며 살았단 말인가? 물론 재미는 있었다. 리처드와 재키하고 수다를 떠는 즐거움도 쏠쏠했다. 이런 편한 일자리를 얻은 것은 정말이지 엄청난 특권이었다. 따로 하고 싶은 일이 특별히 있는 것도 아니었다. 그렇지만 인생은 …… 그저 편하기만 해서는 안 되지 않나 하는 생각이 자꾸만 불쑥불쑥 드는 것이었다.

그런 생각을 털어버리려고 노력 안 한 것은 아니었다. 난 유익한 일을 하고 있어, 기차에 올라 다른 사람들과 부대끼면서, 어두운 지하 터널로 질주하는 기차 안에서 사람들과 함께 흔들리면서, 나는 그렇게 마음을 다잡았다. 정말? 그날 오후만 하더라도 나는 학생 셋을 앉혀놓고 낭만주의 시대를 가르쳤다. 그들은 얌전했고 온순했다. 내 말을 열심히 들으면서 농담 한마디까지 받아 적었다. 하지만 콜리지의 시는 그저 무덤덤하게 받아들이는 것 같았다. 철자가 어떻게 되나요, 연도를 다시 한 번 말해주세요 하는 말 몇 마디 한 것을 빼놓고는 나한테 아무런 질문도 하지 않았다. 나는 벽 앞에서 혼자 떠드는 느낌이었다. 수업 시간에 딱히 할 말이 없어서 입을 꾹 다물고 있고 싶은 심정, 물론 나도 잘 알았다. 그렇지만 세 학생은 정말이지 걱정스러웠다.

아무리 머리가 텅 비고 마음이 무감각했어도 나는 항상 내가 공부하는 내용에는 지적으로 끌려들었다. 나는 항상 더 알고 싶었고, 더 명료하게 세상을 바라보고 싶었다. 그리고 일단 어떤 감이 오면, 거기다 내 생각을 덧붙이지는 못하더라도, 거기서 즐거움을 느꼈다. 그런데 이 세 학생은 차라리 양자역학을 공부하는 게 나을 것 같았다.

"다음주에는 뭘로 할까요?" 수업이 끝나갈 무렵 내가 물었다.

그들은 나를 멍하니 쳐다보았다. "글쎄요." 한참 만에야 남학생 하나가 마지못해 대답했다.

"무슨 생각이 있을 거 아니야." 나는 약간 퉁명스럽게 나갔다. 침묵. "키츠†는 어떤가?"

"싫어요." 여학생이 죽는 소리를 했다. "키츠만은 안 돼요."

"키츠가 왜 마음에 안 드는데?" 나는 다그쳤다. 어떻게 키츠를 안 좋아할 수 있단 말인가? 그 주옥 같은 송가, 단가, 편지가 정말 마음에 안 든단 말인가? 학생들은 여전히 나만 멀뚱히 쳐다보았다. 차라리 한 명이라도 자리에서 벌떡 일어나 키츠는 정말로 돼먹지 않았고 시건방지고 과대평가된 시인이라서 너무 혐오한다고 악을 써댔으면 얼마나 좋을까 싶었다. 그건 그만큼 열의와 관심이 있다는 뜻이니까 나로서는 고마웠을 것이다. "정말로 키츠가 싫은 거야?" 아무 반응이라도 이끌어내기 위해 이번에는 부드럽게 물었다.

그들은 머쓱한 표정을 짓더니 씨익 웃었다. 적대감은 없었다. 그저 …… 편한 게 좋은 학생들이었다. 나는 포기했다. "그럼 존 클레어††는 어때?"

"좋아요." 여학생이 심드렁하게 대답했다. "클레어로 할게요."

나는 학생들에게 읽을 책 목록과 에세이 제목을 불러주었다. 그들은 그것을 부지런히 받아 적었고 우리는 사이좋게 헤어졌다. 그런데 지금 덜커덩거리는 기차를 타고 흔들리면서 가자니 도대체 그런 게

---

† John Keats(1795~1821) 영국의 낭만주의 서정시인. 25년이란 짧은 생애 동안 생생한 이미지, 뛰어난 감각적 매력, 고전적 전설을 통한 철학적 표현을 담은 시를 썼다.
†† John Clare(1793~1864) 영국의 낭만주의 농부 시인. 농촌의 일상을 생명력 넘치는 지방 속어로 노래했다. 말년에 우울증으로 28년의 세월을 정신병원에서 보냈다.

무슨 의미가 있나 하는 회의가 들었다. 물론 모든 학생이 그렇게 소극적인 것은 아니었다. 지난주만 하더라도 아주 똑똑한 여학생 둘과 신나게 수업을 했다. 그렇지만 그 세 학생이 오늘 오후에 뭘 배웠고 클레어에 대해서는 뭘 배울지 막막했다. 하기야 클레어에 대해서 조금이라도 주워듣는 건 있겠지만 이 수업이 그 학생들의 사고력을 키우는 데 도움이 될까? 그들의 삶을 끌어올려줄까? 그들이 클레어의 생각을 나눠 가지게 되어서 이 세상이 조금이라도 나아지는 것일까? 아니며 그들은 그저 편하게 시간을 때우는 것일까? 나는 그런 상념으로 빠져들어가는 것이 갑자기 짜증스러워서 정신을 차렸다. 이런 자리를 얻은 게 얼마나 다행인가. 너무 많은 것을 기대해서는 안 된다. 그래도 언젠가부터 내 마음 한구석에는 교수만 되면 모든 게 자리가 잡히려니 그런 믿음이 있었던 것이다. 새로운 사명감을 느낄 것으로 믿었던 것이다.

    그날 저녁 집에 도착해서도 기분은 별로 좋아지지 않았다. 하트네 집에서 난 버릇이 잘못 들었다. 그 집은 늘 무슨 일인가가 벌어져서 심심하지 않았다. 그래도 방 같지도 않은 방에 매달 엄청난 월세를 물어야 하는 런던에서 바로 옆에 하이게이트 녹지가 펼쳐져 있고 방값도 과히 비싸지 않은 이런 방을 얻은 것은 행운이었다. 방이라고 해야 침실 겸 거실이었고 침대 뒤로 코딱지만 한 주방을 만들어놓은 것이었다. 정원도 없었고 발코니도 없었지만 창밖으로 하이게이트 숲이 한눈에 내려다보였다. 내딴에는 꾸민다고 최선을 다했지만 가구와 커튼은 영 내 마음에 들지 않았다. 관리가 잘 된 집이 아니었다. 부실 투성이였다. 그래도 조용하고 넓어서 공부도 할 만했다.

가장 큰 문제는 주인 아주머니였다. 그분은 내가 집으로 들어서면 기다렸다는 듯이 나를 덮쳤다. 두 시간 가까이 복도에서 붙들려서 죽은 자기 남편 이야기, 못마땅한 자기 딸 이야기를 하염없이 들어주어야 했던 적이 한두 번이 아니었다. 보나마나 외로운 할머니일 텐데 야박하게 중간에서 끊을 수가 없었다. 딱한 사연으로 눈물샘을 자극하지 않을 때는 아주머니는 나한테 분통을 터뜨리기 일쑤였다. 내가 없는 사이에 몰래 방으로 들어와서 거미줄을 보았거나 선반에 뽀얗게 먼지가 쌓인 것을 보았다는 뜻이었다. 나는 그런 주제 넘은 검열이 너무 괘씸했다. 수녀원에서 그렇게 지겨운 잔소리를 들으면서 살다가 이제 좀 혼자서 살아보려는 사람한테 그럴 수는 없는 일이었다.

하지만 나는 런던에서 그런 대로 잘 지내고 있었다. 리처드와 재키는 자기들하고 자기들 애인들하고 연극을 보러 가자, 저녁 식사를 같이 하자, 야외로 산책을 나가자 하며 기회만 있으면 나를 초대했다. 몇 명 되지는 않지만 이제는 런던에 사는 학교 동창들과도 어울리기 시작했다. 레베카와 점심을 먹기도 했고 저녁 때 런던 근교에 사는 샬럿의 방으로 놀러 가기도 했다. 산골에 사는 제인한테도 여러 번 놀러 갔고 주말에는 버밍엄에 있는 집에도 자주 갔다. 논문이 끝나갈수록 버밍엄 나들이는 잦아졌다. 엄마 사무실에서 일하는 여자가 논문을 타자로 쳐주었기 때문이다. 아무래도 집에서 내가 교정을 보고 그 원고를 엄마가 월요일 아침에 들고 출근하는 것이 합리적이었다. 가족들과 함께 지내는 것도 시간이 흐를수록 부담이 줄었다. 더는 아프지도 않았고 해골처럼 마르지도 않았으니까 부모님도 내 걱정을 별로 하지 않았고 어쨌든 내 논문으로 같이 신경을 쓰다 보니까 한결 분위기가 오붓했다.

한때는 감히 엄두도 못 낸 일이었지만 이제 나는 세상에서 내가 비집고 들어갈 수 있는 틈새를 찾았다. 아직도 머리가 쩍 갈라지고 세상이 끔찍해지면서 공포에 시달릴 때가 있었지만 그때를 제외하면 내 마음이 생기를 되찾아 가고 있다는 사실을 느낄 수 있었다. 아직도 공허감이 들 때가 많았지만 그래도 이제는 작품을 읽으면 무언가 반응이 왔다. 가만 보면 약간의 중압감이 있을 때 더 그런 경험을 자주 하는 것 같았다. 가령 다음날 강의가 있어서 준비를 해야 할 때 열심히 원고를 쓰다 보면 생각과 논거가 자연스럽게 떠오르면서 새로운 생명을 얻는 듯한 느낌이 들었다. 다른 사람이 쓴 비평서를 먼저 보아야만 자극을 얻을 때도 있었지만 일단 그렇게 해서 시동이 걸리면 나 혼자서 앞으로 밀고 나갈 수 있었고 나도 모르는 사이에 그 사람 생각에 내 생각을 보충하는 것이었다.

나는 마치 자전거를 배우는 아이 같았다. 아빠가 뒤에서 꽉 잡아 주고 있으려니 믿고 자신 있게 페달을 밟았는데 조금 있다가 보니 나 혼자서 거뜬히 균형을 잡아 나가고 있는 것을 알아차렸을 때의 느낌이라고나 할까. 흥미로운 것은, 시인 필립 라킨[†]이나 소설가 아이비

콤프턴버넷†† 처럼 처음에는 이렇다 할 감흥을 못 느꼈던 작가들에 대해서 글을 쓸 때 특히 그런 경향이 강하게 나타났다는 것이다.

나는 특히 아이리스 머독의 소설에 끌렸다. 머독은 내가 다녔던 세인트앤 칼리지에서 한때 철학을 가르치기도 했다. 가만 보면 머독의 소설에 나오는 인물들은 그림 앞에 서 있다가 혹은 사람을 압도하는 경치를 감상하다가 종교적 체험 비슷한 것을 자주 하는 듯했다. 그런 순간을 묘사한 대목을 읽으면 너무나 생생해서 나는 틀림없이 머독도 온몸이 감전되는 듯한 경험을 했을 거라고 믿었지만 제니퍼 하트의 말로는 머독은 통상적인 신앙을 가진 사람은 아니었다는 것이다. 머독은 자기 소설에 나오는 등장 인물들이 빠져드는 황홀경을 전통 신학의 관점에서 해석하지는 않았지만 그것이 숭고한 체험이라는 사실은 분명했다. 머독 자신이 일종의 세속적 신비주의를 발전시켰고 자연물, 예술 작품, 사랑의 체험이 인간에게 자연스러워 보이는 초월적 차원을 드러낸 게 아닌가 싶었다. 이런 체험은 신앙을 가진 사람이 신이다, 거룩하다 말하는 것과 비슷하게 계시라고 분명히 말할 수 있는 것이었다.

† Philip Larkin(1922~1985) 1950년대 초반에 일어난 시민운동 무브먼트 파의 대표적 시인. 반(反) 모더니즘의 자세로 일상적 체험을 절제된 표현으로 그려냈다.
†† Ivy Compton-Burnett(1884~1969) 에드워드 왕조 시대의 중산층 가정을 무대로 가족 내의 범죄와 폭력이라는 좁고 폐쇄된 세계를 희극적인 대화로 묘사하는 독특한 소설을 발전시켰다.

헬렌 가드너 여사가 낭독하는 〈재의 수요일〉이라는 시를 들으면서 나도 그런 체험을 했다. 기존의 종교를 통해서는 깨달음을 못 얻었지만 어쩌면 나 같은 사람은 수녀원 예배당에서는 좀처럼 맛볼 수 없었던 경험을 문학에서 얻을 수 있을지도 모르겠다는 생각이 들었다. 한 번 그런 생각을 하니까 종교의 본질이 과연 무엇인지에 대한 물음이 꼬리를 물고 이어졌다. 신앙이 없는 사람이 기독교 신비주의자와 똑같은 황홀경을 체험할 수 있다면, 초월은 사람이라면 누구나 경험할 수 있는 것이지 초자연적 현상은 아니라고 봐야 맞을 것 같았다.

이제는 일요일마다 제이콥을 미사에 데리고 가지 않아도 되니까 나도 교회에 발길을 끊었다. 런던으로 와서 처음 일요일을 맞이했을 때는 아침에 눈을 떠서 오늘이 일요일이라는 것을 알고는 커피를 마시면서 침대에서 그냥 책을 읽기로 마음을 먹었다. 주인 아주머니가 가까운 가톨릭 교회 주소를 가르쳐주었지만 거기에 내가 발을 들여놓을 일은 없으리라는 것을 나는 잘 알았다. 솔직히 말해서 이제는 교회 일이라면 하나부터 열까지 신물이 났다. 단순히 시간 낭비에다 정력 낭비라는 생각만 드는 것이 아니라 해롭다는 생각마저 들었다. 어쩌다가 지하철에서 성서나 신앙서를 읽는 사람을 보면 나도 모르게 메스꺼워지면서 마치 못 볼 것이라도 본 것처럼 얼른 고개를 다른 데로 돌렸다. '하느님'이라든가 '예수님'이라든가 '교회'라는 말만 들어도 욕지기가 일고 졸렸다. 기존의 종교에 하도 데어서 될수록 상종을 안 하면서 살고 싶었다. 아니, 그런 종교가 있었다는 사실조차 까맣게 잊어버리고 싶었다.

　런던에서는 종교를 무시하고도 편히 지낼 수 있었다. 옥스퍼드에서는 어디를 가나 종교를 떠올리지 않을 수가 없었다. 회랑, 교회 첨탑, 기도 시간을 알리는 낭랑한 종소리, 기숙사 식당에서 저녁을 먹기 전에 올리는 감사 기도가 있었다. 옥스퍼드 대학을 처음 세운 시대의 사람들이 품었던 독실한 신앙심이 여기저기서 묻어 나왔다. 물론 종교적 관습은 시대에 맞지 않는 골동품처럼 보일 때가 많았고 예배를 보러 가는 사람도 그저 옥스퍼드의 훌륭한 성가대가 좋아서 가는 경우가 많은 것은 사실이었다. "그중에 신자는 없다고 봅니다!" 이 말은 성가대 지휘자가 라디오 프로에 나와서 한 말이었다. 신앙 그 자체가 케케묵은 발상이라는 투로 말했다. "아니지요. 정말로 믿는 사람은 없다고 봐야죠." 그는 종교라는 바이러스에 아직은 성가대가 감염되지 않았으니 걱정하지 말라고 사회자를 안심시키지 못해 안달이 난 사람처럼 말했다. 그렇지만 옥스퍼드는 어디를 보아도 신앙의 유품이 버티고 있었다.

　런던 생활은 사뭇 달랐다. 여기서는 창고나 극장, 화랑으로 개조한 교회를 심심치 않게 볼 수 있었다. 한번은 빅토리아 시대에 세워진 웅장한 교회를 외벽만 그대로 살려서 교묘하게 아파트로 개조한 집에 저녁 초대를 받아 간 적도 있었다. 우리는 장미창 아래 마련된 식탁에 앉았다. 그 거룩한 정취를 불편해하는 손님은 단 한 명도 없었다. 교회 같은 분위기가 나니까 이야깃거리도 더 많아졌다. 문 앞에서 종을 울려서 도착을 알리고 한때는 교회 입구였던 공간으로 들어서는 것을 다들 재미있어했다. 종교가 아주 익살스럽게 되었구나 싶은 느낌이 들었다.

나부터도 수녀원 생활을 재미난 몇 가지 일화로 축소하고 있었다. 나는 "환속한 수녀"로 손님들 앞에 소개될 때가 많았다. 놀라지 마시라 짜잔 하면서 모자에서 토끼를 꺼내는 마술사처럼 나를 소개할 때마다 주인들은 호들갑을 떨었다. 그러면 손님들은 "아직도 그렇게 사는 사람들이 있구나!" 하면서 약간 충격을 먹은 표정을 짓거나 아니면 수녀들은 어떤 속옷을 입느냐 수녀원의 위생 상태는 어떻느냐 하면서 나한테 질문 공세를 퍼부었다. 신앙 생활이 한낱 농담 따먹기의 대상이 아닐 수도 있다는 데까지 그들은 생각이 미치지 못했다. "하나도 빼놓지 말고 다 적어둬요." 그들은 주로 그렇게 말했다. "끝내주게 재미있다!"

나도 마음은 편치 않았지만 뾰족한 대책이 없었다. 레베카는 자기가 수녀였다는 사실을 될수록 숨기려 애쓰고 주인한테는 그런 말을 하지 말아 달라고 따로 부탁을 하는 모양이었다. 하지만 그것도 좀 그랬다. 나는 수녀원에서 보낸 시절을 비밀로 묻어두고 싶지 않았다. 내가 무슨 은행을 턴 것도 아니고 감옥살이를 한 것도 아니지 않은가. 그렇다고 해서 지나치게 무게를 잡아서 흥을 깨버리고 싶지도 않았다. 종교라면 이가 갈렸지만 그래도 수녀들은 지켜주고 싶은 마음이 들었고, 못 다 이룬 이상에 대한 애잔함과 아쉬움도 아직은 남아 있었다. 나를 성직으로 이끌었던 고매한 이상과 희망과 대책 없는 낙천주의에 물들어 있었던 소녀 시절의 나에 대해서 나는 아직도 연민을 느끼고 있었다. 그런데 이런 것은 사람들이 모인 파티에서 안주거리로 삼기에 적당한 이야기는 아니었다. 그래서 재미난 몇 가지 일화로 때우면서 얼버무리는 것이 속 편했다.

그러고 보니 최근에 와서는 종교를 가진 사람을 통 만난 적이 없는 것 같았다. 옥스퍼드 시절에는 교회 다니는 친구를 한두 명 보긴 했지만 나와는 성격이 안 맞았고 또 자주 보지도 못했다. 참 사람이 변해도 이렇게 변할 수가 있나, 묘한 생각이 들었다. 5년 전까지만 하더라도 수녀원 안에서만 갇혀 살았던 내가 이제는 180도 방향을 틀어서 종교와는 담을 쌓고 속세에서 살아 가다니.

아직 종교와 인연을 맺고 있는 사람도 물론 주변에 있었다. 제이콥은 한 가톨릭 신자의 호의로 그 사람을 따라서 계속 미사에 나갔다. 내 동생 린제이도 교회에 다녔다. 캐나다 생활은 오래 가지 못했다. 따라간 남자한테 실망감을 느낀 데다 겨울도 너무 길었다. 동생은 위니펙에서 만난 잉글랜드 남자와 결혼을 해서 샴 고양이 두 마리를 데리고 남편과 캘리포니아로 내려갔다. 그리고 일련종(밀교의 성격이 강한 일본의 대승불교) 계열의 불교도가 되었다. 자세한 내용은 나도 모르지만 굳이 가사를 걸치고 다닌다거나 채식을 하지 않아도 되는 모양이었다. 엄마 말로는 동생이 하루에 한 시간쯤 주문을 읊더란다. 상상이 잘 안 갔다. 동생과 나의 역할이 바뀐 것 같았다. "우리

집 식구들은 종교에 무슨 한이 맺혔는지 원." 마음 고생을 오래 한 엄마는 짐짓 갈피를 못 잡겠다는 투로 말했다. "내가 잘못 키웠나?" 아무튼, 엄마는 이제 맏딸의 종교적 방황에 대해서는 염려 푹 놓아도 좋았다. 신한테 얽혀들 일은 다시는 없을 테니까.

잃어버린 박사학위

한편으로는 대견스럽기도 하고 점점 차오르는 희열을 느끼면서 나는 정성껏 타자를 쳐서 금박 글자를 박고 중요하게 보이는 검은 표지로 제본된 세 부의 논문이 들어 있는 불룩한 꾸러미를 톡톡 두드렸다. 그렇게 뿌듯할 수가 없었다. 쉽지는 않았지만 결국 해내고 만 것이다. 악조건에도 굴하지 않고 박사 과정에 있는 학생답게 하나의 생각을 조리정연한 체계로 다듬은 것이다. 마지막 몇 달 동안 별의별 다양한 주제들이 모여서 별로 애를 쓴 것도 아닌데 알아서 착착 제자리에 깔끔히 박혔다.

지도교수는 좋아했고 한번 봐 달라고 부탁했던 교수 두 사람도 좋게 말해주었다. 또 다른 교수 하나는 아주 무례한 반응을 보인 것이 사실이지만, 지도교수는 그 사람이 문학 작품을 언어학적으로 꼼꼼히 분석한 나의 시도를 인정하지 않을 뿐이라고 나를 안심시켰다. 그리고 그런 편견을 가진 사람이므로 논문 심사는 맡기지 않을 것이라고 했다. 모든 것이 희망적이었다. 적어도 비참한 사태는 벌어지지 않았다. 아직도 헛것이 보였고 무서운 발작에 시달리긴 했지만 내가 논문을 끝낼 수 있었다는 것은 내 건강에 큰 이상은 없다는 증거였다. 논문은 자리를 잡고 경력을 쌓는 데 반드시 필요한 보증수표였다. 논문만 통과되면 한때는 영원히 불가능해 보였지만 이제 나도 세상에서 살아남을 수 있는 것이다.

나는 우체국 여자가 창구 뒤에서 등기 양식과 소포에 인장을 찍는 것을 지켜보았다. 이어서 그녀는 소포를 방 한구석에 쌓여 있는 짐들 위에다 올려놓았다. 이제 옥스퍼드로 배달될 일만 남은 것이다.

좀 얼떨떨해서 미술관을 둘러보았다. 학생 하나가 윌리엄 다이스[†]의 〈페그웰 만〉을 베끼고 있었다. 테이트 미술관의 라파엘 전파 그림들을 구경하는 사람도 한두 명 있었다. 몸이 뻐근했다. 불편한 자세로 꽤 오래 앉아 있었던 모양이다. 나는 자리에서 일어나 기지개를 켰다. 내 앞에는 윌리엄 워터하우스[††]가 그린 〈샬럿 부인〉이 가냘픈 작은 배 안에 우뚝 서 있었다. 그녀가 그토록 공을 들여서 짠 자수는 더러워지고 찢겨지고 물을 흠뻑 먹은 채 두둥실 떠내려 가고 있었다. 여인의 얼굴에는 이미 죽음의 그림자가 드리워 있었다. 피부는 등 뒤로 보이는 하늘처럼 잿빛이었다. 그녀는 오랫동안 내가 분신처럼 여

[†] William Dyce(1806~1864) 스코틀랜드의 화가. 이탈리아 르네상스 미술에 뿌리를 두고 원시적인 단순함과 고요함을 추구한 그는 영국 라파엘 전파의 선구자 역할을 했다.

[††] William Waterhouse(1849~1917) 고전적인 주제를 사실주의적 기법으로 그려낸 영국의 화가.

겼던 테니슨 시에 나오는 샬럿 부인이었다. 그 여자는 나처럼 감옥에서 빠져 나오려다가 결국 자멸하고 말았다. 워터하우스는 샬럿이 자신의 반항이 어리석었음을 깨닫는 순간을 포착했다.

나는 머리를 흔들고 다시 한 번 방 안을 둘러보았다. 전시실 반대편에는 물 속에 반듯이 누운 존 밀레이[†††]의 〈오필리어〉가 있었다. 광기에 무릎을 꿇은 그녀도 죽음을 코앞에 두고 있었다. 운명을 부둥켜안으려는 듯 두 손을 약간 들었고 얼굴에는 벌써 체념의 빛이 어렸다. 내가 찜찜했던 것은 그런 심란한 그림을 봐서가 아니었다. 머리는 욱신거렸고 정신은 혼미했다. 안개 속을 더듬는 심정이었다. 그때였다. 맞아. 내가 왜 테이트 미술관에 와 있는 거지? 리처드하고 재키하고 지금쯤 그리니치에 가 있어야 하는데. 학생들을 데리고 장 주네[††††]의 〈하녀들〉 공연을 보러 가기로 했는데. 시계를 보았다. 너무 늦었다. 연극은 거의 한 시간 전에 이미 시작했다.

맥도 빠지고 무섭기도 하고 나는 가볍게 몸을 떨면서 벽에 붙여놓은 가죽 의자에 몸을 묻고 샬럿 부인을 멍하니 바라보았다. 어떻게 된 일이지? 마지막으로 똑똑히 생각나는 것은 집에서 가까운 하이게이트 역에서 지하철에 오른 기억이었다. 2시 15분에 체링 크로스 역

[†††] John Millais(1829~1896) 영국 화가로 왕립 아카데미 회화에 반대하여 라파엘 전파를 창시하였다.
[††††] Jean Genet(1910~1986) 한때 범죄자·부랑자였으나, 소설을 통해 외설스러운 주제를 시적 우주관으로 보여준 프랑스의 작가. 특히 부조리극에서 선도적 역할을 했다.

에서 일행을 만나기로 되어 있었다. 그런데 그 사이의 기억이 뚝 끊겼다. 머리를 쥐어짜보니 아무래도 체링 크로스에서 내리긴 내렸는데 에스컬레이터를 타고 약속 장소인 대합실로 올라온 것이 아니라 그냥 강변로를 따라서 테이트 미술관으로 걸어오지 않았나 싶었다. 다시 한 번 머리를 쥐어짜니 쇠빛과 잿빛이 감도는 템스 강과 우중충한 하늘과 우산, 우비를 입은 사람들이 어렴풋이 떠올랐다. 하지만 그것이 다였다. 나머지는 하나도 생각이 안 났다.

리처드와 재키한테는 어떻게 설명한다지? 나는 어지러움을 느끼면서 자리에서 일어나 다른 전시실들로 비틀비틀 걸어갔다. 동료들의 반응쯤이야 사실 문젯거리도 아니지, 나는 우울하게 나한테 말했다. 도무지 나아지지를 않는구나. 내 정신은 여전히 불안하고 위태로웠다. 정상인으로 살아갈 능력이 도저히 없어 보였다. 자물쇠가 걸린 병동과 스펀지를 댄 독방이 다시 머리를 스치고 지나갔다. 속이 메슥거렸다. 전시장 곳곳에 마련된 긴 의자에 드러누워 한잠 늘어지게 자고 싶었다. 밖으로 나오니, 겨울비가 얼굴을 파고들었고 바람은 뼛속까지 스며들었다.

봉투를 뜯자마자 나는 글렀다는 것을 알았다. 옥스퍼드 대학의 쌀쌀맞은 공식 편지는 나의 학자 생활이 끝났다는 것을 통보했다. 내 논문에 적대적이었던 교수가 심사위원으로 위촉된 것이다.

친구와 가족, 동료는 실망하기에는 이르다고 나한테 말해주었다.

얼마 안 지나니까 그들이 하는 말이 하나도 귀에 들어오지 않았다. 그것은 현실을 진단하는 발언이 아니라 현실을 부정하는 발언이었다. 아무런 일도 없어야 했다. 그렇지 않으면 대안이 없으니까. "부딪치는 거야." 제인은 전화로 명랑하게 말했다. "카렌이 떨어지면 붙을 사람이 없겠다." 그래서 2월 14일 성 발렌타인 날로 잡힌 (이 무슨 잔인한 운명의 장난이란 말인가) 구술 시험까지 석 달 동안 주변 사람들은 이 문제를 입밖에 내지 않았다. "잘될 거야!" 그들은 쾌활하게 말했다. "잊고 살아!"

지도교수도 별로 신경 쓰지 않는 것 같았다. "너무 잘된 논문이야. 통과는 떼어놓은 당상이지 뭐." 지도교수는 그렇게 장담했다. 물론 이변도 있을 수 있다고 지도교수도 인정했다. 그녀는 적대적인 교수 — 그 사람을 앨리스터 코트니라고 부르기로 하자. — 가 심사위원으로 뽑힌 데 항의했다. 그 사람은 옥스퍼드에서 교수로 오래 봉직했지만 지금은 지방 대학에 몸담고 있었다. 지도교수는 학사위원회에다 '외부' 심사위원이 두 명이라는 사실을 지적했다. 내 논문에 호감을 나타냈지만 코트니만큼 거물급은 아니었던 또 다른 외부 심사위원은 버밍엄 대학 교수였다.

"암스트롱 학생한테 두 명의 외부 심사위원을 붙인 것은 학칙에 어긋납니다." 지도교수는 따졌다. "옥스퍼드를 대표하는 교수도 들어가야 합니다."

지도교수는 학부를 버밍엄 대학에서 마친 여자였다. 가부장적인 옥스퍼드 분위기에서 늘 불이익을 당한다고 느끼고 있었다. "그런데요." 헬렌 가드너 교수는 상냥하게 대꾸했다. "앨리스터 교수는 선생님 같은 분보다 옥스퍼드를 더 잘 대변한답니다."

그래서 석 달 동안 나는 기다렸다. 아무리 노력을 해도 낙관적 전망은 하나도 머리에 들어오지 않았다. 지금도 기억이 나는데 오후 내내 두려움에 떨면서 방바닥에 우두커니 앉아 있었다. 책도 안 읽혔다. 음악도 머리에 안 들어왔다. 그저 공포만이 끝없이 서서히 타오르고 있었다. 말동무가 있었더라면 좋았을 것이다. 수녀원에서 처음 나왔을 때만 하더라도 마음의 문을 꽁꽁 닫고 살았지만 이제는 많이 좋아져서 내 문제를 가지고 이야기하는 것에도 큰 거부감은 없었다. 최악의 사태가 벌어졌을 경우 현실적으로 내가 할 수 있는 일은 과연 무엇일까? 재심을 요청할 수 있을까? 그 창피함과 부끄러움을 어떻게 견딜까? 그렇지만 모두 다 약속이나 한 듯 그 문제에 대해서는 입을 꾹 다물고 상대를 안 해주니 나는 외톨이였다. 논문도 다시 찬찬히 읽어보았다. 잘 쓴 대목에서는 나도 모르게 어깨가 으쓱 올라갔지만 보나마나 코트니 교수가 흥분할 것이 훤히 눈에 보이는 대목에서는 눈앞이 캄캄해졌다.

아니나다를까, 구술 시험은 비참하게 끝났다. 코트니는 냉소로 일관했고, 전에는 나한테 호의적이었던 공동 심사위원도 코트니의 유명세에 기가 죽었는지 책상 맞은편에서 무기력한 표정으로 나를 바라보았다. 물론 나도 반론을 펼쳤지만 먹혀 들어가는 분위기가 아니었다. 시험을 마치고 역으로 걸어가는데 발렌타인 날을 맞아 휘황찬란한 가게마다 주렁주렁 매달린 하트와 큐피드가 나를 잔인하게 조롱하는 것 같았다. 달리는 기차 안에서 나는 복도로 난 창을 열고 내가 쓴 테니슨 논문을 비가 내리는 어두운 창 밖으로 던졌다. 그렇게 던지고 나니 마음이 좀 가라앉았다. 몇 달 동안 쌓였던 긴장이 좀 풀리는 것 같았다. 나는 영화의 정지된 화면처럼 오도 가도 못할 상황이었다. 그날 밤 나는 몇 번인가 마치 이 모든 것이 딴 사람한테 일어난 것처럼 아주 높은 데서 나 자신을 내려다보는 듯한 느낌을 받았다.

그래서 내가 정말로 불합격했다는 통보를 편지로 받았을 때는 절망의 나락으로 굴러떨어지는 듯한 기분은 들지 않았다. 나는 편지를 읽고 혼자서 엄숙하게 고개를 끄덕이고는 편지를 찢고 그날 오전의 강의 준비를 계속 했다. 기차 안에서 느꼈던 그 이상하게 초연한 기분이었다. 결국 이렇게 될 줄 알지 않았느냐고 스스로를 다독거렸다. 하나도 놀랄 게 없었다. 구두 시험을 앞두고 몇 주 동안 가슴을 졸이면서 나는 실패를 기정 사실로 받아들였고 그러다 보니 거기에 익숙해졌다. 동료들은 그렇지 않았다. 그날 아침 그 소식을 전하니까 리처드와 재키는 기가 막힌지 내 얼굴만 바라보았다. 그렇게 말 잘하고 의욕에 넘치는 리처드도 할 말이 없을 때가 있었다. 그날 밤 제인한테 전화를 거니까 제인이 와락 울음을 터뜨리는 바람에 나는 한편으로는 놀랍고 한편으로는 가슴이 짠했다.

이런 일이 만약 다른 사람한테, 가령 제인한테 일어났다면 나는 화가 나서 어쩔 줄 몰랐을 것이다. 하지만 나한테 일어난 일이었기 때문에 내가 할 수 있는 일이라고는 운명으로 냉정히 받아들이는 수밖에 없었다. 나는 충격도 받지 않았다. 예전부터 나를 한심하게 본 사람들은 많았다. 그들이 옳았다는 것이 입증된 것이다. 나한테도 재능이 있다는 자신감을 가져보려고 무던히도 노력했지만, 마음 한구석에서는, 차마 두려워서 인정할 수가 없었겠지만, 결국에 가서는 가면이 벗겨질 날이 오고야 말 것이라는 사실을 알고 기다리고 있었지 않았나 싶다. 이제 가면이 벗겨진 것이다. 안도감하고는 좀 다르지만 당연히 일어날 일이 일어났을 뿐이라는 비장감도 들었다. 얼마나 철이 없었으면 나도 성공할 수 있을지 모른다는 기대를 품었던 말인가. 허울 좋은 성공을 거두는 것처럼 보이지만 결국 나는 그릇이 아니었다. 진작에 깨달았어야 옳았다. 이렇게 망가진 것은 일종의 폭로였다. 늘 그 자리에 있었지만 내가 똑똑히 들여다보지 못했던 현실을 '드러낸' 폭로였다.

　그것이 내가 담담할 수 있었던 이유의 전부는 아니었다. 비탄에 빠져드는 것은 잘못된 것이라는 생각이 내 마음 깊은 곳에는 아직도 남아 있었다. 나는 너무나 오랫동안 신경 과민이라고 손가락질받으며 살았다. 3년 동안 수련자로 지내는 동안 눈물이 마를 날이 없었다. 잘못했다고, 사고를 냈다고 얼이 다 빠질 정도로 야단을 맞으면 눈물이 앞을 가렸고, 그러면 운다고 또 혼났다. 그럼 울음이 더 나왔다. 악순환이었다. 내가 너무 민감한 게 아닌가 싶어서 일주일마다 고해성사를 할 때 울었던 일을 집어넣기도 했다. 그러다가 결국에는 감정에서 거리를 두는 요령을 배웠고 나중에는 아예 아무런 감정을 느끼지 않게 되었다. 내가 받았던 훈련은 아직도 그렇게 남아서 나를 망가뜨렸고 나는 아직도 그것을 완전히 극복하지 못했다. "이상한 발작" 때문에 매사에 거리를 두는 습관이 생긴 데다가 수녀원에서 든 버릇이 남아 있어서 아직도 나는 감정 처리가 익숙하지 않았다. 나중에 친구들 이야기를 들으니 그때 내가 논문에 대한 안 좋은 소식을 전하면서 이 세상 사람 같지 않은 미소를 입가에 흘려서 섬뜩한 기분이 들더란다. "나 떨어졌대." 난 차분히 말했다. "그렇대."

얼음처럼 차가운 기분은 며칠이나 갔다. 그때 지도교수한테 전화가 왔다.

"들어봐!" 으레 주고받는 인사와 위로가 끝나기 무섭게 지도교수가 용건을 말했다. "큰일났어. 사람들이 들고 일어났어. 난리야. 아무래도 심상치가 않아."

정말로 그랬던 모양이었다. 논문이 통과되지 않으면, 그냥 수정해서 다시 내라고 학생한테 돌려보내는 경우가 아니라 내 경우처럼 완전히 불합격 판정을 받으면, 심사위원은 논문을 일일이 인용하면서 어디가 틀렸고 어디가 잘못인지를 조목조목 짚어서 아주 자세한 보고서를 작성해야 한다. 그런데 (내가 들은 바로는) 코트니 교수는 내가 똑똑한 학생이긴 하지만 자기 생각으로는 논문 주제가 박사학위를 받기에는 적당하지 않다고 달랑 몇 줄 써서 보낸 모양이었다. 어쨌든 나의 논문 주제를 승인한 대학 당국으로서는 망신이었고 영문과 교수들은 발끈했다. 때늦은 각성이었지만 학사위원회는 나한테 내부 심사위원이 배정되지 않았다는 사실을 뒤늦게 알고는 이것을 문제 삼았고 코트니 교수의 간단한 보고서에도 모욕감을 느꼈다. 듣기로는 코트니 교수한테 당신은 논문 심사위원으로서 열한 가지 잘못을 저질렀으며 앞으로 옥스퍼드 대학이 당신을 다시 초빙하려면 꽤 오랜 세월이 흘러야 할 것이라는 내용의 편지를 대학 당국에서 보냈다고 한다.

하지만 그들이 나를 위해서 무슨 일을 해줄 수 있을까? 다섯 달 동안 영문과 교수들은 내 문제를 놓고 숙의했다. 다른 대학 같았으면 논문을 다시 심사 받을 수 있으리라는 희망을 가져도 좋았겠지만 옥스퍼드는 자기네 전통이 곧 법이었다. 이것은 전례가 없는 일이었고 (물론 몇 교수는 15년 전에 역사학과에서 있었던 비슷한 일을 떠올렸다고 한다) 많은 교수들이 재심으로 위험한 선례가 만들어지는 것을 우려했다. 성적을 좋게 받으려고 너도나도 그런 권리를 행사하면 큰일이기 때문이다. 놀랍게도 거물 교수 중에도 내 편을 들어준 사람들이 있었다. 학사위원회의 쟁쟁한 교수 몇 사람이 내 입장을 열심히 옹호해주었다는 이야기가 나한테는 위로가 되었다. 모두가 나를 머저리에 인생 낙오자로 생각하지는 않는구나 싶었다. 어떤 분은 내가 학부 시절에 공부를 아주 잘했던 사실까지 거론하면서 이런 말도 안 되는 일이 어떻게 벌어질 수 있느냐면서 흥분했다.

그렇게 질질 끌면서 몇 달이 흘러갔다. 나한테 유리한 결과가 나오리라는 기대는 거의 하지 않았다. 결과가 어떻게 나오든 학자들 사이에서 꼬투리를 잡힐 만한 점이 나한테는 언제나 나타나리라는 사실을 너무나 잘 알고 있었다. 아무튼, 1975년 7월 헬렌 교수가 이끄는 학사위원회는 문제를 매듭지었다. 그녀는 내 편에 서주었던 옥스퍼드 대학원장 앞으로 보낸 공문에서, 불미스러운 일이 벌어졌는데 암스트롱 학생에게는 대단히 미안한 일이지만 재심을 하게 되면 옥스퍼드 박사학위의 권위만 손상받을 것이라고 덧붙였다.

그것으로 끝이었다. 지금도 내 친구들은, 그 당시에 나를 몰랐던 친구들까지도, 판정을 뒤집을 수 있는 길이 있었을 것이라고 우긴다. 친구들은 내가 어떻게 하기를 바란 것일까? 논문 심사장 앞 인도 난간에다 내 몸을 쇠사슬로 묶었어야 했을까? 학사위원장 집 앞에서 팻말을 들고 시위를 해야 했을까? 대로에 드러누워서 교통 체증을 일으켜야 했을까? 단식 투쟁이라도 벌여야 했을까? 이미 뒤집을 수 없는 승부라는 것을 나도 알았고 나를 밀어준 사람들도 알았다. 한바탕 소동이 일어났고 사람들이 나 대신 싸워주었다는 것, 내가 끽 소리도 못 하고 사라진 게 아니었다는 그 사실 하나만으로도 나는 뿌듯했다. 구설수에 오른 것은 좀 그랬지만 내가 별 볼일 없는 사람이 아니라는 사실이 나는 기뻤다. 아무래도 나는 구제 불능의 괴짜가 아닌가 싶기도 했다.

나는 태연하게 굴려고 했지만 최후 통첩의 충격은 아직도 남아 있었다. "테니슨," "박사," "논문" 같은 단어를 들어도 아무렇지 않게 되기까지는 다시 오랜 시간이 흘러야 했다. 앨리스터 코트니 교수한테 원한도 없었다. 난리가 벌어지긴 했지만 어쩌면 그 사람의 판단이 맞았는지도 모른다는 생각이 들었다. 내가 능력이 안 된다는 것을 그 사람이 까발린 것이다. 수녀로서도 실패했고 이제는 학자로서도 실패했다. 머리도 정상이 아니었다. 앞으로 무슨 일을 하면서 살아가야 할지 막막했다.

학교와 집을 오가면서 차창 밖으로 본 도시의 정경은 내 스산한 마음을 비춰주는 거울 같았다. 레드 브로크 역과 웨스트본 파크 역 사이로 길게 이어지는 건물들의 벽을 따라서 "똑같은 하루하루"라는 유명한 낙서가 씌어져 있었다. "지하철 — 사무실 — 저녁 — 사무실 — 지하철 — 안락의자 — 지하철 — 사무실 — 얼마나 더 견딜 수 있을까. — 다섯 명 중 한 명이 돌아버린다." 1975년의 런던은 침울했다. 영국은 불경기였고 북아일랜드해방군은 영국 본토에서 테러를 감행했다. 선정적 신문들은 나라에 망조가 들었다면서 법질서의 회복을 부르짖었다. 실업률은 2차 대전 이후로 최악의 수준이었다. 설령 박사학위를 땄다 하더라도 아마 대학에 자리를 못 잡았을 거라고 생각하니 좀 치졸하기는 해도 마음에 위로가 되었다. 화려했던 1960년대의 간주곡은 끝났다. 히피 공동체는 빈 집을 차지하는 '무단 점유'로 바뀌었다. 그것은 부질없고 부조리한 노동에 맞서는 이념적

저항이었다. 젊은이들은 "욕망의 빈곤"으로 불리는 병에 시달리는 것처럼 보였다. 내가 옥스퍼드에 다닐 때만 하더라도 피부로 느낄 수 있었던 눈부신 신세계의 꿈은 사라졌다.

　우울한 것도 사실이었고 앞날이 두려운 것도 사실이었지만 그렇다고 해서 신세 한탄만 하고 앉아 있을 수는 없었다. 가장 안 좋은 일이 일어났으니 더는 크게 잃을 것도 없었다. 그런 생각을 하니까 마음이 조금씩 홀가분해졌다. 얼마 전에는 이사도 했다. 하이게이트에서 대학 동창이 사는 웨스트 핀칠리의 집으로 거처를 옮겼다. 바이러스성 폐렴으로 하루 아침에 남편을 잃은 친구였다. 고인의 나이 불과 스물여섯이었다. 남편이 죽었을 때 수전은 임신 6주였지만 아이를 낳기로 결심했다. 나도 개인적으로 안 좋은 일을 당한 입장이라 친구의 비극이 남의 일 같지가 않았다. 내가 어려울 때 수전도 나한테 큰 힘을 주었다. 우리는 같이 아기를 기다렸다. 그해 여름 딸아이가 태어났을 때 나는 기저귀도 갈아주고 밤중에 일어나서 우유까지 먹여가면서 육아를 거들었다. 수전의 집은 유대계였는데 나를 따뜻이 맞아주었다. 수전도 부모님도 유대교 신자는 아니었지만 전통에 따라 금요일 저녁마다 유대 음식을 먹었고 덕분에 나도 저민 간과 흰 빵을 먹었다.
　아기 이름을 지어주는 날 나는 처음으로 유대교 예배에 참석했다. 여자들이 앉는 이층에서 새하얀 기도 수건을 두른 남자들의 색다른 모습을 보고 낯선 성가를 들으면서 지금까지 내가 본 종교와는 참 많이 다르구나 하는 생각이 들었다. 예배를 보는 동안 사람들은 장황한 히브리어 봉독과 기도는 듣는 듯 마는 듯하면서 내내 이야기를 했다. 하지만 예배당 안에는 따뜻한 분위기가 감돌았다. 나한테는 그것이 흥미롭고 감동적이었다. 남자들은 서로를 끌어안았고 우리 여자들한테 일부러 다가와서 아기한테 덕담도 해주고 눈물을 글썽거리면서 수전의 부모님과 시부모님에게 축하의 말을 건넸다. 그 당시에는 별로 의식하지 못했지만 그때 참석한 예배가 씨앗이었다. 그것은 내가 아는 종교만이 종교의 다가 아니구나 하는 깨달음의 씨앗이었다. 감정을 그대로 받아들이고 드러내는 것을 껄끄럽게 여기지 않는 사람들도 있었던 것이다.

희망을 버리니까 한편으로는 속박에서 풀려나는 느낌이 들었다. 책 읽기가 다시 즐거워졌다. 문학 작품에는 진작부터 반응이 되살아났지만 아직도 의무감과 불안감 같은 것이 섞여 있었다. 새로운 소설을 읽어도 동료들한테 써먹을 만한 멋진 표현부터 찾으려 들었다. 그런데 학계에서 공식적으로 추방된 지금은 누구한테도 잘 보일 필요가 없었다. 예리한 통찰력을 굳이 과시하려고 애쓸 필요가 없었다. 이제는 소설이든 시든 그냥 읽었다. 아무런 저의가 없었다. 문학을 이용해서 나를 포장하려고 아등바등하지 않고 그냥 작품 그 자체에 빠져들었다. 물론 당연히 진작부터 그렇게 했어야 마땅했다. 그러다 보니 오히려 할 말이 많아지고 아이디어가 샘솟았다. 나한테 두드려

맞아서 목석이 된 마음이 되살아났다. 이것도 그 당시에는 깊이 의식하지 못했다. 그저 참 별일이구나 하는 정도로 생각했다.

그렇지만 활자에서 다시 희열을 맛보게 되었다는 것은 정말로 나한테는 은총이요 값진 선물이었다. 이것도 내 안에 감수성의 씨앗을 뿌렸다. 통찰은 얻고 싶다고 해서 저절로 얻어지는 것이 아니다. 항상 무언가를 '건지려고' 들면 다시 태어날 수가 없다. 문학에 대한 안목을 이용해서 이력을 꾸미거나 평판을 높이려는 생각을 포기하니까 마음의 빗장이 열리면서 글이 쏙쏙 들어왔다. 단어의 아름다움에 흠뻑 빠져들게 되고 작가의 혜안도 느껴졌다. 그야말로 엑스타시스(ekstasis, 그리스어에서 유래한 말로 '밖에 서다'란 뜻), 색다른 정취에 의식이 황홀경을 느끼는 엑스터시가 아니라, 문자 그대로 나를 넘어서는 그런 느낌을 맛보았다.

간질이라는 선물

1976년 2월, 그러니까 내 인생을 망쳐놓은 것으로 알았던 구술 시험이 있은 지 1년 조금 지나서 나는 너무나 값진 선물을 받았다. 그런데 처음에는 더 깊은 수렁으로 끌려 들어가는 줄로만 알았다.

그날은 대학에서 평상시와 너무나 똑같이 보냈다. 리처드가 예이츠의 짧은 희곡 몇 편을 무대에 올리는데 내가 조수 노릇도 하고 심부름꾼 노릇도 하고 무대감독 역할도 했다. 그날은 리허설이 있어서 저녁 늦게까지 남았다. 내가 할 수 있는 일이래야 옆에서 바람을 넣어주는 것이 고작이었다. 너무 난해한 작품이라서 제대로 이해도 못하는 처지에서 연출을 돕는답시고 나설 수는 없었다. 그렇지만 볼 때마다 마음에 드는 장면은 있었다. 가장 재능이 뛰어난 니키라는 학생이 묘하게 사람을 끄는 음악에 맞추어 마력이 깃든 춤을 추는 대목이었다.

어딘지 고풍스러운 맛이 나는 이 연극에서 특히 눈길을 끄는 것은 여자 넷이 부르는 합창이었다. 그들은 커다란 천을 접었다가 관객에게 펼쳐 보여야 했다. 이것이 무엇을 뜻하는지 전혀 감이 안 왔고 또

리처드한테 감히 나의 무식을 드러낼 용기도 없었지만, 그것은 인간의 생과 사를 주관하는 그리스 신화에 나오는 운명의 세 여신(클로토, 라케시스, 아트로포스)을 작가 예이츠의 조국인 아일랜드의 여인들로 표현한 것이 아닌가 짐작했다. 그날 저녁 우리는 연극 막판에 가서 합창단 때문에 모두 배꼽을 잡았다. 마지막 순간에 펼쳐진 천에 글자가 적혀 있었던 것이다. "이게 답니다, 여러분!" 리처드는 이런 모험을 심각하게 받아들여서 웃지 않았지만, 나는 집으로 가는 기차를 타러 역에 닿을 때까지 내내 웃었다.

사람들이 웬만큼 빠져나가서 그런지 눅눅하고 휑뎅그렁한 매표소가 썰렁하고 음침해 보였다. 외투깃을 올리고 추워서 종종걸음을 치는 몇 사람이 있었다. 밖에서는 비가 주룩주룩 내리고 취객들은 회전문 옆에 평소처럼 널브러져 있었다. 모든 것이 보통 때와 다를 바 없었다.

검표대를 막 통과한 직후에 그것이 나를 덮쳤다. 냄새, 시큼한 맛, 번쩍거리는 빛과 공포. 이번에는 정도가 더 심했다. 무언가를 피하려는 사람처럼 이리저리 방향을 튼 기억이 어렴풋하게 났다. 뭘 피하려던 것일까? 나는 난간을 움켜잡았다. 생각이 산산조각 나고 역사의 백열등이 얼마나 눈부시던지 앞이 안 보일 지경이었다. 그러고는 달라졌다. 불현듯, 마침내, 파편처럼 나뒹굴었던 조각들이 의미 있는 전체로 짜맞추어진 듯한 느낌이 들었다. 순수한 기쁨, 충족과 평화의 새로운 차원으로 들어선 것이다. 세상이 갑자기 달라 보이면서, 너무나 자명하지만 좀처럼 표현이 안 되는 그 궁극의 의미가 드러난 것이다. 이것이 신이로구나 싶었다. 그런데 그런 생각이 들기가 무섭게 다시 그 낯익은 컴컴한 터널로 떨어지면서 정신을 잃었다.

두어 시간 뒤에 병원에서 깨어나 보니 당직 의사가 나더러 간질 발작을 일으켰다고 하면서 약속을 잡아놓았으니 나중에 신경과 전문의한테 가보라고 했다. 웃어야 할지 울어야 할지 알 수가 없었다. 수녀가 되려다가 중도 하차하고 교수직에서도 미끄러지고 정신이 늘 불안한 것도 모자라 이제는 '간질'까지 얻게 되다니 비참하기 이를 데 없었다. 모퉁이를 겨우 돌아섰다 싶으면 어김없이 나를 후려치는 손이 있었다. 그토록 찾아 헤맸던 신도 결국은 뇌가 고장이 나서, 신경에 문제가 있어서 본 것이었다니. 나는 그날 밤 자리에 들면서 절망감을 느꼈다.

"간질이 맞나요?" 나는 몇 주일 뒤에 신경과 전문의 울프 박사에게 물었다.

"그렇다고 볼 수밖에 없겠네요." 그는 힘차게 고개를 끄덕였다. 아주 날카롭고 지성적으로 생긴 마르고 세련된 남자였다. 의사는 나를 부드럽게 바라보았다. "뇌파를 보니까 크지는 않아도 분명히 이상한 데가 있어요." 며칠 전에 나는 머리 여기저기에 미세한 전극을 수없이 꽂고 뇌파 검사를 받았다. "심각한 문제는 아니구요." 울프 박사가 말을 이었다. "걱정 안 해도 됩니다. 간질이 있다고 인생이 끝난 건 아니거든요. 조기에 치료하면 완치도 가능해요. 요즘은 약도 많고 불필요한 자극을 피하는 요령도 배울 수 있어요."

"간질이 왜 생겼을까요?" 나는 내 불안정한 '신경'이 나를 이 지경으로 몰아넣었다는 대답이 나오지 않을까 예상하면서 기운 없이 물었다.

울프 박사는 어깨를 으쓱 올렸다. "그건 모르죠. 뇌에 손상이 간 게 아닌가 짐작은 합니다만. 머리를 어디에 세게 부딪쳤거나 태어날 때 뇌를 다쳤을 가능성이 있습니다. 혹시 짚이는 데라도 있나요?"

나는 고개를 저었지만, 나중에 엄마한테 들으니 나를 낳을 때 아주 난산이었다는 것이었다. 자궁 수축이 너무 심각해서 모르핀 주사를 한 방 맞고는 정신을 잃었단다. 나는 중요한 순간에 잠깐잠깐 산소를 공급받지 못해서 가벼운 뇌 손상을 입은 게 아닌가 싶었다. 제이콥처럼 심한 손상을 당하지 않은 게 행운이라면 행운이었겠지만.

"한두 가지만 물어보겠습니다." 울프 박사의 말이 이어졌다. "뇌의 어느 부위에 손상이 갔고 어떤 종류의 간질인지를 좀 더 확실히 밝히고 싶어서요. 아시겠지만 간질은 범위가 아주 넓습니다. 별의별 종류가 다 있어요."

나는 고개를 애매하게 끄덕였지만 무슨 말이지 감이 잘 오지 않았다. 내가 아는 간질은 전에 제이콥한테서 본 그런 발작이었다. 또 다른 종류가 있는 줄은 몰랐다.

"발작은 이번이 처음이라고 했는데 가끔 어지러울 때가 있나요?

절망 속의 엑스터시 313

정신을 잃는다든가 뭐 그런?"

흔히들 말하는 것처럼 세상이 딱 멎는 것 같은 그런 순간이 있었다. 머리가 그냥 하얘지고 아무 생각이 없어지는 그런 때가 있었다. 나는 잠시 침묵을 지키다가 그런 증세에 대해서 말했다. "그러니까 열여덟 살 때 처음 그랬다." 울프 박사는 내 말을 받아 적으면서 혼잣말처럼 말했다. "십대 후반에 자주 나타납니다. 호르몬이 변하니까요. 그런데도 훌륭하신 수녀님들께서는 병원에 가서 진찰을 받아 보라고 권하지 않으셨나요?"

"네. 그냥 정서 불안이라고만 생각했지요."

울프 박사는 도저히 못 참겠다는 듯이 한숨을 푹 내쉬었다. "왜 이렇게 다들 똑똑한지 모르겠어. 정신과 의사가 따로 없어!" 화를 참느라고 입술을 꾹 깨물었다. "요즘은 어디 몸이 아프다 하면 하나같이 마음에서 생긴 병이라고 말하는 게 아주 유행이 되어버렸어. 간질은 정서적으로 심한 외상을 입었을 때의 효과가 흔히 나타나긴 하지만 어디까지나 몸에 탈이 난 것이기 때문에 몸을 고쳐야 합니다. 말씀하신 공포라든가 그 역겨운 맛과 냄새 말인데요. 이걸 우리는 아우라라고 부르는데, 측두엽을 중심으로 발생하는 국소 간질의 전형적 증세지요. 측두엽은 기억과 맛, 냄새를 맡는 부위거든요."

그러니까 그동안 나약한 의지력을 탓하면서 했던 그 모든 번민은 번지수를 완전히 잘못 짚은 것이었다. 내가 나무늘보처럼 감성이 무뎠다 하더라도 결과는 다르지 않았을 것이다. 이제야 누명에서 벗어

나는구나 싶었다가 울프 박사의 그 다음 질문을 듣고 나서 나는 경악을 금치 못했다.

"이번에는, 아무 걱정 말고 솔직히 말씀해주셨으면 합니다. '네'라고 대답한다고 해서 미쳤다거나 정신 나갔다거나 손가락질할 사람은 없으니까요. 헛것을 보았다거나 환청을 들었다거나 한 적이 있습니까?"

이번에도, 작은 진료실에는 침묵만이 요동을 쳤다. 나는 겨우 신을 느끼기 시작했다는 희망이 또 다른 신기루로 드러날지 모른다는 불안감에 입도 뻥긋 못하고 굳은 듯이 자리에 앉아 있었다. 하지만 이윽고 의사가 조심스럽게 캐묻는 대로 차근차근 대답해나갔다. "아주 이상한 걸 본 적은 없나요? 전혀 기억 나지 않는 행동을 한 적은 없습니까? 어디를 가려고 했는데 나중에 보니 엉뚱한 데 와 있더라든지 하는?"

나는 급소를 찔린 기분이었다. 처음에는 쭈뼛거리다가 나중에는 어서 설명하고 싶은 욕심이 앞서서 말들이 한꺼번에 쏟아져 나왔다. 그리고 무엇보다도 놀라운 것은 울프 박사가 예상했던 대로라는 듯 고개를 끄덕거렸다는 사실이었다.

"알겠습니다." 드디어 그가 입을 열었다. "하나부터 열까지 측두엽 간질의 전형적 증상이군요." 다시 무언가를 적다가 고개를 들면서 약간 얼굴을 찡그렸다. "미안하지만, 정말 모를 일이군요. 굉장히 걱정을 많이 하셨을 텐데요. 왜 의사한테 이런 증상을 말하지 않았나요?"

 나는 수다 박사에 대해서도 말했고 정신병원에 입원했던 일 하며 상담과 약에 대해서도 말해주었다. 울프 박사는 손을 이마에 얹더니 고개를 절레절레 흔들고는 다시 얼굴을 들었다. "그러니까 지금 말씀하시는 게," 그는 아주 차분한 목소리로 물었다. "3년 동안 제대로 된 정신과 의사들한테 진료를 받으면서 이런 증상을 설명했는데도 뇌파 검사를 하자고 한 사람이 단 한 명도 없었다 이건가요?"

 "네. 없었어요." 얼마나 통탄할 노릇인지 슬슬 실감이 났다. 마음이 혼란스러웠다. 화도 났지만 한편으로는 이제 살았구나 싶으면서 눈물이 날 지경이었다.

 울프 박사는 소설가들이 "허!"로 표현하는 그런 폭발음을 냈다. "측두엽 간질이 무슨 대단한 증상이라고. 그건 국소 간질 중에서도 가장 흔한 거고 증상도 훤히 밝혀져 있어요. 그리고 환자분 것은 거의 교과서적인 사례라구요!" 그는 말꼬리를 흐렸다. 그러고는 찌푸렸던 얼굴을 펴면서 그토록 오랫동안 나를 괴롭혔던 악몽도 아마 가실 것이라면서 약을 처방해주었다.

 내가 가려고 자리에서 일어서니까 그는 정색을 하고 나를 바라보았다. "정신과 의사인지 뭔지 하는 사람들과는 더는 시간 낭비하지 마세요." 그는 마치 입에 담지 못할 말이라도 되는 것처럼 그 단어를 입에 올렸다. "증세를 놓고 아무리 떠들어보았자 상태는 조금도 나아지지 않습니다. 적절한 의학적 도움을 진작에 제공하지 못한 점 거듭 죄송하다는 말씀 드립니다. 그런데," 내가 문을 열고 나가려는데 그가 덧붙였다. "재미있네요, 한때 수녀이셨다면서요. 측두엽 간질 환자분 중에 신앙인이 많거든요!"

나는 멍한 상태로 거리를 걸었다. 사람들은 간질로 진단이 나면 열이면 열 이것을 흉보로 받아들이겠지만 나한테는 더없이 기쁜 소식이었다. 지저분한 건물, 처마 주위에서 더러운 날개를 퍼득거리는 런던의 병든 비둘기, 휴지가 널린 길바닥, 넘쳐나는 쓰레기통 같은 도시의 치부도 내게는 아름답게 비쳤다. 정말로 오랜만에 나의 감각을 믿어도 되겠구나 하는 자신감이 들었다. 내 정신이 글러먹은 것도, 돌이킬 수 없을 만큼 망가진 것도 아니라는 것을 이제 나는 알았다. 나는 정신병자가 아니었다. 따라서 정신병동에 갇혀서 여생을 보낼지 모른다는 것은 기우였다. 나는 세상을 다시 얻은 기분이었다. 태어나서 어쩌면 처음으로 내 인생을 책임질 수 있겠다는 자신감이 들었다.

병 자체는 나한테 크게 문제 될 것이 없었다. 제이콥을 돌보면서 간질은 얼마든지 감당할 수 있다는 사실을 나는 경험으로 알았다. 간질은 또 아주 흔했다. 울프 박사 말로는 해마다 영국에서만 25,000명의 간질 환자가 새로 생긴다는 것이었다. 간질은 꽤 유명한 병이기도 했다. 도스토예프스키, 반 고흐, 귀스타브 플로베르, 풍경화로 유명한 영국 화가 에드워드 리어, 율리우스 카이사르, 알렉산드로스 대왕

절망 속의 엑스터시 317

이 모두 간질을 앓았을 가능성이 높다. 나중에 알고 보니 테니슨도 간질을 앓았다. 비현실의 막을 통해 삶을 응시하고 신이 들린 듯한 정신의 상태를 묘사한 그의 시에 내가 끌린 것도 무리는 아니었다. 하지만 테니슨은 평생토록 그 병을 두려워하면서 살았다. 간질은 그의 한평생을 어둡게 만들었다. 테니슨과 한 형제인 에드워드는 간질을 앓는다는 이유로 정신병원에 오래 갇혀 살았다. 100년 전만 하더라도 간질은 수치스러운 병이었다. 성욕 이상이 간질을 낳는다고 믿는 사람들이 많았다. 그래서 간질 환자를 거세하고 할례하고 투옥했다. 하지만 이제는 아무도 그렇게 생각하지 않았다. 내 주머니에는 간질 증세를 다스리는 약의 처방전이 들어 있었다. 주기적으로 나를 지옥에 빠뜨렸던 그 체험을 두 번 다시 맛보지 않을 수도 있었다. 설령 측두엽 발작이 다시 일어난다 하더라도 적어도 이제는 원인을 아니까 상관없었다. 정말로 무서웠던 것은 내가 돌아버릴지도 모른다는 두려움이었으니까.

그래서 친구들이 나처럼 다행스러워하지 않고 심지어는 그런 진단을 부정하려 드는 모습을 보면서 나는 은근히 놀랐다. 병 때문에 딱 하나 힘든 점이 있다면 그것이었다. 고정관념은 떨쳐버리기가 쉽지 않다. 간질은 아직도 받아들이기 어려운 병으로 여겨지는 측면이 있다. 알고 보니 사람들은 자꾸 원인을 다른 데로 돌리려 든다. 그건 어디까지나 몸에 일어난 탈이라고, 태어날 때 입은 상처라고 설명을 해도 친구들은 떨떠름한 표정을 지으면서 요지부동이다. 그것은 심리적 갈등이나 노이로제의 결과라고 생각을 해야 직성이 풀리는 모양이다. 신경의학에 대해서 아는 것이라곤 쥐뿔도 없는 사람들이 이 문제에 대해서는 한사코 고집을 꺾지 않는다. 어떤 사람들은 내가 간질 이야기를 하면 마치 내가 못할 말이라도 한 것처럼 얼른 화제를 돌린다. 내가 당뇨나 고혈압을 앓는다면 사람들은 절대로 그런 반응을 보이지 않을 것이라고 장담한다.

나를 정신병원에 집어넣어야 한다는 생각을 한 사람은 물론 아무도 없었지만 사람들의 반응은 나의 간질이 분위기를 서먹서먹하게 만들 수 있는 하나의 요인이 될 수 있다는 것을 의미했다. 간질이라는 진단을 받기 전까지 나는 가급적 사람들과 가깝게 지내는 것을 피했다. 사람들 앞에서 이상한 발작을 할까 봐 겁이 나서였다. 그러다 보니 사회 생활에 적응하기가 쓸데없이 너무 힘들었고 지옥도 같은 상황에 방치되어 내 정신의 씻어지지 않는 어두운 기억만을 바라보면서 살았다.

하지만 1976년의 그 화창한 봄날 오전 울프 박사의 진료실을 나섰을 때는 그런 어려움이 닥치리라는 생각은 전혀 안 들었다. 나는 이제는 살았구나 싶어서 마냥 기쁘기만 했고 그 기쁨은 아직도 완전히 가시지 않았다. 아직도 사면을 받은 듯한 착각 속에서 산다. 간질이라는 진단을 받았을 때 나는 믿기지 않는 운명의 반전 앞에서 환호성을 지르고 싶다는 마음뿐이었다. 앞으로 살아갈 수 있겠구나, 그런 생각을 하면서 나는 거리를 걸었다.

더는 잃을 게 없다

그해 말 나는 옥스퍼드로 가서 제니퍼 하트와 만나기로 약속한 시내 성당으로 걸어갔다. 그녀는 제이콥이 세례를 받게 할 생각이었다. "왜요?" 그 말을 듣고 내가 물었다. "하나도 안 믿잖아요. 그런데 왜 세례를 받아요?"

제니퍼는 그때 한숨을 내쉬었다. "하나라도 빠지면 안 될 거 같아서 말이야." 그녀가 할 수 있는 말은 그것뿐이었다. "제대로 다니게 하고 싶어서 그래." 제이콥은 당연히 세례식을 하는 의미 같은 것은 이해 못하겠지만 의식을 하는 동안 마음 어딘가에서 무엇인가를 느끼리라는 희망이었다. 도미니쿠스 수도회 신부들은 꽉 막힌 사람들이 아니었기 때문에 세례를 해주마고 했다. 그리고 그날 오후가 세례식이었다. 무슨 놈의 고약한 팔자인지 내가 제이콥의 대모 노릇을 해야 했다. 비록 신앙을 잃어 가던 시절에 한 일이긴 했지만 제이콥을 종교의 세계로 인도한 사람은 어디까지나 나였기 때문이었다. 제이콥은 이중으로 나의 분신이었다. 우리는 주변이 끔찍해 보이게 만드는 질병으로 하나가 되어 있었다. 제이콥을 보살피는 동안 경험이 쌓여서 진단을 받고 나서도 별로 충격을 받지 않았으니까 나로서는 고마운 노릇이었다. 그런데 이제는 나 대신 교회까지 본격적으로 다니게 된 것이다.

제프리 프레스턴 신부는 이층의 작은 예배실에서 식을 하기로 결정했다. 제니퍼는 벌써 와 있었다. 단단하게 깍지를 낀 두 손을 무릎 위에 얹고 잔뜩 긴장해서 앉아 있었다. 마음이 편치 않아 보였다. 하지만 제이콥은 무언가에 귀를 기울이는 것처럼 고개를 한쪽으로 기울이고 생각에 잠긴 얼굴로 얌전히 앉아 있었다. "오늘은 특별한 날이다, 그치?" 제이콥이 다 들리게 귓속말을 했다. 나는 제이콥 옆자리에 앉았다. 다른 사람은 없었다. 믿는 사람과 믿지 않는 사람이 뒤섞인 기묘한 4인조였다. 제이콥한테야 어차피 신앙은 중요한 것이 아니었지만.

"제이콥," 제프리가 입을 열었다. "세례식에 쓸 향 좀 피울까?"

제이콥의 눈이 번쩍 뜨였다. "신부님," 들릴락말락 하게 속삭였다. "내가 해도 돼요?" 나는 제프리한테 눈웃음을 지었다. 아이가 이 순간을 얼마나 고대했는지를 우리는 알 수 있었다.

"이리 와볼래." 제이콥은 두 손을 무릎에 얹고 향로 위로 몸을 수그렸다. 금발 머리가 신부의 더 진한 금발 머리에 가까이 갔다. "하나, 둘, 셋!" 바지직거리는 숯을 보면서 제이콥은 잔뜩 들떠 있었다. "나 좀 봐라! 이거 봐라!" 제이콥은 달아오른 숯 알갱이들 위로 향료를 조심스럽게 뿌렸다. 연기처럼 뽀얀 향이 피어올라서 작은 방을 채였다. 제니퍼가 혹시 언짢아하지나 않나 싶어서 살짝 쳐다보았다. 엄마는 향로를 앞뒤로 살살 흔드는 아들을 보면서 서글픈 미소를 지었다. 자기는 갈 수 없는 곳으로 아들이 가버렸다는 사실을 이제는 인정할 수밖에 없다는 그런 표정이었다. 제이콥의 얼굴은 지금까지와는 전혀 딴판이었다. 고개를 뒤로 젖히고 여보란듯이 향기를 맡았다.

"잘하네." 제프리는 고개를 끄덕였고 제이콥은 재빨리 향로를 받침에다 얹어놓았다. "나 하는 거 봤어, 카렌? 엄마도 봤어?"

제프리는 식을 최소한으로 줄였다. 제이콥 대신 복잡한 교리를 내가 낭송해야 하는 게 아닌가 걱정했지만 그런 것도 없었다. 나한테 부담이 되리라는 것, 그리고 어차피 제이콥한테는 그게 무의미하다는 것을 제프리는 알고 있었다. 마귀를 몰아내는 의식도 생략했다. 악마가 네 안에 있다는 말을 들으면 아이가 무서워할까 봐서였다. 우리는 꼭 필요한 것만 했다. 나는 제이콥 뒤에 서서 대답을 했다. 제이콥은 기도대에 무릎을 꿇고서 꼿꼿하게 허리를 폈다. 두 손을 가지런히 모으고 똑바로 앞만 바라보았다.

"하느님의 교회에서 무엇을 바라는가요?" 신부가 물었다.

"믿음입니다!" 나는 신부를 살짝 쳐다보면서 제이콥 대신 대답했다. 신부는 그 대답에 담긴 아이러니를 받아들이면서 부드럽게 미소 지었다. 믿음이란 게 과연 무엇일까? 방금 전에 우리가 의식을 생략한 것처럼 그렇게 교리를 덜어낼 수 있다면 믿음도 신앙에서 자유로워지는 것은 아닐까? 사람을 믿는다거나 이념을 믿는다거나 하고 말할 때 우리가 느끼는 그런 신뢰감과 자신감을 믿음에서 얻으려는 게 아닐까? 어쩌면 교회는 제이콥한테 그런 믿음을 줄 수 있을지도 모른다는 생각이 들었다. 나는 비록 못 얻었지만. 제이콥을 보니 의식에 푹 빠져들어 있었다.

"믿음이 무엇을 가져다 주나요?" 신부의 말이 이어졌다.

"영생입니다." 다시 대답했다. 천만에, 나는 영원한 생명을 믿지 않았다. 믿음이 그냥 지금 이곳의 삶을 끌어올려준다고 믿어서는 안 되는 것일까? 내가 매달렸던 믿음은 나의 머리와 가슴을 오그라뜨렸지만 그래야만 예수님이 약속한 풍요한 삶이 다가오는 것 아닐까?

"생명으로 들어오기를 정 바란다면," 신부의 말은 이어졌다. "계율을 지키십시오. 주 하느님을 온 가슴으로, 온 영혼으로, 온 마음으로 사랑하고 이웃을 내 몸처럼 사랑하십시오."

듣고 보니 말은 참으로 간단했다. 그런데 왜 우리 자신을 그렇게 꽁꽁 묶어놓았단 말인가? 바늘도 없는 재봉틀을 돌리고 고루한 속죄의 의식을 고집하고 서로한테 쌀쌀맞게 굴었던 말인가? 나 자신을 업신여겨야 한다고 배운 사람이 어떻게 옆사람과 이웃을 사랑할 수 있었겠는가 말이다. 신부님의 말씀 한마디 한마디에 제이콥은 저 혼자 고개를 끄덕거렸다. "온 마음으로"라는 표현은 참으로 가슴을 찌르는 말이었지만, 사랑을 어떻게 하는 것인지를 제이콥도 알았고 도미니쿠스 수도회 사람들도 제이콥을 사랑으로 맞아주었다. 제이콥이 천천히 다가가서 앞에 가만히 서 있으니까 신부는 이마와 가슴에 성호를 그어주었다. 신부가 제이콥의 혓바닥에 소금 몇 알을 놓았을 때 나는 약간 움찔했다. 다른 때 같았으면 그 자리에서 퉤 하고 뱉었을 테지만 지금은 엄숙하게 그것을 삼켰다. 신부는 기다렸다는 듯이 말했다. "소금을 맛본 주님의 종이 앞으로는 굶주리지 않고 하늘의 양식으로 채울 수 있도록 허락해주시기를 비옵나이다."

제니퍼가 옳았다. 제이콥은 말로는 표현할 수 없었지만 무언가에 굶주려 있었다. 나도 한때는 비슷한 허기를 느낀 적이 있었다. 하느님을 가득 받아들여서 그 거룩함으로 좀 더 충만하고 보람 있게 살고 싶었다. 그렇지만 이제는 머리와 가슴이 다 말라붙고 허기도 시들고 오그라들어서 종교 하면 거북하다는 생각부터 들었다. 그래도 제이콥을 보니까 옛날이 그리워지기도 했다. 우리는 아무도 그게 무엇인지 설명할 수 없었지만 제이콥은 교회에서 틀림없이 무언가를 찾아냈다. 제이콥의 얼굴은 맑고 고요했다. 우리 두 사람을 괴롭히는 마귀의 손아귀에서 조금은 벗어난 것처럼 보였다.

"앞으로 좀 숙여보렴." 신부가 부드럽게 말했다. 아이의 머리 위에다 물방울을 흩뿌리면서 약간 목소리를 높이니까 작은 예배실에서 힘찬 기운이 느껴졌다. "성부와 성자와 성령의 이름으로 세례를 하나이다."

제이콥은 아주 만족스러운 듯이 긴 숨을 내쉬었고 제니퍼와 나는 이유는 달랐지만 똑같이 이 평화의 샘물을 나눠 마시지 못한 채 서로 얼굴만 쳐다보면서 빙긋이 웃었다.

1976년의 무덥고 긴 여름을 마지막으로 나는 베드포드 칼리지를 떠나야 했다. 가을부터 교사로 일할 생각을 하니 마음이 울적했다. 논문이 딱지를 맞았으니 대학에는 자리가 나지 않았고 일반 학교에 지원을 하기 시작했는데 처음 이력서를 보낸 학교에서 연락이 왔다. 런던 남쪽에 있는 제법 알아주는 학교였고 한 일 년만 있으면 학과 주임으로 승진할 가능성도 높았기 때문에 조건은 괜찮았다. 하지만 영 마음이 안 내켰다. 감옥의 그림자가 점점 나한테 다가오는 것이 느껴졌다. 날은 무더웠지만 남은 몇 달을 재미있게 보내기로 단단히 마음을 먹었다. 베드포드에는 내 또래의 나이 든 학생들도 있었는데 그 학생들과 친해졌다. 그들은 나를 파티에 부르기도 하고 자기네 친구한테 소개하기도 했다. 뒤늦게 청소년이 된 것처럼 나의 삶은 정신없이 분주해졌다.

그리고 물론 남자도 있었다. 그런 만남을 '연애'라는 말로 미화하고 싶지는 않지만 그래도 기분은 좋았고 호감도 느껴졌다. 내가 이 책에서 이른바 '애정 생활'에 대해서 한마디도 하지 않은 것은 번번이 벽에 부딪쳤기 때문이었다. 좀 더 심각한 관계는 하나같이 고약했고 더러웠고 얼른 때려치우고 싶다는 마음만 들었다. 지난해 여름 뉴욕 주에서 약간 위로 올라간 곳에서 게이 친구 두 명하고 저녁을 먹은 적이 있다. 그 자리에서 그들은 내가 독신으로 지내는 이유가 궁금하다면서 이것저것 꼬치꼬치 캐물었다. 아마 실은 나도 동성애자라고 내가 실토할 줄 알았던 모양이다. 내가 '실패한 이성애자'라고 밝히니까 그들은 뿌듯해했고 마침 우리 옆에서 포도주를 따고 있던 종업원은 화들짝 놀랐다. 나는 남자를 너무너무 좋아하고 연애도 많이 해봤지만 남자들이 나를 여자로 보지 않는 것 같다고 덧붙였다. 그들은 무슨 이런 경우가 있나 하는 생각이 들 만큼 나 같은 여자는 안중에도 없었고 나를 그저 막역한 친구로, '불알 친구의 하나' 쯤으로 여겼다.

한번은 잉글랜드 사람이 아닌 사람하고 사귀었는데 그 사람은 만나는 내내 나를 자기네 지방의 말로 '자기'가 아니라 '자네'라고 불렀다. 이제 나는 나이가 들어서 남자의 눈에 연연하지 않는다. 그런데 동성애자 친구들한테도 말했지만 내가 어느 정도 성공을 거두었고 돈도 꽤 있다는 사실 때문에 문제가 더 꼬이는 듯하다. 내 또래의 남자들은 그런 걸 도리어 부담스러워한다. 그 소리를 듣더니 종업원이 하는 말이 걸작이었다. "나 같으면 좋기만 하겠다!"

전에 쓴 책에서 나는 내가 처음에 했던 연애 이야기를 조금 써보았다. 그런데 막상 그런 이야기를 하려니까 기분이 별로 안 좋았다. 독자들은 아마 더 괴롭지 않았을까 싶다. 그래서 여기서 굳이 연애담을 다시 꺼낼 필요성을 못 느낀다. 어차피 단 한 번도 잘 된 적이 없다. 논문에서 고배를 마셨던 것처럼 연애는 나하고는 인연이 없었다. 해보려고 해도 내 앞에서는 번번이 문이 쾅 닫혀서 다른 쪽으로 갈 수밖에 없었다. 학자의 길이 막혔던 것처럼 남들이 보통 하는 가정생활을 나는 경험할 수 없었다. 이런 처지와 함께 간질이라는 병까지 있다 보니 남녀가 짝을 이루어 사는 것이 일반화된 사회에서 나는 자연히 외톨이로 남았다.

그래도 내가 왜 남자와 사귀는 족족 실패를 맛보았는지 그 이유를 한번 곰곰이 생각해보았다. 다른 사람들은 잘만 하는 일에 그렇게 서투르다는 것은 아무래도 이상하다. 수녀원에다 잘못을 돌릴 수는 없다고 전부터 생각했다. 나 같은 사람은 예외이기 때문이다. 수녀 생활을 접고 나서도 대개는 금방 짝을 만나서 잘 살았다. 수녀원에서는 그렇게 골골했던 레베카도 지금은 결혼해서 잘만 살고 있다. 그렇지만 같은 경험을 하더라도 사람들의 반응은 저마다 다른 법이다. 수녀원 생활을 하는 동안 내 마음에 차가운 서리가 내려앉은 모양이었다. 수련자로 지내는 동안에는 누구나 당연한 것처럼 받아들이긴 했지만 허구한 날 핀잔만 들으면서 살다 보니까 남한테 사랑을 불러일으킬 수 있겠다는 자신감이 영영 사라진 것이 아닌가 싶었다. 선배 수녀들이 입만 열었다 하면 나의 고약한 '예민함'을 지적하는 통에 강하다 싶은 감정은 나도 모르게 억누르는 버릇이 들었고 결과적으로 이것이 나의 감성을 망가뜨렸는지도 몰랐다.

전통 사회에서 통과의례를 하는 이유의 하나로 청소년이 자신의 성을 긍정하도록 만드는 것을 꼽을 수 있다. 그런데 성의 문제를 도외시하는 수녀원에서는 통과의례를 통해 나 자신이 순결한 처녀가 아니라 남자도 여자도 아닌 수도자로 탈바꿈된 것이 아닌가 싶었다. 그도 아니면, 그 당시의 세태에 대한 나의 단순한 반발일 수도 있었다. 내 또래의 남자들은 대체로 군림하려 들었다. 한번 잠을 같이 잔 남자는 갑자기 독재자가 되어 내 생활을 침범하면서 자질구레한 문제까지 자기 뜻을 관철시키려고 들었다. 마지막으로 사귀었던 남자만 하더라도 글이라곤 편지밖에 써본 적이 없는 사람이 자료 수집은 이렇게 해야 한다, 책은 이렇게 쓰는 것이 좋다, 거만하게 나를 가르치려 들었다. 수녀원에서 나온 다음부터는 나는 이런 식으로 지시하고 속박하려는 사람을 도저히 용납할 수가 없다.

그렇지만 수녀원에서 지낸 대가를 톡톡히 치른다는 생각은 여전히 들었다. 남들이 짝을 찾으러 다니는 시간에 나는 병명도 모르는 병과 혼자서 사투를 벌이면서 나만의 지옥에 갇혀 있었다. 내 머리가 정상인지 스스로도 믿지 못하는 사람이 어떻게 사랑을 느끼고 사랑을 받을 수 있겠는가. 사람들과 아주 멀리 떨어져서 또는 유리벽을 사이에 두고 말을 하는 듯한 느낌, 또는 망원경을 통해 바라보는 듯한 느낌은 제대로 치료를 받으면서 사라졌지만, 그래도 진짜 사람들과 어울리는 것은 여전히 힘이 들었다. 적절한 도움을 못 받다 보니까 자꾸만 내 안으로 기어들었고 그것은 이제 버릇으로 자리잡았다.

나는 고독으로 떠밀린 것일까 아니면 스스로 뛰어든 것일까? 수녀원은 내 발로 걸어 들어간 것이었다. 성직 생활을 그렇게 오래하도록 누구한테 강요를 받은 것도 아니었다. 요즘 들어서 나는 내가 고독에서 벗어나지 못하는 것은 내 안에 뭔가 더 깊은 사연이 있기 때문이 아닌가 하는 생각을 조금씩 하는데, 아직은 나도 그 실체를 정확히 모르겠다.

베드포드 칼리지에서 보낸 마지막 여름을 나는 신나게 즐겼다. 베드포드 칼리지가 속한 런던 대학에서 운영하는 서머 스쿨에서 외국 유학생을 대상으로 영어를 가르치면서 여섯 주 동안 시내 한복판 블룸스버리에서 살았다. 전에도 서머 스쿨에서 강의를 한 적이 있었지만 이번에는 그야말로 내가 떴다. 내가 하는 강의와 수업은 인기가 좋아서 사람들로 바글거렸고 나를 따르는 문학도들도 조금이지만 생겼다. 이제 막 정이 들고 편안해지려는 순간에 부득이 대학을 떠나야 한다는 생각을 하니 사람 일이 참 얄궂다는 생각도 들었다. 낮에는 열심히 공부했지만 저녁에는 하루도 거르지 않고 학생들과 직원들이 파티를 열었다. "너무 달라졌어요." 어느 날 점심을 먹다가 한 직원이 나한테 한 말이었다. "작년 같았으면 감히 선생님한테 말도 못 붙였을 겁니다. 다가갈 수가 없더라구요. 무슨 일이 있었습니까?"

무슨 일이 있었다기보다는 마침내 제대로 된 치료를 받은 것이 전부였다. 나는 긴장의 끈을 놓을 수 있었다. 더는 잃을 게 없다 싶으니까, 남아 있던 장벽이 허물어지면서 수녀원을 나오고 나서 처음으로 사람들과 쉽게 어울릴 수 있었다. 나도 학생들과 동료들과 함께 있는 것이 좋았고 그들도 나와 같이 있는 것을 좋아했다. 어느 날 밤 런던 한복판에 있는 러셀 광장의 잔디에 드러누워 함께 신나게 놀던 사람들과 밤하늘의 별을 올려다보았던 기억이 난다. 몇 시간 뒤에 300명의 청중 앞에서 필립 라킨이라는 시인에 대한 강연을 해야 하는데도 마음이 그렇게 편할 수가 없었다. 나는 행복했다. 그것은 나로서는 낯선 감정이었다. 하지만 그동안 겪었던 모든 일에도 불구하고 그 순간만큼은 편하고 고마웠다. 저 별들 너머에는 아무것도 없다. 나는 몽롱한 정신으로 그런 생각을 했다. 신은 없고 하늘은 텅 비어 있다. 엘리엇의 말마따나 "시간은 늘 시간이고 자리는 늘 자리일 뿐"이었다. 우리에게는 그것밖에 없었다. 그날 밤 나는 뒤도 안 보고 앞도 안 보고, 있지도 않은 것을 그리워하지도 않으면서, 처음으로 온전히 순간만을 의식했다. 눈앞의 순간은 지내기 나쁘지 않았다.

나를 향한 용기

평범하게 살기 싫다 | 글쓰기가 나를 치유할 수 있을까?
좁은 문으로 | 낯선 세계의 유혹

평범하게 살기 싫다

 몇 주일이 지나서 1976년 9월부터 새 직장에 나가기 시작하면서는 기분이 영 좋지가 않았다. 학교는 빅토리아 시대의 답답한 공장 같았다. 크기만 하고 멋대가리라곤 없는 창문이 달린 빨간 벽돌 건물은 참 볼품이 없었다. 세월이 흐르면서 주먹구구식으로 증축을 하는 바람에 덩치만 어마어마해진 건물이 런던 남동부의 녹지대도 많고 동네도 좋은 덜리지의 드넓은 부지를 볼썽사납게 차지하고 있었다. 정문으로 걸어 들어가면서도 내 인생의 새로운 단계가 시작되는구나 하는 흥분보다는 이제부터 감옥살이가 시작되는구나 하는 느낌이 더 강하게 들었다.
 이 학교에 운 좋게 자리를 잡았다는 것을 나도 모르지 않았다. 런던에 있는 여학교 중에서는 알아주는 사립 학교였다. 공부를 많이 시켜서 과학도 수준이 높았지만 아직까지도 그리스어와 라틴어를 가르쳤다. 나는 '보조 교장'(이 고루하고 모호한 명칭이 재미있었다)으로 임명되었지만 이듬해부터는 영어과 주임을 맡아 꾸려 나가기로 내정되어 있었다. 면접을 하는 자리에서 영어과 주임을 맡고 있던 펄은 자기는 조만간 은퇴할 생각이라며 인수 인계는 별로 걱정하지 않아도 된다고 나한테 말했다.

"다람쥐 쳇바퀴 도는 거 같은 생각이 점점 드네요." 그녀는 특유의 느리고 거들먹거리는 듯한 말투로 이야기했다. "이십 년 넘게 이 일을 했으니까."

"이십 년이요!" 나는 질렸다. 단 20분도 견디기 힘들어서 시계만 쳐다보고 있던 나였다.

"이십 년은 붙어 있어야 하는 데가 있는 법이에요." 그녀는 천연덕스럽게 대꾸했다.

맞는 말이었다. 하지만 처음 출근한 날 아침 전교생이 기도를 하는 자리에서 나는 이곳에서는 제발 그렇게 오래 있지 않게 해 달라고, 있지도 않은 하느님한테 빌었다. 공부를 많이 했다는 이유로 대입 준비반을 맡게 되었으므로 나는 이층에서 고학년 학생들과 함께 서서 여학생한테는 잘 안 어울리는 남자옷 같은 교복을 입은 학생들로 빽빽이 메워진 강당을 내려다보았다. 여교장이 무대로 뚜벅뚜벅 걸어나갔다. "온 마음을 다해!" 생기 없이 심드렁하게 내뱉는 교장의 목소리를 듣는 순간 나는 땅이 꺼지는 듯한 절망감을 느꼈다. 정말이지 그곳을 떠나고 싶었다.

하지만 뾰족한 수가 없었다. 성직을 떠난 이후로 7년 동안 정말 먼 길을 걸어왔지만 이제는 좀 괜찮아졌구나 하는 생각이 든 것은 겨우 몇 달 전부터였다. 내가 미치지나 않았을까 더는 불안하지도 않았고 가까운 친구들도 생겼고 나름대로 재미있게 살고 있었다. 내 평생 처음으로 집이라는 것도 생겼다. 안정된 직장과 일정한 소득이 있으니까 주택 융자를 얻을 자격이 생겨서 아스날 축구 팀 경기장 부근의 하이베리라는 곳에다 방 하나짜리 아파트를 샀다. 토요일 오후면 주말마다 열리는 시합을 보러 경기장으로 몰려든 팬들의 함성으로 동네가 떠나갈 것 같았다. 집은 내가 이 세상에 뿌리를 내리기 시작했음을 뜻하는 중요한 상징이었다. 한때는 영원히 불가능할 것처럼 보였지만 이제 나도 세상에서 발 뻗고 누울 자리가 생긴 것이다.

그렇지만 이런 장족의 발전에도 불구하고 논문 통과에 실패하여 대학에서 쫓겨났다는 사실은 나를 심리적으로 크게 위축시켰다. 겨우 마음을 다시 추스르기는 했지만 내 능력에는 믿음을 가질 수가 없었다. 전혀 다른 분야로 진출한다는 것은 감히 생각도 할 수가 없었다. 얼마 전에 겪은 안 좋은 일로 만신창이가 되어 있었기 때문에 새 일을 시작한다는 것은 엄두도 낼 수가 없었다. 나한테는 휴식이 필요했다. 지금은 회복기에 있었으므로 야심을 품고 새로운 일을 시작하기에는 역부족이었다. 이런 자리 얻은 것만도 다행으로 알아야지, 스스로 그렇게 자꾸만 되뇌었다. 지금 가지고 있는 것으로 만족해야지. 다시 옛날로 돌아갈 수는 없다. 남은 데서 기운을 얻자.

그렇지만 새로 산 집이 워낙 멀다 보니까 새 일터에 적응하는 것도 만만치 않았다. 집이 있는 하이베리는 런던 북쪽이니까 학교와는 끝에서 끝이었다. 그런데 사실은 그럴 만한 이유가 있었다. 간질이 있으니까 운전은 생각도 하지 말라고 의사들은 엄포를 놓았다. 학교가 있는 런던 남동부는 대중 교통편이 안 좋았다. 덜리지는 지하철도 안 다니니까 차가 없으면 출퇴근하기가 너무 불편했다. 지난 몇 달 동안 새로 사귄 친구들은 대부분 런던 북쪽에 살았는데 앞으로는 그 친구들이 아주 중요하다고 나는 우겼다. 하던 일에서 좌절을 겪었으니까 사람들 만나는 낙이라도 있어야 하지 않겠느냐는 논리였다.

하지만 하이베리에 집을 산 진짜 이유는 학교에서 될 수 있으면 떨어져 살고 싶었기 때문이었다. 저녁에 퇴근을 할 때는 북쪽이 가까워질수록 마음이 가벼워졌다. 버스가 마침내 로즈버리 거리로 꺾어져서 새들러즈 웰즈 극장이 나오고 이즐링턴이 다가오면 나는 다른 여자가 된 듯한 느낌이 들었다. 반대로, 버스가 오전의 혼잡한 차량을 뚫고 의사당을 지나 웨스트민스터 다리에서 템스 강을 건너면 우울해졌다.

직장에서 그렇게 멀리 떨어져 사는 것은 어떻게 보면 정신나간 짓이었다. 출퇴근은 장난이 아니었다. 박봉 가운데 상당액이 융자금 상환에 들어갔으므로, 시간이 절반으로 줄어들 것이란 사실을 뻔히 알면서도 교통비가 비싸게 먹히는 지하철이나 기차를 이용할 수가 없었다. 그 대신 미덥지 못한 버스를 타고 런던 남동부까지 꼬불꼬불 돌아서 갔다. 할머니한테 물려받은 좀도 먹었고 모양도 희한한 털외투(겨울옷을 새로 장만할 여유가 없었다)를 입고 아침 6시 30분이면 집을 나서야 했다. 차가운 바람에서 피부를 보호하려고 베이비오일을 발라 얼굴은 번질거렸다(172번 버스 승객들한테 예쁘게 보이려고 화장하는 데 돈을 낭비할 수는 없었다). 아무 일이 없으면 (그런데 버스가 안 온다든지 고장 난다든지 무슨 일이 있을 때가 참 많았다) 8시 15분쯤에는 헌 힐에 도착하고 거기서부터 학교까지 2킬로미터 좀 안 되는 길은 걸어서 갔다. 저녁 때는 망할 놈의 버스를 30분 이상 기다릴 때도 있었다. 그래도 난 사서 그런 고생을 할 만한 가치가 있다고 보았다. 학교 일이 마음에 들지 않았으므로 조금이라도 학교에서 먼 데서 살고 싶었다.

분명히 말하지만, 학교에 무슨 큰 문제가 있어서 그런 것은 아니었다. 실은 학교에서 많은 것을 느꼈다. 학생들은 대부분 학교를 좋아하는 것 같았고 교사들도 훌륭하고 가르치는 수준도 높았다. 인간미도 있었다. 내가 학교를 다닐 때만 하더라도 지겹거나 벌벌 떨든가 둘 중의 하나였는데 여기는 정말로 그렇지가 않았다. 너무 좋아서 환장을 하겠다는 그런 수준은 아니었지만, 가르치는 재미도 꽤 쏠쏠했다. 사람들은 내가 고학년 수업을 더 재미있어할 거라고 여겼고 나도 그렇게 믿었지만 뜻밖에도 내가 더 끌린 것은 저학년 수업이었다. 찰스 디킨스와 셰익스피어 같은 작가는 따분하게 여길 줄 알아야 친구들 사이에서 왕따당하지 않는다는 사실을 아직 깨닫기 전에 이런 작가들의 글을 처음 접하는 아이들의 모습을 지켜보는 것이 좋았다.

가끔은 나 자신이 수업에 푹 빠져드는 경험도 했다. 누구한테나 좋은 친구, 마음에 드는 연인이 되기 어려운 것처럼 모든 학생한테 좋은 선생님이 되기는 어렵다. 그렇지만 내가 그런 대로 괜찮게 가르친다는 생각은 들었고 수녀원을 나오고 나서 처음으로 경제적 안정을 누린다는 것도 생각해보면 고마웠다.

문제는 학교에 있는 것이 아니라 나한테 있었다. 아주 권위적인 조직에 다시 몸을 담으니 나한테 좋을 리가 없었다. 복종과 순응이라는 비겁한 버릇이 다시 살아나는 게 아닌가 싶은 생각이 문득문득 들었다. 신앙 생활의 굴레로부터 벗어나 앞으로 나아가지 못하고 제자리걸음을 하는 게 아닌가 싶었다. 어떨 때는 땅이 쑥 꺼지는 듯한 느낌이 들어서 무서웠다. 학교 생활이 여러 모로 수녀원 생활과 너무나 비슷했기 때문이었다. 교장은 보기 드물게 카리스마가 있고 능력이 뛰어난 여자였다. 그렇지만 다른 교사들 말을 들으니 교장 노릇도 참 문제가 있구나 싶었다. 학교라는 폐쇄된 세계에서 거의 전권을 행사하다 보면 교장은 자기 도취에 빠지기 마련이었다. 그래서 내가 다니던 학교의 교장도 마치 신경질 많은 엄마가 자식 다루듯 교사들을 대했다. 어떨 때는 입에 침이 마르도록 칭찬을 하다가도 다음 순간에는 뾰족한 이유도 없이 화를 내면서 무슨 제안이나 기안을 올려도 사람 무안하게 사사건건 퇴짜를 놓고 하는 일마다 찬물을 끼얹었다. 그러다가 몇 주일 뒤에는 다시 간이라도 빼줄 것처럼 공치사를 늘어놓았다. 교장이 재채기만 한 번 해도 긴장을 해야 하는 그런 분위기였다. "교장 선생님 열 받으셨어요!" 교감은 마치 3차 대전에 버금가는 큰 일이라도 난 것처럼 겁을 주었다.

교장의 약점 하나는 소리에 병적으로 민감하다는 것이었다. 청소년들로 바글거리는 건물에서 일해야 하는 사람에게 그것은 불행한 병이었다. 매시간 우리는 교대로 '복도 근무'를 하면서 교장실 입구에 앉아 아이들이 시끄럽게 떠들며 걸어서 교장의 심기를 불편하게 만드는 일이 없도록 신경을 썼다. 어떨 때는 코앞에 교실을 두고 학생들더러 말도 안 되게 먼 길로 돌아서 가라고 할 때도 있었다. 우리는 말도 안 되는 시간 낭비라고 생각했다. 이 짓을 하려고 교직에 몸담은 것은 아니었다. 교장실은 우리가 커피도 마시고 쉬기도 하는 교직원 휴게실 바로 밑에 있었기 때문에 교장은 우리가 너무 시끄럽게 군다면서 허구한 날 불평을 해댔다. 나는 제일 시끄러운 사람의 하나로 지목되었다. 심심하면 교장 비서가 미안한 표정으로 고개를 빼꼼 들이밀었다. "암스트롱 선생님, 너무 죄송하지만, 좀 살살 웃어주세요."

또 호치키스를 한번 쓸 때마다 한바탕 난리가 벌어졌다. 시험 기간에는 수백 장이나 되는 시험지를 호치키스로 찍어야 했는데 그걸 할 만한 데가 교직원 휴게실밖에 없었다. 한 번에 두세 명의 교사가 호치키스를 하나씩 들고 작업을 해야 했다. 평범한 사무용 호치키스라서 쿡 탁 하는 정도로 소리도 결코 요란하지 않았다. 책상이 작아서 종이를 바닥에 깔고 거기서 작업을 했는데, 그러면 밑에서 어김없이 한숨이 잇따라 터져나오는 바람에 다른 방법을 찾을 수밖에 없었다. "바닥 때문에 소리가 더 울려요!" 교장은 죽는 소리를 냈다. "얼마나 시끄러운지 당해보지 않은 사람은 모른다니까!" 당연히 알 수 없었다. 그래도 우리는 이것저것 안 해본 것이 없었다. 처음에는 무릎 위에 놓고 호치키스를 눌렀다. 그래도 불평이 튀어나왔다. 다음에는 무릎 위에다 쿠션을 깔아 소리를 죽이려고 했지만 소용이 없었다. 매트리스를 수십 개 깔아놓은 침대 밑에 있는 콩 한 알 때문에 뜬눈으로 밤을 지새우는 바람에 왕족의 피가 몸에 흐른다는 사실이 밝혀진 동화 속 공주 이야기가 생각났다. 한번은 수업을 끝내고 가보니 동료 넷이서 교직원 휴게실 밖 복도에 엎드려 엉덩이를 하늘로 쳐들고 호치키스를 찍고 있었다. 이런 소음을 들으면서 도저히 일을 할 수 없다면서 화가 머리끝까지 난 교장한테 교직원실에서 쫓겨난 것이었다.

우리는 소리에 극도로 예민해졌다. 한번은 프랑스어를 가르치는, 사람은 좋지만 약간 둔한 여선생님이 커피 탁자에 걸려 그대로 쾅 넘어졌다. 그분은 얼굴이 하얗게 질려서 오른 팔목을 감싸쥐고 (나중에 보니 팔목이 부러져 있었다) 기를 쓰고 일어나면서 겁에 질려서 내뱉는 것이었다. "소리내서, 어떡해!" 우리는 그 선생님을 도우러 달려갈 생각도 못하고 자리에 그대로 얼어붙은 채로 앉아서 이제나저제나 호통이 튀어나오려나 하고 바닥만 바라보았다.

어이없는 일은 그뿐이 아니었다. 우리는 복사기도 마음대로 쓸 수 없었다. 종이를 너무 '낭비'한다는 이유에서였다. 교장은 왜 이런 절약을 해야 하는지 교사들을 모아놓고 장광설을 늘어놓았다. 수업에 쓸 인쇄물을 정 만들고 싶은 사람은 낡은 고물 기계를 써야 했는데, 조작이 너무 복잡해서 나는 한 번도 써본 적이 없었다. 그러다 보니 자연히 교사들은 따분하게 '분필과 말'에 의존할 수밖에 없었다.

그리고 과자 장부도 있었다. 우리는 휴식 시간에 커피를 끓여 마실 주전자도 각자 가져와야 했다. 학교는 인심 좋게 우유와 뜨거운 물을 공짜로 대주었고 과자도 제공했지만 과자 값은 내야 했다. 과자를 먹을 때마다 작은 공책에다 정확한 시간과 함께 일일이 적어놓아야 했다. 과자도 종류마다 가격이 달랐다. 교사가 모두 70명이었으니까 공책은 어지럽기 짝이 없었다.

오전 10시 45분 힉스: 로열 스코츠 3 = 4.5펜스 + 커스터드 크림 1 = 2펜스

오전 10시 46분 레이턴: 진저 너츠 2 = 3펜스

오전 10시 48분 솜즈: 커스터드 크림 1 = 2펜스 + 로열 스코츠 1 = 1.5펜스

이런 식이었다. 하루가 끝나면 이런 기록이 수십 줄 쌓였고 학기가 끝날 때마다 수학과의 재수 없는 젊은 선생님이 각자 얼마씩 돈을 내야 하는지 계산을 해야 했다. 몇 시간은 꼬박 걸리는 작업이었다. 나는 그러지 말고 비용을 똑같이 분담하자고 몇 번이나 제안했지만 쇠 귀에 경 읽기였다. 얼마 지나서는 자꾸만 딴죽을 거는 내가 얄미

워서 우유와 뜨거운 물까지 돈을 받아내는 희한한 방법을 그 사람들이 만들어낼까 봐 겁이 나서 그냥 조용히 있었다.

자연히 만감이 교차했다. 고장난 재봉틀이 생각났고 자존심과 고집을 꺾는다는 명분으로 우리한테 퍼부어졌던 꾸지람도 생각났다. 한번은 교장과 언쟁을 벌인 일이 있는데, 학교를 그만두고 나서도 뭐가 그리 아쉬운지 걸핏하면 학교를 찾아오던 나의 전임자 펄은 교장한테 들었다는 말을 나한테 그대로 전해주었다. "암스트롱 선생을 반드시 꺾어놔야겠어!" 교장의 말은 어처구니없는 발언이었지만 나는 다른 선생님들처럼 그냥 웃어넘길 수가 없었다. 그냥 하는 말이려니 하고 한쪽 귀로 흘려들을 수가 없었다. 교장 눈 밖에 날까 봐 은근히 신경 쓰는 나를 의식하면서 더욱 짜증이 났다. 그도 그럴 수밖에 없는 것이, 나는 권력을 가진 사람에게 이런 반응을 보이도록 세뇌되어 있었던 것이다.

교장의 학교 운영은 수녀원의 높은 사람들처럼 억지스럽고 비합리적일 때가 있었다. 가령 내가 배심원으로 뽑혀 두 주일 동안 나이츠브리지 고등법원으로 출근을 해야 했을 때만 하더라도 그랬다. 교장은 펄펄 뛰었다. "교장 선생님 열 받으셨어요!" 교감이 매일 밤 나한테 전화로 귀띔해주었다. 그래서 나더러 어쩌란 말인가? 교장은 내가 이틀 정도만 나가면 될 거라고 자기 마음대로 생각한 모양이었지만 그렇지가 않았다. 나는 법원의 출석 요구에 응하지 않았다가 벌금이 나오면 대신 물어줄 용의가 있느냐고, 감옥에 끌려가게 되면 보석금을 내줄 마음이 있느냐고 물었다. 겨우 법원에서 풀려나서 학교로 돌아가니까 교장이 어찌나 인상을 쓰는지 차라리 감옥에 가는 게 나을 뻔했다는 생각이 들 정도였다. 그렇다고 교장이 항상 이렇게 못되게 굴었던 것은 아니었다. 학생들은 참 잘 다루었고, 나를 꺾어놓으려 들지 않을 때는, 내 노력을 먼저 알아줄 때는 정말로 친절할 때도 있었다. 그렇지만 이런 식으로 함부로 명령을 받고 '소유물' 취급을 당하는 것은 아무래도 나한테 좋지 않았다.

건강도 문제였다. 예전보다 한결 좋아진 것은 사실이었다. 잘 아는 일을 마치 처음 겪는 것처럼 느끼는 그런 현상은 이제 거의 일어나지 않았지만 가벼운 발작은 아직도 자주 일어났다. 경련을 억제하는 약은 저절로 듣는 게 아니다. 어떻게 해야 발작을 막을 수 있는지 정확히 아는 사람은 아무도 없다. 간질은 워낙 종류가 많기 때문에 환자 한 사람한테 어떤 약을 어느 정도 먹여야 하는지를 알아내는 것도 장난이 아니었다. 시행착오가 필요한 일이었다. 그래서 처음에는 나도 애를 많이 먹었다. 여러 해가 지나서야 의사는 병원에 나를 입원시켜 투약 효과를 정밀하게 검사해서 제대로 된 처방을 알아냈다. 의사는 내 병을 학교 당국에 숨기는 것이 좋겠다고 했다. 세상이 많이 열렸다고는 하지만 간질 하면 아직도 껄끄러워하는 사람이 많아서 취업에 불리하다는 것이었다. 내가 채용 통보를 받은 것은 간질로 진단 받기 전이었으니까 따지고 보면 거짓말을 한 것도 아니었다. 그래서 나는 내 병을 굳이 밝히지 않았다. 내 문제에 침착하게 반응하는 사람은 병원에서 일하는 사람 아니면 간질을 가까이에서 접해본 경험이 있는 사람뿐이라는 사실을 나는 서서히 깨달았다.

샐리도 그런 사람의 하나였다. 언니가 오랫동안 간질을 앓았다고 했다. 샐리는 내가 그 학교에 들어간 지 2년째 되던 해 영어 교사로 부임했다. 교사들끼리 크리스마스 회식을 하는 자리에서 내가 발작 증세를 보인 다음부터 우리는 친구가 되었다. 이 발작은 너무나 경미한 것이라서 아마 학기도 끝났으니 그동안 피로가 쌓인 데다 긴장이 풀려서 졸도를 한 것으로 받아들여질 수도 있었지만 샐리는 대번에 간질이라는 것을 알아차렸다. 동지가 생기니 좋았다. 교사는 아이들한테서 온갖 병균과 감기를 옮기 마련이었다. 몸에 열이 나면 간질 발작이 시작될 확률도 높아졌다. 그래서 한번 바이러스에 감염되면 다른 교사들보다 훨씬 더디게 회복되었다. 병가도 워낙 많이 내니까 위에서 이상하게 생각했다. 수척해 보이고 얼굴에 병색이 돌 때가 많다는 사실도 눈치를 챘다.

교직은 굉장히 고달픈 직업이다. 혼자서 매일 무대 위에서 일곱 시간씩 떠들어야 한다고 생각해보라. 학기가 끝날 때쯤이면 그야말로 온몸이 파김치가 된다. 커피를 마시며 쉴 때도 교사들은 웃을 힘도 떠들 힘도 남아 있지 않았다. 소리가 안 나니까 교장도 잔소리를 하지 않았다. 우리는 가만히 앉아서 허공만 멍청히 바라보았다. 어떨 때는 과자 장부에다 구입한 품목을 적는 것조차 잊어버렸다가 날벼락을 맞기도 했다. 나는 특히 약을 먹다 보니까 몸이 쇠해져서 쉽게 피곤해졌다. 수면 부족과 피로는 나한테는 쥐약이었다. 어김없이 발작으로 이어졌다. 그러니 악순환의 연속이었다. 피로하면 저항력이 떨어져서 아이들이 옮겨준 바이러스에 쉽게 감염되었다. 발작을 하면 몸이 더 피로해졌다.

내가 집에서 쉬는 동안 샐리는 나한테 쏠리는 의혹을 불식시키려고 있는 지식 없는 지식 몽땅 동원해 가면서 열심히 둘러댔다. 얼마 동안은 그런 작전이 먹혀들었다. 하지만 오래 버틸 수는 없었다. 일년에 적어도 여섯 주는 결근을 하니까, 비록 건강한 얼굴은 아니었지만 교장은 내가 꾀병을 부리는 게 아닌가 의심하기 시작했다. 결국 나는 이실직고했다. 그랬더니 교장은 표정이 확 달라지면서 진심으로 나를 걱정해주었다. 교사들한테 꼬치꼬치 간섭해서 탈이지 그러지 않을 때는 교장이 얼마나 인간적인 사람인가를 새삼 느낄 수 있었다.

"다행이에요. 나한테 털어놓지 못한 그 심정도 이해하고. 암, 이해하고말고. 이건 몸에 탈이 난 거니까 얼마든지 다스릴 수가 있어. 노이로제인지 뭔지 마음에 탈이 나서 몸까지 안 좋아지면 그땐 뭐가 문제고 어디서부터 손을 써야 할지 갈피를 잡을 수가 없거든요." 교장은 내가 학교에 꼭 필요한 사람이라고 하면서 병 때문에 피치 못하게 빠져야 할 때는 빠지라고 했다. 당장은 그런 식으로 꾸려 가자고 했다.

그렇게 해서 나는 덜리지에 눌러앉았다. 내가 몸 바쳐 하고 싶었던 일은 아니었지만 안정된 직장이었고 친구들도 있었다. 샐리와 나는 같은 교사 중에서 답답하지 않고 말이 통하는 사람끼리 동아리 비슷한 것을 만들어서 유고슬라비아와 소련 같은 데로 같이 며칠씩 놀러도 다니고 그랬다. 나는 런던 북쪽에 모여 사는 친구들과도 계속 교류했다. 답답한 학교 조직에 대들지 못하는 나의 무기력이 싫었고 마치 자포자기한 사람처럼 인생을 허비하는 내 모습이 싫었다. 일주일을 금요일만 기다리면서 살았고 주말에는 월요일 아침이 오지 않기를 빌면서 살았다. 학기 중에는 방학만 손꼽으면서 살았다. 이 모든 것이 말이 안 된다는 건 알았지만, 평생 처음으로 내가 남들처럼 살아가는구나 하는 안정감을 느낀 것도 사실이었다. 덜리지의 학교에서 일하는 동안은 나한테 이렇다 할 일이 생기지 않았다. 이제 병원에 실려가는 일도 없었고 공개적으로 망신을 당하는 일도 없었다. 드디어 나도 남들처럼 살아가는구나 싶었다. 비록 재미는 없었지만 그래도 소중한 나날이었다. 나에게는 일종의 휴식 시간이었다. 나는 쉴 수 있었고 상처도 조금씩 아물었다.

글쓰기가 나를 치유할 수 있을까?

기도, 하느님, 거룩함, 이런 것은 전부 나와는 상관없는 일처럼 보였다. 나는 아침마다 학교에서 기도를 할 때 멍하니 딴전을 피웠다. 이런 종교 교리가 한때 나한테 그렇게나 중요했다는 사실을 믿을 수가 없었다. "도대체 수녀원에서 어떻게 버텼어?" 동료들은 어이없어 했다. "종교와는 담을 쌓고 사는 것 같은데." 교회에 다니는 선생님도 몇 분 있었지만 그들은 소수였다. 내가 가르치는 학생들은 기독교의 가장 기본이 되는 교리도 모르는 아이들이 대부분이었다.

어느 날 나한테 배우는 열여덟 살 먹은 고학년 학생들이 존 던[†]이 쓴 〈성 금요일. 1613년. 서쪽으로 말 달리며〉라는 시를 이해하지 못해 쩔쩔매고 있었다. 알다시피 성 금요일은 예수가 십자가에 못 박혀 죽은 날이다. 결국 한 학생이 "선생님, 성 금요일이 뭐예요?" 하고 어이없는 질문을 던졌다. 종교 과목을 선택한 몇 안 되는 학생을 데리고 고군분투하는 젊은 선생님을 볼 때마다 측은한 생각이 들었다.

[†] John Donne(1572~1631) 영국의 시인이며 성직자. 젊은 시절에는 연애시를, 만년에는 종교시를 썼으며, 1617년부터 성 바울로 대성당의 사제장을 지냈다.

종교는 끝난 과목이었다.

그렇지만 세상 바깥에서는 종교에 대한 이런 무관심과 회의주의야말로 더 이상해 보이고 심지어는 고루해 보이는 쪽으로 분위기가 돌변하고 있었다. 북유럽 여러 나라는 종교를 부정하는 방법으로 20세기 후반의 특이한 긴장에 대응했다. 하느님은 아우슈비츠 수용소에서 이미 죽었다고 생각하는 사람들이 많았다. 유대인 학살에 교회도 연루되어 있었고 유럽에서 벌어진 두 번의 큰 전쟁을 치르면서 겪은 악몽은 해결할 수 없는 물음을 남겼다. 하지만 다른 지역에서는 양상이 달랐다.

20세기를 순탄하게 겪은 미국은 어느 때보다도 종교적인 나라가 되었다. 2000년까지 미국은 인도 다음으로 신앙을 가진 사람이 많은 나라가 되었다. 중동에서는 아랍과 이스라엘의 분쟁이 수그러들 줄 모르고 30년째로 접어들면서 사회주의와 민족주의라는 세속 이념이 점점 무너져내렸다. 1967년과 1973년 두 번의 전쟁을 치르면서 이스라엘에서도 아랍에서도 종교 열기가 확산되었고 뜨거운 신앙은 갈등을 더욱 고착시켰다. 1978년과 1979년 사이에 세계는 이란 혁명을 넋을 잃고 지켜보아야 했다. 중동에서 가장 안정된 세속 국가로 여겨졌던 나라를 듣도 보도 못한 종교 지도자가 장악한 것이다. 사람들은 충격을 받았다. "종교는 꿈에도 생각 못했다."면서 미국 국무부의 한 관리는 땅을 쳤다.

하지만 1979년은 제리 폴웰(Jorry Falwell)이 이끄는 '도덕적 다수

운동'이 미국 정치에 등장한 해이기도 하다. 이 운동은 오래 가지는 못했지만 하나의 분수령이 되었다. 이때부터 미국에서 대통령이 되려는 사람은 자기가 신앙인으로 거듭 태어났다는 징표를 드러내는 것이 여러 모로 유리했다. 20세기 중반까지만 하더라도 앞으로는 세속주의가 득세할 것이고 세계사에서 종교가 주역으로 나서는 일은 두 번 다시 없을 것이라는 예상이 지배적이었다. 하지만 서서히 분위기가 달라지고 있었다. 근대에 환멸을 느낀 사람들은 세속 문화에서 변두리로 강등되었던 신을 다시 무대 중앙으로 올려야 한다는 충동을 느꼈다.

극단주의자들이 신문의 머릿기사를 장식했다. 이때만 하더라도 나는 그들을 광신도 내지는 위험한 미치광이 집단쯤으로 여겼다. 원칙적으로 나는 종교에 대한 관심을 끊은 상태였으므로, 이 호전적 신앙을 일컫던 '근본주의'라는 것이 저변에 잠겨 있는 빙산의 일각이라는 사실을 깨닫지 못했다. 1970년대 말에 오면, 한 번도 뉴스에 난 적이 없었고 테러와 폭력에 가담하리라는 생각은 꿈에도 해보지 못한 사람들이 세계 여기저기에서 온갖 방법으로 자기들의 신앙심을 드러내고 싶어했고 종교적 가치가 공공 생활에 반영되기를 원한다는 사실을 알리고 싶어했다. 영성(spirituality)과 신비주의도 새롭게 관심을 끌었다. 종교가 돌아온 것이다.

영국에도 근대에 실망한 사람들은 많았지만 영국은 정반대 방향으로 굴러가고 있었으므로 이런 분위기를 감지하기는 쉽지 않았다.

1970년대 중반에 영국을 강타한 불황은 이제 펑크 문화의 절대적 허무주의로 폭발했다. 젊은이는 남녀를 가리지 않고 되도록 추하게, 시체처럼 창백하게 꾸미고 다녔다. 모히칸 족처럼 가운데 머리만 남긴 머리가 유행했고 얼굴은 하얀 분으로 떡칠을 했으며 면도칼과 안전핀(옷핀)으로 몸을 훼손하고 마약으로 정신을 망가뜨렸다. 펑크록을 대표하는 섹스 피스톨즈는 무대에서 토했고 여왕과 신과 예수 그리스도를 씹으면서 모든 가치, 모든 원칙은 죽었다고 요란하게 떠들었다. 믿음 자체가 놀림감이 되었다. 하지만 종교적 근본주의자와 마찬가지로 나머지 영국인은 확실한 것을 찾고 있었다. 낡은 것은 해체되었지만 그것을 대신할 것은 아직 나타나지 않았다. 눈에 익은 경계선과 표지판이 지워지면서 갈피를 못 잡는 사람들이 많아졌다. 미국에서 그런 사람들은 제리 폴웰이나 팻 로버트슨(Pat Robertson)을 따랐고 이란에서는 아야툴라 호메이니를 따랐다. 영국에서는 그런 사람들이 마거릿 대처를 밀었고 그녀는 1979년 5월 4일 총리가 되었다.

마거릿 대처는 "주여, 저를 당신의 평화를 위한 도구로 써주소서!"라는 성 프란체스코의 기도문과 함께 총리로 취임했다. 기도문과는 달리 그녀는 대단히 전투적이었고 영국의 자멸을 우려하는 대중지의 두려움을 우려먹었다. 첫 번째 전당대회에서 그녀는 "우리의 자긍심을 갉아먹고 영국의 과거를 음침한 억압과 실패의 역사로 다시 쓰려는 사람들"을 맹렬히 비난했다. 자기가 '대' 영제국의 영광을 되살리겠노라고 장담했다. 1970년대의 침체기에서 벗어날 수 있는 대안으로 대처를 생각하는 사람이 많았지만 내가 보기에 대처는 확신이 얼마나 위험한 것인가를 보여주는 전형적 사례였다. 호통을 치는 듯한 그녀의 말투, 사치스러우면서도 유난히 깔끔을 떠는 옷차림, 위로 꼿꼿이 세운 머리, 단호한 행동거지는 자타가 인정하는 우월 의식의 표본이 아닐 수 없었다. 옥스퍼드에서 기숙사 규율감을 맡으면서 어처구니없는 고집을 부렸던 그 가련한 프랭클린 교수한테서도 느꼈던 그런 자신감이었다. 대처 총리를 보면서 나는 삶의 확신이라는 것은 차라리 없는 게 좋겠구나 하는 생각을 했다.

대처리즘의 영향에 물들어 영국인은 전에 없이 돈에 집착하기 시작했다. 어떤 사람은 흥청거렸고 어떤 사람은 쪽박을 찼다. 사상 처음으로 수많은 남녀가 런던 거리에서 노숙하기 시작했다. 런던 워털루 역 부근의 한 지하도는 부랑자들이 박스로 거처를 만드는 통에 박스 타운이라는 별명을 얻을 정도였다. 템스 강변 남단의 사우스뱅크에는 결식자를 위한 무료 급식소가 생겼다. 중동에서는 종교적 확신을 품은 사람들이 1981년 10월 안와르 사다트 이집트 대통령을 암살했지만, 영국에서는 대처의 확신에 찬 경제 정책으로 많은 사람이 길거리로 내몰렸다.

내가 경험한 바로는 확신은 사람을 냉정하게, 잔인하게, 비인간적으로 만들었다. 확신은 새로운 가능성을 외면하게 만들었다. 자기밖에 모르는 거만한 사람을 만들었다. 결과도 신통치 않았다. 새로운 이란 정부는 옛날의 왕정 못지않게 억압적이었고, 사다트 암살은 이집트에 새로운 시대를 가져오지 못했으며, 대처리즘도 값비싼 수업료를 치른 뒤에야 실패로 판명이 났다. 이런 식의 확신은 비현실적이었다. 세상이 실제로 돌아가는 이치를 무시했다. 종교를 지닌 사람은 특히 이런 독단에 물들기 쉽다. 대처 정부는 기독교 같은 종교색과는 거리가 멀었지만 그래도 나는 그 속에서 살다 보니까 아무리 좋은 명분을 내걸었더라도 다른 사람의 감정을 함부로 짓밟기 일쑤인 신앙, 독단, 정통 이런 것들이 더욱 같잖게 보였다. 그런 확신 때문에 옛날에 피를 봐서 그런지 더는 그런 데 놀아나고 싶지 않았다.

나는 내 또래 중에서 종교에 조금도 아랑곳하지 않고 살아가는 사람들을 뒤늦게야 사귀기 시작했는데 샐리도 그중의 한 사람이었다. 전에 나와 같은 방을 썼던 수전이나 하트 부부와는 달리 샐리는 무슨 원칙이 있어서 종교라면 질색을 하는 것이 아니라 마치 한겨울에 런던 한복판의 연못에서 수영을 하는 사람을 대하듯 도대체 그런 말도 안 되는 일에 왜 관심을 두느냐는 투였다. 왜 그런 어처구니없는 데 신경을 쓰느냐는 것이었다. 기독교의 기본 교리를 샐리는 도저히 납득하지 못했다. 존 밀턴의 《실락원》을 가르치면서 애를 먹는 눈치기에 원죄의 개념을 조금 설명해주었더니, 기가 막히다는 표정이었다. "지금 농담하는 거 아니야? 그깟 열매 한 알 먹었다고 그 난리를 쳐? 정말 못 말리는 동네네!" 딴은 일리가 있었다. 도대체 무슨 놈의 신이 어쩌다 실수 한번 했다고 해서 인류 전체에 저주를 내리느냐 이 말이었다. 내가 별로 가까이 하고 싶어하지 않는 신이 그런 신이었다.

나도 그 무렵에는 신에 대해서 생각하면 할수록 어쩌면 나는 잠재의식 속에서 신을 늘 싫어했던 게 아닌가 하는 생각이 자꾸만 들었다. 조지 오웰의 《1984년》이라는 소설에 나오는 빅 브라더처럼 내 삶으로 몰래 숨어 들어와 내 일거수일투족, 내 생각과 느낌을 모조리 엿보면서 늘 못마땅해하고 끝없이 당근과 채찍으로 나를 가르치려 드는 게 신이 아닌가 하는 생각이 들었다. 샐리 말마따나 정말 못 말리는 동네였다.

샐리의 부모를 만나고 나서야 나는 왜 샐리가 그렇게 종교에 초연한지 이해할 수 있었다. 샐리의 부모님은 어렸을 때부터 아이들이 종교에 접할 수 있는 기회를 주지 않았다. 그래서 커서도 종교에 대해서 그냥 덤덤할 따름이었다. 샐리의 양친은 모두 귀족 집안 출신이었다. 그림을 그리는 어머니는 남편의 성을 따라 콕번 여사라고 불러야 했지만 그보다는 친정 아버지의 성을 그대로 살려서 필 여사라고 부르면 더 좋아했다. 그녀의 그림에서는 명상의 분위기가 났지만 그것은 신성과는 무관한 세계였다. 바탕이 워낙 따뜻하고 친절하고 재주가 많은 분이었고 어떤 어려운 상황에서도 미소를 잃지 않는 분이었다. 결코 쉽지 않아 보이는 남자와 원만한 결혼 생활을 꾸려 나가는 것도 그런 천성 탓이 아닌가 싶었다.

샐리의 아버지는 경쟁심이 강한 뛰어난 물리학자였다. 2차 대전 때 동료 과학자 몇 사람과 함께 레이더를 처음으로 발견한 분이었다.

하지만 그런 업적도 그분에게는 별 의미가 없었다. 자기 멋에 살고 자신감이 철철 넘치는 그런 분이 아니었다. 20세기 말에 살아가야 한다는 사실을 우울하게 받아들이는 사람, 하지만 그렇다고 해서 흐리멍덩한 종교에서 위안을 찾지도 못하는 그런 사람이었다. 그분은 강아지가 뼈다귀를 가지고 놀듯이 신학적 주제로 속을 썩였다. 신이라는 존재는 그분에게 좀처럼 안 풀리는 방정식 문제 같은 것이었는지도 모른다.

"카렌도 왔으니," 내가 집안으로 들어서기가 무섭게 쩌렁쩌렁한 목소리로 말했다. "신의 문제를 놓고 끝장 토론을 한번 해야겠네."

"당신도 참," 필 여사가 펄쩍 뛰었다. "외투도 안 벗은 숙녀한테 무슨 실례람!"

하지만 로버트 경은 묘하게도 종교인에게는 신뢰감을 주는 모양이었다. 샐리 어머니가 놀리면서 하는 말을 들으니까 돈 몇 푼을 아껴보려고 '머리 불기'라는 희한한 이름을 가진, 남녀가 모두 드나드는 동네 미용실에 노인에게 할인 혜택을 주는 목요일 오후에 이발을 하러 간 모양이었다. 모히칸 족처럼 머리를 희한하게 기른 젊은이들 사이에서 머리 양옆과 뒤를 짧게 친 할아버지가 앉아 있으니 얼마나 튀었을까. 어느 날 오후 평소에 늘 하던 대로 도덕의 실종, 시대의 탐욕과 천박함, 임박한 생태계의 위기 등을 개탄하고 있자니까 머리에 자주색 물을 들이고 팔뚝에 문신을 하고 옷에다 안전핀과 면도날을 주렁주렁 매단 모히칸 족 젊은이 하나가 말없이 종이를 한 장 스윽 내밀었다. 로버트 경은 그것을 읽어보고 얼굴이 하얗게 질렸다. 다음 주에 어린 양 교회라는 데서 열리는 특별 미사에 와 달라는 초청장이었다. 또 한 번은 막 옆집으로 이사를 온 노부부한테 인사차 들른 적이 있었다. "이사하느라 힘드셨죠?" 인사치레로 한마디 던졌다.

"말도 마세요." 노인은 고개를 끄덕거렸다. "그래도 다행히 믿는 분이 있어서 견딜 만해요."

"아, 그러세요?" 로버트 경은 마음씨 좋은 친구가 있나 보구나 하고 한 귀로 흘렸는데 나중에 알고 보니 그 믿는 분은 예수님이었다. 로버트 경은 넌더리를 치면서 집으로 돌아왔다.

"신이라는 게 뭔지 쥐꼬리만큼은 알겠어." 사람의 정신이 어디까지나 이상해질 수 있는지를 다시 한 번 절감하고 아직도 그 충격에서 헤어나오지 못하면서 로버트 경은 뒤에 나한테 말했다. "하지만 어떻게 사람이 예수와 개인적 관계를 맺을 수 있다는 것인지 그것만큼은 도저히, 도저히 이해가 안 가더구만."

나는 고개를 끄덕일 수밖에 없었다. 예수가 지금 살아 있다면 아마 이 노부부가 비싼 밴을 몰고 방방곡곡으로 부와 명예를 싣고 돌아다니는 것을 돕는 것이 아니라 재산을 가난한 사람한테 몽땅 기부하라고 권했을 것이다.

그렇지만 아직 신앙이라는 소리만 들어도 움츠러드는 내가 나도 모르는 사이에 종교로 돌아가는 첫 걸음을 내딛기까지는 신과 담을 쌓고 살아가는 이 가족의 덕도 좀 보았던 것 같다. 콕번 부부는 둘 다

글쓰기를 좋아했다. 그리고 꼬박꼬박 일기를 쓰면서 매일 밤 그날 하루 있었던 일을 적어넣었다. 따지고 보면 그것은 명상의 일종이었고 양심을 되돌아보는 행위였다. 자기의 삶을 이해하는 길이기도 했다. 샐리는 여덟 살 때부터 일기를 꾸준히 썼다. 일년에 한 권씩 썼다는 서가에 가지런히 꽂힌 그 두꺼운 일기장들을 볼 때마다 나는 깜짝깜짝 놀랐다.

"어떻게 일기를 안 쓰고 살 수 있지?" 샐리는 입버릇처럼 말했다. "수녀원에서도 일기를 썼더라면 좋았을 텐데. 그럼 더 빨리 나왔을 거야. 글로 적으면 생각이 훨씬 분명해지거든."

샐리네 가족은 나한테 수녀원에서 보낸 시절을 책으로 쓰라고 볼 때마다 성화였다. "벌써 나온 지 십 년도 넘었잖아." 샐리는 몰아세웠다. "다 까먹으면 얼마나 억울해."

실은 나도 그런 생각을 하고 있었다. 내가 수녀원에서 보낸 시절이 자꾸만 술 안주감 정도로 희화화되고 축소되는 것만 같아서 나도 영 마음이 편치 않았다. 어쨌든 나한테는 중요한 기간이었으므로 그것이 나한테 어떤 의미를 갖는지 제대로 정리하고 넘어갈 필요가 있었다. 나는 서가에 꽂힌 샐리의 일기장을 볼 때마다 곰곰이 생각에 잠겼다. 그것은 창조적인 자기 평가와 발견의 수단이었음에 틀림없었다. 나도 그 비슷한 것을 해봐야겠다 싶었다. 엄마도 같은 생각이었다. 사무실에서 버리는 타자기를 나한테 넘기면서 엄마는 이렇게 말했다. "주긴 주는데 한 가지 조건이 있어. 이걸로 네 이야기를 써야 한다!"

때마침 출판 대리인도 알게 되었다. 샬럿이 집으로 저녁 초대를 했는데 거기서 준을 만났다. 준은 샬럿의 작품이 포함된 단편소설집을 책으로 묶은 편집자였다. 내가 수녀였다는 이야기를 듣자마자 준의 직업적 호기심이 발동했다. "그거 책으로 쓰면 좋겠다." 준의 입에서 바로 튀어나온 말이었다. "아주 괜찮겠는데!"

"제목은 나는 철부지 수녀였다로 하면 되겠네!" 준의 남편이 옆에 있다가 장난을 쳤다.

준은 생각에 잠긴 얼굴로 남편을 쳐다보았다. "그것도 괜찮겠네……." 준은 출판사를 그만두고 저작권 대행회사를 막 차리려 하고 있었다. "농담이 아니라요." 그날 저녁 헤어지면서 준이 말했다. "그 책 내야겠다 싶으면 나한테 알려주세요."

나한테는 너무 빠르다 싶게 일이 진행되었다. 그때까지 나는 미역국을 먹은 논문밖에는 써본 적이 없었는데 준이 생각하는 책은 그것과는 전혀 달랐다. 그런 책을 쓰자면 나의 치부까지 고스란히 드러낼 수밖에 없었다. 그건 마치 얼굴도 모르는 사람 수백 명 앞에서 옷을 홀라당 벗는 것이나 다를 바 없었다. 책은 샬럿 같은 사람이나 쓰는 것이라는 마음도 있었다. 하나부터 열까지 두렵기만 했다. 어떤 일화를 추려야 한단 말인가? 작위적이라는 느낌을 주지 않으면서도 왜곡하지 않고 논지를 정확하게 전달하려면 내 경험을 어떻게 요리해야 하는 것일까? 어떤 문체가 어울리는지 어떻게 안단 말인가? 어쩌다가 샬럿이 타자로 친 원고를 보면 문단 안에 한 문장을 끼워넣은 걸 볼 수 있었다. 원래의 글에 뭔가가 빠져 있다는 것을 어떻게 알길래 저런단 말인가? 그리고 무엇보다도, 솔직히 말해서 나는 글 쓰는 것이 고역이었다. 에세이나 논문을 쓸 때는 늘 도살장에 끌려가는 듯한 기분이 들었다. 한 번도 부담을 느끼지 않은 적이 없었다. 글쓰기는 힘들고 고되고 절망스러운 과정이었다. 말하고 싶은 그대로 쓸 수가 없기 때문이었다. 그런데 감히 어떻게 책 한 권을 쓴단 말인가? 특히 나 같은 전과자는 보나마나 또 한 번 망신을 당할 것만 같았다.

내가 자꾸만 미적거리니까 보다 못해 샐리가 나섰다. 1979년 어느 여름날 저녁이었다. 나는 덜리지에 있는 샐리의 집에서 자고 갈 생각이었다. 매일 저녁 집까지 퇴근을 하려면 너무 힘이 들어서 그렇게 자고 갈 때가 많았다.

"여기 좀 봐." 샐리는 하루 일과를 무사히 끝낸 것을 자축하면서 같이 셰리주를 마시던 거실로 나를 끌고 갔다. 하지만 그날 샐리한테는 다른 계획이 있었다. 방 한구석에 있던 아담한 흰 책상을 말끔히 치워놓았다. 아버지가 손수 만든 책상이라고 한다. 실은 그 책상에서 방정식과 씨름하다가 레이더를 발견한 것이다.

"보통 책상이 아니거든. 행운을 가져올 거야." 연습장과 새 플러스 펜 한 자루를 어느새 갖다놓았다. "지금부터 한 시간 동안 나갔다 올 게. 산보도 하고 장도 보고 어쩌면 브리지드한테도 들를지 모르고. 딱 한 시간만 사라질게. 그러니까 시작해. 당장 앉아서 처음 두 쪽만

써봐. 더도 말고 딱 두 쪽! 축하주는 있다가 다녀와서 하기로 하고."

샐리는 의자를 빼고 스탠드를 켜고 단호한 표정으로 나를 쳐다보더니 밖으로 나갔다.

어쩔 수가 없었다. 나는 앉아서 쓰기 시작했다.

좁은 문으로

"암스트롱 선생님, 아무래도 더는 무리인 거 같네요." 교장은 느긋한 얼굴로 편안하게 말했다. 하지만 단어들은 불길했다. 1981년의 어느 흐리고 바람 부는 여름날이었다. 한 학년이 거의 끝나 가고 있었다. 교장은 잠시 손을 내려다보더니 다시 고개를 들고 나를 보면서 웃었다. "아무래도 보내드려야 할 거 같네요."

등줄기가 서늘해지는 것을 느끼면서 나는 교장의 얼굴을 마주 바라보았다. 올 것이 왔구나 싶었다. 얼마 전부터 의사가 새 약을 조제해주었는데 최근 들어서 구역질이 심해졌고 마음도 몸도 새 약에 적응하느라 애를 먹고 있었다. 약을 겨우 반 알 늘렸을 뿐이지만 몸에 무리가 갔는지 똑바로 걷지를 못하고 술 취한 사람처럼 비틀거렸다. 진찰을 받으러 시간을 자주 빼먹었으니 그것도 좋게 보였을 리가 없었다.

"그러니까 학교를 그만두라는 말씀?" 나는 시간을 벌려고 바보같이 물었다. 어떻게 이 순간에 기지를 발휘하면 적당히 둘러대서 다음 번까지 버틸 수 있지 않을까 싶었다. 하지만 미처 말을 만들기도 전에 교장의 얼굴을 본 순간 그런 희망은 물거품처럼 사라졌다. 그녀의 얼굴은 한없이 너그러웠고, 친절하지만 절대로 바뀌지 않을 가면을 쓰고 있는 것만 같았다. 교장은 고개를 끄덕거렸다.

"선생님 같은 분을 오랫동안 모실 수 있었던 게 우리한테는 너무 고마운 일이었습니다." 그녀는 의자에 등을 묻고 생각에 잠긴 듯 허공을 응시했다. "학교에 많은 도움을 주셨어요. 우리가 선생님께 얼마나 고맙게 생각하고 선생님 덕분에 우리 학교가 얼마나 좋아졌는지 굳이 말씀 안 드려도 아실 거라 믿습니다. 선생님도 우리 학교에서 뭔가 얻은 게 있었으면 하는 바람이구요." 내가 잘 웃지도 못하면서 서둘러 동의의 몸짓을 나타내자 그녀는 잠시 말을 끊고 기다렸다. "그래요. 우리가 당연히 치러야 할 대가라고 생각했기 때문에 선생님의 병을 받아들였지요. 그런데 이제는 조금씩 부담이 되네요. 감당하기가 어려워요." 그녀는 앞으로 몸을 기울였다. 얼굴이 갑자기 어두워졌다. "평교사 같으면 아파도 어떻게 꾸려나갈 수 있겠지만 주임교사는 아무래도 힘드네요."

나는 할 말이 없었다. 구구절절 옳은 말이었다. 다른 학교 같았으면 이렇게 오래 있지도 못했을 것이다. 하지만 그럼 난 앞으로 무슨 일을 하면서 산단 말인가? 나는 한 번 더 매달려보았다. "제가 평교사로 돌아가는 방법도 있지 않을까요?" 그런 말을 하면서도 월급이 깎일 거라는 생각을 하니 속이 쓰렸다. 융자 받은 돈을 갚고 나면 학과 주임으로 받는 결코 넉넉하다고 볼 수 없는 월급으로 겨우 허덕거리며 살기도 벅찼지만, 그래도 깎인 월급이라도 받는 것이 전혀 수입이 없는 것보다는 나았다.

교장은 거절의 뜻을 분명히 밝혔다. "그건 좀 그렇지요. 그렇게는 굴러가기가 어려워요. 후임은 콕번 선생한테 부탁드릴 생각인데 선생님이 밑에 계시면 콕번 선생이 불편하지요. 그리고 승진은 못할망정 강등이라는 건 있을 수 없는 일이라는 거 선생님도 잘 아실테구."

나는 두려움을 삼키려고 창밖을 내다보았다. 한 무리의 소녀들이 깔깔거리며 지나가고 있었다. 교장은 눈살을 찌푸렸지만 짜증나는 것을 꾹 참고 나한테 시선을 돌렸다. "그리고 일 자체도 선생님한테는 너무 무리예요. 보세요. 병색이 완연하잖아요. 실제로 아프잖아요. 주말이면 침대에서 끙끙 앓는다는 소리 들었어요." 할 말이 없었다. 퇴근을 하고 집 부근에서 다시 친구들과 어울리던 것도 옛날 이야기였다. 이제는 금요일 저녁이 되면 한 주일 동안의 격무로 파김치가 되어 집으로 엉금엉금 기어와서 그대로 침대로 들어갔다. 교장은 분명히 쐐기를 박고 나서 할 말을 이어갔다. "선생님한테는 이 일이 안 좋아요. 아직 젊잖아요. 몇 살이더라, 서른여섯? 아직 청춘이지 뭘. 학교 일을 마치면 아무것도 못하고, 그렇게 힘들게 살 필요가 없다구요. 사람 사는 게 아니잖아."

"그럼 전 뭘 하면서 살아야 될까요?" 나는 눈물이 나오려는 것을 꾹 참고 떨리는 목소리로 물었다. 애걸하고 싶지는 않았다. 그리고 어차피 내 경제 사정이야 교장이 걱정할 일이 아니었다. 교장은 별

걸 다 걱정한다는 듯이 큰소리로 웃었다.

"할 일이야 널렸지! 암스트롱 선생님은 재주가 많잖아요. 여기선 그걸 썩히고 있는 거라구. 영문학을 학교가 요구하는 수준으로 가르칠 수 있는 사람은 많아요. 그런데 선생님은 비범한 능력을 제대로 발휘하지 못하고 있어요. 학교 일은 지적으로 자극을 주지도 도전 의욕을 불러일으키지도 못합니다. 잘 아시겠지만. 지겨울 때가 많잖아요."

이번에도 할 말이 없었다. 맞는 말이었다. 문장부호를 어떻게 써야 하는지 가르치러 열네 살짜리 아이들이 있는 반에 들어갈 때면 앞으로 40분을 어떻게 버티나 막막할 때도 있었다. 그렇지만 일은 일이었다. 내가 똑똑하다고 칭찬해주는 건 고마운 노릇이었지만 학교를 떠나서는 그런 능력을 가지고 먹고 살 수가 없었다. 또 한 번 망했구나 하는 그 낯익은 감정에 휩싸여 나는 무릎만 내려다보면서 한동안 할 말을 잊었다.

"그리고 우리가 당장 떠나라는 것도 아니에요." 교장이 기운 차게 말을 이었다. 집행 유예인가 하는 일말의 희망을 품고 나는 고개를 들었다. "그건 말도 안 되지. 우리가 그렇게 막돼먹은 사람들인가요? 적어도 한 학기는 시간을 드려야지요. 이번 학년은 어차피 며칠 있으면 끝나고." 그녀는 가볍게 웃었다. "우리가 그런 식으로 하루 아침에 내팽개칠 줄 알았어요? 학교 이사들하고도 얘기를 했어요. 내년에는 월급은 그대로 받으면서 파트타임으로 나와주세요. 영어 주임은 콕번 선생한테 맡기고요. 그리고 교사 한 분을 더 충원할 생각입니다. 한 해 동안 좀 홀가분하게 지내면서 몸도 추스르고 새로운 일도 물색하고 그러면서 지내세요. 어때요?"

인간적인 제안, 아니 후한 제안이었다. 나는 희미한 웃음으로 고마움을 나타냈다. 하지만 이 거짓된 성원보다는 교장이 처음에 했던 말이 더 진실에 가까울 것이라고 확신했다. 나한테 더는 무리였다. 이제 교직을 얻을 생각은 접어야 했다. 병 때문에 해고되었다는 사실은 두고두고 취업에 불리하게 작용할 것이다. 그렇다면 현실적으로 내가 할 수 있는 일이 무엇일까?

"암스트롱 선생님이야 어차피," 나는 공상에 잠겨 있다가 약간 냉랭한 목소리에 퍼뜩 정신을 차렸다. "돈 걱정은 안 해도 될 테고. 책으로 돈 좀 만졌을 거 아니에요."

아, 책. 그야말로 천신만고 끝에 나온 책이었다.

여섯 주 전에 《좁은 문으로》가 나왔다. 그 책을 쓰면서 정말 너무너무 고생을 많이 했다. 원고를 처음부터 끝까지 꼬박 세 번 다시 써야 했다. 첫 번째 원고는 너무 악에 받쳐 쓴 글이었다. 나는 거기다가 지난 십 년 동안 쌓인 울분과 회한을 몽땅 쏟아부었다. 물론 가장 큰 지탄의 대상은 잔인하고 어처구니없는 수녀 교육이었다. 나 대신 저작권을 팔아줄 준은 원고를 읽더니 속도에 좀 변화를 주는 것이 좋겠다며 몇 가지 다른 서술 전략을 제안했다. 그러고는 핵심을 찌르는 질문을 던졌다. "그렇게 마음에 안 드는 데서 어떻게 그렇게 오래 있었어요?" 나는 아차 싶었다. 그리고 그 길로 새로 원고를 쓰기 시작했다. 나는 마침내 평생을 성직자로 살기로 결심하고 청원자가 되어 처음 며칠 동안 흥분해서 지냈던 일, 예배의 아름다움, 마음이 따뜻했던 선배 수녀들, 그리고 수녀원을 떠나야 할 날이 왔다는 사실을 깨달았을 때 느꼈던 서러움을 떠올렸다. 교단 자체도 고통스러운 자기 변신을 겪고 있었다는 사실도 깨달았다. 나를 수녀원으로 이끌었고 그곳에서 머무르게 만들었던 그 이상주의의 매력에 정말이지 오랜만에 빠져들 수 있었다.

준은 두 번째 원고는 훨씬 마음에 들어했다. 조금 표현을 다듬고 내용을 덧붙인 마지막 원고는 겨우 몇 주 만에 원성되었다. 원고는 출판사들로 넘어갔다. 샐리가 글을 쓰라고 자기 아버지가 만든 책상 앞에 나를 강제로 앉힌 지 일 년 만에 원고는 가장 좋은 조건을 제시한 출판사에 팔렸다.

당연히 교장한테도 책을 쓴다는 말은 했고 방학과 주말에만 글을 써서 수업에 지장이 없도록 하겠다고 약속했다. 교장은 빙그레 웃으면서 행운을 빈다고 했다. 지금 와서 생각해보니 그녀는 내 책이 서점 뒷문으로 슬그머니 들어가서 이름도 모르는 종교 잡지에 두어 주 동안 짤막하게 소개되었다가 금세 매장에서 사라질 그런 책이려니 했던 모양이다. 그런 일은 벌어지지 않았다. 준은 사람들이 많이 보는 일간지에다 연재물 판권을 넘겼다. 신문은 나를 인터뷰한 기사를 사진까지 여러 장 박아서 대문짝만 하게 일요일자에 실었다. 여성지 몇 곳에도 작가 소개와 사진이 실렸고 라디오와 텔레비전 프로에도 몇 군데 나갔다. 아이들은 야단법석이었다. 아침마다 〈익스프레스〉 지를 휘두르면서 학교에 와서 감개무량하다는 듯이 나를 쳐다보았다. 나는 더는 맞춤법이 틀렸다면서 잔소리나 해대는 따분한 선생님이 아니었다. 나는 화려한 과거를 자랑하는 유명인으로 하루아침에 떠버렸다. 물론 그것은 겨우 열흘을 못 넘겼고 내가 학교에서 최후통첩을 받았을 무렵에는 이미 아이들도 식상해 있었다. 교장은 내가 학교를 어수선하게 만들었다는 불평을 한마디도 하지 않았다. 아니, 그럴 필요가 없었다. 불만과 침묵이 뒤섞인 험악한 분위기로 보아 교장의 입장은 너무나 분명했다. 그녀는 자기 밑에 있는 교사가 이런 식으로 유명해지는 것을 바라지 않았다.

사실은 나도 이렇게 유명해지는 것이 마음에 들지 않았다. 《좁은 문으로》를 쓰는 동안 나는 나에 대해서 미처 몰랐던 사실을 알게 되었고 상처도 많이 아물었다. 과거의 경험을 깊이 캐들어 가면 갈수록 내가 과거를 바로잡고 싶어한다는 사실을 깨달을 수 있었다. 하지만 나의 내면 탐구는 언론에서 선정적 기사로 변질되었다. 책에 담겨 있었을지 모르는 섬세한 감성은 '채찍' '눈물' '번민' '피' 같은 소제목이 굵직굵직하게 박힌 〈익스프레스〉 지의 축약 연재에서는 드러날 수가 없었다.

《좁은 문으로》의 마지막 몇 쪽을 끝냈을 때 나는 수녀원에서 보낸 시간이 내 인생에서 가장 뜻 깊은 순간이었다는 사실을 깨달았다. 그 시간은 나를 영원히 바꾸어놓았다. 비록 신앙은 잃었을지 모르지만, 더는 하느님을 믿지 않고 교회의 교리도 받아들이지 않았지만, 그래도 나는 수녀원이 나한테 주마고 약속했던 그 밀도 있는 고양감과 초월감을 아직도 그리워하고 있었다. 나는 속세에서 살아가면서, 존재하지도 않는 신을 여전히 기다리는 수녀였을까?

나는 그 미심쩍은 구석을 좀 더 파고 들어가야 마음이 개운해질 것 같았지만 홍보를 하면서는 그럴 겨를이 없었다. BBC에서는 좀 더 깊이 있는 인터뷰를 해주었지만 싸구려 일간지와 잡지에서는 나를 마치 지옥에서 살아 돌아온 사람처럼 그렸다. 기자들은 수녀원은 역겹고 이상한 동네라는 듯이, 나는 세속 사회에서 너무나 만족스럽게 살아가고 있다는 듯이 썼다. 자, 아늑한 집에서 냄비를 오븐에서 꺼내는 이 모습을 보시라, 〈익스프레스〉지의 사진은 그렇게 말하고 있었다. 전화로 친구와 수다도 떨고, 몸뻬바지 같은 헐렁한 옷도 입고, 펍에서 와인도 한 잔 기울이는 이 여유를 보라! 〈여성 세계〉라는 잡지는 심지어 내가 집 근처에 있는 공원에서 웅덩이를 훌쩍 뛰어넘는 사진까지 찍어서는 굴레에서 풀려나 기뻐하는 모습이라는 뉘앙스를 풍겼다.

나는 어떻게 반박해야 할지 알 수가 없었다. 죽다 살아난 사람이라는 신화에도 일말의 진실은 들어 있었기 때문이다. 내가 더는 가톨릭 신자가 아니라는 것도, 수녀원 생활이 여러 모로 나를 망가뜨렸다는 것도, 다시는 수녀원으로 돌아갈 생각이 없다는 것도 사실이었다. 심지어는 더는 기독교 신자가 아니라는 것도, 교회에 간다는 생각만 해도 속이 울렁거린다는 것도 사실이었다. 기자들은 역경을 헤치고 무사히 생환했으니, 한심한 종교적 세계관에서 벗어났으니 참 장한 일을 했다고 나를 추어올렸다. 그리고 수녀원과 교회와는 모든 인연을 끊었다고 내 입으로 밝힐 때마다 내가 영성과 결별했다는 사실을 조금씩 실감할 수 있었다. 갈피를 잡기 어려운 문제도 일단 말로 표현하면 피부에 와닿는 것처럼. 하지만 이것이 다가 아니라는 생각이 늘 머리 한구석에 남아 있었다.

나는 행복에 겨워서, 세상이 너무 좋아서 폴짝폴짝 하늘로 뛰어오르는 소녀도 아니었고 세상에 완벽하게 적응한 사람도 아니었다. 제이콥이 세례를 받던 날 속으로 생각한 것처럼 더는 내가 신이라고 불렀던 존재에 허기를 느끼지 않는다고 우길 수도 없었다. 《좁은 문으로》를 쓰면서 나를 성직으로 이끌었던 성스러움에 대한 갈망을 나는 다시 떠올렸고 그래서 다시 그것이 되살아나는 것을 느낄 수 있었다. 그렇지만 이렇게 변신과 초월을 그리워해본들 현실에서 내가 무엇을 할 수 있었겠는가? 신이 사라진 세상에서 나는 변신과 초월을 할 수 있는 자리를 찾아내지 못했고 또 그것이 무엇을 뜻하는지도 이해할 수 없었다.

낯선 세계의 유혹

갑자기 교직을 떠나게 된 충격으로 이런 막연한 불안은 뒷전으로 밀려났다. 나는 그야말로 겁에 질렸다. 돈 걱정이 다시 고개를 들었다. 안 그럴 수가 없었다. 내가 처한 상황은 그야말로 한심했다. 신경과 의사는 내가 직장을 잃었다고 하니까 실망을 금치 못했다. "직장에 다시 들어가기는 어려울 겁니다. 이런 경우를 많이 봐서 알아요. 몸 상태가 안 좋아서 자리에서 밀려난 사람한테는 아무도 관심을 안 두거든요." 이 실력 있는 의사 덕분에 1981년 여름 나의 간질은 크게 호전되었다. 교장한테 사직 권고를 받은 직후에 의사는 병원에 나를 두 주일 동안 입원시켜 이 약 저 약을 섞어서 먹인 끝에 드디어 증세를 다스릴 수 있는 최적의 비율을 알아냈다. 하지만 학교 당국을 설득하기에는 이미 늦었다.

이렇게 해서 나는 덜리지에서 마지막 해를 건강하게 보냈다. 가르치는 시간이 크게 줄어드니까 많이 쉴 수 있었고 그러다 보니까 몸도 가뿐해졌다. 하지만 기분은 엉망이었다. 밤에는 우느라 세월을 보내고 낮에는 두려움에 떨면서 보냈다. 무엇을 해야 할지, 어떤 해결 방

책이 있는지 도무지 알 수가 없었다. 의사 말마따나 다시 교직을 구하러 돌아다녀봤자 소용없었다. 그렇다고 해서 새로운 기술을 배우자니 돈이 없었다. 친구들은 내가 《좁은 문으로》를 써서 돈을 많이 번 줄로 알았지만 그렇지가 않았다. 불경기 때문에 출판사에서 받은 선급금은 보잘것없었다. 그 돈으로 한 해, 아니 아주 절약하면 두 해는 그럭저럭 버티겠지만 문제는 그 다음이었다.

"글을 써서 먹고 살아야지!" 친구들은 이구동성으로 그렇게 말했다. 그런데 무슨 글을 쓰란 말인가? 출판사는 속편을 써 달라고 했고 나는 시간 여유가 있었던 마지막 해를 이용하여 《세상 나들이》를 썼다. 하지만 언제까지 자서전만 쓸 수는 없는 노릇이었다. 그리고 말이 나왔으니 말이지만 두 번째 회상록을 쓰면서 나는 내가 최근에 겪은 고통스러운 시절을 아직도 제대로 삭여내지 못했다는 사실을 깨달았다.

1982년 여름 학년이 끝나갈 무렵에 《좁은 문으로》가 페이퍼백으로 나왔기 때문에 다시 홍보를 위해 여기저기 불려 다녀야 했다. 기자들한테는 인생을 밝고 당당하게 사는 것처럼 말해야 했지만 나는 깊은 나락으로 빨려 들어가는 듯한 기분이 들었다. 어느 날 저녁 버스를 타고 집으로 돌아가는데 나도 모르게 눈물이 주르르 흘러내렸다. 나는 런던 북쪽에 있는 집까지 눈물을 닦을 생각도 안 하고 하염없이 그렇게 울면서 갔다. 도무지 희망이 보이지 않았다. 다음날 아침 일어나니 가슴에 구멍이 뻥 뚫린 듯한 느낌이었다. 거울을 들여다

보니 뜨끔했다. 얼굴이 말이 아니었다. 공교롭게도 그날은 방송국 사람과 약속이 잡혀 있었다. 때려치울까 하는 생각이 들었다. 언제든지 전화만 걸어서 몸이 아프다고 하면 그만이었다. 솔직히 말해서 이 일은 책하고는 아무 상관이 없는 일이었다. 그저 방송사에 좋은 일 하나 해주는 것이었다.

"안 하고 싶으면 안 해도 돼요." 홍보 담당자인 재키는 일정에 방송사와의 약속을 집어넣으면서 그렇게 말했다. "채널 포에서 올 가을부터 새로 방영했으면 하는 프로를 시범적으로 만들어보는 거니까. 제작사에서는 몇 가지 시안을 만들어서 시리즈로 나가자고 방송사 편성진을 설득할 모양인가 봐요. 그러니까 우리하고는 상관없어요. 마음 안 내키면 언제든지 싫다고 하세요."

하지만 나는 이미 하겠다고 했고 프로듀서하고 통화도 한 상태였다. 프로듀서는 나보고 어떤 주제든지 좋으니까 하고 싶은 말을 해보라고 했다. 설득력 있고 도발적이기만 하면 무슨 내용이든 좋다는 것이었다. 나는 그 프로에 대해서 한 번도 생각해본 적이 없을뿐더러 찜통 같은 스튜디오에서 오전 내내 갇혀 있어야 한다고 생각하니까 죽기보다 싫었다. 그냥 이불을 뒤집어쓰고 세상과 인연을 끊고 싶었다. 제작사 사무실로 전화를 했더니 당연히 전화를 안 받았다. 지금쯤 스튜디오에서 만반의 준비를 해놓고 나를 기다리는 모양이었다. 45분만 있으면 차가 와서 나를 태우고 가기로 되어 있었다. 나는 가끔 그날 만약 어떻게 어떻게 프로듀서와 연결이 되어서 미안하다면서 약속을 취소했다면 내 인생이 어떻게 되었을까 자문한다.

이상하게 일단 택시에 오르니까 기분이 한결 나아졌다. 화창한 날이었다. 6월의 햇살 아래 런던은 멋진 자태를 드러냈다. 이국의 정취를 불러일으키는 새처럼 화사한 옷을 차려입은 여자들이 잿빛 인도를 으스대면서 걸어갔다. 남자는 소매를 걷어 올리고 웃옷은 어깨에 걸치고 걸어다녔다. 해가 잠깐이라도 비추었다 하면 잉글랜드에서 거의 우스꽝스러울 만큼 금세 느껴지는 그 생명의 약동과 들뜬 분위기로 거리는 달아올랐다. 그 분위기가 나에게도 전염되었다. 내가 수면제 과용으로 병원에 실려 갔다가 다음날 걸어나올 때도 바로 그런 홀가분한 느낌이 들었다. 더는 잃을 게 없다는 담담함이었다. 그날 아침에도 난 비슷한 자유를 느꼈고 나도 이 발랄한 여름 정경의 일부분이라는 생각을 했다. 나는 집에서 머리도 감고 눈물로 망가진 얼굴을 감추려고 화장품도 찍어 바르고 연분홍 드레스를 입었다. 몸이 날아갈 것처럼 가벼웠다.

우중충한 스튜디오에 도착했을 때 이 불안한 낙천주의는 더욱 힘을 받았다. 제작진은 친절해 보였고 내가 와준 것을 진심으로 고마워하는 것 같았다. 그리고 다시 한 번 내가 할 일을 설명해주었다. 그들은 〈의견〉이라는 제목으로 채널 포 방송을 위한 시리즈 프로를 제작할 생각이었다. 매주 흥미로운 생각이나 강한 주장을 가진 사람이 카메라 앞에서 30분 동안 열변을 토하는 프로였다. 현란한 무대 장치도 없고 진행자도 없고 대본이 적힌 프롬프터도 없었다. 출연자가 시청자들한테 자기 생각을 술술 풀어놓으면서 처음부터 끝까지 혼자서 논리로 밀고 나가야 했다.

"이런 거 티브이에서 좀 보세요?" 프로듀서를 맡은 닉이 능청을 떨었다. "죄다 확 줄인 자투리밖에는 보여주지 않지요. 채널 포는 다르게 나가자는 겁니다. 그래서 새로 이걸 만드는 거구요. 말로 승부를 걸자는 거지요. 반신반의하는 사람들이 많지만 우린 될 거라고 확신하거든요." 가끔은 유명인도 출연시키고 가끔은 나처럼 유명하진 않지만 흥미로운 이야깃거리를 가진 사람도 출연시킬 계획이었다. 나는 그저 카메라 앞에서 즐기기만 하면 된다는 것이었다. 오늘 아침은 시범 프로를 만드는 거니까 30분까지는 필요 없고 15분에서 20분이면 족하다고 했다.

그렇게 해서 나는 코딱지만 한 스튜디오로 들어가서 카메라 하나를 똑바로 쳐다보면서 말하라는 지시를 받았다. 택시를 타고 오면서 부랴부랴 할 말을 좀 만들어보았다. 몇 해 전, 그러니까 아직 옥스퍼드에서 한창 공부하던 시절 어느 날 밤 교회를 불쑥 찾아간 적이 있었는데 그때 기억을 되살려보았다. 도미니쿠스 수도회 신부들이 함께 미사를 보고 나서 성찬식을 막 하고 있었다. 그들은 성찬식에 쓸 빵을 가리키면서 일제히 "이것이 나의 몸이다."라고 말했다. 그 말이 느닷없이 나를 강타했다. 아이러니도 그런 아이러니가 없었다.

그때 나는 몸무게가 40킬로그램밖에 안 나갔다. 일종의 거식증 비슷한 것으로 어떻게 해서든 내 몸을 없애려고 안간힘을 쓰던 시절이었다. 나는 레베카를 생각했다. 우리의 몸이 우리가 견뎌내야만 했던 교회 체제에 어떻게 반항했는지도 생각했다. 내로라하는 세계 종교 중에서 기독교만큼 몸을 중요하게 여기는 종교도 드물었다. 기독교에서는 신이 세상을 구제하려고 어떻게 보면 인간의 몸을 빌렸다고 말할 수 있다. 몸과 관련이 있는 것은 하나같이 거룩하고 성스러운 것이라야 마땅했다. 하지만 역사는 그런 방향으로 흘러 가지 않았다. 교회는 성스러움과 거룩함을 하나로 묶는 작업 앞에서 두 손을 들어 버렸고, 몸을, 특히 여자의 몸을 혐오하는 결벽주의를 발전시켰다.

후끈거리는 좁은 스튜디오에서 그날 아침 나는 그 이야기를 했다. 나는 거식증과 간질 이야기도 했다. 정신을 잃었던 일, 육체를 의지에 예속시켜야 한다고 선배 수녀들한테 닦달을 받았던 일도 떠올렸다. 육체가 해이해질까 봐 거르지 않고 했던 고행도 떠올렸다. 나는 화제를 발전시켜서 교회가 그리스도의 몸을 숭배하면서도 그것을 창조적으로 활용하지 못했다고 지적했다. 아시시의 프란체스코는 육체를 '고집불통 형제'라고 불렀다. 마치 무분별한 성욕에 휘둘리는 어리석고 거추장스러운 짐승이나 한 것처럼.

나는 성녀들도 언급했다. 마르가리타 마리아 알라코크[†]는 거식증으로 고생했고 시에나의 카타리나[††]는 교회의 재가를 받고 스스로 굶어 죽었다. 초기 기독교의 교부들이 여자의 몸을 자기도 모르게 상

[†] Margarita Maria Alacoque(1647~1690) 그리스도의 환시를 4번이나 경험한 수녀. 신학자들과 교회로부터 인정받지 못하다가 1688년 비로소 정당한 신심 행위로 인정받았다.

상할 때마다 느끼는 치욕감을 얼마나 노골적으로 드러냈는지도 떠올렸다. 수녀원에서 토요일마다 들었던 성 베르나르두스와 성 아우구스티누스의 강독도 떠올렸다. 그들은 성모 마리아가 얼마나 순결한지를 논했지만 그 당시에도 나는 답답해서 견딜 수가 없었다. 예수를 낳고 난 다음에도 어떻게 마리아가 처녀로 남을 수 있었단 말인가? 출산을 했는데도 처녀막이 훼손되지 않았단 말인가? 나는 인류의 절반을 차지하는 여자의 육체를 받아들이지 못하는 종교는 심각한 문제가 있는 종교라는 말을 끝으로 나의 짧은 연설을 끝냈다. 시계를 보았다. 20분이었다.

똑똑한 연설이기는 했다. 똑똑하다는 말은 일부러 썼다. 진실도 있었고 통찰도 있었지만, 깊이는 없었다. 그리고 너무 분노에 차 있었다. 말하면서도 내가 아직도 교회에 대한 앙금이 많이 남았구나 하는 생각이 문득문득 들었다. 내가 말을 끝마치자 카메라맨이 자세를 천천히 바로잡더니 나를 쳐다보았다. "휴!" 그는 깊은 숨을 내쉬며 이마를 닦았다. 조정실로 들어가니까 제작진이 놀란 얼굴로 나를 쳐다보았다. 냉정한 닉도 마찬가지였다. "와!" 하면서 씨익 웃었다. "너무너무 좋았습니다!"

아무도 그렇게 한 사람이 없었던 모양이었다. 대본이 앞에 뜨는

†† **Catharina de Siena(1347~1380)** 어린 시절부터 신비적 체험을 하고 그리스도의 성흔을 받은 가톨릭의 성녀. 아비뇽에 있던 교황 그레고리우스 11세를 설득하여 로마 귀환을 결행하게 했고, 교회 대분열을 맞아서는 우르바누스 6세를 도왔다.

프롬프터가 없으면 몇 분 못 가서 입이 얼어붙는 사람이 대부분이었다. "내용도 끝내줬구요." 닉이 말을 이었다. "제목은 그리스도의 몸이라고 하면 되겠네. 존이 마음에 쏙 들어할 겁니다!"

존은 채널 포의 종교 프로의 외부 제작을 담당하는 편집자였다. "종교가 있는 분이면 보나마나 거부감을 느낄 텐데요?" 내가 물었다. "그건 걱정 붙들어 매셔도 됩니다." 닉이 환하게 웃었다. "그 양반은 종교를 혐오하거든요! 틀림없이 하자고 할 겁니다. 그건 그렇고, 미안한 말씀이지만, 한 번 더 해주실 수 없을까요? 두 개를 보여주고 더 나은 것을 고르게 하려구요."

차를 타고 집으로 돌아오는데 그냥 마음이 가볍기만 한 것이 아니라 우쭐거리고 싶었다. 두 번째 녹화는 첫 번째보다 더 좋았다. 촬영이 끝나자 닉은 나와 제작진을 우르르 몰고 가서 기분이라며 점심을 한턱 냈다. 하여튼 좋은 말은 다 들었다. 칭찬을 들어서 기분 좋은 건 사실이었지만 더 중요한 건 그게 아니었다. 차를 타고 집으로 돌아가면서야 비로소 내가 오늘 한 일이 왜 중요한지를 깨달을 수 있었다.

나는 스튜디오로 내 발로 걸어 들어가서 20분 동안 내 생각을 말한 것이다. 아무도 주제를 나한테 주지 않았다. 괴벽스러운지는 몰라도 나 혼자서 생각했으니까 독창성도 없지 않아 보이는 내용이었다. 누가 먼저 시동을 걸어주어야 생각이 되지 그러지 않으면 수업 시간에도 혀가 굳어버렸던 옥스퍼드 시절이 기억났다. 눈에 두드러져 보이지는 않지만 중요한 능력을 나는 되찾은 것이다. 더 반가운 것은 그렇게 하는데도 별로 힘이 들지 않았다는 사실이었다. 말을 조리 있게 설득력 있게 하지 못할 텐데 어쩌나 하는 걱정을, 생각해보니 단 한 번도 하지 않았다. 나도 모르는 사이에 상처가 아물었던 것이다.

아이들을 가르친 덕도 좀 보았다. 우리에 갇혀 지겨워할 때가 많은 사춘기 소녀들 앞에서 나는 몇 년 동안 매일 매시간 떠들지 않을 수 없었다. 아이들의 관심을 묶어두고 아이들한테 필요한 정보와 지식을 전달하려고 애쓰는 과정에서 나는 스스로 생각하는 요령을 터득했고 같은 내용이라도 생동감 있고 흥미롭게 포장하는 비결을 알아냈다. 덕분에, 한때는 감히 넘보지도 못했던 재주가 어느새 천성으로 자리 잡았다. 그뿐이 아니었다. 눈부신 조명이 내리쪼이는, 바깥 세상에서 격리된 어두운 스튜디오 안에서 나 혼자 넋두리를 늘어놓는 것 같은데 사실은 세상에다 하고 싶은 말을 하는 방식이 나한테 딱 맞는 듯한 기분이 들었다. 전에는 학교 때문에 내가 퇴보한다고 생각했다. 내가 예전처럼 자꾸만 소심해지는 것만 같아서 걱정이었다. 그런데 학교 생활을 하다 보니까 새로 얻은 능력이 있었던 것이다. 다른 일도 얼마든지 할 수 있겠다는 자신감이 들었다. 걱정했던 것과는 달리 앞날이 그렇게 절망적이지 않을지도 모르겠다는 생각이 들었다.

그래서 몇 주일 뒤 학기가 끝나는 마지막 날이 왔을 때 나는, 뚜렷한 계획도 없었고 다시 취직을 할 수 있으리라는 보장도 없었지만, 학교를 떠나야 한다는 사실 때문에 풀이 죽지도 않았고 두려운 마음도 들지 않았다. 머리가 어지러울 줄 알았는데 너무나 차분했고 가끔은 마음이 들뜨기도 했다. 마지막 조회 시간에 강당 뒤편에서 동료 교사들과 서 있으면서, 드디어 가는구나 그런 생각만 했다. 고학년 학생들과 함께 강당 이층에 서서 아래층을 가득 채운 어린 여학생들을 내려다보면서 너무나 낯익은 숨 막히는 조직 생활을 앞으로 어떻게 해 나가야 하나 불안에 떨었던 그 첫날 아침 조회 시간이 떠올랐다. 우려했던 것과는 달리 학교 생활에서 얻은 것도 있었지만 이제는 떠나야 할 시간이었다.

나는 교장 선생님이 그동안 내가 학교를 위해서 힘써준 데 감사드린다는 찬사의 말을 특유의 무심한 말투로 하는 것을 가만히 듣고 있었다. 교장은 마치 그 자리에 없는 딴 사람 이야기를 하는 것처럼 덤덤하게 말했다. 나는 벌써 떠나고 없는 사람 같았다. 조회가 끝나고 나는 동료 선생님들한테 농담을 섞어 가면서 작별 인사를 하고 선물도 뜯어보면서 탄성을 질렀다. 손잡이 부분이 붉은 칵테일 잔 세트였다. 나는 속으로 웃었다. 수녀였던 사람이 이런 선물을 받아도 되는 건가 싶어서.

학교 운동장을 나와서 지난 6년 동안 나한테는 그야말로 쥐약이었던 버스를 기다리자니 이제부터 새로운 여행이 시작되는구나 조금씩 실감이 났다. 다른 사람들은 인생을 잘도 헤쳐가면서 앞으로 쑥쑥 나가는데, 그런 생각을 하면서 씁쓸함에 젖어 있는데, 드디어 버스가 언덕 위로 모습을 드러내더니 내 쪽으로 왔다. 그들은 이렇다 할 우여곡절을 겪지 않고 대학을 나와서 직장을 잡고 배우자를 만났다. 하지만 나한테는 그런 행운이 따라주지 않았다. 나는 번번이 미끄러졌고 쫓겨나면서 이 생활에서 저 생활로 옮겨다녀야 했다. 문들은 내 앞에서 어김없이 쾅쾅 닫혔다.

그렇지만 내가 정말로 원했던 것은 평범한 삶이었을까? 엘리엇이 말한 '몸에 밴 권세'를 내가 정말로 원했던 것일까? 나는 월급은 꼬박꼬박 나왔지만 학교에서 내가 좌절과 환멸을 느꼈던 모든 시간을 억지로 기억해보려고 애썼다. 얻는 것이 있으면 잃는 것도 있기 마련. 나는 다시 모르는 세계를 향해 발을 내딛으려 하고 있었다. 그런데 묘하게도 내가 다시 궤도에 올라와 있는 듯한 안정감이 들었다. 나는 버스에 몸을 싣고 안정된 직장에서 조금씩 멀어져 갔다. 왠지 제대로 올라탔다는 예감이 들었다.

발견과 공감

우상 파괴 임무 | 최초의 기독교인
성지의 망아 체험 | 타자의 발견
그들의 고통이 나를 깨웠다

우상 파괴 임무

　이럴 수는 없는 일이었다. 나는 맞은편에 앉아 있는 신사를 어이없이 쳐다보면서 방금 뭐라고 했느냐고 물었다. 주변이 시끄러웠으니까 내가 잘못 들었을 수도 있었다. 우리는 글래스고에 있는 BBC 스튜디오에 와 있었다. 텔레비전 생방송 프로에 들어가기 전에 저녁을 먹는 중이었다. 그런데 여느 파티하고는 좀 달랐다. 손님은 한 백여 명쯤 되었을까. 대부분은 방청객이었는데 창녀, 포주, 스트리퍼, 성 도착자, 음란물 유통업자 같은 글래스고의 매춘 산업에 종사하는 사람이 태반이었다. 미인 대회에 나가서 상을 받은 사람도 여러 명 있었다.
　주요 토론자의 한 사람인 나는 식탁 상석에 앉았다. 오른쪽으로 몇 자리 건너서는 〈목구멍 깊숙이〉라는 영화로 악명을 떨치다가 여권 운동에 눈뜬 린다 러블레이스가 지금은 약간 살이 붙어서 헐렁한 드레스를 걸치고, 여장을 한 남자한테 자기 아들 녀석이 올 가을부터 학교에 다닌다고 흥분해서 떠들고 있었다. 내 왼쪽에는 배우 올리버 리드가 있었는데 위스키를 사이다처럼 마셔대더니 벌써 맛이 가 있었다.

몇 주일 전에 나는 BBC로부터 일곱 가지의 무거운 죄를 깊이 있게 논의하는 토크쇼에 출연해 달라는 연락을 받았다. 진지한 프로라는 설명에 출판사도 반색을 했다. 토요일 저녁 황금 시간대에 생방송으로 나가는 프로에서 내가 수녀였다는 사실 말고 다른 주제에 대해서도 얼마든지 말할 능력이 있다는 사실을 과시하는 절호의 기회가 아니냐는 것이었다. 제작사에서는 특히 욕정에 초점을 맞춘 제1편에 내가 꼭 출연하기를 원했다. 내가 순결을 지키며 오래 살았으니까 아무래도 관심을 끌기에 좋았을 것이다.

하지만 〈토요일의 죄악〉이라는 이 프로는 벌써부터 당초 기대했던 것과는 다른 방향으로 흘러 가고 있었다. 내 맞은편에 앉아 있던 명랑한 스코틀랜드 남자는 방청객으로 온 많은 스트리퍼의 매니저였다. 그가 내 직업이 무엇인지, 왜 이 프로에 출연하는지를 묻기에 나는 수녀였으며 지금은 실업자라고 대꾸했다. 그랬더니 눈이 휘둥그레지면서 내 쪽으로 바짝 당겨 앉더니 내가 다시 한 번 말해 달라고 했던 그 질문을 던진 것이다.

"옷 벗는 수녀라는 스트립쇼에 출연할 마음 혹시 없으세요? ……없다구요?" 그는 내가 어처구니가 없어서 쳐다보는데도 신이 나서 계속 떠들었다. "농담 아닌데. 인기 폭발일 텐데! 확 뜬다니까요!"

나는 그런 쪽에서 일할 마음은 없다고 대답해주었다.

그 프로는 엉망이었다. 나는 처음에는 린다 러블레이스하고 붙었다. 그녀는 자기가 〈목구멍 깊숙이〉에서 한 연기는 그 당시에 자기 애인이었던 남자가 말 안 들으면 쏜다면서 머리에 권총을 들이대는 바람에 어쩔 수 없이 한 일이라고 하소연했다. 내가 무슨 질문을 받았는지는 하나도 기억이 안 나지만 그 야한 세트는 지금도 생생하고 점입가경으로 이어지는 프로에 혼비백산했던 기억은 뚜렷하다. 잠시 토론을 쉬는 동안 실오라기 같은 옷을 걸친 밴드가 〈그대와 밤을 보내고 싶어〉라는 노래를 연주했다. 그 다음에 올리버 리드가 가세했지만 이미 몸을 가눌 수 없을 만큼 취해 있어서 연애 소설로 베스트셀러 작가가 된 네 번째 게스트의 억센 몸에 거의 업히다시피 끌려나왔다. 일단 자리에 앉으니까 올리버 리드는 통제 불능이었다. 다행히 쇼가 끝났기에 망정이지 15분 동안 횡설수설을 쏟아놓았다.

비평가들이 그대로 넘어갈 리 없었다. 결국 BBC는 '질투'였던가로 기억하는 2편을 끝으로 시리즈를 접었다. 특히 낸시 뱅크스 스미스라는 평론가가 〈가디언〉지에 쓴 아주 재미난 글은 지금도 기억이 난다. "그래도 머리가 돌지 않은 사람은 전직 수녀"라면서 유일하게 나한테만 좋은 소리를 해주었기 때문이다. 그녀는 어떻게 된 게 방청객으로 나온 사람들이 죄다 스코틀랜드 사투리를 쓰느냐고 어처구니없어했다. BBC는 스코틀랜드 사람을 유달리 성욕이 강한 민족이라고 보는 거냐면서 질타했다. 그녀는 자기는 지금까지 생방송에서 일어난 방송 사고는 눈감아주어야 한다고 늘 생각했는데 그것은 〈토요일의 죄악〉을 보기 전까지의 일이었다면서 글을 맺었다.

그나마 머리가 돌지 않았다는 평가를 받긴 했지만 더는 수녀였다는 사실을 가지고 밥벌이를 해서는 안 된다는 결심을 나는 이때부터 확실히 굳혔다. 무언가 쓸거리를 찾아내야 할 것 같았다. 그런데 마땅한 것이 없었다. 도중 하차하고 난 다음에도 〈토요일의 죄악〉은 꽤 이름을 날렸다. 연휴 방송 프로그램을 보면 지금까지 만들어졌던 최악의 프로를 골라 장면 장면 보여주는데 단골 손님처럼 그 프로가 들어갔다. 녹색 드레스를 입고 20년은 젊어 보이는 내가 린다 러블레이스를 따라 잠시 뒤에 무슨 일이 벌어질지 모르는 채 세트장으로 들어가는 모습도 있었다.

두 주일 뒤에 나는 집에서 건성으로 찰스 디킨스의 소설을 읽고 있었다. 동료 교사들은 다시 개학을 해서 학교로 출근했다. 나는 학교로 돌아가고 싶다는 생각은 안 들었지만 정말로 건설적인 일을 찾기는 여간 어렵지가 않았다. 내가 지금 하는 일은 찰스 디킨스의 소설을 다시 읽는 것이었지만 별다른 의욕이 생기지 않았다. 앞으로 남은 인생을 무엇을 하면서 살아야 할지 막막하기만 한데 어디든지 조만간 취직을 해야 할 형편이었다. 바로 그때 마치 약속이나 한 것처럼 전화가 걸려 왔고 그 전화 때문에 나의 인생은 또 한 번 방향을 틀었다.

채널 포 방송국의 종교 담당 편집자인 존 레닐러였다. 내가 찍은 '그리스도의 몸'이라는 시범 프로를 보았는데 마음에 든다는 것이었다. 그래서 〈의견〉을 시리즈로 제작할 생각이며 나하고는 앞으로 다른 프로에서 같이 일했으면 한다는 것이었다. 그러면서 혹시 사도 바울로†에 관한 6부작 다큐멘터리에서 대본 집필과 진행을 맡을 생각이 있느냐고 물었다. 제작 기간은 한 일 년으로 잡고 있는데 예산은 넉넉한 편이 못 되었다. 예루살렘으로 가서 이스라엘 제작사와 같이 일해야 했다.

나는 당연히 하겠다고 했다. 어차피 하는 일도 없었기 때문이다.

그렇게 해서 결국 1983년 1월 텔아비브로 가는 비행기에 올라탔다. 존의 전화를 받고 나서 이스라엘로 가기까지의 몇 달 동안은 참 이상했다. 나의 매니저 격인 준은 뜻밖에도 내가 이 일을 맡게 된 것을 달가워하지 않았다. 준이 나한테 기대한 일은 그런 것이 아니었다. 그녀는 《가시나무 새》처럼 종교색이 어렴풋하게 느껴지는 베스트셀러를 내가 써낼 수 있으리라고 믿었던 모양이다. 종교 그 자체로는 힘들다고 그녀는 주장했다. 막말로 신학에 관한 글을 써서 밥벌이가 되겠느냐는 것이었다. 채널 포 사람들도 별로 신뢰하지 않는 눈치였다. 존이 하자고 한다고 해서 덥석 수락한 것도 굉장히 잘못한 것이라고 야단맞았다. "그쪽에서는 우리가 하고 싶어서 안달이 난 줄 알잖아." 그녀는 딱딱거렸다. "그럼 좋은 조건을 따낼 수가 없어요."

---

† **Paulus(10?~67?)** 예수 그리스도가 죽은 지 몇 년 뒤에 회심하며 새로운 종교 운동, 즉 기독교를 지도하는 사도가 되었으며, 그 운동이 유대교를 넘어 세계 종교가 되는 데 결정적 역할을 했다.

준만 그런 것이 아니었다. 〈의견〉을 제작하는 닉도 조금이라도 찝 찝한 생각이 들면 안 하는 게 좋겠다고 했다. 당장이라도 때려치우라는 것이었다. "아무래도 너무 급조했다는 느낌이 들어서요." 이스라엘 관계자들이 어떤 사람들인지 아무도 몰랐고, 또 채널 포에서 그쪽에다 제시한 예산이 터무니없이 낮다는 것이었다. 일정도 너무나 빠듯했다. 석 주 동안 중동, 이탈리아, 그리스를 돌아다니면서 촬영을 해야 했다. 그 시간 동안 6부작을 완성한다는 것은 어림 반푼어치도 없는 일이라는 것이었다! "뼈 빠지게 고생해서 만든 프로가 그냥 썩을 때 그 심정 당해보지 않은 사람은 몰라요." 닉이 말했다. "그러니 마음이 안 내키면 하지 마세요! 그거 아니더라도 채널 포에서 할 일은 많거든요."

이스라엘 사람들도 문제였다. 그들은 크리스마스 직전에 런던에 도착해서 나를 만나보고는 실망을 감추지 못했다. 감독은 조엘이라는 덩치가 곰만 한 남자였는데 존의 사무실 한구석에 뚱하니 앉아서는 담배만 뻑뻑 피우면서 내 얼굴만 바라보았다. 그는 원래 거물급을 원했는데 존이 진행자는 나로 결정되었으니 두 말 말라고 못 박은 모양이었다. 하기야 쥐꼬리 같은 출연료를 받고 이렇게 골치만 아픈 프로를 맡겠다고 나설 유명인이 있을 리도 만무했다.

"개인적으로 댁한테 제가 무슨 감정이 있어서 그런 건 아니지만," 존이 잠시 자리를 비운 틈을 타서 그가 나한테 말했다. "경험이 없으시잖아요. 얼굴도 안 알려졌구요. 그렇다고 해서 ……." 그는 말을 끊더니 답답하다는 몸짓을 했지만 그 이상은 말하지 않았다. 나중에 생각해보니 그가 왜 그답지 않게 그 말을 꿀꺽 삼켰을까 이상한 생각이 들었지만, 그때 그가 하려다가 하지 않은 말은 보나마나 "예쁘길 한가"였을 것이다. 그나마 그가 보기에 유일하게 나한테 기대할 수 있는 것은 내가 왕년에 수녀였다는 사실이었다. "그 점이라도 부각을 시켜서 떠들썩하게 만든다면 또 모를까." 그는 수심에 잠긴 용처럼 콧구멍으로 파란 담배 연기를 내뿜으면서 한숨을 푹 쉬었다.

유일하게 이 프로가 잘될 거라고 확신한 사람은 존이었다. "굉장한 프로가 될 겁니다!" 그는 만날 때마다 말했다. "뜨는 건 시간 문제라구요. 두고 보세요, 스타로 만들어드릴 테니!" 물론 나는 그 말을 곧이듣지 않았다. 하지만 왠지 그 일이 하고 싶었다. 내가 하고 싶었던 일이 바로 이것이구나 하는 것을 본능적으로 알아차린 것이다.

내가 그런 생각을 한다는 것도 참 우스웠다. 몇 년 동안 나는 종교와는 담을 쌓고 살았다. 종교의 '종' 자만 들어가는 책을 읽어도 당장 구역질이 올라올 것만 같았다. 하지만 이번에는 달랐다. 시리즈를 준비하려면 아무래도 책을 읽어야 했지만 그것은 구도하는 자세로 읽는 것이 아니었다. 내 인생과는 아무 상관이 없었고 순전히 학문적 차원에서 접근하는 일이었다. 《좁은 문으로》를 쓸 때만 하더라도 신앙에 대한 관심이 조금씩 되살아나는 것을 느꼈지만 이번에는 그저 덤덤했다. 채널 포 방송국의 철저히 세속적인 분위기에서는 어떤 종류의 신앙도 자가당착이었고 나의 수녀원 생활은 탈선이었다.

닉이 종교를 좀 짜증스러운 정도로 바라보았다면 존은 광신적으로 종교를 혐오했다. 채널 포를 총괄하는 제러미 아이작이 종교를 맡긴 것도 그런 점을 고려했기 때문이라는 이야기를 나중에 들었다. 새로 출범한 방송국인만큼 채널 포는 다른 방송사들과는 다르게 가야 할 소임이 있었다. "하느님 타령"도 신앙 예찬도 있을 수 없었고 신앙인을 위한 유익한 토론도 사절이었다. "신앙을 공개된 자리에서 다른 주제처럼 성역 없이 한번 실컷 까보자는 거지요." 존이 입버릇처럼 하는 말이었다. 그는 반종교 투사라는 별명이 무색하지 않게 실제로 그렇게 했다. "하여간 전부 또라이들이라니까!" 신앙심이 깊은 한 방송인이 와서 종교 프로를 하나 만들 수 없겠느냐는 제안을 하더라면서 존은 혀를 찼다. 그는 또 기독교의 신화를 아예 박살낼 요량으로 〈예수의 증거〉라는 아주 도발적인 시리즈를 추진하기로 마음먹었다. 본인이 신나서 해준 이야기에 따르면 감독이 프로그램 서두에 실제로 예수의 조각상을 폭파시킬 참이라는 것이었다. "작살내는 거지요!" 존은 의기양양하게 말했다. "사이비를 까발린다 이거지!"

존이 종교를 공격하는 무기로 가장 믿는 것이 나인 모양이었다. "어쩜 그리 똑소리가 날까!" 그는 툭하면 그런 말을 했다. "와, 대단하네요!" 나한테는 너무나 당연해 보이는 말을 해도 그는 감탄사를 연발했다. 존과 닉은 내가 교회의 마수에서 빠져나오기 천만 다행이라고 늘 말했다. 신문기자들처럼 두 사람도 뛰어난 기지를 발휘하여 위험한 소굴에서 빠져나온 영웅으로 나를 취급했다. "어떻게 살았길래 지금처럼 되셨나요?" 한번은 닉이 보낸 엽서에 이런 글도 적혀 있었다. 나는 칭찬을 들으니까 기분이 좋았다. 허구한 날 실패만 맛보다가, 대학 교수를 할 재목이 아니라는 말만 듣고, 또 덜리지에서는 교장한테 맨날 아파서 골골거리는 아이 취급만 받다가, 이런 칭찬을 들으니 즐겁지 않을 수가 없었다. 물론 허풍이라는 건 나도 알았지만, 나도 사람인 이상 기분이 안 좋을 수가 없었다. 모든 것이 즐거웠다. 존은 언제나 우리를 몰고 가서 술까지 곁들여 푸짐한 점심과 저녁을 사주었고 우리는 우스갯소리도 하고 말도 안 되는 종교를 신나게 씹었다. 교회와 교리에 대해서 내가 아직도 품고 있던 반감을 노골적으로 드러내니까 혐오감은 더욱 깊어졌다.

우상 파괴에 동참하다 보니까 속이 후련해지기도 했다. 여러 해 동안 종교가 나에게 준 좌절감에 대해서는 입을 닫고 살았다. 《좁은 문으로》를 쓰는 동안 수녀원에서 보냈던 시절이 꼭 나쁜 것만은 아니었다는 자각이 들기도 했지만 그래도 아직 감정의 앙금은 남아 있었다. 그토록 오랫동안 신도들의 성생활에 이러쿵저러쿵 간섭을 하고 무엇을 믿으라 믿지 말라 지시하고 무슨 피임법은 쓰지 말라 엄포를 놓아온 교회의 거만한 태도가 혐오스러웠다. 교회가 여성을 보는 시각은 기가 막혔다. 진리를 독점한 듯이 굴면서 자기네가 인정한 신학 교리에 얌전히 따르지 않으면 탄압을 자행한 그 몰염치에 분개했다. 기독교의 역사를 대충만 보아도 십자군하며, 종교재판소하며, 박해하며, 피비린내나는 종교 전쟁하며, 전체적으로 보았을 때 신앙이

득보다는 해를 더 많이 끼쳤다는 것은 엄연한 사실이었다.

기독교의 실상이 그렇다! 이런 생각을 나는 내 속에만 담고 살았다. 그런데 그 분노를 내 입으로 터뜨리고 거기에 뚜렷한 형상을 그려 넣을 수 있게 된 것이다. 나는 종기를 짜낼 때처럼 후련하고 상처가 아무는 듯한 느낌이 들었다. 내가 주로 화가 난 것은 무조건 지적으로 순응하라는 교회 당국의 아집이었다. 물론 그릇된 믿음을 가졌다는 이유로 종교재판소에서 시달린 것도 아니었고 십자군에 희생된 사람들처럼 학살을 당한 것도 아니었다. 하지만 나도 교회의 편협한 태도로 말미암아 나름대로 고통을 겪었다. 그레타 수녀님이 했던 말을 나는 잊어버릴 수가 없었다. 부활의 역사성을 뒷받침하는 논증은 사실이 아니지만, 어디 가서 그런 말은 제발 하지 말아 달라던.

"이런 걸 어떻게 믿는다는 거지?" 존도 닉도 어처구니가 없다는 듯이 그렇게 말하면, 우리는 정말로 기가 막히다는 듯이 눈만 둥그렇게 뜨고 서로의 얼굴만 바라보곤 했다. 20세기 후반을 살아가는 사람들이 어떻게 아직도 인격화된 신이 이 세상을 만들었고 인간의 역사를 다스린다고 믿고, 로마 제국의 변방에서 이름 없이 죽었던 한 젊은 유대인 사부가 신적인 존재였다는 사실을 믿는지 딴은 이해가 가지 않았다. 이런 교리를 믿지 않는 사람은 ─ 나는 믿지 않았다. ─ 신앙을 잃은 것이다. 핵심은 그것이었다. 진실을 따르려면 정직해져야만 했다.

나는 나만 그렇게 생각하는 것이 아니라고 확신했다. 비슷한 불안감을 느끼면서도 대들고 싶은 마음을 자꾸만 누르고, 그러다 보면 지적으로도 인격적으로도 자꾸만 황폐해지고 침체되는 그런 기독교인이 수백 명 수천 명 더 있을 거라고 굳게 믿었다. 내가 그랬던 것처럼 이 사람들도 옹호하기 어려운 교리 체계 안에 스스로를 가두면서 하루하루 정신의 불구자가 되어 가고 있음에 틀림없었다. 채널 포는 그들을 해방시키라는 특명을 나에게 내린 것이다. 나는 그런 독단적 교리가 얼마나 허무맹랑한 것인가를 까발리고야 말 것이다. 사람들은, 내가 지금 그런 것처럼, 자유롭게 활보하면서 굴레를 박차고 나온 정신의 희열을 만끽할 것이다. 이것은 물론 오만한 생각이었지만, 나는 새롭게 발견한 정신의 유연성에 은근히 매료된 나머지 남들한테도 하루빨리 그것을 맛보이고 싶었다. 나한테 운좋게 그런 임무가 떨어졌다고 생각하니 가슴이 벅찼다. 그것은 특권이었다. 나를 구원했다고 내가 스스로 믿는 그 '복음'을 세상에 전하고 싶었다. 그러니까 나는 칭찬에, 관심에, 근사한 외식에 혹해서 넘어간 것이 아니었다. 나는 사명감에 불타는 여인이었다.

최초의 기독교인

사도 바울로는 출발점으로 삼기에는 괜찮은 인물 같았다. 기독교의 단추가 잘못 꿰인 것의 전부는 아니더라도 상당수는 이 호전적인 전도사에서 비롯된 것이라고 그때까지 나는 굳게 믿었다. 교회가 복잡한 교리에 집착하고 여자와 육체를 깔보고 너그럽지 못하고 썩어빠진 권위주의에 기대는 것은 모두 사도 바울로가 잘못된 전범을 만들어놓았기 때문이었다. 그가 예수의 단순하고 인자한 말씀을 비틀어버리는 바람에 그 이후로 기독교는 끝내 처음의 정신으로 돌아가지 못하고 말았다. 하지만 좀 더 깊이 자료를 읽어 나가다 보니 초기 기독교에서 바울로가 맡았던 역할은 그보다 훨씬 컸다는 사실을 알 수 있었다.

어떻게 어떻게 하다 보니까 전문 학자들이 연구하는 신약학의 지뢰밭으로 나도 모르게 발을 들여놓게 되었는데, 거기서 나는 경악을 하고 말았다. 수녀원에서도 신학 공부를 하면서 현대 성서 문헌학의 기본 내용은 얼추 접했지만 그것은 그야말로 초보적인 수준이었다. 정말로 흥미로운 자료는 대부분 건드리지도 않았다. 그런데 이스라엘로 떠날 날을 몇 주일 남겨놓고 준이 채널 포 방송국과 내 계약 조건을 놓고 줄다리기를 벌이는 동안 집에서 자료를 읽다가 나는 놀랄 만한 사실을 깨달았다. 저명한 학자 중에서 예수가 애당초 새로운 종교를 창시하려는 마음이 없었다고 믿는 사람이 적지 않았던 것이다. 예수는 같은 유대인한테만 설교를 했고 그의 가르침도 아주 독창적인 내용은 없었고 1세기에 유대교에서 갈라져 나온 이런저런 종파의 가르침과 일맥상통하는 것이었다. 예수는 자기가 신이라고 주장한 적이 한 번도 없었고 신성이 아니라 인성이 강조된 '사람의 아들'이라는 표현을 선호했다. 예수가 십자가에 못박혀 죽자 공포에 질린 제자들은 예수가 무덤에서 일어나는 환각을 보았고 거기서 바로 이분이 그토록 고대해 왔던, 머지않아 지상에 다시 돌아와 하느님 왕국을 선포하실 유대교의 메시아라고 결론지었다.

그렇지만 초창기의 기독교인들은 여전히 자기들을 폐쇄적인 유대교의 한 종파로 보았다. 그 신앙을 로마 제국의 비유대교 지역에 퍼뜨린 것은 예수를 한 번도 만난 적이 없었던 사도 바울로였다. 하지만 사도 바울로도 예수의 신성을 곧이곧대로 믿은 것은 아니었다. 그는 예수를 '하느님의 아들'이라고 불렀지만 이 말은 어디까지나 유대교 전통에 따라서 쓴 표현이었다. 다시 말해서, 예수는 하느님으로부터 특별한 사명을 부여받은 평범한 인간이라는 뜻이었다. 한없는 헌신과 순종을 가상히 여긴 하느님이 예수를 신과 소통하는 특별한 지위로 끌어올려 키리오스(Kyrios, 그리스어로 주 하느님) 곧 '주'라는 호칭을 준 것이다. 이제 와서 보니까 신약 성서에서는 키리오스 크리스토스(고대 그리스어로 '기름 부은 자' 곧 구세주)와 주 하느님을 항상 뚜렷이 구분하고 있었다.

이것은 눈이 번쩍 뜨이는 정보였다. 한번 이런 생각을 하니까 성서와 편지가 새롭게 읽혔다. 단편적으로 읽거나 미사에서 낭송되는 것을 들었을 때는 그냥 넘어갔지만 이제는 앞뒤가 안 맞거나 억지스러워 보이는 내용이 눈에 들어왔고 왜 그런지 다 이해가 되었다. 수녀원에서 신학을 배웠을 때 왜 이런 내용이 포함되지 않았는지 그것도 납득이 갔다. 이것은 다이너마이트였다. 가톨릭 신자로서 내가 철석같이 믿고 있었던 신학적 전제를 와르르 무너뜨리는 내용이 한두 가지가 아니었다. 기독교 신학의 태반은 사람 손으로 만든 것이라는 사실을 진작부터 알고는 있었지만 그 밑바탕이 이 정도로 취약하리라고는 상상도 못했다. 텔레비전 시리즈에 대해서 내가 처음에 구상했던 골격을 180도 바꾸어야 했다.

기독교를 세운 사람은 예수가 아니라 사도 바울로였다. 그리고 사도 바울로조차 후세인들이 그가 쓴 편지에서 끌어낸 신학적 결론에는 얼굴을 찌푸렸을 것이다. 사도 바울로가 쓴 편지는 현존하는 가장 오래된 문서이며 복음서는 모두 바울로가 죽고 나서 바울로가 생각한 기독교를 신봉했던 사람들의 손으로 씌어졌다. 바울로가 복음서를 비틀기는커녕 복음서가 바울로한테서 한수 배운 것이다. 우리가 아는 예수는 바울로가 우리한테 가르쳐준 예수일 뿐이었다. 더구나, 바울로가 쓴 것으로 신약 성서에 수록되어 있는 편지 중에는 바울로가 쓰지 않은 것도 포함되어 있는 듯했다. 바울로에 대한 나의 생각은 이렇게 해서 확 달라졌다. 바울로가 썼다고 하는 여자를 혐오하는 유명한 대목 중에는 십중팔구 그가 죽고 나서 60년 뒤에 기독교 신자들이 쓴 것도 있었다. 바울로는 내가 상상했던 그런 무지막지한 사람이 아니었던 것이다.

존과 나는 시리즈 제목을 〈최초의 기독교인〉으로 정했다. 현대 신약 비평 문헌을 몇 주 읽고 나서 나는 전문가의 도움이 필요하다는 사실을 깨달았다. 나는 그 분야에는 까막눈이었으므로 진실을 드러내겠다는 욕심이 앞선 나머지 자칫 잘못하면 큰 실수를 저지를 수도 있었다. 여기저기 수소문을 한 끝에 존은 더는 신을 못 믿겠다는 이유로 얼마 전에 영국 국교회를 떠난 버밍엄 대학의 마이클 굴더라는 똑똑하고 호감이 가는 학자를 연결해주었다. 존은 경력으로 보아서 우리와 마음이 통하는 사람일 거라고 생각했지만, 마이클은 얼마 안 가서 내가 대본을 쓰는 것은 문제가 있다고 생각하는 사람의 대오에 합류했다. 나의 지식이 짧다는 것이었다. 당연한 지적이었다. 마이클은 존에게 나를 지독하게 깎아내리는 장문의 편지를 써보냈지만 존은 그것을 가볍게 일축했다.

마이클은 굉장히 거칠었다. 내가 초고를 써서 보여주면 그는 전화통으로 문장 하나하나가 얼마나 유치한지, 대사 하나하나가 얼마나 졸렬한지, 페이지 하나하나가 얼마나 엉성한지를 신나게 씹어댔다. 나에게는 그런 지적이 필요했다. 그리고 나는 빠르게 배워 나갔다.

나중에 우리는 친해졌다. 그 일을 하면서 가장 기억에 남는 순간은 마이클이 최종본을 화면으로 보고 나서 의외로 잘못된 구석이 없다면서 자기 이름을 내 이름과 함께 실어도 좋다고 허락했을 때였다. 그것은 물의 세례가 아니라 불의 세례였지만, 아무리 신학 문제라 하더라도 무엇보다도 정확성이 생명이라는 사실을 고집스럽게 밀고 나가는 것이 얼마나 중요하고 또 얼마나 보람 있는 일인가를 깨닫게 해 주었다는 점에서 나는 지금도 마이클에게 고맙게 생각한다.

그래서 그 추운 1월의 어느 날 텔아비브로 날아갈 무렵에는 내 필생의 사명은 교회가 얼마나 독단적이고 관용과는 거리가 먼 조직인지 그 실체를 까발리는 것이라고 확신하기에 이르렀다. 그렇지만 몇 주일 전에 있었던 꺼림칙한 사건으로 마음은 조금 무거웠다. 나는 사도 바울로를 제대로 이해하려면 유대교를 굉장히 많이 알아야 한다는 사실을 곧 깨달았다. 그때까지 나는 유대교를 후대에 가서 기독교라는 좀 더 자극적인 종교에 밀려난 고루한 종교쯤으로 알고 있었다. 이제 와서야 깨달았지만 기독교가 철저히 유대인의 종파로 남아야 한다고 믿었던 예수의 제자들을 바울로가 공격하면서 써먹었던 논리가 바탕에 깔린 신약 성서에 그려진 유대교의 모습을 나는 아무 의심 없이 받아들였다.

나는 유대교는 쭉정이만 남은 신앙이라고 일찍부터 배웠다. 영혼의 차원은 도외시하고 눈에 보이는 의식만을 준수하기에 급급하여 가슴을 잃어버린 종교라고 배웠다. 유대인은 모세가 가져온 율법의 무게에 짓눌려 비틀거리면서도 지금은 화석화되었지만 원래 그 율법에 생명력을 주었던 정신이 무엇인지를 이해하지 못했다. 예수가 바리새 사람을, 밖에서 보면 눈부시게 빛나는 새하얀 무덤처럼 근사하지만 그 안은 온통 썩어 문드러져 있다고 꾸짖은 것도 무리는 아니었다. 바리새 사람은 사사건건 예수와 충돌했다. 안식일에 병자를 고쳐준 것이라든가 알맹이는 없고 허세만 남은 자기들의 법을 지키지 않는 사람들과 예수가 함께 식사를 한 것은 율법을 어기는 일이라면서 트집을 잡았다. 그런데 이제 보니 예수가 정결과 자애에 대해 가르친 내용은 그 당시의 이름 있는 랍비들이 한 말과 겹치는 부분이 많았다. 어렸을 때부터 박힌 유대교에 대한 고정 관념을 바꾸지 않으면 안 될 것 같았다.

닉은 하이엄 머코비라는 사람을 나한테 소개시켜주었다. 나처럼 〈의견〉에 출연한 적이 있는 사람이었다. 그는 신약 성서가 그리는 바리새 사람의 모습을 맹렬히 공격하면서 바리새 사람은 당시 유대인 중에서 가장 진보적이었을 뿐 아니라 예수 자신도 바리새 사람이었을 가능성이 높다고 주장했다. 마이클 굴더는 하이엄의 기독교 비판에 선뜻 동의하지 않았지만 나는 하이엄이 말하는 유대교에 끌렸으므로 우리는 한번 만나서 점심을 먹기로 했다. 그는 런던 북쪽에 있는 레오 벡 칼리지에서 도서관 사서로 근무하고 있었다. 도서관을 여기저기 구경시켜주는데 처음부터 호감이 갔다. 그는 서가에서 이런저런 책을 꺼내 보여주면서 이런 저자는 읽을 만하고 이런 저자는 조심하라고 조언까지 해주었다.

지하철 역 근처에 있던 조그맣고 허름한 식당에서 달걀 토마토 샌드위치를 먹다가 나는 하이엄한테서 청천벽력 같은 소리를 들었다. 그는 예수가 당시 바리새 지도자의 한 사람이었던 랍비 힐렐†의 문하에 있었을 가능성이 높다고 주장했다. 예수도 힐렐이 말한 황금률과 비슷한 발언을 했다는 것이었다.

"그 이야기 아세요?" 나는 고개를 저었다. "이교도 몇 사람이 힐렐한테 와서, 자기들이 한 다리로 서 있는 동안에 유대교의 가르침을 전부 암송해 보이면 자기네가 유대교로 개종하겠다고 했답니다. 그 말을 듣고 힐렐이 황새처럼 외다리로 서더니 이렇게 응수했습니다. '너희가 당하고 싶지 않은 일은 남한테도 하지 말라. 이것이 유대교 경전 토라의 핵심이다. 나머지는 주석에 불과할 뿐. 가서 배우라.'"

"예수는 '너희가 대접을 받고 싶으면 남한테도 그렇게 해주어라' 이렇게 말하지 않았나요?" 나는 커다란 커피잔을 휘휘 저으면서 물었다.

하이엄은 그게 뭐 대수냐는 듯이 어깨를 으쓱했다. "그게 그 소리지요." 그는 워낙 말이 빠른 사람이라서 알아들으려면 신경을 곤두세워야 했다. 게다가 지금 하는 말은 워낙 낯설고 새로운 내용이었다. "제가 보기에는 힐렐이 한 말이 예수보다 한 수 위예요. 남한테

---

† Hillel 기원전 1세기 후반부터 AD 25년경에 활동한 유대교 현자. 기록에 의하면 그는 다른 현자들처럼 기적을 행하지 않았으며, 다만 최고의 미덕을 지닌 인물로 묘사되어 있다.

해를 안 끼치려면 원칙만 갖고 되는 일이 아니고 그 이상의 뭔가가 필요하거든요. 좋은 일을 하고 자기한테 아쉬우면 남한테도 아쉽고 자기가 바라면 남도 바란다는 걸 아는 건 그리 어려운 일이 아닙니다."

"바라는 게 아주 다를 때는 충돌을 안 하게 되지요." 하이엄은 고개를 끄덕였다. 하지만 나는 아직도 석연치가 않았다. "그렇다고 해서 힐렐이 말하는 황금률에 유대교의 가르침이 몽땅 들어 있다고 말하는 건 좀 그렇지 않나요? 나머지는 주석에 불과하다는 건 좀 그렇지 않나요? 신앙은 어떻게 되지요? 신을 믿는 건 어떻게 되지요? 그 이교도들더러 무엇을 믿으라는 건가요?"

"어릴 때부터 기독교 분위기에서 자란 사람들은 그렇게 말하지요." 하이엄이 기독교를 대수롭지 않게 여긴다는 것을 느낄 수 있었다. "유대교에서는, 다른 종교도 그렇지만, 신학이 중요하지 않습니다. 가톨릭 교회에서처럼 정통이나 정설에 목을 매지 않아요. 누구나 복종해야 하는 복잡한 교리 따위는 없습니다. 교황은 오류를 범하지 않는다는 그런 선언도 하지 않아요. 아무도 유대인한테 이걸 믿으라 저걸 믿으라 말할 권리가 없습니다. 상식 선에서 믿고 싶은 걸 믿으면 돼요."

나는 멍하니 그를 바라보았다. 믿음이 없는 종교라니, 상상이 가지 않았다. 태어나서 철이 든 이후로 나의 신앙 생활은 공식 교리를 받아들이기 위한 안간힘의 연속이었다. 진실된 믿음이 없으면 교회의 일원이 될 수 없고 구원을 받을 수 없다고 생각했다. 신앙은 출발점이었고 필수 불가결한 전제 조건이었다. 그리고 내 경우에는 그 주

촛돌이 흔들리니까 문제가 생겼던 것이다.

"공식 교리가 없다구요?" 나는 멍청하게 되물었다. "하나두요? 신에 대한 관념, 구원에 대한 관념, 이런 게 밑바탕에 깔리지 않은 종교가 가능한가요?"

"우리는 정설, 곧 바른 이론보다는 정행, 곧 바른 실행을 중시합니다." 입을 닦고 테이블에서 빵 부스러기를 치우면서 하이엄이 차분히 대꾸했다. "'바른 믿음'보다는 '바른 행동'을 중시해요. 그 이상도 그 이하도 아닙니다. 기독교인들은 교리가 어떻고 하면서 수선을 피웁니다만, 생각을 어떻게 하든 그건 중요하지 않습니다. 어차피 그건 표현할 수 없는 것에 대해서 말한다는 점에서 시 같은 것에 불과한 거니까요. 우리 유대인은 무얼 믿느냐에는 개의치 않아요. 그저 할 뿐입니다."

"힐렐의 말을 빌리자면, 안 하는 거겠네요." 내 우스갯소리에 우리는 한바탕 웃었다. 우리는 카페를 나와 헤어졌다. 그 이상 깊숙이 들어가고 싶지 않았다. 나한테는 너무 큰 주제였고 아직 감도 잘 안 잡혔다. 신이 존재한다고 확신하지 않고서 어떻게 신앙을 실천에 옮길 수 있단 말인가? 예수에 대한 공식 교리를 받아들이지 않고서 어떻게 기독교인으로서 살아갈 수 있단 말인가? 하지만 유대인의 신앙생활에서 믿음이 차지하는 비중에 대한 하이엄의 설명은 받아들이지 않을 수 없었다. 아무튼 나중에 이 문제는 따로 한번 생각해보고 싶었다. 우선은 원고를 쓰는 것이 급했다.

성지의 망아 체험

　조엘과 그의 조수 대니는 텔아비브 근교에 있는 벤구리온 공항 입국 심사대 바깥에서 나를 기다리고 있었다. 조엘은 런던에서 만났을 때 지금도 너무 생생히 기억하는 그 벌레 씹은 듯한 못마땅한 표정으로 나를 맞이하더니 내 짐수레를 밀면서 쑥쑥 걸어갔다. 너무 빨라서 종종걸음을 쳐야 겨우 따라갈 수 있었다. 나는 덜덜 떨고 있었다. 성지가 이렇게 추우리라고는 예상하지 못한 것이다. 따뜻한 옷을 충분히 가져왔는지 슬슬 걱정이 되었다.
　"예루살렘은 더 추워요." 조엘은 차 뒷좌석에 털석 앉더니 담뱃불을 붙이면서 그렇게 겁을 주었다. 그 다음 40분 동안 그가 나한테 한 말은 이것이 전부였다. 대화를 이어 나가 보려는 나의 불안한 시도는 번번이 묵살당했다. 조엘은 가끔 히브리어로 대니한테 퉁명스럽게 지시를 내릴 때 말고는 입을 꾹 다물고 있었다. 대니는 그래도 조엘보다는 약간 덜 무뚝뚝한 편이어서 비행기는 불편하지 않았는지, 런던 날씨는 어떤지, 면세품은 샀는지 따위를 나한테 물어보았다. 분위기를 살릴 만한 이런 화젯거리가 모두 떨어지자 우리는 모두 침묵을 지켰다. 나는 불편했다. 도대체 나한테 말도 안 붙이려는 남자와 어떻게 일을 같이 할지 난감했다. 그렇지만 태연한 척하면서 창밖을 바라보았다.

황량한 들판이 언덕으로 바뀌더니 언덕은 어둠 속에서 점점 위협적으로 다가왔다. 마침내 조엘이 오랜 침묵을 깨뜨리고 큰소리로 "다 왔네요." 했다. 말은 퉁명스럽게 했지만 나는 거기서 애써 감추려는 자부심을 읽을 수 있었다. 나는 조엘이 가리키는 쪽을 보았다. 눈 아래로 도시의 불빛이 보였다. 예루살렘이었다. 어렸을 때부터 내 정신의 세계 지도에서 늘 한복판에 있던 곳이었다. 나는 무언가를 느껴보려고 기다렸지만, 아파트 건물, 슈퍼마켓, 작은 구멍가게는 남유럽의 여느 도시에서나 볼 수 있는 모습이었다. 조엘은 다시 대니한테 뭐라고 지시를 내렸다. 대니는 항의처럼 보이는 말을 했다가 조엘이 버럭 소리를 지르니까 가만 있었다.

"간단히 좀 둘러보고 나서 호텔로 갑시다." 조엘은 말했다. "아직 늦은 시간은 아니니까." 그 말은 대니 들으라고 하는 말 같았다. "예루살렘에서 첫 밤을 지내면서 이런 거지 같은 꼬락서니만 본대서야 말이 안 되지!" 그는 창밖을 가리켰다. "그래야 상상력이 움직이지. '영감'도 오고." 그는 농담이라도 하듯이 영감이라는 단어의 발음을 굴렸지만 표정을 보니 진지했다. 나야 반대할 이유가 없었다. 나는 편안히 앉아서 관광 가이드의 입에서 설명이 쏟아져 나오기를 기다렸다.

설명 같은 것은 없었다. 말없이 차만 타고 갔다. 딱 한 번 대니가 어떤 신호등인가에서 내 쪽으로 몸을 기울이면서 차가운 도시의 공기가 들어오던 차창 밖으로 다른 운전자한테 욕을 퍼부었을 때만 침묵이 깨졌다. 몇 번인가 더 브레이크를 끽끽 밟아대고 고함이 오고 갔다. 옆차에 타고 있던 사람들이 모두 가세했다. 그러자 뒷자리에 앉아 있던 조엘의 입에서도 틀림없이 욕 같은 소리가 튀어나왔다. 결국 다른 차는 화가 난 듯 급발진을 하면서 떠났다.

"망할 자식들!" 조엘이 우습지도 않다는 듯이 뇌까렸다. "창문 좀 올리쇼! 얼어죽겠다!" 퉁명스럽게 내뱉었다. "그건 그렇고," 목소리가 돌연 밝아졌다. "눈이 올 모양이네!" 그는 갑자기 화통하게 말했다. "댁이 런던에서 눈을 몰고 온 모양이오."

나는 창밖을 유심히 보았다. "눈이 올 거 같진 않은데요."

조엘은 으허허허 아주 천박하게 웃었다. "예루살렘의 성스러운 눈이라 이 말이오. 눈에는 안 보여요, 그냥 믿어요!"

나도 웃겨서 웃었다. 하지만 나의 웃음은 조엘의 너털웃음에 묻혀버리고 말았다. 나중에서야 알았지만 그는 자기가 던진 우스갯소리에 자기가 배꼽을 잡고 웃는 버릇이 있었다. 차 안의 분위기가 한결 가벼워졌다. 내가 한 말 덕분에 자기가 농담 한마디를 할 수 있게 되어서건 어쨌건 조엘이 나한테 한결 친절해졌다는 것을 피부로 느낄 수 있었다.

번화한 거리를 뚫고 달리던 차가 갑자기 어디론가 꺾어졌다. 조명은 환했지만 어딘가 시간을 초월한 듯한 분위기가 느껴지는 그곳이 바로 구시가지의 성벽이었다. 16세기에 오스만 제국의 술탄 술레이만이 축조한 것으로 책에서 읽은 기억이 났다. 우리는 성벽을 따라서 천천히 차를 몰았다. 모퉁이를 돌 때마다 경치가 바뀌었다. 다윗 탑도 있었다. 그 너머로 시온 산의 지은 지 얼마 안 되어 보이는 바실리카 양식 교회당도 보였고 그 밑으로는 게헨나 계곡이 펼쳐져 있었다. 마침내 고향에 왔구나 하는 느낌이 들었다. 그토록 오랫동안 내 마음의 지도로만 접했던 곳에 막상 오니까 기분이 묘해지고 내 마음의 땅이 이제 객관적으로 독자적 생명을 얻은 듯한 착각이 들었다. 나는 나만의 지리부도가 이 새로운 현실을 받아들이기 위해 움직이는 것을 느끼면서도 한편으로는 나도 이에 뒤질세라 무언가 중요한 것을 발견할 것만 같은 예감을 받았다. 황금빛으로 물든 바위 돔이 눈에 들어온 순간 나도 모르게 헉 소리가 나왔다. 숨이 멎는 것만 같았다. 성벽을 뒤로 하고 나오면서 나는 등을 돌려 조엘한테 고맙다고 했다. 그는 나를 바라보고 있었다. 그리고 자기도 모르게 웃고 있었다.

이 첫 번째 방문의 목적은 신학과 역사에 대한 나의 추상적 관념을 텔레비전에 어울리는 시각적 형식으로 담아내기에 좋은 방식을 찾아내자는 것이었다. 지금 단계에서 가장 중요한 것은 시리즈 진행을 맡은 내가 나의 생각을 카메라로 찍어 시청자에게 바로 전달하기에 안성맞춤인 장소를 물색하는 작업이었다. 장소는 아주 신중하게 골라야 했다. 장소 하나하나가 거기서 전달되는 주제와 뚜렷한 관련이 있어야 했다. 우리가 어떤 장소를 고르느냐에 따라서 6시간짜리 프로의 색깔도 달라질 수 있었다. 매일 아침 대니와 조엘은 차를 몰고 내가 묵고 있는 호텔로 와서 나를 태우고 하루 온종일 예루살렘을 돌아다니거나 근처 시골로 가서 조엘이 내가 꼭 봐야 한다고 생각하는 유적을 둘러보았다. 두 번째 주에는 예수의 목회 활동과 관련이 있는 유적을 찾아서 이스라엘 북쪽에 있는 갈릴리까지 가서 며칠을 지냈다.

조엘은 운전을 할 수 없었다. 음주 운전을 하다가 걸려서 면허가 정지된 상태였다. 하지만 뒷자리에 앉아서도 여기로 가자 저기로 가자 지시를 혼자서 다 내렸다. 잡담은 아예 없었다. 텔아비브에 처음 온 다음날 올리브 산으로 가는 도중에 나는 어색한 침묵을 깨뜨리려고 어줍잖게 이것저것 질문을 던졌다. "햇빛이 참 좋네! 예루살렘에 산 지 얼마나 되나요, 조엘 …… 대니는 어디 살아요?" 이런 하나 마나 한 질문에 한숨을 푹 내쉬거나 단답식으로 짧게 대답하면서 한 10분 동안 꾹 참고 듣더니 드디어 조엘이 분통을 터뜨렸다.

"이봐요!" 소리를 버럭 질렀다. "하고 싶은 말이 있으면 해요! 아님, 셰켓!" 마지막 단어의 뜻은 보나마나 "닥쳐!"였다. 나는 영문을 모르겠다는 듯이 조엘을 돌아보았다. 그러면서도 화가 나지 않는 것이 신기했다. 조엘이 씩 웃었다. "여긴 잉글랜드가 아니거든요." 나는 그때부터 몇 달 동안 이 소리를 지겹도록 듣는다. "이스라엘에서는 교양녀인 척 안 굴어도 돼요. 우린 격식을 따지는 사람들이 아니거든. 할 말도 없으면서 뭐 하러 말을 합니까."

이상하게 그 말을 들으니까 마음이 편해졌다. 그동안 복종만 하고 예의만 차리면서 살다가 얼마 동안이라도 예의범절 따위는 내던지고 살아도 된다고 생각하니 해방감이 느껴졌다. 나는 그럴듯한 대화거리를 생각해내야 한다는 부담감 같은 건 떨쳐버리고 차 안에 편히 앉아서 성서에 나오는 듯한 경치를 넋을 잃고 내다보았다.

처음 이틀은 날이 추웠다. 눈은 끝내 오지 않았지만 바람이 매서웠고 진눈깨비 같은 비가 흩뿌리는 날씨였다. 태양이 이글거리는 사막을 만나리라는 예상은 보기 좋게 빗나갔지만 낯익은 풍경 안으로 걸어 들어가는 듯한 느낌은 여전했다. 마치 신화의 세계로 들어서는 기분이었다. 옛날에 내가 묵상을 하면서 그토록 상상하려고 애썼던 겟세마네 동산, 예수가 십자가를 지고 가던 수난의 길, 세례 요한의 집인 에인 카림이 모두 눈앞에 있었다. 예수가 신전이 있는 산으로 올라갈 때 밟았을 계단이 거기 있었다. 갈릴리 호수가 내려다보이는 그 길을 따라서 틀림없이 예수도 올라갔을 것이다.

나는 살아오면서 그렇게 아름다운 풍경을 본 적이 없었다. 나는 감탄사가 절로 나오는 성지의 모습과 소리에 그저 넋을 잃고 빠져들었던 것만은 아니었다. 예수와 바울로의 흔적을 찾으면서 어떻게 하면 나의 생각과 아이디어를 이 풍경과 역사적으로 유명한 그 유적의 굴곡진 역사와 조화시킬 것인지를 고민했다. 그 과정에서 이 성지는,

수녀원에서 묵상을 하면서 억지로 성서에 나오는 곳을 상상하는 '자리 꾸미기'에서는 그렇게 번번이 실패했건만, 내 가슴과 머리로 들어왔다. 왜 그토록 많은 사람들이 성지에 집착하는지 이해가 갔다. 나도 성지에 애착이 가기 시작했다.

그렇지만 그 땅은 나에게 문젯거리이기도 했다. 내가 거룩한 마음으로 상상했던 모습과는 너무나 달랐기 때문이다. 아마 예수와 바울로도 얼른 알아보지 못했으리라. 예수가 걸었던 삶의 고비에서 열네 장면을 모아서 그 수난을 다시 한 번 되돌아보는 십자가의 길 기도를 수녀원에서 올릴 때 나는 네 번째 처소 곧 예수가 갈보리로 가다가 어머니를 만난 곳에서 후무스라는 소스에다 납작한 빵을 찍어 먹는 날이 오리라고는 꿈에도 생각하지 못했다. 하지만 그런 일이 일어난 것이다. 수난의 길이라는 유적지로 가다가 조엘이 아랍 식당에서 차를 세운 것이다. 우리를 베들레헴과 요르단 강 서안으로 안내해줄 아메드라는 팔레스타인 사람도 합류했다. 그날 늦게 우리는 성탄 교회 지붕에서 아메드가 통에 담아온 아랍 커피에다 담배도 피우면서 구유 광장을 내려다보았다.

내가 몸담았던 교단은 예수의 유아 시절과 어린 시절을 위해 봉헌되었다. 베들레헴은 우리한테는 영적 탐구의 변함없는 상징이었다. 동방에서 온 박사들처럼 우리는 거룩한 아기와 어머니에게로 우리를 인도하는 별을 따라가야 했다. 우리 교단에 속한 수녀원 하나하나가 바로 베들레헴이었다. 그런데 이곳에서 나는 지금 종교와는 담을 쌓고 살아가는 조엘, 아메드 같은 사람과 깔깔거리면서 예수가 태어난 곳에서 예정에 없었던 피크닉을 즐기고 있는 것이다. 과거에 내가 품었던 이상으로부터 내가 얼마나 멀어졌는지를 다시 한 번 실감할 수 있었다. 과거의 내가 이런 불경스러운 장면을 바라보면서 기가 막혀서 어쩔 줄 몰라하는 것이 피부로 느껴질 정도였다.

 어느 날 아침 아메드가 유대인 아내 미리암과 함께 새벽 5시에 호텔로 차를 몰고 와서 제리코로 나를 데려갔을 때도 나는 비슷한 경험을 했다. 예수가 선한 사마리아 사람의 우화를 들려주면서 말했던 길도 지나가는 것 같았다. 아메드와 미리암 사이에 앉아서 사막의 언덕 너머로 해가 뜨는 것을 보면서 라디오에서 흘러나오는 멘델스존의 바이올린 협주곡을 듣고 있노라니 그렇게 행복할 수가 없었다. 이번에도 분위기를 깨뜨리는 교양 있는 대화는 없었다. 육지에서 가장 고도가 낮은 사해를 향해 해수면 밑으로 계속 내려가다 보니 귀는 멍멍했지만 사막은 황홀하리만큼 아름다웠다. 지금까지 내가 본 어떤 풍경에서도 그렇게 감동을 받은 적이 없었다. 나는 풍경에서 눈을 뗄 수가 없었다. 거대한 침묵이 내 앞에 뻥 뚫려 있었다. 아무 말도, 아무 생각도 나지 않았다. 그저 그 자리에 있는 것만으로도 족했다. 다른 사람들은 기도를 하면서 이런 정적을 맛보았을지 모르지만, 거기에는 신도 없었고 성자들이 경험했다고 하는 황홀경도 없었다. 그저 나를 잊어버리는 체험뿐이었다.

 나중에 우리는 제리코 외곽의 팔레스타인 난민촌이 있었던 자리에서 한 베두인 가족과 자리를 함께했다. 아부 무사는 미리암과 나에게 아침으로 납작한 빵과 시큼한 녹은 버터를 주었다. 그동안 아메드는 그 베두인 가족이 대신 돌보아주었던 말을 타고 산으로 갔다. 그러고 나서 우리는 그 신비로운 길을 따라 뱀처럼 꼬부랑꼬부랑 돌면서 서둘러 돌아와야 했다. 아침 9시부터 조엘과 작업을 하기로 약속했기 때문이다. 우리는 다시 예루살렘으로 들어갔다. 모퉁이를 도니까 오른쪽으로 바위 돔이 아침 햇살을 받아 환히 빛나고 있었다. 언덕과 돌과 혼연일체가 되어 있었음은 물론 주변에 있는 자연의 정기를 한 자리에 모아 그것을 완성시키고 새로운 의미를 주는 것만 같았다. "졌다!" 아메드가 짧게 내뱉었다. 우리는 모두 고개를 끄덕였다. 그 이상 적절한 단어가 없었다.

타자의 발견

나의 생활 공간만 변한 것이 아니라 종교적 지형도 어느새 변하고 있었다. 수녀원에서 묵상을 할 때만 하더라도 내가 그토록 마음속으로 그리려고 애썼던 풍경에서 유대인은 좀처럼 나타나지 않았다. 유대인은 뭐랄까 흑심을 품고 뒤에서 주변에서 어슬렁거리는 인물이었다. 그들은 예수의 뛰어난 통찰을 더욱 돋보이게 만드는 역할을 맡았을 뿐이다. 그들이 던진 교묘한 질문에 예수는 넘어가지 않았다. 무심하고 몰인정한 발언은 그들이 참다운 영혼의 가치에 얼마나 둔감한 사람들인가를 보여주었다. 그런데 현대의 이스라엘에 와서 성서의 배경이 된 장면을 직접 눈으로 보니 유대교가 주변에서 중심으로 오고 예수와 바울로 두 사람의 인생 역정과 활동이 좀 더 구체적으로 와 닿는 것이었다.

헤로데 왕이 지으려 했고 예수가 살아 있을 당시에 완공을 코앞에 두고 있었던 신전의 마지막 유적이라고 할 수 있는 통곡의 벽을 찾았을 때 나는 그 성스러운 돌에다 입을 맞추려고 모여드는 군중을 넋을 잃고 바라보았다. 소매가 길고 띠가 달린 검은 옷에 귀 옆으로 긴 머리카락을 늘어뜨리고 커다란 털모자를 쓴 정교도 사람도 보였고 평상복을 입은 남녀의 모습도 보였다. 한 이스라엘 군인이 유대교도들이 기도를 할 때 착용하는 작고 네모난 성구함을 팔뚝에 가죽끈으로 묶고 벽 앞에서 허리를 숙이면서 기도하는 것도 보았다. 옛날에 수녀원에서 묵상을 할 때는 유대교가 한물 간 종교라고 생각했지만 그렇지 않았다. 유대교는 그 나름의 생명력과 역동성을 지니고 있었고 기독교만큼이나 다채로웠다. 예수가 이 도시에서 2천 년 전에 죽은 다음에도, 나는 상상도 못했지만, 유대교는 나름대로 계속 성장하고 발전해 온 종교였다.

원고를 쓰면서 나는 점점 유대교의 관점으로 빠져들었다. 이제 나는 하이엄 머코비가 추천한 책을 탐독하면서 바울로와 예수가 호흡했던 종교적 분위기를 상상하려고 노력했다. 거기에는 낯익으면서도 동시에 판이하게 다른 점을 드러내는 요소가 있었다. 역시 하이엄의 말대로였다. 유대교는 그야말로 머리로 믿는 종교라기보다 실천을 통해 사는 종교였다. 유대교도가 율법에 따라서 사는 것이 내가 보기에는 우리가 수녀원에서 규칙을 지키던 것과 비슷했다. 아니, 이상은 똑같았다고 말할 수 있다. 613개 조항의 율법은 밥을 먹고 술을 마시고 요리를 하고 일을 하고 심지어는 사랑을 하는 데 이르기까지 일상생활 구석구석으로 신을 끌어들였다. 아무리 하찮은 일에도 종교적 잠재력이 있었다. 유대교에서는 일상 생활의 모든 활동이 기독교에서 말하는 성사였다. 순간 순간이 신과 만나는 기회였다. 유대인은 율법 하나를 준수할 때마다 신에게 다가서면서 일상 생활을 거룩하게 만들어 나가고 있었다.

물론 율법은 억압적으로 보일 수도 있었다. 바울로도 그렇게 느꼈던 것 같다. 바울로는 마치 내가 수녀원에 들어가고 얼마 안 지나서부터 엄격한 규칙에 숨이 막혔던 것처럼 율법을 지키는 데서 더는 신의 존재를 느끼지 못했던 모양이다. 하지만 율법은 기쁨도 안겨주었다. 그것은 율법을 해방감을 주는 찬란한 빛으로 묘사한 구약의 시편을 보아도 알 수 있다. 예수를 처음 따랐던 사도들이 뒤늦게 나타난 바울로가 하느님은 이제 율법을 파기하셨고 예수가 하느님의 으뜸가는 계시자가 되었다고 말했을 때 왜 그토록 화를 냈는지 이제서야 납득이 갔다. 그들은 예수가 자기들을 토라의 굴레에서 풀어주었다고 생각하지 않았다. 도리어 바울로 같은 생각이야말로 피해를 줄 가능성이 많다고 본 것이다. 그들은 삶에 가치와 의미를 주는 무언가 소중한 것을 위해 싸우고 있었다.

나는 유대인의 종교 생활에서 공부가 갖는 의미에도 흥미를 느꼈다. 나는 여자라서 토라와 탈무드를 공부하는 정통 예시바 학교에 들어갈 수 없었지만 조엘한테 이 소란스럽고 수선스러운 수업 장면을 담은 필름이 있어서 우리는 그것을 시리즈에 집어넣을 생각이었다. 남자들이 두루말이 책 앞에 구부정하게 서서 몸을 좌우로 규칙적으로 흔들면서 기도를 하면서 큰소리로 주문을 외치고 서로 열정적으로 논쟁을 벌이는 모습을 보았다. 그걸 보니까 복음서에 나오는 장면이 새로운 의미로 다가왔다. 복음서에서 욕을 바가지로 얻어먹는 '율법학자와 바리새 사람'이 토라에서 가장 중요한 계율이 뭐냐, 로마인에게 세금을 바치는 것에 대해서 모세 같으면 뭐라고 했겠느냐, 안식일을 어떻게 지켜야 하느냐 하고 예수한테 질문을 던진 것은 그저 예수를 덫에 빠뜨리기 위해서만은 아니었다. 그들은 지금 예시바 학교에서 공부를 하는 유대인과 다를 바가 없었다. 이런 논쟁도 엄연히 예배의 한 형식이었다.

탈무드를 편찬한 랍비들 중에는 예수와 같은 시대를 살았던 사람도 있을 테지만 그들은 "두세 사람이 모여서 토라를 함께 공부하면 그들 사이에 신이 내려와 계신다."라고 강조하고 또 강조했다. 예수도 그와 비슷한 말을 한 적이 있다. 율법을 공부하는 것은 부질없는 두뇌 운동이 아니었다. 율법 공부를 통해 유대인은 신에게 다가섰다. 그 필름을 보니까 그런 방식이 나한테는 더 어울리지 않았을까 싶었다. 로욜라의 조용한 묵상보다는 그런 식의 격렬한 공부가 내 기질에는 훨씬 맞았을지도 몰랐다.

기독교를 낳았다고 볼 수 있는 유대교에 대해서 그렇게 모르고 살아왔다는 것이 갑자기 부끄러웠다. 1세기의 유대교에 관한 문헌을 읽을수록 내 눈에는 예수가 점점 유대인으로 보였다. 유대교에 그토록 반기를 들었던 바울로도 사실은 새로운 이스라엘을, 새로운 세계에서 유대인으로 살아가는 참신한 길을 모색한 것이었다. 이 일을 하게 된 덕분에 나는 다시는 기독교를 동떨어진 종교로 보지 않게 되었다. 나는 이중 시각으로 세상을 보는 법을 익혀야 했다. 유대교와 기독교는 하나의 신앙 전통에서 갈라져 나온 두 개의 가지로 점점 여겨졌다.

그렇지만 또 하나의 요소가 있었다. 통곡의 벽을 보러 갈 때마다 나는 자꾸만 헤로데가 세웠다가 로마 군대가 파괴한 성전이 있었던 자리에 들어선 황금빛 이슬람 사원으로 시선이 갔다. 듣자 하니 이 바위돔 사원은 이슬람 세계에서 축조된 최초의 비중 있는 건물이었다. 처음부터 유대교에 뿌리를 둔 것을 세상에 자랑스럽게 공표한 또 하나의 종교가 여기 있었다. 어느 토요일 나는 아메드 가족을 따라 바위돔 사원으로 갔다. 그리고 예언자 마호메트가 그 자리에서 하늘로 올라갔다고 하는 바위를 보았다. 아메드 말로는 예언자 아브라함도 그 바위에서 자기 아들 이삭을 신에게 제물로 바쳤다고 한다. 이것도 처음 듣는 소리였다. 다시 한 번 부끄러웠다. 이런 전통이 있다는 것은 정말이지 까맣게 모르고 살았다. 이슬람 교도가 아브라함을 공경한다는 것도 처음 듣는 소리였지만, 아메드 말로는 코란은 모든 위대한 예언자를, 심지어 예수까지도 추앙한다는 것이었다.

헤로데가 세운 거대한 성전 터의 남쪽 끝에는 알 악사 이슬람 사원이 있었다. 그곳에 들어가니 고향에 온 듯한 느낌이었다. 거기에는 빛과 공간과 침묵이 있었다. 새 한 마리가 밖에서 날아 들어왔다. 모스크는 오염된 세상 앞에서 문을 닫아거는 것이 아니라 세상더러 어서 들어오라고 반기는 듯했다. 이슬람 신자들이 바닥에 앉아서 코란을 공부하고 있었다. 입술로 거룩한 언어를 부지런히 되뇌는 모습이 유대교 신자들이 예시바 학교에서 토라를 공부하던 모습과 어찌나 비슷하던지. 그것은 교감의 한 방식이었다. 신이 어떤 식으로든 마호메트한테 했을 것으로 보이는 말을 따라하면서 이슬람 신자는 신의 말씀을 자기 안으로 받아들였다. 신이 어떤 식으로든 했을 것으로 보이는 행동을 따라하면서 이슬람 신자는 신이 있던 자리에 상징적으로 자기를 갖다 놓았다.

물론 이번에는 유대교와 기독교에만 집중해야 했다. 이슬람 연구는 각본에는 아직 없었다. 하지만 아브라함 가족의 이 세 번째 식구를 무시하기란 불가능했다. 도착한 다음날 아침부터 나는 내가 묵던 호텔 옆에 있던 뾰족한 이슬람 사원의 탑에서 폭발적으로 터져 나오던 고막을 찢는 듯한 기도 소리에 새벽잠에서 깨어났다. 나도 모르게 침대에서 벌떡 일어난 것이다. 입이 바짝 탔고 가슴은 두근거렸다. 이슬람은 그렇게 거칠고 낯설고 거추장스럽고 전혀 예상하지 못했던 방식으로 하나의 현실로 나의 세계로 들어왔다. 하지만 첫날만 그랬지 그 다음부터는, 비록 새벽 기도를 재촉하는 소리는 똑같이 요란했지만, 그 소리 때문에 잠을 설치는 일은 없었다. 그 소리를 내 안에 받아들이고 끌어안는 데 성공한 것이다. 아니, 얼마 안 가서 예루살렘 거리를 울리고 구시가지 주변의 계곡과 언덕을 가득 채우는 그 기묘한 아랍어 낭송을 좋아하게 되었다. 기도 시간을 알리는 그 소리는 기독교 신자나 유대교 신자가 좋아하든 싫어하든 이슬람은 그들이

나 몰라라 할 수 없는 종교라는 엄연한 현실을 거듭 일깨워주었다. 어쩌면 우리가 말하는 전통은 둘이 아니라 셋으로 갈라져 나갔는지도 몰랐다.

이슬람교를 공부하지는 않았지만 처음 이스라엘에 체류하는 동안 나는 시간이 흐를수록 나도 모르게 같은 예루살렘에서도 이슬람 신자들이 모여 사는 곳으로 자꾸만 발길이 옮겨지는 것을 깨달았다. 이스라엘 동료들도 날이 갈수록 친절해졌다. 조엘도 이제는 우리가 하는 일의 전망을 전보다는 덜 비관적으로 보는 것 같았다. 하지만 그들은 여전히 나를 예의 바른 척하는 영국 여자로 여겼기 때문에 하루 일과를 마치고 나와 헤어질 때는 그렇게 홀가분해할 수가 없었다. 대니는 호텔 입구에 차를 끽 세우고는 어서 나를 떨궈버려야 자기만의 오붓한 저녁 시간을 보낼 수 있지 하는 표정으로 내가 빨리 내리기를 기다렸다.

"너무 고맙습니다." 처음 나를 바래다주던 날 차에서 내리면서 인사를 했다.

"뭐가요?" 나는 영문을 몰라 그를 쳐다보았다. "뭐 때문에 고마운데요? 고맙다는 말 하지 마세요! 좋은 싫든 이건 내가 맡은 일이거든요! 내 직업이라구요!"

"아." 나도 이스라엘 사람들의 그 무심함을 조금 흉내냈기를 바라면서 문을 쾅 닫고 내렸다. 그리고 뒤도 한 번 돌아보지 않고 호텔로 걸어가면서 속으로 웃었다. "플리즈"니 "땡큐"니 하는 말 좀 하지 말아 달라는 소리를 지겹도록 들었다. 조엘 일행과 같이 점심을 먹을 때도 다른 사람 앞으로 손을 뻗게 되든 말든 그냥 필요한 것을 집기만 하면 그만이라는 사실을 배웠다. "여긴 영국이 아니라니까 그러시네!" 조엘은 툭하면 그렇게 말했다. "플리즈"나 "땡큐" 같은 말을 아무리 안 하려고 해도 나도 모르게 버릇이 되어 튀어나올 때가 많았지만, 그래도 예의를 차려야 한다는 중압감에서 잠시라도 벗어나니 그것도 재미있었다. 왠지 마음이 편해지고 여유가 생겼다. 그렇지만 이스라엘 동료들과는 별로 어울리지 않았다. 조엘은 내가 온 지 얼마 안 돼서 예의상 나를 저녁 식사에 초대해서 아내와 어린 아들을 소개해주었다. 하지만 그것이 전부였다.

그렇지만 아메드 같은 팔레스타인 친구들은 내가 따분하지 않았던가 보다. 거의 매일 밤 동쪽 예루살렘에 사는 누군가가 나를 저녁 식사에 초대했다. 나는 정치 상황에 워낙 무지했던 터라 아랍 사람들이 거주하는 구역으로도 대수롭지 않게 넘어갔다. 그 동네로 넘어가면 먼저 서양식 건물이 자취를 감추었다. 갑자기 제3세계로 들어온 느낌이 들었다. 가로등도 없었고 표지판도 없었다. 택시는 걸핏하면 길을 잃었다. 택시 기사가 이스라엘 사람이면 신경이 곤두서서 짜증을 냈다.

"위험한 동네라구요! 잘못하다간 죽어요! 그러지 말고 다시 호텔로 갑시다!"

지금 같으면 새겨들어야 할 충고였지만 1983년 당시에는 상황이 그리 심각하지는 않았으므로 나는 이렇게 안전한데 돌아가다니 말도 안 된다고 생각했다. 택시 기사는 고개를 연방 가로젓고 뭐라고 구시렁거리면서 나를 가게 앞에다 내려주고는 뒤에서 저승사자라도 쫓아오는지 부리나케 떠나버렸다. 팔레스타인 가게 주인은 마치 오래 전에 헤어진 친구라도 만난 것처럼 반겨주었다. 그리고 한 번도 본 적이 없는 나를 위해서 아메드 아니면 나를 초대한 사람한테 전화를 걸어주고는 전화비도 받지 않았다. 그의 아내는 나를 위해서 따뜻한 차를 내 왔다. 미안해서 어쩌다 가게에서 물건이라도 사주려고 했지만 그것도 힘들었다. 부부가 번번이 돈을 안 받겠다면서 그냥 선물로 주겠다는 것이었다. 그래서 나중에는 물건을 살 엄두를 못 냈다. "글쎄, 이러지 마세요!" 그들은 나에게 통사정했다. "우리 집에 오신 손님이잖아요!" 그렇게 실랑이를 하다 보면 친구들이 나를 데리러 왔다.

한번은 그렇게 저녁을 먹고 나서 아메드와 다른 세 친구들과 함께 차를 타고 내가 묵던 호텔로 돌아가고 있었다. 라디오에서는 그저 그런 아랍 노래가 흘러나왔고 남자 둘은 뒷좌석에서 병 맥주를 마시고 있었다. 갑자기 음악이 끊기더니 뭐라고 뭐라고 아나운서가 말을 했다. 차 안이 조용해졌다. "코란 시간이거든요." 아메드는 짧게 말했지만 무언가 근사한 요리를 기다리는 사람처럼 잔뜩 기대에 부풀어 있었다. 나는 깜짝 놀랐다. 아메드는 독실한 이슬람 신자가 아니었다. 아니, 종교를 싫어하는 것 같았다. 만약에 내가 맥주를 마시는 친구들과 런던에서 차를 몰고 가다가 라디오에서 잠시 후에 성경 봉독이 있겠습니다 하는 소리가 나오면 누군가는 바로 라디오를 껐을 것이다. 하지만 여기는 달랐다. 나는 차 안에 울려퍼지는 경전 낭송을 유심히 들었다. 가끔씩 일행 중 한 사람이 북받치는 감격을 주체하지 못하고 자기도 모르게 나지막히 한숨을 쉬었다. 그들은 나만 못 알아듣는 게 미안했던지 그 경험에 어떻게든 동참시키려고 영어로 번역하려고 애썼지만, 그 오묘한 뜻을 담아내기에는 역부족이었다.

"아, 좋다!" 아메드는 감격에 겨운 목소리로 감탄사를 연발했다. "같이 들었으면 얼마나 좋을까!" 그러고는 다시 한 번 번역을 시도하다가 포기했다. "결국 그런 말이지만 그 이상입니다. 너무 깊은 뜻이라서 표현이 안 돼요!"

나는 단순히 감명을 받은 정도가 아니라 깜짝 놀랐다. 도대체 어떤 내용이 적혀 있길래 모스크 주변은 얼씬도 안 하고 중동은 종교 때문에 망했다고 생각하는 쉰다섯 살 먹은 거친 사내들이 아직도 그 소리를 듣고 울먹거린단 말인가. 나중에 다시 한 번 찬찬히 생각해볼 문제로 남겨두었다.

얼핏 들여다본 다른 종교의 모습은 자못 흥미로운 내용이었다. 하지만 아직도 나는 신한테는 아무런 미련이 없다고 확신했다. 거기다가 중동 종교는 반감을 주는 측면도 많았다. 제작사는 메아 셰아림이라는 곳 부근에 있었는데 그곳은 예루살렘에서도 가장 과격한 종교 구호가 난무하는 동네였다. 시온주의를 히틀러와 똑같은 것으로 취급하는 플래카드가 나부끼는가 하면 어떤 플래카드는 '이스라엘의 딸들'은 정숙한 옷을 입어야 한다고 주장했다. 역겨웠다. 그렇지만 근본주의자들에 대해서 조엘이 느꼈던 분노에 비하면 나 정도는 아무것도 아니었다.

더욱 가관이었던 것은 기독교 세계에서 가장 성스러운 곳이라는 성묘 교회였다. 성묘 교회는 이런저런 종파들 사이의 적대감으로 오염되어 있었다. 조엘의 말로는 17세기 이후로 오스만 제국이 한 이슬람 신도 집안에 교회 열쇠를 맡기면서 기독교인들이 자꾸만 문을 잠가놓으니 일정한 시간마다 와서 문을 열어놓으라고 했다는 것이었다. 알 악사 모스크에서 느꼈던 경건한 분위기는 눈을 씻고 봐도 찾을 수가 없었다. 그 교회에 처음 갔을 때도 예수의 묘를 둘러싼 화강암 구조물 안을 들여다보려는데 쭈글쭈글한 콥트[†] 수도사가 내 팔을 붙들고 늘어지더니 점 치는 카드 같은 것을 꺼냈다. 할 마음 없다고 조용히 말했는데도 소용없었다. 이 성스러운 자리에서 내 점을 봐주기 전에는 물러날 생각이 없다는 투였다. 필요하다면 나를 무덤 속으로라도 끌고 들어갈 기세였다. 결국 대니가 화서 욕을 퍼붓고 주먹질이라도 할 듯이 겁을 주니까 그제서야 물러났다. 정말이지 그런 데는 가기 싫었다.

이스라엘을 떠나야 할 날도 얼마 남지 않았을 때 조엘은 우리 프로를 정말 괜찮게 만드는 데 필요할 것 같은 아이디어를 내놓기 시작

[†] 이집트에 사는 고대 이집트인의 자손으로 그리스도 단성설(單性說)을 신봉하는 사람들.

했다. 우리는 슬슬 호흡이 맞기 시작했다. 좁고 지저분한 사무실에서 매캐한 담배 연기 속에서 코카 콜라를 마시면서 줄거리를 짜냈다. "1회분에서는 예수와 바울로 사이를 왔다 갔다 하는 겁니다." 조엘이 안을 냈다. "타르수스(터키 중남부의 도시)와 이스라엘을 번갈아가면서 보여주는 거지. 바울로가 유대 땅을 떠나 다른 나라에서 어린 시절을 보내는 이야기를 하고, 그러고 나서," 그는 갈릴리의 카페르나움에 있는 유대교 예배당을 찍은 장면을 짚으면서 말했다. "불쌍한 친구가 갈릴리에서 설교하는 모습이 들어가는 거지요." 나는 웃음이 나왔다. 언젠가 한밤중에 예루살렘의 지저분한 편집실에서 종교하고는 인연이 없고 줄담배를 뻑뻑 피워대면서 예수를 '불쌍한 친구'로 부르는 유대인과 함께 앉아 있을 날이 오리라고 내가 상상이나 할 수 있었을까?

막판에 가서는 이스라엘 친구들도 나를 대화 상대로 인정해주기로 마음먹었는데 저녁 초대를 하거나 술 한 잔 하자고 해도 내가 동부 예루살렘에서 선약이 있어서 안 된다고 거절하니까 깜짝 놀랐다. 그중에는 아랍인 동네에는 한 번도 가본 적이 없는 사람도 있는 것 같았다. 하지만 우리 사이에는 전에 없었던 온정과 존중의 분위기가 자리잡았다. 같이 일을 하다 보니까 자기는 누를 수밖에 없었고 그렇게 해서 가장 내실 있는 우정이 쌓여 갔다. 나는 최종 원고를 완성하느라고 한 달 동안 영국으로 돌아가 있었는데 다시 이스라엘로 돌아오니까 그렇게 반가워할 수가 없었다. 대니는 공항에서 나를 맞아주더니 차를 타고 오는 내내 이번에는 자기가 먼저 말을 걸고 사무실에서 있었던 시시껄렁한 이야기도 들려주었다. "다들 기상!" 차가 언덕을 지나 예루살렘으로 내려가자 대니가 소리를 질렀다. "마님 납시오!"

텔레비전 시리즈를 한 번도 찍어본 적이 없었기에 망정이지 안 그랬으면 진작에 두 손 들었을 것이다. 우리의 촬영 스케줄이 얼마나 얼토당토않은 것인지 나는 뒤늦게야 알아차렸다. 돈이 없었다. 채널 포는 제작사에 10만 달러를 주었다. 나한테는 큰돈이었지만 6부작을 만들기에는 턱없이 모자란 돈이었다. 이스라엘 제작진이 이런 말도 안 되는 계약 조건을 받아들인 것은 이 작품을 교두보로 삼아 영국 텔레비전에 진출하기 위해서였다. 새로 찍을 여력이 없어서 제작사 자료실에 소장된 필름을 손봐서 썼다. 프롬프터 하나 없었고 조명 시설도 변변한 것이 없었다. 이탈리아와 그리스로 촬영을 갔을 때 제작진은 그냥 놀러온 셈치고 무보수로 일해주었다.

형편없는 예산은 내 일에도 두 가지로 영향을 끼쳤다. 첫째, 내가 나와서 말하는 장면은 돈이 없다 보니 두 번 이상 찍을 수가 없었다는 것이다. 조엘과 카메라맨 요시(일명 '원 숏 맨')는 처음 찍은 숏으로 만족해야 했다. 그러다 보니 나는 말을 완벽하게 해야 했고 버벅거리면 곤란했다. 둘째, 찍은 필름이 부족하다 보니 내가 나와서 떠드는 장면이 보통 다큐멘터리보다 훨씬 길어졌다. 그래야 시간을 채울 수 있었다. 일정도 빠듯했다. 우리는 해가 지기 전에 한 군데라도 더 찍으려고 여기서 저기로 옮겨 다니기에 바빴다.

내가 경험이 없으니까 조엘은 일이 제대로 안 돌아갈까 봐 걱정했지만, 내가 거뜬히 헤쳐 나갈 수 있었던 것은 이런 일이라는 게 늘 이런 식으로 진행되는 건가 보다 생각했기 때문이었다. 이스라엘 박물관의 아르테미스 여신상 옆에서 처음에 조금 불안한 출발을 보였지만 그 다음부터는 일사천리로 찍어 나갔다. 다들 점점 신바람이 나는 것 같았고 하루 일과가 끝나면 그렇게들 뿌듯해할 수가 없었다. 이런저런 부담에도 불구하고 나는 그렇게 마음 편하게 일해본 적이 그 뒤로는 없었다. 분을 찍어 바르느라 난리를 피운 일도 없었고 머리를 매만질 일도 없었고 옷차림을 놓고 고민할 이유도 없었다. 하기야 제작진이 내 외모에 대해서는 일찌감치 포기했으니까 그랬을지도 모르는 일이었다.

"댁이 솔직히 미인은 아니잖수." 조엘은 처음 일을 시작하던 날 아침 대뜸 그렇게 말했다. "이빨도 크고 걸음걸이도 좀 그렇고. 까짓거! 어쩌겠수? 있는 거 갖고 만들어봐야지!"

심한 말이었다. 하지만 너무나 악의 없이 한 말이었기 때문에 도저히 화를 낼 수가 없었다. 조엘은 마치 어떤 나무나 바위의 촬영 효과에 대해서 말하듯이 천연덕스럽게 말했다. 하기야 아무 생각 없이 툭 던진 말을 가지고 삐질 만큼 작업이 한가하지도 않았지만.

"그러구요!" 조엘은 첫날부터 딱 부러지게 말했다. "여긴 잉글랜드가 아니거든요. 그러니까 교양 있는 여자처럼 안 굴어도 돼요. 내가 하는 짓이 영 맘에 안 들거든 꺼져, 닥쳐, 하고 싶은 대로 지껄여요!" 나로서는 색다른 경험이었다. 조엘의 제안을 처음으로 실천에 옮겼을 때 나도 소스라치게 놀랐다. 갈릴리에서 하루 종일 분주하게 돌아다니다가 오후 늦게 카이사레아에 막 도착했을 때였다. 해가 지기 전에 카메라 앞에서 떠드는 장면을 많이 찍어야 했기 때문에 신경이 곤두서 있었다. 조엘은 지쳤고 속도 타는 모양이었다. 앞으로 몇 장면이나 더 찍어야 하느냐고 나한테 퉁명스럽게 물어보길래 나는 눈이 달렸으면 보라고 원고를 휙 던져주고는 옷을 갈아입으러 근처의 바위 뒤로 갔다.

"바로 그거야! 브라보!" 조엘이 나중에 말했다. "'눈이 달렸으면 봐라,' 캬 죽이는 대사네. 꼭 기억해야지."

정말이지 그렇게 신명나게 일한 적이 없었다. 옛날 같았으면 신경전문의가 나한테 맞는 약을 찾아내기 전이니까 그 살인적인 일정을 감당하기 어려웠겠지만 이제는 끄떡없었다. 몸은 고달플지 몰라도 마음은 전보다 한결 가벼웠다. 밴 앞좌석에 앉아서 황송스러운 경치 속으로 질주하는 것하며, 갈릴리 호수 옆에서 점심을 먹는 것하며, 일행이 히브리어로 잡담을 나누는 동안 나 혼자 생각에 잠기는 것하며, 아테네에서 아크로폴리스를 우리가 전세 내다시피 해서 해가 파르테논 신전 너머로 뉘엿뉘엿 넘어가는 모습을 찍는 것하며, 하나하나가 다 재미있었다. 조엘의 예상을 무너뜨리고 나는 제작진과 손발이 잘 맞았다. 그들은 일종의 마스코트처럼 나를 극진히 대접해주었다. 분위기는 점점 고조되었다. 온갖 악조건을 이겨내고 우리는 팬찮은 작품을 만들어내고 있었다. "이 프로를 종교 프로로 볼 수밖에 없는 이유는 딱 하나야." 제작이 끝나갈 무렵 조엘이 말했다. "이건 기적이거든!"

그렇지만 한편으로는 그런 평가에 선뜻 동의할 수 없는 면도 있었다. 이 프로가 우상 파괴적인 것은 사실이었다. 많은 기독교인이 아무 의심 없이 받아들여온 전제를 박살냈고 교회가 바울로의 가르침을 가지고서 벌인 일을 거침없이 비판했다. 그렇지만 시간이 갈수록 나는 바울로에게 자꾸만 끌렸다. 마이클 굴더의 꼼꼼한 지적은 내가 바울로에게 품었던 근거 없는 적대감을 바로잡아주었고, 바울로가 걸었던 길을 (대충이나마) 뒤따르면서 하루하루를 바울로와 함께 살다 보니 이 인간의 천재성과 비장한 삶에 반하지 않을 수 없었다. 나는 그의 열정과 판단력과 창조성과 개종자들에게 그가 느꼈을 애정에서 감동을 받았다. 코린토스 사람에게 보낸 두 번째 편지는 그가 얼마나 상처받기 쉬운 사람이었는지를 보여주었다. 바울로가 네로 황제에게 처형당했다는 전설이 있는 로마 바로 외곽의 트레 폰타네라는 곳에 당도했을 때 나는 하마터면 울 뻔했다. 우리가 촬영을 한 곳은 작고 어두운 예배당이었는데 그곳은 순례자들의 발길이 닿는 곳으로 이탈리아의 국보로 지정되어 있었다.

나는 감상에 젖을 시간이 없었다. 제작진이 나를 위해 임시 변통으로 만든 조명 시설의 안전을 장담할 수 없었기 때문이다. "이번에는 정말 한 방에 끝내야 돼요!" 조엘이 소리쳤다. "재수 없으면 펑 터지는 수가 있으니 빨리 해치우고 나갑시다!" 나는 서둘러 바울로의 죽음에 대해서 말했다. 그는 결국 실의에 차서 죽음을 맞이했을까? 바울로는 자기가 살아 있는 동안에 예수가 영예롭게 돌아오고 새로운 신앙이 지구 끝까지 퍼져나갈 줄로 알았다. 그렇지만 그는 아무도 알아주지 않는 가운데 쓸쓸히 죽었다. 바울로의 야무진 꿈은 하나도 실현되지 않았다. 자기 손으로 시동을 걸긴 했지만 그 뒤 2천 년 동안 교회가 어떤 길을 걸을지 내다보았더라면 그는 절망했을 것이라고 나는 확신한다.

깜박이는 불빛 아래 가만히 서 있으니까 요시가 환호성을 질렀다. "촬영 끝!" 또 한 번의 중요한 여행이 끝났구나 그제서야 실감했다. 까다롭고 예민한 천재였던 바울로에게 자꾸만 연민이 느껴졌다. 그가 가졌던 신념 하나하나가 거의 다 내 가슴에도 와 닿을 만큼 나는 바울로라는 사람과 하나가 된 느낌이었다. 물론 거의 다였지, 전부는 아니었다.

그들의 고통이 나를 깨웠다

1984년 1월에 방영된 〈최초의 기독교인〉은 그런 대로 성공을 거두었다. 사람들은 날 것을 그대로 보는 듯한 느낌이 좋다고 했다. 참신하고 독창적이라는 것이었다. 세속 국가인 영국에서 주류 종교에 대한 나의 비판은 호평을 받았다. 그래서 예상대로 비난 편지도 많이 왔지만 굉장히 많은 사람들이 시리즈를 보고 나서 다시 교회에 다니고 싶은 마음이 들었다는 반응도 많았다. 나는 이해가 가지 않았다. 기독교 신학이 현대 성서학의 연구로 그 토대가 훼손되었다는 사실을 내가 똑똑히 보여주지 않았던가? 나는 다시 한 번 머리로 수긍하는 것이 신앙의 전부는 아니며 신학은 유대인에게 큰 의미가 없다던 하이엄 머코비의 말을 떠올리지 않을 수 없었다. 실제로 어떻게 해서 그런 일이 벌어졌는지는 나도 알 수 없었지만 방송을 본 기독교 신자 중에도 비슷한 결론을 내린 사람이 있었던 모양이다.

존은 전에 〈최초의 기독교인〉 덕분에 내가 뜰 거라고 말한 적이 있었지만 그런 일은 안 생겼다. 나는 사진발을 잘 받는 여자가 아니었고, 아무리 시리즈가 호평을 받았다고는 하지만 영국에서 종교는 관심 밖이었다. 일부러 관심을 갖고 방송을 본 친구도 거의 없었다. "어떻게 그런 데 관심을 가질 수가 있어?" 놀라면서 묻곤 했다. "그런 거 보는 사람도 있나?" 그래도 난 그런 문제에 점점 관심이 갔다. 물론 엄격히 말해서 방관자의 입장에 서 있기는 했지만. 런던으로 돌아오고 나서 나는 인터뷰 시리즈를 두 개 더 만들었다. 하나는 〈종교적 경험의 다양성〉이라는 제목으로 다양한 종교적 배경을 가진 열 사람을 골라서 신앙을 주제로 대담을 가졌다. 또 하나는 〈불의 혀〉로 시인을 대상으로 했다. 크레이그 레인, D. M. 토머스, 시머스 히니, 체스와프 미워시, 데렉 월코트, 피터 레비 등 여섯 명의 시인이 애송하는 시를 읽고 나와 대담을 나누었다.

    대담 시리즈는 결과가 신통치 않았다. 인터뷰는 평가는 제대로 못 받지만 굉장히 어려운 기술이었다. 나한테는 그런 기술이 없었다. 내 생각으로만 머리가 꽉 차 있었지 상대방한테서 무언가를 끌어내는 솜씨가 없었다. 상대방을 최대한으로 활용하는 재주가 없었다. 나 같으면 그런 질문에 더 멋지게 대답했을 텐데 하고 속으로 건방지게 생각한 적도 많았다. 인터뷰를 하는 사람으로서 있을 수 없는 태도였다. 사람을 만나는 것이 재미있었고 시인을 만나는 것도 엄청난 특권이었지만 방송을 준비하면서 유대교, 이슬람교, 불교, 수피즘, 카발라의 기초를 공부해서 얻은 지식은 피상적일 수밖에 없었다. 텔레비전은 덧없는 매체다. 한 주는 랍비를 인터뷰하고 그 다음주에는 불교 승려를 인터뷰했다. 그리고 그 일이 끝나기 무섭게 다음주에 심령치

료사를 인터뷰하기 위한 준비에 들어갔다. 거의 18개월 동안 바울로와 같이 살다시피 하면서 바울로의 내면에서 나오는 목소리까지 들을 수 있었던 〈최초의 기독교인〉과는 많이 달랐다. 채널 포에서 내려온 지침서에 따르면 나는 마치 기자처럼 상대방이 펼치는 논리의 허점을 드러내면서 상대의 깊은 성찰에 나의 날카롭고 예리한 촌평을 섞어 넣어야 했다.

이런 냉소적 접근법은 내가 그 무렵에 낸 두 권의 책에 여실히 드러나 있었다. 하나는 텔레비전 시리즈에 맞춰서 나온 《불의 혀》라는 시 선집이었다. 나는 시를 직접 고르고 각 장의 짤막한 해설도 썼다. 그렇게 해서 종교적 체험과 시적 창조성이 얼마나 비슷한지를 드러내려고 했다. 계속 파고들었으면 더욱 유익한 결실을 낳을 수도 있었겠지만 나는 결국 종교는 하나의 예술 형식, 지극히 자연스러운 활동으로 보아야지 이것을 자꾸만 거룩하게 받아들이는 것은 곤란하다고 마음 속으로 결론 내렸다.

두 번째 책은 훨씬 더 비판적이었다. 《여자가 본 복음서》는 〈의견〉에서 내가 말했던 몇 가지 주장에다 살을 붙인 것이었다. 방송과 마찬가지로 책도 논쟁적으로 나가면서 기독교의 맹점이라고 할 수 있는 여성 혐오론을 물고 늘어졌다. 이 책은 지적이기는 했지만 신앙을 무조건 적대시하지는 않았다. 테르툴리아누스[†], 성 히에로니무스[††], 루터[†††] 같은 신학자의 무분별한 월권과 딱한 성녀 몇 사람의 노이로제 때문에 기독교는 여자와 성(性)을 배격하는 부자연스럽고 불친절하고 건강하지 못한 모습으로 나타났다. 이 책을 쓰고 나서 나는 종교의 굴레에서 완전히 벗어난 듯한 해방감을 맛보았다.

1985년 봄 존 레닐러가 조엘하고 다시 일해볼 생각이 없느냐고 했다. 이번 시리즈의 주제는 십자군이었다. 채널 포는 〈최초의 기독교인〉을 좋게 보고 이번에는 제대로 뒷받침을 해주겠다고 나왔다. "얼렁뚱땅 가격 후려치고 무리한 일정을 강요하고, 그런 거 이번에는 없어요." 존은 약속했다. "제대로, 진지하게 만들자는 겁니다!" 가슴이 뛰었다. 지난번에 너무 신나게 일한 기억이 아직도 생생해서 빨리 일을 하고 싶어 견딜 수가 없었다. 조엘도 좋아했다. 이번에는 처음부터 손발을 잘 맞춰보자고 했다. 예산만 뒷받침되면 멋진 작품을 뽑아낼 자신이 있었다.

처음에는 모든 것이 순조로웠다. 나는 바로 연구에 들어갔고 주제에 매료되었다. 조엘과 나는 시리즈를 어떻게 구성할지, 촬영을 어디 어디서 할지를 놓고 즐거운 토론을 하면서 많은 시간을 보냈다. 우리는 프랑스, 스페인, 남부 이탈리아를 돌았다. 이스라엘에 남아 있는

---

† Martin Luther(1483~1546) 독일의 성직자 · 성서학자. 교회의 부패를 공박한 95개 조항으로 프로테스탄트 개혁을 촉진하여 개신교를 탄생시켰다.

†† Tertullianus(155?~220?) 초기 기독교의 도덕주의적 신학자. 최초의 라틴 교부였으며, 이후 1천 년 동안 기독교의 어휘 및 사상 형성의 기초를 마련했다.

††† Hieronymus(347경~419경) 라틴 교부들 가운데 가장 학식이 높았던 인물. 389년경 베들레헴에 수도원 공동체를 세웠으며, 성서 · 금욕주의 · 수도원주의에 대해 쓴 수많은 저서들은 중세 초기에 깊은 영향을 끼쳤다.

십자군의 성들도 둘러보았다. 나는 시리즈에 맞추어 '성전'이라는 제목으로 책을 내기로 출판사와 계약도 맺었다. 그것이 굉장히 뜻깊은 주제라는 사실을 깨닫는 데는 오랜 시간이 걸리지 않았다. 십자군은 유럽이 발전하는 데 결정적 역할을 했고 서유럽인의 정신에 뚜렷한 흔적을 남겼다. 십자군이 하느님의 이름으로 천인공노할 만행을 저질렀다는 사실을 이제는 서양도 알지만, 아직도 서양인은 '십자군'이라는 단어를 긍정적 맥락에서 쓴다. 그래서 정의나 평화를 지키기 위한 십자군이라고 말하고 용감하게 진실을 파헤친 기자를 십자군 정신에 빛나는 언론인이라고 박수를 보낸다.

십자군은 중세의 암흑에서 벗어나 국제 무대로 힘겹게 복귀하는 과정에서 새로운 유럽이 시도한 최초의 협동 작전이었다. 십자군은 유럽인을 하나로 묶어주었지만 그 대가는 비쌌다. 그것은 잔혹한 종교 전쟁이었다. 십자군은 수많은 유대인과 이슬람교도를 '하느님의 뜻!'이라고 소리 지르면서 살육했다. 십자군이 대변한 것은 최악의 종교였다. 그런 종교에서 될 수 있는 대로 거리를 두기로 한 나의 판단이 옳은 것이었다는 생각을 더욱 굳힐 수 있었다.

나는 서양사에서 십자군이 차지하는 자리만을 보는 것이 아니라 희생자의 눈으로도 십자군을 보아야 했다. 처음 희생당한 것은 유럽에 살던 유대인이었다. 1096년 독일에서 출발한 한 무리의 십자군이 라인 강 유역에 있던 유대인 공동체를 초토화시켰다. 그들은 유대인 주민에게 기독교로 개종하든가 죽든가 양자택일을 강요했다. 그때부터 유대인 혐오증은 유럽에서 고질병이 되었다. 중동으로 이슬람교도를 토벌하러 떠나는 십자군 원정대가 소집될 때마다, 원정에 동참할 수 없었던 기독교도는 부근에 사는 유대인을 죽이는 것으로 마음의 부담을 덜었다. 나는 히틀러의 강제 수용소에서 절정에 이른 서양의 반유대주의 역사에 관한 책도 읽었다. 어느 추운 날 동네 극장에서 친구 두 명과 클로드 란츠만의 유대인 학살을 다룬 소름 끼치는 12시간짜리 다큐멘터리 〈쇼아〉도 보았다. 이런 참극을 어떻게 받아들여야 할까? 다시는 이런 일이 안 벌어질 것이라고 어떻게 장담할 수 있을까?

하지만 십자군의 주된 표적은 이슬람이었다. 이제 나는 아브라함에서 세 번째로 갈라져 나온 종교와 씨름해야 했다. 이슬람교에 대해서 아무것도 몰랐던 옛날부터 나는 이슬람교는 당연히 폭력적이고 광신적인 종교이려니 생각했다. 그것은 칼을 앞세우는 종교, 전쟁으로 교세를 넓힌 종교라고 믿었다. 중동에 처음 갔을 때 이슬람교에 적잖은 감동을 받기도 했지만 이슬람교의 교리는 십자군 정신 못지않게 역겨운 것이려니 그렇게만 생각했다. 그런데 이번에도 책에 적힌 사실을 보니 현실은 사뭇 달랐다는 것을 알 수 있었다.

지난 반 세기 동안 이슬람교가 덜 너그럽게 되었을지는 모르지만 그것은 근대가 낳은 특유의 긴장에서 비롯된 것으로 보인다. 십자군 전쟁 당시에 이슬람 군대를 이끌고 반격에 나섰던 누르 아드 딘, 살라딘 같은 장군은 십자군 지휘관이 못 따라갈 절제력과 자비심을 보여주었다. 옛날에 바울로를 연구할 때도 그랬지만 이번에도 그동안 내가 젖어 있던 편견을 벗어 던져야 했다. 그것은 내가 우연히 그 속에서 태어나고 자란 문화가 깊숙이 주입시킨 그릇된 편견이요 무지였다. 서양인은 이슬람을 혐오할 필요가 있었다. 서양인이 지어낸 환상 속에서 이슬람은 서양인이 바라지 않는 모든 것을 담았고 서양인이 두려워하는 모든 것을 지녔다. 이슬람은 서양의 어두운 분신이 되었다. 1980년대에 와서조차도 내가 보기에 서양은 이슬람을 어엿한 신앙이자 문명으로 객관적이고 공정하게 받아들이는 데 어려움을 겪고 있었다. 십자군 전쟁 때부터 싹트기 시작한 이슬람에 대한 고정관념은 서양인이 자신의 정체성을 세우는 데 어떤 의미에서는 빠질 수 없는 요소로 자리잡았다.

    나는 정신이 번쩍 들었다. 그때부터 내 생각은 완전히 바뀌었다. 그 뒤로는 경솔하게 서양이 최고라는 주장을 두 번 다시 할 수 없었다. 문명 세계를 자랑하던 서양은 아우슈비츠 이후로 자기네 안에 살던 유대인을 학살한 문화가 되었고 이 만행은 서양이 이룩한 모든 성취를 훼손하였다. 그토록 오랜 세월 동안 유대교와 이슬람교를 악의적으로 미워하는 풍토를 발전시킨 서양이 또 다른 잘못을 저지르지 않았고 또 다른 오해를 키우지 않았다고 누가 장담할 수 있단 말인가? 갑자기 다른 문화와 전통을 알고 싶은 생각이 들었다.

    나는 십자군의 허무주의에 충격을 받았다. 십자군은 자기네 땅에 살고 있던 유대인한테 손을 내밀 생각도 못했고, (자기들보다 훨씬 앞선 문명을 가지고 있었던) 이슬람한테서 배우려는 생각도 못했고, 자기들의 공포와 원한을 다스릴 줄도 몰랐다. 그들은 자기들이 정신적으로 이해하지 못하는 것을 죽이고 망가뜨리고 태우고 모독하고 부수었다. 그 과정에서 자기들의 도덕성을 무너뜨렸다. 아우슈비츠는 그런 의도된 증오가 어떤 결과로 이어질 수 있는지를 여실히 보여주었지만, 서양인이 계속해서 이슬람을 왜곡된 시선으로 바라볼 경우 오류는 더욱 깊어질 수밖에 없었다. 나는 이 프로를 통해 시청자에게 이슬람은 여러분이 상상하는 것과는 달리 악마가 아니며 이슬람교도도 그들이 숭배하는 영웅만큼 실수도 하고 불완전하기도 하지만 한편으로는 용기도 있고 이상을 꿈꾸는 사람들이라는 사실을 납득시키고 싶었다. 그런 목표를 이룰 수만 있다면 중요한 첫 걸음을 내딛는 것이라고 생각했다.

나는 십자군 원정에 관한 자료를 오래 들여다보는 과정에서 또 다른 변화를 나한테서 느꼈다. 십자군 전쟁은 내 가슴을 찢어놓았다. 하루도 거르지 않고, 한 달도 쉬지 않고, 아니 결국은 몇 년 동안이나 이 끔찍한 역사를 어쩔 수 없이 파고 들어가는 과정에서 내가 쉽사리 감정 이입을 하지 않으려고 쌓아올린 장벽이 허물어지고 만 것이다. 십자군 자료는 너무나 비참한 것이라서 지금까지 텔레비전 프로를 만들면서 해온 방식대로 그냥 머리만 잘 굴려서 해나갈 수 있는 일이 아니었다. 사도 바울로 프로를 만들 때도 그랬지만 이번에도 나는 감정적으로 끌려 들어갔다. 십자군 이야기는 인간의 고통, 광신, 야만을 적나라하게 보여주었다. 나는 십자군이 탄 말의 무릎까지 핏물이 차 올랐다는 학살극을 묘사한 기록을 읽었다. 유대인을 예배당으로 가축 떼처럼 몰아넣고 산 채로 태워 죽인 이야기, 아녀자를 강간하고 도륙한 이야기도 읽었다.

  한 성공회 주교는 얼마 전에 있었던 라디오 토론에서 내가 십자군을 매도했다고 비판했다. 유럽이 "자기 힘을 과시하고 싶어서" "조금 흥분한 것" 가지고 뭘 그리 호들갑을 떠느냐는 것이었다. 나는 기가 막혀서 말이 나오지 않았다. 십자군 범죄는 뻔히 알면서 의도적으로 저지른 것이었다. 십자군은 희생자 증오를 낙으로 삼았다. 1099년 7월 겨우 이틀 동안 4만 명의 유대인과 이슬람교도가 학살당한 예루살렘 함락을 지켜본 목격자는 오늘은 '경사스러운' 날이며 예수가 십자가에 못 박힌 이후로 이렇게 중요한 역사적 사건은 없었다며 좋아서 어쩔 줄을 몰랐다. 이 비뚤어진 살해욕의 서글픈 이야기 속에서 살아가는 것과 사도 바울로와 함께 살아가는 것은 차원이 달랐다. 옷깃을 여미게 만드는 면이 하나도 없었다. 나는 감동을 받기는커녕 인간의 어두운 본성과 맞닥뜨리지 않을 수 없었다. 우리는 같은 사람을 미워하면서 희열을 맛보는 존재였다.

  얼어붙었던 가슴이 조금씩 녹았다. 정말로 오랜만에 나는 다른 사람들의 고통을 느낄 수 있었다. 왜 그렇게 되었을까? 하나는 내 몸이 그만큼 좋아졌다는 뜻이었다. 약으로 내 고장난 뇌의 리듬을 다스리면서부터는 무조건 멀리서 바라보거나 뿌연 장막을 통해서 들여다보는 버릇이 없어졌다. 마치 가전 제품처럼 플러그를 꽂았더니 갑자기 생명이 되살아난 듯한 느낌이었다. 내가 좋아하는 사도 바울로의 말을 빌리자면 칙칙한 유리를 통해서가 아니라 현실과 바로 접할 수 있었다. 이제는 내가 읽는 자료와 나의 정서적, 지적 반응을 차단하는 장벽이 존재하지 않았다. 물론 평소의 생활 공간에서 떨어져서 이스라엘에서 지내다 보니까 주변 사람들 분위기에 나도 모르게 편승하는 일이 없어진 것도 하나의 이유라면 이유였다. 채널 포 방송국의 타성화된 냉소주의에서 벗어나 있었기 때문에 나는 십자군을 한낱 '또라이들' 쯤으로 무시하고 넘어갈 수가 없었다.

새로 얻은 감수성이 마냥 편하기만 한 것은 아니었다. 주변 어디서나 십자군을 방불케 하는 공격성과 만날 수 있었기 때문이다. 나는 그것을 이스라엘에서 보았다. 이스라엘 사람과 팔레스타인 사람은 상대방 입장을 조금도 헤아리지 않고 무조건 서로를 비난했다. 영국 정치인은 자신의 정적을 무조건 씹어대기에 바빴다. 라디오에서 지식인과 문학 평론가라는 사람이 나와서 하는 교양 있는 토론도 예외는 아니었다. 적을 신나게 난도질하는 사람들은 결국 자기만이 옳다는 고집과 뭐가 다른가 싶어서 나는 마음이 언짢았다. 런던에는 그런 사람이 너무 많았다. 가장 진보적인 생각을 한다는 친구도 때로는 농담으로 때로는 험악하게 이런저런 문제를 씹었다. 대처 총리 입에서도 그런 소리가 튀어나왔음은 물론이다.

십자군 연구는 이렇게 나라는 사람을 바꾸어놓았다. 나는 자꾸만

'다른 쪽' 이야기를 들어보려고 작정했고 도대체 상대방이 왜 나와는 다른 소리를 하는지 이해라도 해야겠다는 마음이 들었다. 십자군이 그런 식으로 나갔다면 그런 참극은 벌어지지 않았을지도 모른다. 십자군을 공부하면서 나는 우물 안 개구리 같은 요란한 확신은 특히 종교 문제에서는 무서운 결과를 가져올 수 있다는 확신을 얻었다. 지구촌 시대를 살아가면서 한 치의 의심도 없이 '우리'만이 진리와 정의를 독점한 것처럼 구는 것은 위험하기 짝이 없었다.

우리가 프로그램 제작에 들어간 것은 1985년 여름이었다. 처음에는 1년에서 늦어도 2년 안에는 작업이 끝나려니 생각했다. 그런데 3년이 지났는데도 촬영을 마치지 못했다. 도대체 무엇 때문에 그렇게 일이 늦어졌는지 속 시원히 이유라도 알았으면 좋겠는데 그것도 아니었다. 일이 심상치 않게 돌아가는 것 같았다. 조엘이 내뱉는 욕설에서, 제작진의 떨떠름한 행동에서 그것을 느낄 수 있었다. 팀워크는 사라지고 모두들 신경만 곤두세웠다. 얼마 동안 촬영을 하려고 짐까지 꾸리고 만반의 준비를 해놓으면 촬영이 무기한 연기되었다는 전화가 걸려왔다. 히스로 공항으로 가려고 미리 예약한 택시가 오기를 기다리다가 그런 연락을 받은 적도 있었다. 일정이 갑자기 절반으로 깎여서 런던, 이스라엘, 유럽을 두서없이 오가다가 시간을 허비한 적도 있었다. 겨우 촬영에 들어가는구나 싶으면 이번에는 돈이 찔끔찔끔 왔다. 하루 촬영이 끝나면 조엘과 제작자가 가슴을 졸이면서 은행으로 달려가곤 했다. 돈이 안 들어오면 당장 내일 촬영을 진행할 수 없는 절박한 상황에 내몰린 적이 한두 번이 아니었다. 조엘은 존에게 돈 문제로 걱정하지 않게 영국인 제작자를 보내 달라고 요구했지만 존은 존대로 무슨 사정이 있었겠지만 거부했다.

자연히 책에도 불똥이 튀었다. 자꾸 리듬이 끊겨서 집중을 할 수가 없었다. 책은 한 주일 쓰다 말고 두 주일 쓰다 말고, 이런 식으로는 제대로 쓸 수가 없다. 집필에 전념할 수 있는 여유를 얻었을 때는 이미 시간에 쫓기는 상태였다. 텔레비전 방영에 맞추어 책을 내려면 서둘러야 한다면서 출판사에서 원고를 독촉했다. 나는 죽도록 내 몸을 혹사하면서도 이렇게 빨리빨리 넘어가면 안 되는데 하는 비참한 생각까지 했다. 어느 날 밤은 어찌나 심란했던지 밖에서 부는 강풍에 집 전체가 흔들리는 것처럼 보였다. 나는 잠시 눈을 붙였다가 평소처럼 다음날 아침 일찍 일어났다. 9시가 조금 지나서 엄마가 전화를 했다. "거긴 어떠니?" 엄마의 목소리가 웬일인지 떨렸다.

"그저 그래요." 나는 심드렁하게 대답했다. "지금 막 3장을 세 번째로 고쳐 썼어요. 1장은……."

"그거 말고!" 엄마가 말을 잘랐다. "태풍 말이야! 집은 괜찮아?" 1987년 10월 영국에 무서운 태풍이 몰아닥친 바로 그날이었다. "아!" 영문을 몰라하는 내게 엄마는 사람이 죽었고 전선이 끊어졌고 나무가 뽑혀 나가고 왕실 정원이 크게 망가지고 집들이 부서지고 하는 피해 목록을 죽 나열했다. 그제서야 나는 바깥을 내다보았다. "난 그저 바람이 좀 심하게 부나 보다 했지."

1988년 여름까지는 내가 해설하는 부분을 모두 찍었지만 제작은 아직도 제자리걸음이었다. 돈이 바닥나서 촬영도 할 수 없었고 꼭 필요한 필름을 구입할 수도 없었다. 채널 포는 더는 자금 지원을 할 수 없다고 선언하고 손을 뗐다. 3년 동안 고생한 것이 물거품이 되고 나도 이 바닥에서 더는 일을 할 수 없게 될 판이었다. 꼭 누구한테 버림받은 느낌이었다. 조엘은 스트레스를 못 견디고 다시 술을 입에 대더니 급기야는 재활원으로 끌려갔다. 준도 저작권 대행사 문을 닫았다. 존은 채널 포를 떠나 덴마크 방송국과 일을 시작했다. 존의 후임자는 바빠서 나를 만날 시간이 없었다. 그에게 나는 한물간 퇴물일 뿐이었다. 아무도 나한테 설명해주는 사람이 없었다. 그리고 우리가 찍은 필름은 법적으로 이 문제가 타결될 때까지 압류되었다(정작 소송은 벌어지지 않았다).

어처구니없는 시리즈 제작 중단으로 내가 큰 타격을 입었다는 것을 나는 곧 깨달았다. 이제는 나한테 일을 맡기려는 데가 없으리라는 것은 불을 보듯 뻔했다. 나는 겁이 덜컥 났다. 글만 써서 먹고 살 자신이 없었다. 일이 난관에 봉착했다는 것을 알고 나는 2년 전부터 채널 포에 도대체 어떻게 된 영문인지 설명을 해 달라고 매달렸지만 사람들은 들은 척도 하지 않았다. 나는 해변에 홀로 남은 고래가 된 듯한 느낌이 들었다. 같이 일하던 방송국 사람들과 동료들이 마치 나의 망신에 전염이라도 된 것처럼 하루아침에 떨어져 나갔다. 또 다시 내 앞에서 문이 닫힌 것이다. 늘 당해 온 일이었다. 최대한 오래 버틸 수 있는 자금을 마련해야 하는 생활 전선에 또 다시 나서야 할 때가 온 것이다.

내 목소리에도 이상이 생겼다. 2년 동안 도저히 사람들 앞에서 말을 할 수가 없었다. 그 전에도 그런 일이 없었고 그 다음에도 그런 일이 없었다. 아무도 내 말을 들어주지 않고 믿어주지 않는데 말은 해서 뭐 하나 하는 자포자기의 심정이었던 것 같다. 채널 포가 시리즈를 포기한 직후 책으로 나온 《성전》을 홍보해야 했다. 원래 텔레비전 프로와 묶어서 내려던 것인데 여기에 차질이 생기니까 속 빈 강정이나 다를 바 없었다. 당연히 관심을 가져주는 데가 없었다. 그래도 어느 날 나는 마음을 굳게 먹고 생방송으로 나가는 인터뷰를 하러 지방방송국으로 갔다. 그런데 어이없게도 완전한 문장이 입에서 나오지 않는 것이었다. 목이 콱 잠기고 사시나무처럼 덜덜 떨리고 가슴이 오그라들어 숨도 제대로 쉴 수가 없었다. 그저 헉헉거리면서 간신히 몇 마디 내뱉었을 뿐이었다. 내 꼴을 보고 진행자는 서둘러 인터뷰를 끝냈다.

전에는 무슨 문제가 터져도 거기에 온전히 반응하지 않았다. 아니, 그럴 수가 없었다. 그것은 시인 키츠가 '음산한 12월 밤'의 '느낌이 없는 그 느낌'이라고 묘사한 그 얼어붙은 듯한 상태였다. 하지만 이번에는 달랐다. 의사들 덕분에 신경이 더는 훼손되지 않았기 때문에 전처럼 한 꺼풀 가라앉은 감정을 경험하지도 않았고 현실과 나 사이를 가로막는 벽도 느끼지 못했다. 이번에는 내가 느끼는 분노와 좌절과 환멸을 온전히 느꼈다. 그리고 이번에는 전에 내가 하던 일이 안 좋게 끝났을 때 또는 의사가 내 말에 귀를 기울이지 않았을 때 당연히 느꼈어야 마땅한 상심을 처음으로 제대로 느낄 수 있었다. 나는 너무 화가 났다. 내가 분통을 터뜨리니까 친구들은 보기가 안 좋았던지 너무 그러지 말라고 뜯어말렸지만 사실은 그만큼 내가 좋아졌다는 소리였다. 그리고 (그 당시에는 미처 몰랐던 사실이지만) 고통과 비애를 경험하는 능력은 깨달음을 얻기 위한 필수 조건이었으므로 이제는 영혼의 탐구에 나설 수 있다는 뜻이기도 했다.

그렇지만 어떻게 밀고 나아간단 말인가? 나는 번번이 실패를 맛보면서 평생을 주변에서 썩다가 갈 신세 같았다. 내가 사는 곳도 아주 외진 곳이었다. 학교에 나갈 때 런던 북쪽 하이버리에 사 둔 작은 집이었다. 학교에 하루 종일 나가 있을 때는 그 집이 그렇게 좋아 보일 수가 없었는데 정원도 없고 발코니도 없고 방 하나만 덜렁 있는 집에서 시원한 공기도 못 쐬고 하루 종일 갇혀서 글을 쓰려니 미칠 것만 같았다. 내 형편으로는 지하철 역에서 2킬로미터 가까이 떨어져 있고 가까운 가게로 가려면 30분은 걸어가야 하는 우중충한 동네에 있는 집밖에 살 수가 없었다. 집 그 자체는 예뻤다. 보석처럼 진한 색으로 칠해서 따뜻하고 포근한 느낌이 들었다. 하지만 차 없이 살기는 힘든 곳이었다. 우리 집에 놀러 오는 사람들은 이렇게 외딴 동네도 있었느냐면서 다음부터는 여권이라도 발급 받아서 와야겠다고 푸념을 했다. 친한 미국 친구는 우리 동네를 '산골짜기'라고 불렀다. 늘

이사 가야지 이사 가야지 별렀는데 이제는 꼼짝없이 사람들로부터 떨어져서 여기서 평생을 썩게 생긴 것이다.

　나는 집까지 가는 그 길고 우중충한 길, 아무런 희망도 없어 보이는 길을 증오하게 되었다. 하지만 어느 날 가게에서 산 식료품을 잔뜩 들고 허우적거리면서 바로 그 언덕길을 올라오다가 좋은 아이디어가 떠오르면서 또 한 번 (물론 그 당시에는 깨닫지 못했지만) 모퉁이를 돌았다. 나 자신에게 용기를 불어넣고 새로운 일을 시작할 필요가 있었다. 이번에는 뭔가 조금이라도 긍정적인 일을 해보고 싶었다. 3년 동안 나는 유대교도, 기독교도, 이슬람교도를 갈라놓은 지독한 적개심을 파고들었다. 이번에는 이들을 하나로 묶는 것을 알아보는 게 어떨까? 가령 아브라함을 모두 인정하는 이 세 종교가 받드는 신은 똑같은 신이었다. 지난 세월 동안 이들이 그 신을 어떻게 보았는지 알아보는 건 어떨까? 신의 역사를 한번 써보는 것이 어떨까?

빛을 향해 한 걸음

신의 역사를 찾아서 | 외롭고 위험한 도전
나를 버리고 나를 만나다 | 침묵은 나의 스승
이해하려면 나를 던져라 | 다시 좁은 계단을 오르며

신의 역사를 찾아서

《신의 역사》를 쓰겠다는 생각은 그야말로 우연히 떠오른 것이었지만 그때부터 내 삶은 확 달라졌다. 아마 내가 독실한 신앙인이었다면 창조적 영감이라고 부르고 싶었을지도 모른다. 황량한 바다에서 표류하는 신세가 되어 절망과 비탄에 사로잡힌 콜리지 시에 나오는 아득히 먼 옛날의 뱃사람은 옴짝달싹하지 못하는 배 옆으로 물뱀이 몸을 뒤틀며 똬리를 틀면서 나타나는 것을 본다.

> 아, 살아 있는 것은 행복하구나! 세 치 혀로
> 어찌 그 아름다움을 모두 담아내리.
> 사랑의 샘이 나의 심장에서 콸콸 뿜어 나와
> 나는 무심결에 생명을 축복하였다!
> 은혜로운 성자께서 나를 굽어 살피시사
> 나는 무심결에 생명을 축복하였다!

나한테서 벗어나 다른 생명체로 다가서는 몰아의 경지에 자기도 모르게 빠져들어 구원을 얻은 뱃사람은 다시 힘을 내어 기도를 드린다. 그랬더니 그를 곤경에 빠뜨린 장본인이었으며 눈엣가시였던 알바트로스가 "뚝 떨어지더니 납덩어리처럼 바다 밑으로 가라앉았다."

뱃사람은 난데없이 사랑의 충동을 느낀 것은 성자의 가호 덕분이라고 믿지만 내가 알기로 '무의식'이라는 말을 현대의 심리학적 의미로 가장 먼저 쓴 콜리지는 그것이 '무심결에' 찾아들었다는 사실을 강조한다. 뱃사람은 자기가 무슨 일을 하는 줄도 몰랐지만 영혼에서 몰래 일어난 현상 덕분에 구원을 받았다. 영혼은 무엇이 최선인지를 본능적으로 알았던 것이다. 나도 비슷한 경험을 했지만, 다른 점은 뱃사람은 흔히 신화나 동화에서 그러는 것처럼 단숨에 구원을 얻었지만 나는 훨씬 오래 걸렸다는 것이었다. 나한테 무슨 일이 벌어지는지를 나도 몰랐다. 바울로는 다마스쿠스로 가다가 한순간에 구원의 빛을 얻었지만 신에 관한 책을 쓰기로 마음먹은 것이 내 삶에서 결정적 고비였다는 것은 나중에 가서야 깨달은 사실이었다. 무슨 일을 하겠다는 확실한 생각도 없이 나는 한 번도 가본 적이 없는 길로 무작정 첫 발을 내딛었다.

하지만 그 당시에는 그런 막연한 생각조차도 나한테는 구체적 힘이 되어주었다. 어딘가에 몰두하지 않으면 내 인생이 아직은 끝장나지 않았다는 확신을 나 스스로 가질 수 없을 만큼 나는 절박한 상황에 놓여 있었다. 처음에는 지금까지와 마찬가지로 약간 냉소적으로 쓸 작정이었다. 신은 당연히 존재하지 않는다고 생각했지만, 그저 믿음을 가진 사람들이 어떻게 해서 신을 새롭게 발명할 필요성을 느꼈는지를 보여주고 싶을 따름이었다. 따라서 인간의 욕구가 투사된 것이 신이었다. 사회가 발전하면서 그때 그때 느꼈던 공포와 갈망이 신의 모습으로 나타났다. 유대교도, 기독교도, 이슬람교도가 똑같은 신을 만들어낸 것은 그들에게 똑같은 욕망과 불안감이 있었기 때문이었다. 그러나 합리성이 지배하는 근대의 밝은 빛은 차츰 이런 거룩한 무대 장치 없이 살아가는 법을 가르쳐주었다. 처음에는 대충 그 정도로 틀을 잡았지만 예상하지 못한 변화가 일어날 수 있다는 생각은 그 당시에도 했다. 당초의 계획과 완성된 결과물은 언제나 다르기 마련이라는 사실을 이제는 나도 경험으로 웬만큼 알고 있었다. 나는 또 신의 존재를 상투적인 논리로 까는 그런 얍삽한 책을 쓰고 싶은 마음은 눈곱만큼도 없었다. 그런 책은 따분하고 뻔했을 뿐 아니라 어울리지도 않았다. 신이 인간에게 불러일으키는 열정에 초점을 맞춰야지 머리로만 쓰는 책은 영 아니올시다였다.

그렇지만 내 생각에 솔깃하는 사람이 별로 없어서 내 책을 내주겠다고 나서는 출판사를 찾는 데 한동안 애를 먹었다. "안 돼요." 내 기획서를 읽고 나서 편집자 하나가 대뜸 던진 말이었다. "무슨 재주로 그렇게 방대한 주제를 책 하나로 간추린다는 거죠?" 그런가 하면 이런 반응을 보인 편집자도 있었다. "누가 그런 책을 읽습니까? 종교가 있는 사람은 자기가 믿는 신이 다른 종교의 신들과 동격에 놓이는 걸 달가워하지 않을 것이고 종교가 없는 사람은 아예 관심이 없을 텐데요." 내 책을 거절한 출판사에 다니던 한 친구는 한숨을 푹 내쉬었다. "너무 종교적이다! 이제는 그런 책 좀 쓰지 마. 대세에도 신경을 써야지." 좀 더 세속적인 책을 쓰라는 뜻이었으리라. "대학에서 영문학을 전공했잖아. 문학 쪽으로 쓰면 어떨까? 패니 버니[†]라든가 조지 엘리엇[††]의 전기를 새로 쓰는 것도 괜찮고." 샬럿은 엉뚱한 제안을 했다. "여행서는 어때? 이스라엘 사람들하고 여행 재미있게 다녔다며? 더 중요한 데를 골라서 거기로 다녀 봐. 일본도 좋고. 현대 일본에 관한 책은 어떨까?" 다른 건 다 좋으니 제발 신에 대해서만은 쓰지 말아 달라는 하소연으로 내 귀에는 들렸다.

모두 현명한 조언이었다. 어차피 종교를 믿지도 않는 사람이 종교서를 써서 인생을 피곤하게 살아갈 이유가 어디 있단 말인가? 그렇지 않아도 십자군 책이 죽을 쒔는데 책이라고 쓴 것이 자꾸만 안 팔리면 앞으로 어느 출판사가 나를 예쁘게 봐주겠는가? 이제는 부진했던 과거를 깨끗이 시인하고 새로운 분야로 진출하는 것이 백 번 낫다는 것이었다. 그렇지만 그렇게 사방에서 뜯어말렸는데도 나는 끝내 포기하지 않았다. 왜 그랬을까? 마치 그 주제에 홀딱 반한 사람처럼. 신을 다룬 책 치고 조금이라도 졸리고 따분하지 않은 책을 난 거의

[†] Fanny Burney(1752~1840) 풍속 소설 발달에 획기적인 역할을 한 《에벨리나》를 쓴 영국 소설가.
[††] George Eliot(1819~1880) 근대 소설의 특징인 심리 분석 기법을 발전시킨 빅토리아 시대의 여성 소설가.

본 적이 없었다. 내가 쓴 책이라고 해서 크게 다를까? 나는 철학이나 형이상학 공부를 한 적이 없었으므로 정말 어처구니없이 유치한 책을 쓸 가능성도 다분히 있었다. 교회에 꼬박꼬박 나가는 사람이 전체 인구의 6퍼센트밖에 안 되는 영국에서 종교서를 내놓아서 뭘 어쩌겠다는 말인가?

자멸로 이어지리라는 것이 불을 보듯 뻔해 보였다. 괜히 호들갑을 떠는 사람들도 많았다. "하느님은 요즘 안녕하신가?" 마치 아는 사람의 안부를 묻듯이 그렇게 떠들었다. 그런가 하면 조금 믿기지 않는다는 듯이 눈을 동그랗게 뜨는 사람도 있었다. "새로 덧붙일 내용이 정말 있다고 생각하세요? 신에 관한 책이 또 한 권 있어야 한다고 보세요?" 십자군 책이 너무나 안 팔리는 바람에 그렇지 않아도 자신감이 바닥까지 떨어져 있었는데 이렇게 걱정들을 하니 도저히 한 귀로 흘려버릴 수가 없었다. 벌써부터 서평자들이 조롱하고 비웃는 소리가 귀에 들렸다. 주된 분위기는 요즘 같은 세상에 누가 신을 진지하게 받아들이느냐는 것이었다. 하물며 나 같은 사람이 그런 책을 쓴다는 건 말이 안 된다는 것이었다.

어쨌든 그 망할 놈의 신한테 넘어가서 수녀원에 들어갔고, 그 얼어죽을 완벽주의 때문에 나 자신한테 넌더리를 치게 되었고, 신의 무관심 때문에 나는 퇴짜를 맞았다는, 가망이 없는 사람이라는 생각을 하게 되지 않았는가. 그런 신이 누구한테 필요하다는 건가? 이제 신과는 인연을 끊었다고, 그래서 훨씬 더 행복해졌다고, 벌써 몇 번이

나 떠들고 다녔던가. 그렇지만, 내가 그토록 고통스럽게 긁어모았던 반대 증거에도 불구하고, 내 무의식 어딘가에서는, 비록 내가 신의 존재를 믿는 것은 아니었지만, 신과 나 사이에는 아직도 깨끗이 정리하지 않은 문제가 있다는 생각이 자꾸만 고개를 드는 것이었다.

《좁은 문으로》를 쓰면서도 초월적 의미를 지닌 좀 더 강렬한 존재를 그리워하는 마음이 되살아났다. 방송국이라는 종교와는 거리가 먼 분위기에서 그 욕망은 금세 묻혔지만 시도 때도 없이 가끔씩 살아났다. 예루살렘에서 예리코까지 차를 타고 가다가 사막에서 해가 떠오르는 모습을 본 기억이 났다. 유대인 신학교에서 정통 유대교도들이 신에 대해서 열심히 논쟁을 벌이던 모습도, 알 악사 모스크에서 이슬람교도들이 코란을 공부하던 모습도 떠올랐다. 사도 바울로가 눈을 감은 트레 폰타네에서 "이제 우리는 칙칙한 유리를 통해서가 아니라 생생히 대면한다."던 그분의 말을 인용하면서 내가 감정이 북받쳐서 약간 울먹거렸던 기억도 났다. 나는 신앙을 괴물로 여겼지만 무심결에 종교에 여전히 끌리고 있었던 것이다. 친구들이 어떻게 생각하든 신은 하찮은 농담거리는 아니었다.

내가 런던의 분위기에 편승해서 살아갈 작정이라면 잘 나가는 사람의 전기를 쓰는 것이 백 번 옳았다. 그렇지만 출판사에서 아무리 암울한 전망을 내놓아도 왠지 포기하기가 싫었다. 어쩌면 콜리지의 시에 나오는 뱃사람처럼 나도 '무심결에' 구원으로 한 걸음 다가선 것이었는지도 모른다. 나의 무의식은 나한테 필요한 것이 무엇인지를 알고 그리로 손을 뻗은 것이었는지도 모른다.

외로운 길을 걷기는 정말로 싫었지만 신에 관한 책을 쓰기로 마음을 굳혔을 때 나는 내가 다시 그 길로 나섰다는 것을 알았다. 그렇지만 가만히 생각해보면, 막다른 골목으로 접어들었다 싶었을 때 오히려 전화위복이 된 적도 몇 번 있었다. "되돌아가리라 바라지 못하리니 그래서 즐겁다." 엘리엇은 〈재의 수요일〉에서 말했다. "즐거워할 무언가를 만들어야 하니까." 난파한 배의 뱃사람처럼 나는 절망의 구렁텅이에서 떠도는 것처럼 보였지만, 그런 일이 5, 6년마다 한 번씩 규칙적으로 나한테 생겼다는 사실이 어떻게 보면 희한했다. 20년 동안 나는 주변 환경에 적응하려고 이 일도 해보고 저 일도 해보았지만 번번이 쓴잔을 마셨다. 그것은 주류 사회로 들어가려고 더는 아등바등하지 말라는 소리인지도 몰랐다. 나를 자꾸만 평균에서 벗어난 곳으로, 조직 밖으로 몰아내는 편견과 맞서 싸울 생각일랑 하지 말고 한번 그것과 같이 살면서 무슨 일이 일어나는지 지켜볼 때가 온 것도 같았다.

위대한 신화를 보면 남이 갔던 길을 따라가는 사람은 번번이 길을 잃는다. 영웅은 낡은 세상과 낡은 길을 버리고 스스로 길을 찾아 나서야 한다. 지도도 없고 뚜렷한 발자취도 없는 미지의 어둠으로 뛰어들어야 한다. 남의 괴물과 싸울 것이 아니라 자기의 괴물과 싸우고 자기의 미궁을 탐색하고 자기의 시련을 감내해야만 자기 삶에서 빠져 있었던 것을 결국 찾아낼 수 있다. 이렇게 거듭나야만 자기가 두고 온 세상에도 무언가 쓸모 있는 것을 안겨줄 수 있다. 그런데 말을 탄 기사가 이미 잘 닦인 길로만 다닌다면 그것은 남들의 꽁무니만 졸졸 따라다니는 것이지 모험이라고 할 수가 없다. 《성배를 찾아서》라는 프랑스의 오래 된 문헌을 보면 성배를 찾으려는 사람은 "스스로 점찍은 곳, 가장 어둡고 길도 나 있지 않은 곳"으로 해서 숲으로 들어가야 한다. 성배 전설에 나오는 황무지는 사람들이 사회의 인습만을 맹목적으로 따르고 남들이 기대하는 행동만 하면서 진정성과는 거리가 먼 삶을 살아가는 곳이다.

성배 신화는 서양인의 정신 발전에서 하나의 분수령을 그었다. 그것은 십자군 정신을 뒤집어버렸다. 십자군 기사들이 대군을 이끌고 원정에 나섰다면 성배를 찾아 나선 기사들은 숲에서 외로운 탐구에 나섰다. 성배를 찾는 기사가 당도하려는 곳은 예루살렘이라는 지상의 도시가 아니라 사라스라는 이 세상에는 없는 천상의 도시다. 숲은 영혼의 내밀한 영역을 상징하며 성배는 신과의 신비로운 만남을 상징한다. 성배 전설이 유럽에 뿌리를 내리기 시작한 13세기 무렵이면 서양인이 좀 더 원숙한 기독교의 형식을 발전시킬 수 있는 토대가 마련되어 있었다.

《신의 역사》를 쓰기 시작했을 때 나도 내면 세계에 초점을 맞추었다. 처음부터 그러기로 마음을 먹은 것은 아니었지만 좋든 싫든 나는 어느 때보다도 외로웠다. 자료 조사에, 집필에, 강연에, 여행에, 친구도 만나고 즐기기도 하면서 정신없이 바쁘게 살았지만, 핵심은 그것이 아니라는 생각이 점점 들었다. 나한테는 많은 일이 벌어졌지만 적어도 이제는 거기서 일관된 줄거리를 찾아낼 수가 없었다. 진정한 이야기는 처음에는 알아차리지 못했지만 야금야금 내 안에서 펼쳐지고 있었다.

수녀원에 들어갔을 때 나는 퍼시벌 같은 원탁의 기사들처럼 성배를 찾는 신비로운 모험에 나섰다고 생각했지만 나만의 길을 찾는 것이 아니라 남의 꽁무니만 쫓아다녔다. 스스로 길을 헤쳐 나간 것이 아니라 자꾸만 겉돈다는 느낌이 들면서도 주어진 삶의 길과 사고방식에 순응했다. 그러다 보니 어느새 진정한 삶과는 거리가 먼 황무지로 나 앉아 있었다. 나는 하라는 대로 하려고 열심히 노력했지만 소용이 없었다. 수녀원에서 나온 다음에도 "이 사람의 재주"를 탐내고 "저 사람의 그릇"을 부러워하면서 나하고는 맞지 않는 목표에 여전히 매달렸다. 사람은 이렇게 살아야 한다는 고정관념이 너무 확실하게 박혀 있어서 새로운 가능성을 받아들이지 못했다. 그래서 다시 황무지에서 길을 헤맨 것이다. 이를테면, 나는 교수 생활이 어울리지 않는 사람이라는 경고를 몇 번이나 들었는데도 고집스럽게 버텼다.

나는 남들과 비슷해지고 싶었다. 따뜻한 가정을 꾸리고 남부럽지 않은 일을 하면서 살고 싶었다. 그렇지만 교수도, 교사도, 번지르르한 방송인 생활도 내 체질에는 다 맞지 않았다. 그러니 결국은 하나같이 안 좋게 끝났다. 다른 사람들한테는 보람을 안겨줄 수 있을지 모르지만 나한테는 아니었다. 이제는 내 손으로 점찍은 곳으로 해서,

닦여진 길도 없는 곳으로 해서, 숲으로 들어가 내 힘으로 길을 찾아 나설 수밖에 없는 상황으로 몰렸다.

그렇다고 해서 그 당시에 내가 어둠을 뚫고 들어가는 용감한 기사처럼 두려움을 몰랐느냐 하면 그런 것은 아니었다. 내 의지와는 상관없이 '그놈의 굴레' 때문에 또다시 밖으로 밀려났구나 싶었고 멀어져 가는 세상이 아쉬워서 자꾸만 돌아다보았다. 다시 모퉁이를 돌아서는 줄은 까맣게 몰랐고 '회심'을 겪으리라는 생각도 못했다. 그것은 정말로 내가 원하지 않던 바였다. 책을 쓰다가 그런 경험을 하게 될지도 모른다고 누가 나한테 귀뜸을 했다면 아마 나는 당장 신에 관한 책은 집어치우고 잘 팔릴 만한 전기를 쓰는 쪽으로 돌아섰을 것이다. 그때 나한테 일어난 변화를 그 당시만 하더라도 나는 몰랐다. 10년이 지난 다음에야 겨우 이해할 수 있었다.

사실은 그로부터 6년 전 핀칠리 센트럴 지하철 역 부근의 허름한 카페에서 달걀 토마토 샌드위치를 같이 먹다가 하이엄 머코비한테 언질을 받은 셈이었다. 그는 대부분의 종교에서는 신앙은 실천이지 믿음이 아니라고 말했다. 종교는 아침을 먹기 전에 스무 가지의 실천 불가능한 명제를 받아들이는 것이 아니라 나를 바꾸는 일을 하는 것이라고 했다. 종교는 도덕의 미학이요 윤리의 연금술이다. 사람은 어떤 식으로 행동하면 달라지기 마련이다. 신화라든가 종교가 참다운 까닭은 그것이 어떤 형이상학적, 과학적 혹은 역사적인 실재에 부합해서가 아니라 생을 끌어올리기 때문이다.

신화와 종교는 인간의 본성이 어떻다고 가르치지만 그런 가르침을 구체적으로 나의 삶에 끌어와서 실천에 옮기지 않으면 진리는 드러나지 않는다. 프로메테우스나 아킬레우스 같은 인물이 어떻게 살았는지 그 역사적 정보를 제공하려고 영웅 신화를 만든 게 아니다. 예수나 붓다의 경우도 마찬가지다. 영웅 신화의 역할은 행동으로 나서도록 사람을 자극하는 데 있다. 그래서 내 안에 잠들어 있는 영웅을 일깨우는 데 있다.

공부를 하는 과정에서 나는 구도라는 것은 '진리'라든가 '삶의 의미'를 발견하는 것이 아니라 지금 여기서 얼마나 알차게 사는가의 문제라는 사실을 깨달았다. 초인간적 인격체나 천국에 매달릴 것이 아니라 어떻게 하면 온전히 사람답게 살 것인가를 고민해야 한다. 깨달음을 얻은 완전한 사람의 모습을 신격화하는 것은 그래서다. 마호메트, 붓다, 예수의 원형은 모두 충만한 인간성의 상징이다. 신이나 열반은 우리의 본성에 덤으로 갖다 붙인 것이 아니다. 사람은 누구나 거룩해질 수 있다. 자기 안에서 그걸 깨달아야만 완전해질 수 있다. 한 브라만 사제가 지나가다가 붓다한테 당신은 신이요 유령이요 아니면 천사요 하고 물었다. 그러자 붓다는 어느 것도 아니며 "나는 깨어 있을 뿐!"이라고 대답했다. 아직 깨닫지 못한 사람 안에서 잠자던 능력이 깨어날 때 그는 새로운 사람으로 거듭난다. 옛날에 내가 한 수도 생활은 나를 오그라뜨렸지만 참다운 신앙은 사람을 더욱 사람답게 만든다는 사실을 이제 나는 믿었다.

황무지에서 살아가는 것은 정신 건강에 좋지 않다는 사실을 영웅 신화는 일깨워준다. 다른 사람의 생각을 무작정 따르다 보면 내가 가난해지고 약해진다. 확실히 내 경우에는 그랬다. 권위 있는 사람을 무조건 신봉하고 맹종하는 문화는 조직이 잘 굴러가는 데는 도움이 되겠지만 그런 체제에서 사는 사람은 제 발로 서지 못하고 어린애처럼 기댈 줄밖에 모른다. 교단이 이런 식의 순응을 강요하는 것은 참으로 딱한 일이 아닐 수 없다. 그것은 종교를 창시한 분들의 정신에도 어긋나는 일이다. 그들은 하나같이 현실에 반기를 들고 일어났기 때문이다. 물론 신화와 종교의 영웅들이 무분별한 개인주의를 부르짖는 것은 아니다. 나도 차차 깨달았지만 거기에는 분명히 굴레가 있고 제약이 있다. 그렇지만 이런 영웅 신화에 맞추어 살아가면서 나의 행동을 바꾸지 않으면 신화는 여전히 아리송하고 믿지 못할 것으로 남을 수밖에 없다.

외롭고 위험한 도전

1989년 《신의 역사》를 쓰기 위해 자료 수집에 들어갈 당시만 하더라도 나는 이런 생각을 못했다. 나한테 종교는 여전히 어디까지나 믿음의 문제였다. 정통 신학을 받아들이지 못했기 때문에 나는 스스로를 불가지론자, 심지어는 무신론자라고 여기고 있었다. 그렇지만 종교의 두 가지 핵심 원칙을 무심코 실천에 옮기면서 나도 모르게 어느새 구도의 길에 들어서 있었다. 첫째, 나는 내 길을 혼자서 가고 있었다. 둘째, 마침내 나의 고통을 인정하고 그대로 느낄 수 있었다. 나도 모르는 사이에 조금씩 변해 가고 있었던 것이다.

어느 종교든지 아픔을 맨 위에 놓는다. 아픔은 피할 수 없는 인생의 현실이기 때문이다. 현실을 있는 그대로 보지 못하면 올바르게 살아갈 수가 없기 때문이다. 하지만 더 중요한 까닭은 스스로의 아픔을 부정하는 사람일수록 남의 아픔을 대수롭지 않게 여기기 쉽기 때문이다. 유일신을 숭배하는 종교만이 아니라 유교, 불교, 힌두교 같은 종교를 포함해서 모든 종교는 공감의 중요성을 역설한다. 공감을 통해서 남의 아픔과 만날 수 있기 때문이다. 하이엄이 전에 말한 힐렐의 황금률도 이치는 같았다. 내 마음을 들여다보고 나를 괴롭히는 것이 무엇인지를 알아낸 다음 남들한테도 비슷한 괴로움을 안기지 않도록 애써야 한다는 것이었다. 힐렐에 따르면 토라의 핵심은 그것이었고 나머지는 주석에 불과했다. 신앙 생활의 핵심은 바로 이것이라는 사실을 나도 훗날 깨달았다.

1989년 나의 가슴은 아픔에 유난히 민감해졌다. 텔레비전을 틀 때마다, 신문을 펼칠 때마다 고통스러운 장면이 내 속을 뒤집어놓는 바람에 진저리를 쳤다. 자기의 아픔을 남들이 알아주지 않을 때의 그 심정을 나는 너무나 잘 알았다. 하지만 내 알량한 근심은 레바논 사람, 엘살바도르 사람, 남아프리카 사람이 당하는 고통에 비하면 아무것도 아니었다. 나는 조금씩 황금률에 따라서 살아가고 있었다. 하지만 다른 나라 사람들이 겪는 아픔을 내가 깨달았다고 해서 그것을 특별히 '종교적'이라고 생각하지는 않았다. 종교가 그런 종류의 공감 능력과 통한다는 사실을 아직까지 깨닫지 못했으니까. 그렇지만 텔레비전 앞에서 울컥 하는 것만으로는 모자랐다. 그렇게 공감하는 버릇이 생활의 일부분으로 자리잡아야 했다. 실천으로 표현되어야 했다. 실천하지 않는 공감은 한낱 감상주의에 그치고 말지 나를 바꾸어 놓을 수가 없을 것이다.

여러모로 중요한 몇 달이었다. 1989년 가을과 겨울에 걸쳐서 소련을 필두로 하여 공산당 정권이 하나둘 무너졌다. 군중은 베를린 장벽을 허물고 유럽 분단의 가증스러운 상징이었던 그 담벽 위에서 덩실 덩실 춤을 추었다. 12월 22일 브란덴부르크 문이 공식적으로 열리면서 동서는 하나가 되었다. 2차 대전 이후 기본 틀이 잡힌 세계가 확 바뀌는 듯했다. 나는 아직도 상황이 잘 안 풀려서 걱정도 많았고 우울했지만, 세상이 낙관적으로 돌아가니 나도 덩달아 마음이 밝아졌다. 베를린 장벽은 한때 난공불락으로 보였다. 그것은 유럽에서 잘못된 모든 것의 상징이었다. 그랬는데 지금은 허물어진 것이다. 바깥세상에서 도저히 상상할 수도 없었던 일이 일어났는데 내 안에서도 그런 일이 일어나지 못하란 법이 있을까?

아닌 게 아니라, 나한테도 희소식이 들렸다. 새로 바뀐 나의 출판 대리인 펠리시티 브라이언이 드디어 《신의 역사》를 내고 싶어하는 출판사를 찾아낸 것이다. 나하고 옥스퍼드에서 같은 기숙사에 있었고 《좁은 문으로》에도 잠깐 등장하는 하이너먼 출판사의 헬렌 프레이저가 적당한 착수금을 주었다. 우리는 1992년 안으로 원고를 넘기는 것으로 합의했다. 미국 출판사는 좀 더 유리한 조건에서 교섭하려면 아무래도 책이 마무리된 다음에 알아보는 것이 좋겠다는 것이 출판 대리인의 판단이었다. 서평과 어쩌다 쓰는 청탁 글로 벌어들이는 돈까지 합치면 이제 빚은 안 지고 살 정도가 되었다. 더 중요한 것은 더는 미래를 걱정하지 않아도 된다는 사실이었다. 목표와 방향도 뚜렷이 잡혔으니 이제는 마음을 잡고 2년 동안 연구에 몰두하면 되겠구나 싶었다. 그런데 1990년 2월 이슬람 세계와 긴장이 고조되면서 이런 순탄한 일정에 차질이 빚어졌다.

그때는 막 십자군 공부를 끝낸 뒤였기 때문에 자꾸만 신경이 쓰이는 기사가 있었다. 런던 문학판에서는 벌써 일년 가까이 도피 생활을 하던 샐먼 루시디의 곤경이 온통 화제였다. 루시디의 소설 《사탄의 시》에 나오는 예언자 마호메트의 묘사가 많은 이슬람교도에게 불경스럽게 받아들여지는 바람에 파키스탄에서 시위가 벌어졌다. 이슬람교도가 많이 사는 북부 잉글랜드의 브래드퍼드에서는 시위대가 루시디의 소설을 불에 태우기도 했다. 그것을 보면서 나치의 분서와 종교재판소의 악몽을 떠올리는 사람이 적지 않았다. 1989년 2월 14일 이란의 종교 지도자 아야툴라 호메이니는 루시디와 그의 책을 낸 출판사들에 '파트와' 곧 처단령을 내렸다. 숨어 사는 루시디는 표현의 자유라는 거룩한 원칙을 지키는 순교자가 되었고 파트와는 나 역시 혐오하게 된 끔찍한 종교적 확신의 살아 있는 예가 되었다. 물론 루시디에게는 당연히 쓰고 싶은 책을 낼 권리가 있다고 나도 믿었다.

하지만 나는 파트와와 분서를 비난하면서도 그 소설이 왜 그렇게 분노를 촉발시켰는지를 우리한테 설명하려고 애쓰는 사려 깊은 이슬람교도가 겪었던, 생살을 도려내는 듯한 아픔에서도 충격을 받았다. 그들은 자기들이 예언자로 모시는 인물에 가해진 이런 모욕을 폭거라고, 강간이라고, 심장을 칼로 찌르는 짓이라고 적나라하게 묘사했다. 처음에는 그런 반응이 과하다고 생각했지만 그 말은 내 가슴을 쳤다. 나의 삶과 정체성을 유지하는 데 아주 중요한 일에 대해서 사람들이 되지도 않은 해석을 하면서 내 생각을 묵살할 때 나도 얼마나 자존심이 상하고 비참한 느낌이 들었던가. 나는 황금률을 생각했다. 이런 아픔을 내가 느꼈다면 남한테도 그런 아픔을 입혀서는 안 된다. 서양 사람 같으면 자기네 전통이 이런 식으로 왜곡되어도 좋아라 할까? 《사탄의 시》 자체는 이런 선입견이 어떻게 사람들을 괴물로 돌변시키는가를 훌륭하게 연구한 공감이 가는 작품이었다. 나는 섬뜩한 느낌이 들었다.

아야톨라 호메이니의 십자군 같은 확신도 마음에 안 들었지만 루시디를 앞장서서 옹호하는 사람들의 호들갑스러운 표현도 듣기 거북했다. 남들을 상대할 때는 진실과 정확성이 무엇보다도 중요하다고 우리는 믿지 않았던가? 그런데 런던의 일부 문인은 호메이니와 브래드퍼드의 이슬람교도를 비판하더니 단숨에 비약해서 이슬람교 자체를 깠다. 그들의 발언 수위는 위험하기 짝이 없었다. 그들은 이슬람교도를 나치에 비유하면서 너희들 나라로 가라고 공격했다. 이슬람교는 피에 굶주린 종교로 묘사되었고 코란에 나오는 신은 공포와 위협으로 다스리는 복수의 신으로 그려졌다. 말도 안 되는 왜곡이었다. 유럽인이 편협한 생각에서 헤어나오지 못하는 바람에 피비린내 나는 전쟁을 벌인 것이 엊그제인데 또다시 그런 편협한 생각을 부추기면서 그것을 자유주의를 옹호하는 논거로 삼는 것이 먹혀든다는 사실이 도저히 납득이 가지 않았다.

파트와 1주년이 되자 언론은 더욱 들끓었다. 나는 〈타임스〉 일요일판의 서평란에 실린 짧은 칼럼에서 루시디의 '마호운드' 묘사는 십자군이 처음 불러일으킨 이슬람 혐오 신화와 딱 맞아떨어진다고 썼다. 내 글이 실리는 날 나는 처연한 심정으로 신문을 넘겼다. 기라성 같은 문인들이 쓴 권위 있는 글들 옆에서 내 짧은 글은 송사리처럼 보였다. 갑자기 등골이 오싹해졌다. 관용과 연민이라는 우리의 잣대를 지키지 못하고 이슬람교도는 하나같이 호메이니처럼 복수심에 사로잡혀 있고 이슬람교는 원래가 악독하고 폭력적이라고 단정 지으면서 우리는 화를 자초하고 있었다. 옳든 그르든 전 세계의 많은 이슬람교도는 서양이 자기들을 깔본다고 믿었다. 신문에 실린 글의 논조를 보니 이슬람교도의 그런 의심을 굳혀주는 내용, 극단주의를 자극할 수 있는 그런 내용 일색이었다. 물론 표현의 자유라는 원칙은 수호해야 마땅하다. 그러나 아우슈비츠를 경험한 서양이 허무맹랑하고 낡아빠진 십자군 류의 편견에 다시 빠져든다는 것은 도저히 묵과할 수 없었다.

    루시디의 '마호운드' 묘사는 소설에서 중요한 기능을 했다. 그것은 왜곡과 '괴물 만들기'라는 주제의 일부분으로 허구와 환상으로 제시되었다. 하지만 그날 아침 내가 신문에서 읽은 글을 쓴 사람들은 자기들의 생각을 논란의 여지가 없는 명백한 사실인 것처럼 떠들고 있었다. 신문을 읽는 독자는 마호메트에 대해서 제대로 알 턱이 없을 테니 이슬람에 대한 부정확한 묘사를 액면 그대로 받아들일 것이고 그렇게 되면 문제는 더욱 꼬이기 마련이었다. 문제는, 다시 서글픈 심정으로 신문을 뒤적이면서 나는 속으로 생각했다, 반론으로 삼을 만한 마땅한 자료가 없다는 점이었다. 예언자 마호메트의 삶을 그린 책 하나 없었다. 지금까지 나온 마호메트 전기는 모두 아랍이나 파키스탄의 이슬람교도를 독자로 상정하고 쓴 책이었다. 서양인이 부담 없이 읽을 수 있는 마호메트 전기를 지금까지 아무도 안 썼다는 것은 참으로 개탄스러운 일이었다.

그때 머리를 스치는 생각이 있었다. 나라도 써야겠구나. 나는 마음이 바빴다. 아이디어가 샘솟았다. 예언자를 그가 살았던 시대의 맥락에 집어넣자. 루시디 논란으로 갈피를 못 잡고 있고 이슬람에 대한 문화적 편견이 박혀 있는 서양 독자를 염두에 두고 쓰자. 서양인은 이슬람 하면 으레 칼을 앞세운 종교라고 생각한다. 나도 이슬람을 제대로 공부하기 전까지는 이슬람교는 원래부터 거친 종교인 줄로 알았다. 새 책에서는 마호메트가 부패한 메카와 전쟁을 하는 이야기를 하면서 이런 주제를 같이 다루자. 예언자가 여러 아내와 혼인한 것을 설명하면서 이슬람에서 여성의 지위에 대해서도 논해보자. 루시디의 소설에 영감을 주었다는 이른바 사탄의 시라는 것에 대해서도 그 참다운 의미를 따져보자. 경전이라는 것이 과연 무엇인지, 하늘에서 받은 영감이라는 개념이 도대체 무엇을 뜻하는지도 알아보자. 그렇게 의욕이 넘치고 들뜨기는 정말로 오랜만이었다. 나는 당장 이층 서재로 올라가서 여덟 쪽의 기안서를 타자기로 쳐서 월요일 아침에 사무실로 출근하자마자 볼 수 있도록 펠리시티 브라이언한테 팩스로 보냈다.

당장이라도 시작하고 싶었지만 출판사를 찾는 데 몇 달이 걸렸다. 이번에도 기안서를 본 사람들은 대부분 그 자리에서 퇴짜를 놓았다. 주제가 너무 위험하고 나도 루시디처럼 숨어 다녀야 할지 모른다는 것이었다. 판에 박힌 우울한 넋두리도 있었다. "어차피 이슬람교도도 싫어할 거야." 한 친구는 나한테 엄숙히 경고했다. "서양 사람이, 더구나 서양 여자가 자기네 예언자에 대한 글을 쓴다는 사실을 굉장한 모욕으로 받아들일 거야!" 도대체 왜 그런 데 얽히려 드는지 이해가 안 간다고 말하는 사람도 있었다. 이슬람 편을 드는 것처럼 비치면 그렇지 않아도 런던 출판계에서 내 입지가 불안한데 앞으로 누가 책을 내주겠느냐는 것이었다. 정치적으로도 지금으로서는 올바른 선택이 아니라는 것이었다. 그렇지만 결국 골란츠 출판사의 리즈 나이츠가 가능성을 보고 약간의 착수금을 주었다. 나는 시간이 중요하다고 보았기 때문에 1991년 새해 벽두까지는 원고를 넘겨주기로 했다.

《최초의 기독교인》과 《여자가 본 복음서》처럼 《마호메트》도 논쟁으로 서두를 열었다. 나는 루시디를 옹호하는 사람들의 비난을 논박해서 그저 잘못을 바로잡고 싶었다. 하지만 연구를 하고 집필을 하는 과정에서 예상하지 못했던 일이 생겼다. 전에 사도 바울로한테도 그랬지만 이번에는 자꾸만 마호메트한테 마음이 끌렸던 것이다. "당신의 책은 연애담입니다." 파키스탄의 악바르 아메드라는 학자는 나중에 나한테 그렇게 말했다. "당신이 예언자를 만났다면 아마 당신은 그분의 열다섯 번째 아내가 되는 것을 마다하지 않았을 겁니다!" 과연 그랬을는지는 잘 모르겠지만 나는 마호메트의 이야기에서 참다운 열정을 보았다. 마호메트는 우리가 사는 시대와 크게 다르지 않았던 암울하고 폭력이 난무하는 세상을 살았다. 중요한 종교를 세운 사람 치고 마호메트만큼 많은 족적을 남긴 사람도 드물다. 이런저런 자료에서 마호메트는 예수나 붓다보다 훨씬 인간적인 모습으로 나타난다. 그는 껄껄 웃기도 했고 손자를 어깨에 태우고 다니기도 했고 친구의 죽음 앞에서 흐느껴 울기도 했다. 무엇보다도 그는 사람들을 도탄에서 구하려고 온몸으로 애쓰고 발버둥친 사람이었다. 그는 회의에 빠진 적도 있었고 상심한 적도 있었고 절망과 공포를 느낀 순간도 있었다. 종교는 숭고한 통찰의 순간에 나오기도 하지만 절망과 공포와 위기감에서도 나온다는 사실을 나는 다시금 확인할 수 있었다.

나를 버리고 나를 만나다

그 당시에는 분명하게 의식하지 못했지만 나의 연구는 점점 '종교적' 색깔을 띠었다. 나는 잠시도 한눈 팔지 않고 부지런히 일했다. 주제에 접근하는 방식은 지금까지와는 180도 달랐다. 우리가 지금 다 허튼 짓 하는 거라고 농담 비슷하게 말하는 세련된 친구들이 이번에는 옆에 없었다. 하나부터 열까지 나 혼자서 해냈다. 가엾은 루시디가 겪는 고초가 생생히 눈앞에 있었기 때문에 편집자와 나는 이것이 굉장히 민감하고 폭발적인 주제라는 사실을 단 한 순간도 망각할 수 없었다. 조금이라도 경솔하다는 인상을 주면 곤란했다. 이번에는 뺀질하다는 느낌을 주면 안 됐다. 《최초의 기독교인》처럼 익살과 독설로 나가면 곤란했다.

텔레비전과 함께 내는 책을 쓸 때는 항상 '나'가 중심에 왔다. 어차피 나는 전문 학자가 아니었으니까 나의 책이나 프로그램은 아주 개인적인 견해인 것처럼 꾸며졌다. 논쟁적이며 호감을 주는 '개성'을 내뿜었으면 하고 우리가 바랐던 '나'가 전면에 나섰다. 《마호메트》에서는 그럴 수가 없었다. 이 험악한 분위기에서 '나'는 뒤로 얌전히 물러나야 했다. 이것은 어떤 고매한 이상이라기보다는 실무적 편집의 차원에서 채택된 원칙이었다. 하지만 지금에서야 깨달았지만, 자아를 편집해서 쳐내는 것은 종교적 체험을 하는 데 필수불가결한 전제 조건이었다. 이번에도 나는 모든 신앙의 핵심이라 할 수 있는 아주 보편적인 원칙 가운데 하나를 나도 모르게 실천에 옮겼던 것이다.

나는 7세기 아라비아의 암울한 현실로 매일같이 들어가야 했다. 자연히 20세기를 살아가는 사람의 선입견과 고정관념을 벗어 던져야 했다. 다른 문화로 들어가서 세상을 완전히 다르게 보는 방법을 익혀야 했다. 그러자면 머리와 가슴을 늘 한곳에 모아야 했다. 말하자면 묵상의 일종이었다. 수녀원에서 아무런 효과도 못 보면서 무작정 따라야 했던 이냐시오의 묵상보다는 그것이 훨씬 나한테 맞았다. 《마호메트》를 쓰는 동안 나는 몰아(沒我)의 원리를 익히지 않았나 싶다. 물론 그렇다고 해서 내가 황홀경에 빠졌다거나 환청이나 환시를 경험했다는 소리는 아니다. 그랬다면 나는 예정된 시간에 책을 끝내지 못했으리라.

그리스어 엑-스타시스는 그냥 '밖에 서 있다'는 뜻이다. 그리고 트랜센던스(transcendence) 곧 초월은 '기어올라서 넘는다'는 뜻이다. 의식이 색다른 차원으로 들어가는 것이 이런 단어들의 원래 뜻은 아니라는 소리다. 여러 해 동안 나는 신에게로 다가서기를 고대했고 존재의 더 높은 단계로 올라가기를 갈망했지만, 내가 어디서부터 기어올라가야 하는지는 충분히 생각한 적이 없었다. 모든 위대한 종교는 탐욕에 뿌리를 둔 공포와 아집에 젖어 있는 이기심에서 벗어나야 한다고 누누이 역설한다. 위대한 영혼의 스승들은 나를 버릴 때 정말로 내가 될 수 있다고 가르친다. 신이다, 열반이다, 브라만이다, 도(道)다 하는 무아지경을 체험하지 못하는 것은 아집에 갇혀 있기 때문이다.

다양한 종교 전통을 공부하면서 내가 얻은 결론은 자아에서 벗어나려는 일관된 노력이 엑스타시 곧 몰아의 경지로 이끈다는 것이다. 그것은 엑스타시스, 문자 그대로 자아의 밖에 선다는 뜻이다. 모든 위대한 종교의 신학자는 자기를 비우는 이런 겸허가 신의 일생에서도 나타난다는 사실을 보여주기 위해 온갖 신화를 만들어냈다. 뭔가 그럴 듯하게 보이고 싶어서 그런 것이 아니라 인간의 본성도 그렇게 움직인다는 사실을 보여주려고 그렇게 했다.

나를 버릴 때 비로소 평소의 경험을 뛰어넘는 다른 가능성에 눈뜨면서 가장 창조적으로 살 수 있다. 여기에는 생물학적 근거도 있을지 모른다. 나를 지키고 살아남아야 한다는 것은 오랜 진화의 과정에서 뿌리 깊이 박힌 욕망인데, 수련을 해서 이런 본능을 비웃을 수 있게 되면 의식의 새로운 경지로 올라서게 되는 것이다. 물론 이것은 어디까지나 나의 짐작일 뿐이다. 그렇지만 종교사를 보면 탐욕과 이기심을 누르면서 사는 비결을 터득한 사람일수록 초월의 체험에 쉽게 이른다는 사실을 알 수 있다. 초월을 어떤 이는 초자연적 현실이라고도 하고, 어떤 이는 인격이라고도 하고, 어떤 이는 인격과는 무관한 것이라고도 하고, 어떤 이는 인간의 본성에 더없이 부합되는 차원이라고도 하지만, 우리가 그것을 어떻게 받아들이건, 이런 무아의 경지는 인생에서 엄연히 볼 수 있는 사실이다.

《마호메트》를 쓰면서 나는 다른 사람의 체험을 온몸으로 공감하려고 늘 상상력을 작동해야 했다. 그것은 또 하나의 무아지경이었다. 여섯 달 동안 나는 단 하루도 거르지 않고 온종일 한 사람이 걸었던 구도의 길을 이해하려고 노력했다. 비록 이슬람 '신자'는 아니었지만, 신의 계시를 직접 받았다고 믿었던 남자의 정신 세계로 들어가려면 이슬람의 사유 체계로 나를 밀어넣지 않을 수 없었다. 그렇게 다소 무리를 해서라도 공감하려는 노력이 없이는 마호메트의 본질을 놓치기 십상이었다. 마호메트의 삶을 글로 적는다는 행위 자체가 어떻게 보면 이슬람, 곧 물욕과 의심에 찌든 자아를 '내버리는' 행위인 셈이었다. 비록 간접적이었고 거리도 어느 정도 떨어져 있었지만 그렇게 해서 나는 우리가 거룩하다고 말하는 영역 안으로 들어갈 수 있었다.

그 몇 달 동안 나는 하이엄과 나누었던 대화를 자주 떠올렸다. 코란은 공식 교리를 강요하느라 시간을 허비하는 법이 별로 없었다. 교리를 전파하는 법이 없었고 신학적 사변을 달갑지 않게 여겼다. 유대교처럼 이슬람교도 믿음에 연연하는 종교가 아니었다. 흔히 '불신자'로 번역되는 카피르는 그저 신에게 배은망덕한 사람이라는 뜻이었다. 이슬람교도는 복잡한 교리를 받아들이는 것보다는 하지라고 해서 성지 순례를 한다거나 라마단이라고 해서 금식을 한다거나 하는 의식을 먼저 충실히 실천에 옮겨야 했다. 사람은 그런 행동을 통해서 바뀐다고 이슬람에서는 보았다. 예언자가 메카에서 설교를 하면서 자기를 따르는 사람들한테 제일 먼저 요구했던 것은 하루에도 여러 번 예루살렘을 향해 넙죽 엎드려서 기도를 하라는 것이었다. 아랍인은 왕도 우습게 보았기 때문에 노예처럼 땅바닥에 엎드리는 것은 쉬운 일이 아니었다. 하지만 그런 식으로 자기를 낮추면서 기도를 드리는 과정에서 신 앞에서 자기의 실존을 송두리째 버린다는 이슬람의 행위가 어떤 것인지를 머리가 아니라 몸으로 깨달을 수 있었다. 하루에도 몇 번 정해진 시간마다 그들은 뻐기고 으스대고 우쭐대고 이목을 끌려는 자기 중심적 본능을 접어야 했다. 밖의 규율이 안의 자세에 영향을 미친다고 이슬람에서는 보았던 것이다.

　마호메트는 또 메카의 가난하고 헐벗은 이웃에게 보시(자카트, '정화')를 하라고 이슬람교도에게 가르쳤다. 처음에 마호메트가 자기 종교에 붙이려던 이름은 이슬람이 아니라 타자카였다. 이 말은 '맑음'이라고 옮길 수 있는 자카트와 관련이 있다. 이슬람교도는 신을 본받아 자기가 지닌 것을 모두에게 아낌없이 주려는 따뜻하고 너그러운 마음을 길러야 했다. 온정을 자꾸만 베풀다 보면 그런 습성이 몸에 배기 마련이었고 이런 식으로 해서 사람도 사회도 바뀌어 나간다는 사실을 그들은 깨달았다. 사리사욕에만 눈이 멀어 움직인다면 그것은 짐승이지 사람이 아니다. 가슴이 움직이는 대로 살면서 남들이 아쉬워하는 것을 알아서 챙겨줄 때 사람은 영혼을 지닌 존재로 태어난다.

이슬람교가 나타나기 전의 아라비아는 폭력과 야만이 지배하는 어지러운 세상이었지만 이제는 경건함과 자비로움이 넘친다. 반복되는 행동을 통해 새로운 자각에 이를 수 있다. 결국 핵심은 믿음의 체계가 아니라 실천 과정이라는 것이었다. 마호메트가 설계한 신앙 생활은 사람을 자꾸 행동하게 만들어 그 사람을 영원히 바꾸어놓으려 했다. 내가 하는 일이 무엇인지를 속속들이 이해하지는 못했지만 나도 전과는 다르게 행동하기 시작했다.

《마호메트》는 이슬람 공동체에 바치는 선물의 성격도 조금은 있었지만, 1991년 가을 이 책이 나왔을 때 이슬람 신도들이 보여준 호의에 나는 깜짝 놀랐다. 비관적 예언은 하나도 들어맞지 않았다. 영국과 (이듬해에 책이 나온) 미국에서 이슬람 신자들은 엄청난 호응을 해주었다. 그렇지만 국제 무대에서 이슬람 세계와의 관계는 급속도로 악화되었다. 내가 출판사에 원고를 넘긴 지 두 주일 만에 미국이 주도하는 연합군은 '사막의 폭풍' 작전을 벌이면서 이라크에 공습을 퍼부었다. 알제리에서는 서방의 묵인 아래 부정 선거가 이루어졌다. 선거에서 승리를 거둘 것으로 예상되었던 이슬람 정당을 종교색이 없는 집권 국민해방전선이 탄압한 것이다. 그것은 끔찍한 내전으로 이어졌다. 비슷한 시기에 유고슬라비아에서도 세르비아와 크로아티아 사이에 전쟁이 벌어졌다. 유럽에는 또 다시 집단 수용소가 들어섰다. 이번에는 이슬람교도가 희생자였다.

우리는 암울한 시대로 돌입하는 것처럼 보였다. 그 뒤로도 몇 년 동안 이 지역 저 지역에서, 특히 중동에서, 폭력과 종교적 극단주의가 걷잡을 수 없이 번지는 것을 지켜보다 보니 이슬람 세계의 문제와 서방 세계의 관계가 온통 내 머리를 지배했다. 뉴스 보도는 더는 다른 행성에서 벌어지는 머나먼 이야기가 아니었다. 나로 하여금 《마호메트》를 쓰지 않고는 못 배기게 만들었던 두려움은 사라지지 않았다. 나는 이슬람에 대해서, 예루살렘에 대해서, 근본주의에 대해서, 책들을 또 썼다. 우리가 위험한 길로 들어섰다고, 이슬람교도와 서구인이 서로를 이해할 수 있는 능력을 상실해 가고 있다고, 알 수 없는 공포로 치닫고 있다는 본능적 위기감이 들었기 때문이었다.

《마호메트》는 그때까지 내가 몰랐던 세계로 나를 이끌어주었다. 나는 종교 회합에 초대를 받았고 새로운 친구를 사귀게 되었다. 예언자 마호메트의 탄신일을 맞이하여 이슬람교도들 앞에서 여자인 데다가 신자도 아닌 나더러 연설을 해 달라는 초청을 받았을 때는 솔직히 놀랐고 가슴이 뭉클했다. 예수를 물론 이슬람에서도 예언자로 추앙하기는 하지만 예수가 태어난 크리스마스 날 기독교도들이 예배를 보면서 이슬람 신도한테 연설을 해 달라고 초청하는 일이 과연 현실적으로 가능할지 의심스러웠다.

그렇지만 그런 모임에 나가는 것이 항상 즐겁지만은 않았다. 이슬람 신앙을 끌어안는 데는 별 어려움이 없었다. 하지만 지각하면 큰일이라도 나는 줄 아는 서양인의 입장에서는 시간을 칼같이 엄수해야 한다는 생각이 별로 없는 분위기에 적응하는 것이 어려웠다. 한번은 주최자가 나더러 귀가 시간이 대략 이 정도일 테니 그때에 맞춰서 택시 예약을 해놓으라고 했던 그 시간이 되어서야 비로소 내가 연설할 시간이 돌아왔다. 그뿐인가, 와인을 좋아하는 나 같은 여자가 밋밋한 생수밖에는 마실 것이 없는 저녁 식탁에서 버틴다는 것은 이만저만 고역이 아니었다.

한번은 저명한 이슬람 신비주의 신학자와 식탁 상석의 옆자리에 앉게 되었는데 다른 사람들이 그렇게 무안해하는 것도 아랑곳하지 않고 그 사람은 나하고는 눈인사도 하려고 들지 않았다. 나는 결국 인사를 포기하고 반대편 옆자리에 앉은 사람과 대화를 나누었다. 그 사람은 이슬람 국가에서 온 외교관이었는데 재미있는 사람이었다. 연설이 끊임없이 이어지고 밤이 깊어지자 그는 나한테 살그머니 귀엣말을 했다. "어떻게 하면 좋을까요?" 그가 속삭였다. "길게 할까요, 짧게 할까요?" 나는 소근소근 말했다. "될 수 있으면 짧게 해주세요. 저것 좀 보세요." 수백 명의 사람들이 너무 많은 연설에 기진맥진해서 몽롱한 눈으로 우리를 바라보고 있었다. 마침내 총평을 맡은 대사를 장황하게 소개하는 시간이 되었다. 그는 마이크를 잡더니 나를 힐끔 쳐다보았다. "짧게!" 나는 입을 벙긋했다. 그는 내 말을 명심했다. "여러분, 진심으로 감사드립니다!" 그러고는 자리에 앉았다.

주최측은 경악했지만 청중은 우레와 같은 박수를 보냈다.

한번은 그런 자리에서 유럽 유대교 개혁주의의 좌장이며 레오 백 칼리지의 학장이었던 랍비 조너선 마고네트 박사를 만났다. 그는 나중에 랍비 과정을 밟고 있는 4학년 학생들한테 기독교를 강의할 수 있겠느냐고 물었다. 나는 흔쾌히 동의했다. 은근히 빨리 수업 시간이 돌아오기를 기다릴 만큼 재미있었다. 앞으로 랍비가 될 사람들에게 삼위일체와 강생(降生, 신이 인간으로 태어남)에 대해서 가르치는 맛이 쏠쏠했다. 학생들은 나무랄 데가 없었다. 개방적이고 열성적이었으며 대부분 나를 따뜻이 맞아주었다. 학생들이 나를 좋아하고 따라주니까 나도 더 잘 해주었고, 그러다 보니까 생각도 더 술술 잘 풀렸다. 나한테는 의미 깊은 수업이었다.

침묵은 나의 스승

그렇지만 그런 바깥 나들이는 어쩌다가 있었다. 《마호메트》를 마친 다음에는 다시 《신의 역사》로 돌아갔다. 하루 온종일 아무 말도 안 하고 지내다 보니까 사람이 바뀌었다. 텔레비전 일을 할 때는 전화가 뻔질나게 걸려왔다. 촬영 일정을 잡느라고 툭하면 회의를 했고 프로그램 방향을 잡는다고 제작진과 몇 시간씩 토론을 하기 일쑤였다. 그런데 《신의 역사》를 쓰는 동안은 통 전화가 걸려오는 법이 없었다. 그래서 2, 3일 동안 아무하고도 말 한마디 하지 않고 지낼 때도 있었다. 나는 책만 끼고 살았다. 자리에서 일어나면 아침을 먹고 커피 한 잔을 들고서 좁고 긴 정원을 걸으면서 식물이나 늙은 사과나무를 지켜보다가 서재로 올라갔다. 창밖으로 보이는 길은 늘 인적이 없었다. 책상 위에 놓인 시계는 마치 최면을 걸듯이 째각째각 하염없이 돌아갔고 책에 적힌 단어와 나 사이에는 아무것도 끼어들지 않았다.

처음에는 이런 침묵에서 박탈감을 느꼈다. 원하지 않는 고립 생활의 상징처럼 느껴졌다. 외롭게 살기가 괴로워서 몸부림도 쳤다. 하지만 차츰 시간이 흐르면서 펼쳐진 고요함이 긍정적 기운으로 바뀌더니 내 곁을 지키면서 부드러운 천처럼 나를 달래주고 어루만져주었다. 침묵은 듣기 좋은 콧노래를 은은하게 부르면서, 내가 씨름하던 생각들을 지휘하는 듯했다. 그러면 어느새 내 생각들까지 같이 노래를 부르면서 진동하고 예상하지 못했던 공명을 드러냈다. 나중에는 거의 침묵을 귀로 듣는 경지까지 올라갔다. 침묵에는 침묵 속에서만 드러나는 차원이 있었다. 나는 그 오묘하고 아름다운 울림으로 차츰 빨려 들어갔다. 그 울림은 물론 말로 표현할 수가 없었다. 나는 그 침묵이 편했고 거기서 살아 있음을 느꼈다. 침묵은 나더러 내면 세계로 들어가서 그 안에서 돌아다니도록 몰아넣었다.

대화 때문에 자꾸 끊기는 일이 없어지니까 책에 적힌 단어들이 내면의 자아로 직접 말을 걸기 시작했다. 그 단어들은 단순히 머리로만 흥미로운 생각을 표현하는 것이 아니라 나의 갈망과 당혹에 곧바로 말을 걸었다. 나는 이제 옛날처럼 책에서 개념과 사실을 긁어 모아다가 다음 인터뷰를 위한 먹이로 삼는 것이 아니라 그 안 깊숙한 곳에 고요히 머물러 있는 표현하기 어려운 깊은 의미에 귀기울이는 요령을 배웠다. 침묵은 나의 스승이 되었다.

종교서는 당연히 이런 식으로 접근해야 한다. 신학은 시의 한 갈래이고 또 마땅히 그래야 하므로 시끌벅적한 분위기에서 접하거나 후딱 읽어버리면 알아먹을 수가 없다. 시를 읽을 때는 쉽지 않은 음악을 들을 때와 마찬가지로 차분히 받아들일 준비를 하고 마음을 열어야 한다. 파티에서 베토벤 만년의 현악 4중주를 듣고 릴케의 서정시를 낭독한다고 해서 그게 머리에 들어오겠는가. 집중을 하면서 그것을 받아들일 수 있는 공간이 마음 안에 생길 때까지 끈기 있게 기다려야 한다. 그러면 작품이 스스로를 열어 보이면서 한 줄 한 줄, 한 구절 한 구절, 한마디 한마디가 내 속으로 스며들어서 나의 일부가 되는 순간이 온다.

시를 이루는 단어들처럼 종교적 개념이라든가 신화, 교리도 말과 개념으로는 좀처럼 파악하기 어려운 진리를 넌지시 가리킨다. 준비가 안 되어 있는데 시를 붙들고 뜻을 뽑아내려고 해봐야 오리무중일 뿐이다. 나만의 틀을 고집하면서 시에 덤벼들면 시는 조개처럼 입을 앙 다문다. 시의 고유하고 독자적인 개성을, 훼손되어서는 안 되는 성스러움을 지키기 위해서다. 문학을 공부하면서 나는 비슷한 경험을 했다. 내 경력을 쌓는 데 공부를 써먹으려는 생각을 버리니까 그제서야 문학이 나한테 말을 건네기 시작했다. 나는 신학 공부를 하면서도 그런 체험을 하기 시작했다.

대부분의 종교에서는 침묵을 중요하게 여긴다. 진리는 그저 머리로 해석하는 것이 아니라고 신도들에게 역설한다. 경전은 거룩함에 대한 명쾌한 정보를 얻기 위해 백과사전처럼 스윽 훑어볼 수 있는 것이 아니다. 경전을 이루는 언어는 일상어도 아니고 논리 정연한 산문도 아니다. 말을 이루는 소리 그 자체에 거룩함이 담겨 있다고 보는 종교도 있다. 힌두교도가 '아움므'라는 주문을 읊을 때 그 세 마디는 브라마(우주를 창조한 최고신), 비슈누(세계의 질서를 유지하는 신), 시바(파괴 · 죽음 · 생식 · 창조의 일을 맡은 신)의 알맹이를 불러내고 낭송이 잦아든 다음에 이어지는 침묵은 가장 숭고하지만 말로는 담아내지 못하는 브라만(우주 작용의 근본 원리, 우주의 궁극적 실재)이라는 현실을 손에 넣었음을 뜻한다.

그런가 하면 전례(예배 의식)에서 불리거나 낭송되는 경전은 비속한 언어와 구별되면서 음악처럼 개념을 넘어서는 모습으로 들려온다. 우리는 세속에 물든 생각을 지우려고 만든 의식이나 요가에 몸을 집어넣고 마음을 열고 가만히 그 소리에 귀를 기울여야 한다. 많은 종교에서 수도 생활의 형식을 발전시킨 데는 다 이유가 있다. 수도 생활에서 침묵의 원칙은 일상적으로 실천에 옮겨진다.

수녀원에서 나는 주로 입을 다물고 살았지만 늘 정신이 없었다. 긴장과 걱정, 불안과 짜증으로 마음이 편할 날이 없었다. 맨날 야단만 맞다 보니 내가 하는 일에 늘 신경을 쓰지 않을 수 없었고, 그러다 보니까, 나를 지우기는커녕 종교인으로서 뛰어넘어야 할 자아에 매몰되고 말았다. 신경질이나 근심으로 짜증을 부리지 않는 침묵은 내 마음결의 일부가 될 수 있고 그것은 조금씩 내 안으로 스며들어와 나를 바꾸어놓을 수 있다는 사실을 나는 깨달았다. 《신의 역사》를 쓰면서 하는 공부는 텔레비전 프로를 만들면서 했던 조사와는 많이 달랐다. 그전에는 제작진보다 한 발 앞서 나가려면 눈이 핑핑 돌도록 자료를 읽어 정보를 모아 들여야 했다. 그때는 여행 안내서나 작업 지침서를 읽을 때처럼 머리로만 책을 읽었다. 이런저런 이미지와 가르침이 한 방울 한 방울 스며들어서 내 마음 깊은 곳의 무의식까지 젖어드는 그런 것이 아니라, 제작진이 원하리라고 내가 판단한 것만을 허겁지겁 챙기기에 급급했다.

텔레비전 프로를 만들 때는 또 십자군 전쟁에 나선 기분으로 일했다. 내가 굳이 십자군이라는 말을 여기서 쓰는 것은 아무리 의도는 좋았다 하더라도 나의 작업에서 공격적 색채가 강했기 때문이다. 나는 종교가 얼마나 엉터리없는 것인지를 보여주고 싶었다. 나의 인생에 너무나 안 좋은 영향을 미친 제도에서 우선 나부터 홀가분하게 벗어나고픈 마음도 있었다. 나는 까발리기 위해서 읽었다. 신앙을 가진다는 것 자체를 우습게 보는 동료들 틈바구니에서 일하다 보니까 신학 문제를 설명하면서 필요 이상으로 삐딱한 말장난과 기지에 넘치는 야유를 남발했다. 일에 파묻혀 나를 잊어버리는 것이 아니라 끊임없이 나를 내세웠다. 《마호메트》에서는 이런 얄팍한 재치를 삼가려고 노력했지만 주제 의식에 사로잡혀서 공격적으로 글을 쓰는 버릇은 여전했다. 물론 논쟁적으로 글을 쓴 것은 때려부수는 것이 아니라 쌓아올리는 데 목적이 있었지만 내가 반박을 하고 싶었던 적대적 논점이 늘 머리를 떠나지 않았다. 때가 무르익으면 저절로 생각이 말을 하도록 기다릴 만큼 마음의 여유가 없었다.

그런데 지금은 딱히 어떤 주제를 중심에 놓고 내 입장을 밝히는 것이 아니었다. 유대교의 신비론에 대해서 가시 돋친 발언을 한다든지 그리스 정교의 어처구니없는 비합리성을 드러내봤자 소용이 없었다. 들어줄 사람이 없었기 때문이다. 전에는 출판 대리인도 출판사도 재미와는 거리가 먼 주제에 독자가 관심을 갖도록 자꾸 자극적이고 흥미로운 이야깃거리를 집어넣어 달라고 나한테 주문했다. 그런데 이번에는 내가 먹물로 밀고 나가도 그냥 내버려둘 참인 모양이었다. 어차피 런던의 출판가라는 동네가 신을 화제에 올리는 분위기는 아니었으니까. 나는 침묵 속으로 푹 빠져들었다. 그렇게 하니까 내 머리에 빈 자리가 생기면서 새로운 생각의 흐름에 귀를 기울일 수가 있었다.

종교는 이렇게 공부하는 것이구나 그제서야 깨달았다. 대학교에서 신학이나 비교종교학을 공부하지 않은 것이 그렇게 다행스러울 수가 없었다. 그걸 공부했더라면 그럴 듯한 논문을 쓰고 시험을 보고 좋은 점수를 받아서 우수한 성적으로 졸업하는 것으로 만족했을 것이다. 공부의 리듬도 적어도 나하고는 맞지 않았을 것이다. 나는 독학으로 신학을 공부했기 때문에 어디까지나 아마추어였지만 아마추어라고 해서 반드시 나쁜 것만은 아니었다. 아마추어는 어차피 자기가 좋아서 무언가를 하는 사람 아닌가. 나는 고독한 나날을 말없이 나의 주제에만 몰두하면서 보냈다. 매일 아침 어서 빨리 책상으로 달려가서 책을 펼치고 펜을 쥐고 싶어서 몸살이 날 지경이었다. 애인과 밀회라도 하는 것처럼 나는 이 순간을 기다렸다. 밤에는 침대에 누워서 그날 하루 배운 내용을 뿌듯하게 음미했다. 가끔 책상 앞에 앉아 있다가 혹은 국립 도서관에서 먼지가 쌓인 두꺼운 책을 읽다가 내가 연구하던 신학자나 신비론자의 마음이 바로 이것이었구나 싶은 초월과 외경, 경이의 순간을 잠깐씩 체험할 때가 있었다. 그럴 때는 음악회나 극장에 와 있는 것처럼 가슴이 뭉클해지면서 나 자신을 넘어서는 듯한 느낌이 들었다.

어린 수녀의 몸으로 그렇게 오래도록 기도를 하면서 맛보고 싶었던 환희를 나는 공부를 하면서 찾아냈다. 레오 벡 칼리지에서 학생들과 수업을 하면서도 그런 환희를 맛보았다고 했더니 비교종교학과 교수였던 랍비 라이오넬 블루는 유대인이 하는 경험도 그것과 비슷하다고 했다. 유대인도 토라와 탈무드를 공부할 때 그런 경험을 한다는 것이었다. 성 베네딕투스†도 수도사들에게 거룩한 공부를 하는 시간을 갖도록 만들어서 비슷한 체험을 맛볼 수 있게 했다는 사실도 알게 되었다.

나는 또 내가 공부하던 위대한 신학자와 신비론자 가운데 열에 아홉은 순전히 공부만 해서 신학 학위를 딴다는 발상을 이해하지 못했으리라는 사실도 깨달았다. 그리스 정교에서는 수도자로 살아가면서 매일 예배에 참석하지 않으면 신학자가 될 수 없다. 이슬람에서도 11세기에 알 가잘리††라는 신학자가 등장한 다음부터는 철학과 신학

---

† Saint Benedictus(480?~550?) 가톨릭 베네딕투스 수도회의 창설자. 525년경 소수의 제자들과 함께 몬테카시노라는 요새화된 언덕으로 가서 수도원을 세웠다. 이 수도원에서 완성한 수도회 회칙은 수도원 제도, 이상적인 수도 생활, 기도, 징계 등을 규정하고 있다.

을 영성과 따로 떼어놓고 보지 않는 전통이 확립되었다. 유대교에서도 토라와 탈무드 공부는 요즘처럼 신학 학위를 딴다는 목적 의식과는 거리가 멀었다. 유대교의 신학 교육은 유대교에 대한 정보 습득에 주안점을 두는 것이 아니라 공부하는 과정 자체가 내용만큼이나 중요했다. 열띤 논쟁을 하면서, 스승과 깊은 교감을 나누면서, 묻고 대답하는 방식을 통해서 학생은 거룩한 존재를 느끼는 숭고한 경험을 했고 그 과정에서 사람이 바뀌었다.

대학에서 영문학을 공부한 것이 사실은 큰 도움이 되었다. 종교도 그렇지만 신학도 사실은 예술의 한 형식이라는 생각이 조금씩 들었다. 어떤 전통에서든 사람들은 종교적 체험을 표현하거나 환기시킬 때는 예술에 기댔다. 그림으로, 음악으로, 건축으로, 춤으로, 시로 눈길을 돌렸다. 그들은 자기들이 이해한 신성을 논리적 담론이나 엄밀한 사실에 바탕을 둔 과학어로 정의하려 들지 않았다. 모든 예술이 그렇지만 신학도 표현할 수 없는 것을 표현하려고 한다. 엘리엇이 시를 두고 한 말이긴 하지만 신학도 '말할 수 없는 것을 덮치는 것'이다. 요즘이야 출판물, 음반, 컴팩트 디스크, 공립 박물관을 통해서 예술을 부담 없이 접할 수 있지만 옛날 사람들은 종교적 맥락에서만 예술품에서 느끼는 고양감을 맛보았을 것이다.

위대한 예술도 그렇지만 최고의 신학도 보편을 지향한다. 인종이

†† al Ghazali(1058~1111) 이슬람의 사상가. 정통파 이슬람 교학에 신비주의를 도입하여 신앙의 내면적 충실을 추구하였다.

라든가 부족, 이념에 바탕을 둔 사변은 소련의 사실주의 예술만큼이나 신학에는 어울리지 않는다. 나만의 전통이 옳다는 것을 증명하고 남들의 생각을 비웃기에 급급한 사람은 결국 연구 내용에 아집을 불어넣는 셈이고 경전은 그에게 속살을 보여주지 않는다. 12세기의 영향력 있는 이슬람 신비주의자이며 철학자인 이븐 알 아라비†는 이런 생각을 아름답게 표현했다.

하나의 교리만을 금과옥조로 떠받들면서 나머지는 모두 불신하는 어리석음을 범하지 말라. 그랬다가는 좋은 것을 많이 잃을 것이다. 아니, 세상의 참다운 이치를 깨닫지 못할 것이다. 신은 어디에나 있고 무엇이나 할 수 있으므로 하나의 교리에 얽매이지 않는다. "어디를 둘러보아도 거기에는 알라의 얼굴이 있다."라고 신은 말한다. 누구나 자기가 믿는 것을 칭송한다. 나의 신은 내가 만들어낸 것이다. 그래서 신을 칭송한다는 것은 곧 자기를 칭송한다는 뜻이다. 균형 감각이 있는 사람은 남의 믿음을 나무라지 않는다. 남의 믿음을 싫어하는 것은 무지해서다.

이것은 조금씩 나의 경험으로 자리잡았다. 나는 아브라함에서 세

---

† Ibn al-ʿArabi(1165~1240) 에스파냐 출신의 신비주의 사상가. '종교의 재생자' '최대의 스승'으로 일컬어지는 그는 1202년 신의 명을 받아 메카 순례에 오른 뒤 고향에 돌아가지 않고 이집트·헤자즈·이라크·투르크 등지로 종교적 편력을 계속한 끝에 다마스쿠스에서 죽었다.

줄기로 갈라져 나온 신앙에 대한 책을 쓰고 있었지만 그 안에서는 어떤 우열도 찾아볼 수 없었다. 아니, 이렇게 비슷할 수가 있나 하고 깜짝깜짝 놀랐다. 유대교, 이슬람교, 기독교의 통찰에 접하는 즐거움도 남달랐다. 어느 종교도 진리를 독점하지 않았다. 따로따로 떨어져 있었고 또 서로를 못 잡아먹어서 으르렁거리는 앙숙 관계에 있을 때도 많았지만 세 종교는 놀라울 정도로 비슷한 결론에 이르렀다. 결론이 비슷했다는 것은 세 종교가 인생을 제대로 짚었다는 사실을 말해주는 듯했다.

이해하려면 나를 던져라

연구를 시작한 지 얼마 안 되어서 운 좋게도 마셜 G. S. 호지슨의 역작 《이슬람의 모험》을 읽다가 각주에서 인상 깊은 구절을 발견했다. 내가 한 해 전에 했던 체험을 그대로 요약해놓은 듯했다. 종교사를 공부하는 사람이 지녀야 할 자세도 배울 수 있었다. 나는 당장 그 구절을 베껴서 책상 옆 메모판에다 붙여놓고 매일같이 읽으려고 노력했다. 특히 내 처지와는 몇 광년은 떨어져 있는 것처럼 보일 때가 있었던 사람들의 마음으로 뚫고 들어가려다가 지쳐서 기진맥진했을 때는 더 챙겨서 읽었다. 호지슨은 이슬람의 오묘한 전통을 논하면서 계몽된 이성을 가진 사람의 눈으로 내려다보듯이 접근해서는 안 된다고 독자에게 귀뜸한다. 저명한 이슬람 전문가 루이 마시뇽이 말하는 심리사회적 '공감학'의 필요성을 그는 역설한다.

학문적으로 관찰하는 사람은 한 집단의 정신적, 실천적 행위를 자기 자신의 정신 자원에서 얻을 수 있는 용어로 옮겨야 한다. 그 자원은 웬만큼 배운 사람이면 이해할 수 있는 참고 지식을 담고 있되 어디까지나 개인적으로 느낀 것이라야 한다. 그렇다고 해서 그 학자나 독자의 규약이 원본의 자리를 꿰차서는 곤란하다. 어디까지나 관점을 넓혀서 다른 관점이 들어설 수 있는 자리를 만들어주는 데 그쳐야 한다. 구체적으로 들어가서, 그는 어떤 입장에 깃든 의미가 무엇인지를 같은 사람으로서 단숨에 파악하여 경전에 나오는 미세한 내용 하나하나를 모두 설명할 수 있고 필요한 전제 조건과 상황만 갖추어진다면 나라도 똑같은 행동을 할 것 같다는 느낌이 들 때까지 "왜 그랬을까?" 하는 질문을 줄기차게 던져야 한다.

공감은 물론 동정이나 연민과는 다르다. 공감은 같이 느끼는 것이다. 《마호메트》를 쓸 때도 그것이 반드시 필요했다. 사도 바울로는 그것을 세상을 더 높은 데서 넓게 바라볼 수 있도록 나를 비우는 것이라고 말했다. 나는 느낌과 정서를 중시하는 호지슨의 시각이 마음에 들었다. 다른 사람의 믿음, 의식, 윤리적 실천을 머리로만 이해하는 것만으로는 모자랐다. 나도 그것을 느껴야 했고 훈련을 통해서 알아볼 수 있어야 했다.

나는 연구에 그 방법을 그대로 써먹었다. 처음에는 낯설어 보이는 생각도 그냥 넘어가지 않고 "왜?"라는 질문을 던지려고 애썼다. 그래서 나중에는 문제의 원칙, 개념, 행동이 투명해지고 내면에 있는 살아 있는 진실의 핵이 눈에 들어왔다. 그럴 때면 맥박도 빨라졌다. 어떤 유대교도가, 기독교도가, 이슬람교도가 왜 이런 식으로 느꼈는지를 나 스스로 어느 정도 체험하고 이해하기 전까지는 개념을 절대로 무시하고 넘어가지 않았다.

작고했지만 기독교 목사였으며 이슬람에도 조예가 깊었던 캐나다 학자 윌프레드 캔트웰 스미스는 공부를 시작하고 나서 나한테 큰 감동을 준 사람의 하나였는데 그분은 맥길 대학에서 이슬람학을 가르칠 때 학생들이 이슬람 율법대로 생활하게 했다고 한다. 학생들은 하루에 다섯 번 메카가 있는 쪽으로 엎드려서 기도를 드려야 했고 금식도 하고 돼지고기도 안 먹고 보시도 해야 했다. 왜 그랬을까? 그저 교리를 줄줄 읽는 것만으로는 한 종교의 진리를 이해할 수 없다고 믿었기 때문이다. 전통은 내가 그것을 몸으로 살아보고 초월의 세계로 뚫린 창을 열기 위해 만들어진 의식을 지킬 때만 살아 있는 것으로 다가온다.

그렇지만 (성난 독자의 항변이 귀에 들리는 듯하다) 이 진리라는 게 도대체 뭔가? 저자는 도대체 신이 있다고 믿는 건가 없다고 믿는 건가? 성경에서 말하는 신이 있다고 믿기나 하는 건가? 개인적으로 신을 경배하기는 하는 건가? 이런 물음은 엄연히 종교의 진리성을 따지는 요구인 반면 공감에 입각한 감정이입이 어떻다는 둥, 종교는 예술의 한 형식이라는 둥 하고 떠드는 말은 본질을 잊어버리고 지엽말단으로 흐르는 데 불과하지 않은가. 믿을 것이냐 안 믿을 것이냐, 이것이야말로 중요한 종교적 물음이 아닌가?

글쎄 …… 난 그렇게 보지 않는다. 존경받는 유대교, 기독교, 이슬람교 신학자와 신비주의자 중에는 신은 객관적 사실도 아니고 또 다른 실체도 아니며 원자처럼 눈에 보이지만 않을 뿐 그 존재를 경험적으로 입증할 수 있는 그런 것이 아니라고 주장하는 사람이 놀랍게도 있었다. 그중 상당수는 신은 차라리 무(無)라고 생각하는 것이 낫다고 말했다. 우리가 보통 접하는 현실과는 성격이 다르기 때문이다. 신을 지고한 분이라고 부르는 것도 어불성설이었다. 그것은 덩치만 크고 더 훌륭하달 뿐이지, 우리와 비슷한 호불호를 가진, 우리를 닮은 존재를 암시하기 때문이다. 여러 세기 동안 유대교, 기독교, 이슬람교는 신자들에게 이 점을 납득시키려고 대담한 신학 이론을 내놓았다. 삼위일체설만 하더라도 신을 단순한 인격체로 보아서는 안 된다는 점을 이해시키려는 의도로 만들었다.

우리가 '신'이라고 말하는 현실은 초월적이다. 다시 말해서 그것은 인간이 내세우는 그 어떤 정설도 넘어선다. 그렇지만 한편으로 신은 모든 존재의 바탕이며 영혼 가장 깊숙한 곳에서 마치 존재하듯이 느껴진다. 길은 다르지만 모든 전통은 우리가 '신'에 대해 품는 생각은 현실 그 자체와 절대적으로 관련이 있는 것이 아니며 현실을 넘어선다고 하나같이 강조한다. 우리가 저마다 생각하는 신의 관념은 거룩함을 표현하는 하나의 상징이지만 좀처럼 손에 잡히지 않는 현실을 온전히 담아내지는 못한다.

신에 대한 모든 발언은 두 가지 요소를 가져야 한다는 그리스 정교의 입장은 그래서 수긍이 간다. 첫째, 그것은 역설적이어야 한다.

신은 깔끔하고 수미 일관한 사유 체계로 담아낼 수 없다는 사실을 우리로 하여금 깨닫게 만들어야 한다. 둘째, 부정하는 방식으로 긍정해야 한다. 다시 말해서 우리가 신의 존재에 대해서 말하면 결국 말이나 생각으로는 어찌 해볼 도리가 없어 그저 한없는 외경심을 느끼면서 침묵을 지킬 수밖에 없는 순간이 온다는 사실을 깨닫게 만들어야 한다.

캔트웰 스미스는 《신앙과 믿음》, 《역사 속의 믿음》 같은 책에서 나한테 그 점을 똑똑히 가르쳐준 훌륭한 신학자였다. 문체는 조금 딱딱하고 건조했지만 신에 대한 관념은 결국 사람이 만들어낸 것이라는 사실, 그렇지 않다고 본다는 것은 불가능하다는 사실, 신에 대한 일련의 지적 명제를 받아들이는 것이 마치 신앙인 것처럼 여기는 전통은 겨우 18세기에 시작되었다는 사실을 읽어 가면서 정말 얼마나 위안을 많이 받았는지 모른다. 신앙은 결국 인생이 아무리 비극적으로 보여도 거기에는 궁극적으로 의미와 가치가 있다는 신념을 키워 나가는 것이었다. 뛰어난 예술이 불러일으키는 것도 결국은 그런 신념이었다.

믿는다는 뜻을 가진 영어 빌리브(believe)의 고어는 벨레벤(beleven)인데 이것은 '사랑한다'는 뜻이었다. '나는 믿는다'라는 뜻을 가진 라틴어 크레도(credo)는 코르 도("나의 심장을 바친다")에서 나온 것으로 보인다. 캔터베리의 성 안셀무스는 '크레도 우트 인텔레감(Credo ut intellegam)'이라는 말을 썼다. 이 말은 "나는 이해하기 위해서 믿는다."라고 풀이하는 것이 보통이다. 나는 이 말을 나의 반항심을 다스려서 교회의 가르침에 순종해야만 더 차원 높은 진리에 눈 뜰 수 있다는 뜻으로 늘 생각했다. 수녀원에서는 그렇게 배웠다. 하지만 캔트웰 스미스는 그렇지 않다고 했다. 크레도 우트 인텔레감은 이렇게 해석해야 한다. "나는 이해하기 위해서 나를 던진다." 믿으려면 먼저 구체적으로 살아야 한다. 그래야지 일신론자들이 신이라고 부르고 또 어떤 사람들은 도라고, 브라만이라고, 열반이라고 부르는 거룩한 자리를 내면에서 만날 수가 있다.

그렇다면 우리는 우리가 생각하고 싶은 대로 신을 생각해도 되는 것일까? 그렇지는 않다. 이번에도 모든 종교가 예외 없이 그런 답을 주었다. 어떤 종교적 관념, 교리, 영적 체험, 봉헌 의식이 옳은가 옳지 않은가를 판가름하는 유일한 잣대는 그것이 실제로 공감으로 이어져야 한다는 것이었다. 신을 알고 나서부터 내가 더 따뜻하고 마음이 넓어져서 사랑을 베푸는 행동을 하게 되었다면 그렇게 만든 신학은 훌륭한 신학이다.

공감은 이스라엘의 예언자에게도, 탈무드의 랍비에게도, 예수에게도, 바울로에게도, 마호메트에게도, 또 당연히 공자, 노자, 붓다, 우파니샤드의 현자들에게도 리트머스지였다. 신의 이름으로 이슬람교도와 유대교도를 죽인 십자군은 자기와 비슷하게 만들어낸 신성에다 자기의 공포와 혐오를 덧붙여서 마치 신의 절대적 승인을 받은 것처럼 증오심을 포장한 데 불과했다. 인격화된 신은 이런 식의 우상 숭배로 치닫기 쉽다. 그래서 지혜로운 유대교도, 기독교도, 이슬람교도는 신을 하나의 인격으로 생각하는 데서 출발할 수는 있겠지만 신은 모든 인간 범주를 넘어서므로 인격도 역시 초월한다는 사실을 잊어서는 안 된다고 강조했다.

  책을 쓰면서 나는 점점 벅찬 감동을 느꼈다. 그 책은 나한테는 탐구이자 해방이었다. 내가 신을 도저히 '믿을' 수 없었던 것도 알고 보니 무리가 아니었다. 정통 '신앙'으로 단련하려고 그렇게 애를 썼건만 결국 지쳐서 아무런 성과도 못 거두고 회의만 깊어진 것도 무리가 아니었다. 기도를 아무리 해도 신을 체험하지 못한 것도 무리가 아니었다. 좋은 영혼의 스승들은 신이 나한테 내려와주기를 무작정 기다리지 말고 예술의 초월성을 느낄 수 있는 미의식을 갈고 닦듯이 나 자신의 신성을 만들어내야 한다고 충고했을 것이다. 인격화된 신은 다른 사람들한테는 통했을지 모르지만 나한테는 통하지 않았다. 나는 잘못된 방법으로 접근했다. 신은 객관적 사실이라고 미리 단정 짓고, 세속 사회에서 하는 논리적, 논증적 방식으로 신에 대해 성찰했던 것이다. 합리적 분석은 수학, 의학, 과학에서는 필수 불가결할지 몰라도 신을 이해하는 데는 쓸모가 없다.

  나더러 그렇게 기도하라고 가르쳤다고 수녀들을 탓할 수는 없었다. (지금에서야 깨달았지만) 16세기와 17세기에 과학혁명이 일어난 뒤로 서양 신학 전체가 이성에 턱없이 기대는 모습을 보여 온 것이 사실이니까. 합리주의가 워낙 눈부신 성과를 거두니까 경험 이성이야말로 진리에 이르는 유일한 길처럼 보였고 서양인은 마치 신이 논증할 수 있는 객관적 사실인 것처럼 떠들기 시작한 것이다. 신화학과 신비주의 같은 직관에 의존하는 영역은 불신을 받았다. 나 자신도 그랬지만 이것이 오늘날에 와서 많은 종교적 문제를 낳은 원인이었다.

그래서 1992년 7월 어느 날 오후에 찜통 더위 속에서 집필을 끝내고 원고를 출판사에 넘겼을 때 그렇게 홀가분할 수가 없었다. 내가 끌어 모은 생각을 하나로 짜맞추었다는 사실이 스스로도 대견하고 뿌듯했고 30년 동안 어깨에 지고 다녔던 짐을 내려놓았다는 해방감도 컸다. 이제는 종교에 대해서 생각할 때마다 남 모르는 수치와 비애를 느끼지 않아도 좋았다. 나는 마치 두둥실 떠다니기라도 할 것처럼 몸이 가벼워졌고 앞으로는 무슨 일이라도 할 수 있을 것 같았다.

희열은 오래 가지 않았다. 자부심은 추락으로 이어졌다. 다음날 아침에는 샐리와 함께 케임브리지로 가서 클레어 칼리지의 작은 아파트에서 1주일 동안 지낼 예정이었다. 우리는 해마다 그렇게 즐거운 휴가를 보냈다. 들뜬 마음으로 짐을 싸다가 나는 정말로 무게를 못 느꼈던 모양인지 계단을 가볍게 내려가다가 발을 헛디디는 바람에 바닥으로 굴러 떨어졌다. 엄지발가락이 뚝 부러졌다. 사람들은 어떻게 엄지발가락이 부러질 수 있느냐면서 재미있어했지 나를 가엾게 여기지도 않았다. 심지어 엄마까지도 두 주일 뒤에 내가 방 안에서 절룩거리는 것을 보고 간신히 웃음을 참았다.

《신의 역사》가 나오고 나서 인생이 달라졌다. 책은 특히 미국과 네

덜란드에서 호평을 받았고 나는 여기저기 불려다녔다. 나의 책은 똑같은 주제를 놓고 맴돌았는데 그 핵심은 바로 공감이었다. 《태초에》는 창세기에 관한 책이었는데 이 책을 쓰다가 나는 인간은 타인과 조화로운 관계를 맺으려고 노력하다가 결국 신을 만나게 된다는 사실을 깨달았다. 아브라함이 세 나그네를 집으로 맞아들여서 여행을 계속할 수 있도록 한없는 호의를 베푸는 자비를 실천한 덕분에 아브라함은 신과 바로 만날 수 있었다. 예루살렘의 역사를 공부하면서 나는 이 거룩한 도시에서는 아주 일찍부터 자비와 사회 정의를 실천에 옮기는 것이 특히 유대교와 이슬람교를 중심으로 강조되었다는 사실을 알게 되었다. 아브라함한테서 갈라져 나온 세 종교 어디에서든 근본주의 세력은 이들이 지키려는 전통 자체를 왜곡한다는 사실을 깨달았다. 공감이라는 절실하고 중요한 요구를 망각하고 호전적 요소만을 강조하기 때문이다.

　공감이라는 주제가 나의 연구에서 줄곧 표면으로 떠오른 까닭은 제대로 된 종교에서는 하나같이 그런 덕목을 중시했기 때문이었다. 그렇지만 왜 그런가를 절실하게 깨달은 것은 붓다의 짧은 전기를 쓰면서부터였다. 나는 어차피 요가 수련자는 될 수 없었다. 붓다를 깨달음으로 인도했던 정통 요가는 오늘날 서양에서 볼 수 있는 요가보다 훨씬 엄격했다. 정식 묵상을 한다는 생각만 해도 소름이 끼칠 판인데 우리의 삶을 지배하는 이기심에 철퇴를 가하여 잡생각을 없애기 위해 고안된 그 무시무시한 수련을 한다는 것은 엄두도 낼 수가 없었다. 하지만 그것이 무의미한 것은 아니었다. 붓다가 가르친 대로 공감을 연마하다 보면 자꾸만 나에 집착하는 올가미에서 "마음이 풀려나는" 효과를 얻는다. 불경에서는 깨달음의 가장 높은 경지인 열반이라고 부른다. 일신론의 용어로 표현하자면 이런 공감은 우리를 곧바로 신이 자리하는 곳으로 데려간다. 나는 그야말로 개안(開眼)을 했다.

공감은 제대로 된 종교에서는 수행에서 늘 중요한 비중을 차지했다. 깨달음에 이르는 가장 안전하고 확실한 길이었기 때문이다. 자아는 삶의 중심에서 내려오고 그 자리에 남들이 들어앉는다. 그래서 성스러움을 체험하는 데 걸림돌이 되는 이기심의 껍질이 허물어진다. 세상을 보는 눈이 넓어지고 시야가 더욱 트이면서 법열을 느낀다. 아주 이른 시기에 씌어진 게송에 이런 구절이 있다. "자비심이 위아래로 옆으로 끝없이 온 누리에 퍼지게 하소서. 미움과 증오심 없이 한없는 선심이 온 세상으로 마음껏 뻗어나가게 하소서."(숫타니파타 118) 우리는 시야를 좁히는 개인적 호오(好惡)의 감정에서 벗어나 스스로를 넘어서게 된다.

하지만 이런 통찰은 불교에만 국한된 것은 아니었다. 작고한 유대인 학자 아브라함 조슈아 허셸은 우리가 자아의 막대기 저편에 나를 놓을 때 우리는 신과 함께 자리한다고 말한 적이 있다. 황금률에서도 경쟁자나 짜증나는 동료, 우리와 전쟁을 벌이는 나라에 대해서 무언가 안 좋은 말을 하거나 안 좋은 일을 하고 싶은 충동을 느낄 때마다 만약에 우리가 그런 말을 듣거나 그런 일을 당한다면 과연 어떤 기분이 들까를 생각하고 자제하라고 가르친다. 바로 그 순간에 우리는 나의 아집을 지키기 위해 남을 해치고 망치고 싶어하는 무서운 이기심을 넘어서게 된다. 하루하루를 매시간을 그런 식으로 살아가면 '저기' 인격신이 과연 존재하는지의 여부를 놓고 지나치게 걱정을 할 시간도 없을 것이고 끝없는 법열을 느낄 것이다. 나 자신과 나의 이기심과 탐욕을 부단히 넘어설 것이기 때문이다. 정치를 하는 사람들이 황금률을 마음에 새긴다면 이 세상은 더 평화로워질 것이다.

그렇지만 공감이 언제나 사람들의 마음을 끄는 것은 아니라는 사실도 나는 깨달았다. 내가 강연을 하면 불만이 가득한 눈빛으로 나를 노려보는 청중이 꼭 있었다. 다른 사람을 다 허허 하고 받아들이면 무슨 낙으로 종교를 믿느냐는 투였다. 천국에 가서 보니 다른 사람들도 다 와 있으면 노발대발할 사람들이 있는 것 같다. 천국의 발코니에서 서서 저 아래 지옥의 불구덩이에서 활활 타는 불행한 사람을 내려다보는 맛이 없으면 천국이 아니라는 것이다.

나는 공감이야말로 변화를 가져오는 마음의 버릇이라는 사실을 깨달았다. 나의 연구를 이끌어 간 공감의 과학은 내가 세상을 체험하는 방식을 바꾸어놓았다. 가만히 보면 내 인생에는 어떤 틀 같은 것이 있었다. 옥스퍼드에서 제대로 공부를 시작하고 나서부터는 더는 수녀원 생활에 적응할 수가 없었다. 책상 앞에서 익힌 자세가 일상생활로 흘러들었다. 침묵의 나날도 세상의 고통으로 나의 귀와 눈을 열어주었다. 침묵 속에서 나는 정치와 사회 곳곳에 얼마나 많은 분노와 허세가 스며들어 있는지를 알려주는 고통의 소리를 듣기 시작했다. 고독은 스승이다. 고독은 외롭다. 교분과 애정이 없는 삶에는 구멍이 뻥뻥 뚫린다. 성 아우구스티누스는 어느 글에선가 가슴을 깊게 만드는 것은 갈망이라고 말했다. 가슴이 깊어지면 방어선도 약해진다. 침묵과 고독은 껍질을 벗겨낸다. 사방에서 옥죄어 오는 세상의 아픔에 짓눌리지 않도록 우리가 쌓아올린 비정함이라는 보호막을 무너뜨린다.

껍질이 벗겨지면 늘 즐겁지만은 않다. 아니, 사실은 사회적 책임 같은 것이 느껴지기도 한다. 사회에서 떠도는 말에 섞여 있는 비아냥에 점점 마음이 불편해지기 때문이다. 비아냥을 들은 사람의 가슴에는 얼음 조각이 박힌다는 사실을 나는 잘 안다. 마셜 호지슨이 말한 대로 내 마음 안에 남이 들어올 수 있는 자리를 조금도 비워두지 않는 세상의 옹졸함을 생각하면 나는 가슴이 답답하다. 친구의 생각 하나 너그럽게 품어주지 못하면서 어떻게 지구의 산적한 문제를 해결할 수 있겠는가? 사람을 쌀쌀맞고 너그럽지 못하게 만드는 원리나 생각은 제아무리 미사여구로 포장을 해도 나는 가치를 인정할 수 없다. 물론 너그러움이 능사는 아니다. 불의와 야만을 만나면 예언자들이 그랬던 것처럼 어디서나 소리를 쳐야 한다. 특히 내가 사는 사회 안에서 혹은 '우리' 편에서 그런 일이 일어나면 더욱 목소리를 높여야 한다. 남의 눈에 든 티끌에는 핏대를 높이면서 제 눈에 든 들보는 모른 척하는 것이 정치적으로는 편할지 몰라도 종교인이라면 그런 선택을 해서는 안 된다.

그렇지만 이런 아픔은 공감할 줄 아는 영혼을 지닌 사람이 치러야 하는 작은 희생이다. 역설적이지만, 이렇게 남의 고통을 느낄 줄 아는 데서 나는 기쁨도 맛보았다. 미처 그것까지는 예상하지 못했다. 내 안에만 머무르지 않고 남의 가슴으로 들어가는 버릇을 들이다 보니까 나만의 프리즘에서 벗어날 수가 있었다. 그때 느끼는 '무아지경'은 오래 가지는 않았지만 그것이 지속되는 동안은 말할 수 없이 자유를 느꼈다. 결국 문제는 자아인 것이다. 새벽 3시에 눈을 떠서 "왜 나한테 이런 불행이 닥치나? 왜 나는 다른 사람이 가진 걸 못 누리나? 왜 나는 사랑도 못 받고 인정도 못 받나?" 나는 이런 고민에 젖을 때가 아직도 많았는데, 이런 고통의 중심에는 자아가 있다는 사실을 깨달았다. 붓다도 말했지만 이런 자아에서 단 한 순간이라도 벗어날 때 나는 더욱 커지고 높아지는 느낌을 받았다.

나한테는 그런 경험이 중요하다. 나처럼 혼자서만 지내다 보면 아집에 갇혀 지내기 쉬웠다. 관계를 맺으며 살아가는 사람은 늘 자신을 넘어서야 한다. 매일 하다못해 뭐라도 양보를 해야 하고 함께 등을 맞대고 살아가는 사람한테 져주기도 해야 한다. 누군가를 보살핀다는 것은 그만큼 나를 양보한다는 뜻이다. 하지만 나는 그럴 필요가 없었다. 여행을 자주 다니다 보니 동물을 키울 수도 없었다. 그래서 남들 같으면 남편, 애인, 자식, 아니면 애완견을 통해서 얻었을 것을 나는 공감 능력을 통해서 배웠다.

　그렇다고 해서 내가 한없이 너그러운 마음을 가져서 온 세상을 고요하게 차분하게 받아들이는가 하면 절대로 그렇지는 않다. 나는 아직도 독설을 내뱉고 공무원이 불친절하거나 불합리하거나 어처구니없는 상황을 맞으면 아주 불쾌해진다. 욕설이 담긴 편지를 받거나 사람들 앞에서 공격을 받으면 힘이 빠진다. 미국에서 9·11 테러가 일어난 다음부터 나는 그런 추잡한 공격을 많이 받았다. 이슬람의 진정한 성격을 설명하려고 노력하는 나한테 오사마 빈 라덴한테나 할 법한 욕을 퍼붓는 미국인이 있었고 난 상처를 받았다. 지난 여름에는 나의 사생활을 두고서 이러쿵 저러쿵 안 좋은 이야기가 사람들 사이에서 퍼지는 바람에 나는 이틀 동안 두문불출했다. 구약 성서의 요나는 아무리 이교도라도 회개할 기회는 주어야 한다는 하느님의 뜻을 전하는 예언자가 되기를 거부하다가 하느님한테 혼이 났다지만, 예언자 노릇을 한다는 것이 얼마나 고달픈 일인지를 나는 절감했다.

　나는 여전히 흠이 많고 불안정한 인간이었다. 사람들이 나의 자아를 할퀴는 것이 싫다. 하지만 그것은 가치 있는 일이기도 하다. 책을 쓰고 나서 특히 미국에서 받은 과분한 사랑은 눈물겨울 정도였다. 물론 상처를 받을 때도 많았지만 그럴 때마다 나는 공감할 수 있는 영혼을 가지려고 노력하는 것은 어떤 보답을 얻기 위해서가 아니라는 생각을 하면서 마음을 다잡았다. 원수를 사랑하라는 예수의 말도 그런 뜻이라고 나는 확신한다. 알아주는 사람이 아무도 없는 곳에도 너그러운 관심을 보일 마음의 준비를 하고 있어야 한다. 엘리엇이 "신경 쓰되 신경 쓰지 않게 해주소서." 하고 기도한 의미도 아마 그것이었으리라. 세상에 대한 근심에 섣불리 나를 끼워 넣지 말라는 뜻이었다. 앙심은 앙심을 낳기 마련이다. 같은 세상을 살면서 늘 욕을 얻어먹고 손가락질을 당하는 사람들의 심정이 과연 어떨까 그런 생각도 들었다. 그게 아니더라도 원한과 분노와 이기적 근심이 안에 꽉 차 있으면 일이 잘 되지 않는다. 경전이 나한테 속살을 드러내지 않는다. 모든 위대한 종교의 내밀한 생리는 내가 다른 사람들에게 가슴과 머리를 닫지 않을 때만 제 구실을 하는 듯하다.

다시 좁은 계단을 오르며

여러 해 동안 세계 각지를 돌아다니면서 이런 주제로 강연도 많이 했지만 사기를 치는 것 같아 찜찜할 때도 많았다. 사람들은 마치 내가 대단한 깨달음을 얻은 종교인이라도 되는 것처럼 단정짓고 영적 수련에 관한 조언을 구했다. 나는 엄격히 말해서 종교인은 아니었다. 이제는 교회 근처에도 가지 않았고 공식 교단에도 몸담은 사람이 아니었다. 책상 앞에서 잠깐잠깐 환희를 맛보았다고 해서 그것이 신성한 세계에 정말로 발을 들여놓은 것이라는 생각은 들지 않았다. 그저 일에 푹 빠져든 사람이 경험하는 희열일 뿐이었다. 나는 어느 누구에게도, 어떤 대상을 놓고도 기도하지 않았다. 인격신이 머물러 있던 자리는 여전히 텅 비어 있었다.

꼭 그렇게 볼 것만은 아니라는 점을 나한테 일깨워준 사람은 월가에 있는 트리니티 신학원의 프레드 버넘 원장이었다. 우리는 2001년 여름 뉴욕 주의 아름다운 호반에 자리한 셔토쿼 수련장에서 함께 일주일을 보냈다. 9·11 테러가 일어나기 겨우 두 달 전이었다. 프레드도 하마터면 목숨을 잃을 뻔했다. 매일 오후 나는 '인성'이라는 주제로 철학 강당에서 강연을 했는데 프레드는 나를 소개하고 사회를 보았다. 마지막 날 밤 프레드는 얼음을 넣은 보드카를, 나는 와인을 마시면서 이런저런 얘기를 나누던 도중 프레드가 불쑥 이런 말을 했다. "종교적 체험을 한 번도 한 적이 없다고 하셨는데 제 생각은 아니거든요. 늘 신성한 차원에서 살고 계신데요 뭘. 항상 거룩함에 젖어 있으세요."

나는 프레드가 나한테 당신은 성인이라고 말하는 줄 알고 펄쩍 뛰었다. 하지만 프레드는 쓸데없는 공치사를 하는 사람이 아니었고 나한테 성인이라고 말한 것도 아니었다. 그가 한 말을 나중에 곱씹어보니 왜 그런 말을 했는지 납득이 갔다. 경전에 푹 빠져들어서 인간이 도달한 가장 고결하고 지혜로운 통찰을 매일같이 접하면서 늘 감동을 받고 자극을 받으니 아닌 게 아니라 늘 거룩함과 접하면서 살아가는 셈이었다. 내가 하는 '기도'는 어떤 사람이나 어떤 목적과 결부된 것이 아니었지만 내가 공부하던 신학자들 가운데 상당수도 바로 그런 경험을 했다. 지난 7년 동안 나는 바로 그런 주제로 글을 쓰고 떠들었다. 가장 위대한 영혼의 스승들은 신은 또 다른 존재가 아니며 존재하는 것은 오직 무라고 강조했다는 사실을 입이 닳도록 설명했다.

하지만 말은 그렇게 하면서도 정작 속에서는 낡은 신관을 아직도 버리지 않고 있었다. 나는 초자연적 인격신을 실재로 받아들이는 신관을 던져버렸다고 생각했는데 아직도 어린아이처럼 하늘이 떠나갈 듯한 천둥과 번개를, 그리고 나의 귀에 들려오는 속삭임을 기대하고 있었다. '거룩한 얼굴'은 단념했다고 생각했는데 아직도 "나무에서 꽃이 피고 샘물이 흐르는 곳"을 아직도 그리워하고 있었다. "이제는 아무것도 없"다는 냉엄하고 자명한 현실을 진실로 받아들이지 못하고 있었다.

그리스의 교부들은 모세가 산으로 올라가서 한치 앞도 내다볼 수 없는 짙은 구름에 휩싸인 산정에 서 있는 모습에 애착을 느꼈다. 모세는 신이 있는 곳에 와 있었지만 아무것도 볼 수가 없었다. 비밀은 이 무지의 구름에 있었다. 그것은 지식을 주지 않는다. 엘리엇은 "알지 못하리란 걸 알게 되리니"라고 했지만 바로 그것이었다. 나는 짙은 안개가 조금이라도 걷힐 것이라고 믿었다. 결코 알지 못하리란 것을, 결코 똑똑히 보지 못하리란 것을, 뼈저리게 알아차리지 못했던 것이다. 나는 여전히 "덧없는 단 하나의 참다운 힘"을 갈망하고 있었다.

그렇지만 내가 그토록 민감하게 의식한 빈자리는, 하나의 역설이지만, 내 삶에서는 채워진 자리였다. 어떤 사람을 몹시 그리워하면 그 사람은 어떤 의미에서는 늘 나와 함께 있다고 볼 수 있다. 그 사람이 정말로 내 옆에 있을 때보다 그렇게 그리워할 때 나의 머리와 가슴이 더 많이 그 사람으로 채워진다. 그리스 교부들이 좋아한 것은 그런 역설이었다. 고대 그리스인도 그런 사실을 알고 있었다. 가면을 쓴 디오니소스 신은 어디나 있지만 어디도 없다. 그는 늘 다른 데 있다. 그러면서도 동시에 황소로, 사자로, 뱀으로 지상에 나타난다. 그는 자기를 상징하는 가면으로 스스로를 드러내면서 감춘다. 가면의 퉁방울 같은 눈은 보는 이를 끌어당기고 빨아들이지만 가면은 텅 비어 있다. 고대 그리스의 비극 시인 에우리피데스가 쓴 〈주신 바코스의 시녀들〉에서 디오니소스의 가장 빛나는 신성은 나타남이 아니라 갑작스러운 사라짐에 의해 드러난다. 디오니소스 신은 돌연 사라지고 세상은 엄청난 침묵에 파묻히지만 그의 존재감은 더욱 강하게 느껴진다.

우리는 단편적으로 눈에 드러난 신성에 집착하지만 결국 그것은 우리의 몸집에 맞게, 우리 생각에 가깝게 잘라낸 모습일 뿐이다. 어차피 인간의 경험은 그 대상이 사물이건 사람이건 불완전할 수밖에 없다. 늘 손에 안 잡히는 부분이 있고 미꾸라지처럼 빠져나가는 부분이 있다. 우리는 한때 과학이 모든 물음에 답을 주고 모든 수수께끼를 해결해주리라 믿었지만, 알면 알수록 세상은 더욱 모르는 것투성이다.

그럼에도 불구하고 우리는 언뜻언뜻 초월을 경험한다. 그리고 그 경험은 결코 똑같을 수가 없다. 모든 위대한 종교에서는 신성은 '저 밖에' 만 있는 것이 아니라 우리가 사는 세상에도 내재한다고 강조한다. 역시 나는 경전을 수박 겉 핥기로 읽었던 모양이다. 《우파니샤드》에 나오는 유명한 일화인데 웃달라카라는 현자가 신성이 어디에나 있다는 사실을 가르치려고 아들 스베타케투한테 물이 든 큰 잔에다 소금 덩어리를 넣으라고 시킨다. 아침이 되니 덩어리는 사라지고 소금도 눈에 보이지는 않지만 잔 전체로 퍼져나가서 맛으로 느낄 수가 있다. "얘야," 웃달라카가 말했다. "마찬가지로 브라만도 눈에 보이지는 않지만 여기 있다. 이 으뜸 가는 알맹이를 온 우주는 나로서 품고 있다. 그것은 실재요, 나요, 바로 너다." 우리는 신성한 차원이 우리를 둘러싼 모든 것 — 거기에는 물론 사람들도 포함된다. — 에 깃들어 있다는 사실을 깨달아야 할 의무가 있다.

에마우스로 가는 길에 나타난 예수의 유령도 바로 그런 뜻을 지닌다. 두 제자는 실의에 빠져 있다. 예수가 비참하고 치욕적인 죽음을 당하는 바람에 그들의 희망은 산산조각 났다. 두 사람은 길을 가다가 한 나그네를 만나 함께 이야기를 나눈다. 나그네는 성서 이야기를 하면서 예언자는 수난을 겪고 나서 영광을 얻는다고 말한다. 그날 저녁 세 사람은 같이 저녁을 먹었다. 나그네가 빵을 잘랐다. 그 순간 두 제자는 나그네가 예수임을 알아차렸다. 하지만 그들이 알아본 순간 예수는 디오니소스처럼 사라진다.

이 일화는 두세 사람이 모여서 토라를 공부할 때는 늘 신성이 함께 자리한다는 랍비의 가르침과 일맥상통한다. 제자들은 의식하지 못했지만 그들이 길을 걸으면서 같이 성서를 논했을 때 신성도 그 자리에 있었던 것이다. 그렇기 때문에 우리는 경전을 공부하다가, 다른 사람 속에서, 의식을 거행하다가, 낯선 사람과 친교를 나누다가 신성을 힐끔 본다. 그래서 우리와 다를 바 없는 보통 사람도 신성하다는 것을 우리는 여기서 깨달아야 한다. 다른 사람들 안에는 우리가 절대적으로 공경할 만한 값어치가 있는 무언가가 있지만 그것은 늘 신비롭게 남고 붙잡으려 해도 쥐어지지가 않는다.

망가진 세상에서 우리가 마음에 그릴 수 있는 것은 자취를 감춘 신뿐이다. 미국에서 9·11 테러가 일어난 다음부터 나는 카발라라는 유대교 신비주의에 자꾸만 끌려들었다. 카발라에서는 신을 거룩한 비어 있음으로 본다. 그리고 창조를 커다란 실수로 보고 세상은 사방을 채운 악으로 망가져서 손쉬운 해결책이 없다고 믿는다. 모든 것은 얼떨떨한 수수께끼다. 한 카발라 경전에 따르면 예루살렘 신전이 파괴되었을 때 하늘의 왕은 지상을 떠났기 때문에 이제 우리 사이에는 없다. 어쩌면 세계무역센터가 신의 이름으로 자행된 만행으로 파괴되었을 때 디오니소스처럼 신도 사라졌을지 모른다.

9월 11일에 일어난 사건은 신성의 어두운 발현이다. 원수를 포함하여 모든 인간이 거룩한 존재라는 사실을 헤아리지 못할 때 어떤 결과가 초래되는지를 적나라하게 보여주는 사건이다. 어쩌면 우리가 꿈꿀 수 있는 계시는 없음과 비어 있음을 몸으로 겪는 것인지도 모른다. 요즘 와서 우리는 종교적 확신을 너무나 많이 보았다. 어쩌면 지금이야말로 정직한 모색과 회의를 하고 참회를 하고 좌표를 잃어버린 세상에서 거룩함을 찾아 나서야 하는 시간인지도 모른다.

뛰어난 신학자와 스승은 결국 저 너머에 있는 것은 '무'라고 망설임 없이 인정했다. 어떤 의미에서는 존재하지 않는 신에 대해서 그들이 말한 것은 그 때문이었다. 붓다도 바로 그런 이유에서 죽은 다음에 붓다의 형이상학적 지위가 어떻게 되는지 답변하기를 거부했고 공자도 도에 대해서 말하지 않으려 했다. 그렇지만 모든 위대한 종교 전통에서 핵이 되는 것은 나한테 남아 있는 유일한 것, 곧 나를 잘 써먹어야 한다는 책임 의식이다. 우리의 임무는 망가진 세상을 고치는 것이다. 그것을 못하는 종교는 쓸모가 없다. 우리가 살아가는 세상에 필요한 것은 믿음도 아니고 확신도 아니다. 나의 적을 포함해서 모든 인간이 거룩한 가치를 지닌 존재라는 사실을 분명히 밝히고 또 거기에 부응하여 행동하려는 마음가짐이다.

9·11 테러는 나의 삶을 또 한 번 바꾸어놓았다. 갑자기 나의 주제가 무서운 관련성을 얻었다. 그런 식의 사태는 정말로 내가 바라지 않았던 것이었다. 그 끔찍한 테러가 일어난 뒤로 몇 달 동안 나는 미국에서 이슬람과 근본주의에 대해 내가 아는 바를 전달하려고 노력했다. 나는 상원의원, 하원의원, 국무부 직원과 대화를 나누었고 유엔에서도 강연을 했다.

나는 이것을 목회의 한 형식이라고 생각한다. 9월의 참사는 계시였다. 늘 거기 있었지만 우리가 제대로 알아차리지 못했던 사실, 곧 세상은 하나라는 현실을 일깨워주었다. 오늘 팔레스타인의 가자나 아프가니스탄에서 벌어지는 일의 불똥이 내일 뉴욕이나 런던으로 튀는 법이다. 선진국에서 살아가는 사람들은 이대로 자기들만 호의호식하면서 살아가서는 안 된다. 그들이 계속 그렇게 살아갈 경우 빼앗기고 밀려났다는 느낌을 가진 사람들은 끔찍한 모습으로 그들 앞에 나타날 것이다. 그래서 나는 사람들이 이슬람을 이해하는 데 도움이 되는 일이라면 발 벗고 나선다. 12억이나 되는 사람들이 믿는 신앙을 극단주의자들이 저지른 만행으로만 평가해서는 안 되며 과거에 서구가 저지른 근시안적 행위와 정책이 지금의 문제를 낳았다고 설명한다. 테러의 만행은 결코 용서할 수 없는 일이지만, 불교에서 말하는 업은 인생에서 늘 힘을 쓴다. 우리가 지금 하는 행동은 과거에 우리가 했던 행동의 전혀 예측하지 못한 결과일 때가 많다.

이런 식으로 토론에 참여하는 것은 나로서는 과분한 영광이었지만, 다른 사람들이 연인을 그리워하는 것처럼 나는 공부와 침묵이 그리웠다. 외로움을 많이 타는 사람일수록 공적 활동에 이끌리기 마련이라는 내용으로 은둔자를 다룬 책의 서평을 예전에 쓴 기억이 난다. 이집트의 사막에서 살았던 4세기의 고행 수도자 성 안토니우스[†] 한테 도움과 조언을 구하러 사람들이 벌떼처럼 몰려들었다. 현대에 와서도 트라피스트 수도회의 수도사 토머스 머튼[††]도 비슷한 경험을 했다. 차원이야 많이 다르지만 나한테도 그런 일이 벌어졌다. 하지만 이 세상의 문제를 더는 나 몰라라 외면하고 살아갈 수는 없었다.

[†] Antonius(251?~356?) 황야의 별, 은수사 안토니우스로 불린 이집트의 사제. 약 20년간 이집트 강변 산속에서 살았으며, 305년경 은수사원제를 창설하여 공동 생활을 시작하고 수도사의 지도를 맡았다.
[††] Thomas Merton(1915~1968) 미국의 저명한 가톨릭 저술가이자 시인. 동양 사상에 심취하여 《장자》를 번역하기도 하였으며, 힌두교에도 큰 관심을 보였다.

독신 생활은 은둔자를 다시 세상으로 밀어넣는 어떤 생리가 있는지도 모르겠다. 나는 아직도 이방인이다. 아무리 환대를 받고 너그러운 평가를 받아도 미국에서 나는 외국인이고 국외자다. 런던으로 돌아와도 주변인이긴 마찬가지다. 내가 관심을 갖는 종교와 영성의 문제에 영국인은 별로 관심이 없기 때문이다. 이렇게 항상 언저리에 머물러 있다는 느낌은 나의 인생 행로에서 중요한 몫을 차지했다. 그렇지만 그럼에도 불구하고 적어도 몇 달 동안이나마 나는 34년 전 수녀원을 박차고 나왔을 때는 감히 상상도 못했을 방식으로 세상의 중심에 바짝 다가서보았다.

작고한 신화학자 조지프 캠벨의 말을 빌리자면 우리는 "내가 생각하는 지복의 길을 걸어야 한다." 설령 유행에서 한참 뒤지고 건질 수 있는 것이 없어 보이더라도 나를 사로잡고 나의 넋을 빼앗는 일을 찾아내서 거기에 열과 성을 바쳐야 한다. 내가 한때 몸담았던 교단을 세운 분의 말마따나 "몸이 따르는 일을 하는 것"이 상책이었다. 나의 '지복'은 신학 공부였다. 다른 사람의 지복은 법일 수도 정치일 수도 결혼일 수도 연애일 수도 자녀 양육일 수도 있다. 그런 지복을 끝까지 따르다 보면 나중에는 인생의 알맹이와 만날 가능성이 높다는 단서를 우리는 지복에서 발견한다.

나의 삶은 늘 변했지만 한편으로는 늘 똑같은 주제, 똑같은 문제를 맴돌지 않았나, 심지어는 똑같은 실수를 반복하지 않았나 싶기도 하다. 나는 수녀원에서 뛰쳐나왔지만 아직도 혼자서 산다. 하루의 대부분을 침묵 속에서 살면서 신과 영성에 대해서 글 쓰고 생각하고 말하는 데 전념한다. 나는 한 바퀴를 돌았다. 엘리엇이 쓴 〈재의 수요일〉에 나오는 계단을 나는 좁은 나선형 계단으로 상상한다. 나는 그런 계단에서 벗어나 사람들이 많이 다니는 더 넓고 근사한 계단에 올라타려고 노력했지만 번번이 떨어졌다. 그리고 다시 초라한 나의 계단통으로 돌아갔을 때 그 전에는 미처 몰랐던 뿌듯함을 느꼈다. 이제 나는 혼자서 계단을 올라야 한다. 한 계단 한 계단 올라갈 때마다 내 몸도 덩달아 돌고 내가 발 디딘 곳은 좁지만 그래도 빛을 향해서 올라가기를 나는 바란다.

이희재

1961년 서울에서 태어났다. 서울대 심리학과를 졸업하고, 성균관대 독문학과 대학원을 수료했다. 현재 전문 번역가로 활동 중이며, 영국 옥스퍼드 대학교 동양학부에서 동아시아 영어사전의 역사를 주제로 박사 논문을 준비하고 있다. 옮긴 책으로《문명의 충돌》《몰입의 즐거움》《리오리엔트》《소유의 종말》《시간 여행》《그린 마일》등이 있다.

마음의 진보

2006년 2월 17일 초판 1쇄 발행
2025년 5월 2일 2판 1쇄 발행

- 지은이 ─────── 카렌 암스트롱
- 옮긴이 ─────── 이희재
- 펴낸이 ─────── 한예원
- 편집 ───────── 이승희, 양경아
- 본문 조판 ───── 성인기획
- 펴낸곳   **교양인**
    우 04015 서울 마포구 망원로6길 57 3층
    전화 : 02)2266-2776 팩스 : 02)2266-2771
    e-mail : gyoyangin@naver.com

ⓒ 이희재, 2006
ISBN 979-11-93154-39-7 03840

* 잘못 만들어진 책은 바꾸어드립니다.
* 값은 뒤표지에 있습니다.